Körper, Sport und Religion

Robert Gugutzer • Moritz Böttcher (Hrsg.)

Körper, Sport und Religion

Zur Soziologie religiöser Verkörperungen

Springer VS

Herausgeber
Robert Gugutzer,
Moritz Böttcher,
Frankfurt am Main, Deutschland

ISBN 978-3-531-18186-8   ISBN 978-3-531-18976-5 (eBook)
DOI 10.1007/978-3-531-18976-5

Die Deutsche Nationalbibliothek verzeichnet diese Publikation in der Deutschen National-
bibliografie; detaillierte bibliografische Daten sind im Internet über http://dnb.d-nb.de
abrufbar.

Springer VS
© Springer Fachmedien Wiesbaden 2012

Springer VS ist eine Marke von Springer DE. Springer DE ist Teil der Fachverlagsgruppe
Springer Science+Business Media
www.springer-vs.de

Inhalt

III

Heilige Orte, Rituale und Gefühle

IV

Kult, Esoterik und Spiritualität

Zur Einführung

Robert Gugutzer / Moritz Böttcher

> *„Woran du dein Herz hängst, das ist dein Gott."*
>
> Martin Luther

Am 15. Mai 2012 wurde in der ESPRIT Arena Düsseldorf das zweite Relegationsspiel zwischen Fortuna Düsseldorf und Hertha BSC Berlin ausgetragen. Kurz vor Spielende stürmten hunderte Düsseldorfer Fans das Spielfeld, um den Wiederaufstieg ihrer Mannschaft in die erste Fußball-Bundesliga zu feiern. Sie zündeten bengalische Feuer, stahlen eine Eckfahne, und ein Fan wurde von den Fernsehkameras dabei beobachtet, wie er mit bloßen Händen einen Elfmeterpunkt ausgrub und davon trug. Drei Tage später fand in der oberschwäbischen Stadt Weingarten der so genannte „Blutritt" statt. Dabei handelt es sich um einen katholischen Brauch, der seit Jahrhunderten am Tag nach Christi Himmelfahrt zelebriert wird. Im Mittelpunkt der Feierlichkeit, die als die größte Reiterprozession Europas gilt und zu der jährlich etwa 30.000 Menschen pilgern, steht eine Reliquie, in der sich „Blut aus der Seitenwunde Christi (befindet), das mit Erde von Golgatha vermischt ist".[1] Wiederum einen Tag später wurde in der Münchner Allianz Arena das Champions-League-Finale zwischen Bayern München und Chelsea London ausgetragen. München hatte sich drei Tage lang auf dieses Fußballspiel eingestimmt, am Finaltag selbst waren in der Stadt zehntausende Menschen mit rot-weißen Trikots, Schals und Fahnen zu sehen. 70.000 Menschen versammelten sich im Olympiastadion und 40.000 Menschen auf der Theresienwiese zum Public Viewing, sie sangen, klatschten, schrien und am Ende weinten einige. Von Donnerstag bis Sonntag derselben Woche fand in Mannheim der 98. Deutsche Katholikentag statt. Geschätzte 80.000 Menschen kamen an den vier Tagen in die Stadt, die sich u.a. mit 2,20 Meter hohen Plastiken in Form eines roten Rucksacks geschmückt hatte. Die Teilnehmer trugen den gleichen roten Rucksack in klein auf dem Rücken, um den Hals einen roten Anhänger, viele eine weiße Schirmmütze mit dem rot aufgedruckten Kirchentagsmotto. Die Menschen hatten Transparente und Fahnen dabei, sangen und beteten gemeinsam und verteilten sich auf mehr als 80 Gottesdienste, unter ihnen eine „Liturgie, in deren Mittelpunkt der Tango"[2] stand.

---

1   https://www.blutfreitagsgemeinschaft-weingarten.de. Zugegriffen: 22.05.12
2   http://www.katholikentag.de/programm/gottesdienste.html. Zugegriffen: 22.05.12

Was haben diese vier Ereignisse miteinander zu tun, außer dass sie zeitlich und räumlich nah beieinander lagen? Begibt man sich in Luhmanns „Krähennest"[3] und beobachtet die Geschehnisse wie der Seemann in seinem Ausguck aus sicherer Distanz, dann bekommt man zu Gesicht: Menschen, viele an der Zahl, die relativ uniform gekleidet sind und sich auf den Weg zu einem bestimmten, allen offensichtlich bekannten Ort machen, die ähnliche oder gar identische Gegenstände an und vor sich her tragen, ihre Aufmerksamkeit auf Dinge oder Personen richten, die ihnen wichtig zu sein scheinen, Menschen, die miteinander singen, klatschen, tanzen, lachen, sich umarmen und im Kollektiv intensive Gefühle teilen. Sofern der Beobachter ein „Goffmensch" (Hitzler 1992) ist und sich fragt, was hier eigentlich vor sich geht (vgl. Goffman 1980, S. 16), könnte er zu der Antwort gelangen, dass es sich um Situationen mit hoher körperlicher Ko-Präsenz und viel „action" (vgl. Goffman 1971) handelt, die unterschiedlich gerahmt sein mögen, gleichwohl Situationen sind, in denen auf vergleichbare Weise jeweils etwas Bedeutungsvolles, Feierliches, zum Teil Dramatisches, gar Außeralltägliches geschieht. Der gemeine und auch der typische soziologische Beobachter wird die Ähnlichkeiten zwar sehen, dennoch vermutlich die Unterschiede betonen und aus seinem Wissensvorrat zwei Kategorien hervor holen, denen er diese empirischen Phänomene zuordnet: Religion und Sport. Vielleicht ist aber auch einer unter ihnen, der darauf hinweist, dass die Körper der Beteiligten, genauer ihr körperliches Tun und Erleben eine Verbindung zwischen diesen beiden Handlungsfeldern herzustellen vermag.

Die Soziologie hat sich mit solchen Ereignissen wie den hier beispielhaft angeführten umfassend auseinander gesetzt. Sie hat das allerdings überwiegend arbeitsteilig getan. Religions-, Sport- und Körpersoziologie haben religiöse, Sport- und Körperthemen gründlich untersucht, abgesehen von wenigen Ausnahmen jedoch nicht deren Verschränkung thematisiert. Da aber Religionen keine bloßen Ideensysteme sind, sondern ebenso körperlich aus- und aufgeführte Praktiken, wie umgekehrt der Sport und der Körperkult keine bloß körperlichen Handlungsfelder sind, sondern Phänomene, die religiöse Dimensionen aufweisen, sind Körper-, Sport- und Religionssoziologie angehalten, zumindest gelegentlich über ihren Tellerrand hinaus zu blicken.[4] *Körper, Sport und Religion* sind ineinander

---

3   Vgl. die Dokumentation „Niklas Luhmann – Beobachter im Krähennest" von Thomas Strauch
     und Ulrich Boehm in der WDR-Reihe „Philosophie heute" aus dem Jahr 1973.
4   Das vorliegende Buch geht auf eine Tagung zurück, die vom 25.-27. November 2010 an der
     Goethe-Universität Frankfurt a.M. stattfand und deren Intention es war, Körper,- Sport- und
     Religionssoziologie miteinander ins Gespräch zu bringen. Der Großteil der Autorinnen und
     Autoren der hier zusammen gestellten Texte hat als Referentin bzw. Referent an dieser Tagung
     mitgewirkt.

verzahnt, mal mehr, mal weniger, *religiöse Verkörperungen* ein gesellschaftliches Phänomen diesseits und jenseits der Religion, die Soziologie daher aufgerufen, sich diesen thematischen Transzendenzen anzunehmen. Das vorliegende Buch widmet sich dieser Aufgabe. Es will damit die Vielzahl jener empirischen Phänomene in den Fokus der Soziologie rücken, die mit einem zeitdiagnostischen Ausdruck als „Entgrenzung" (Beck/Lau 2004) von Körper(kult), Sport und Religion bezeichnet werden können. Stichpunktartig seien einige der gegenwärtig auffälligsten empirischen Entgrenzungsphänomene innerhalb und zwischen diesen drei Handlungsfeldern genannt.

Von einer *Entgrenzung der Religion* kann aktuell vor allem in Hinblick auf jene Sozialphänomene gesprochen werden, die sich durch eine „Überschreitung der Grenze zwischen dem Sakralen und dem Profanen" (Knoblauch 2009, S. 50) auszeichnen. Hubert Knoblauch zufolge zeigt sich an diesen, dass Religion selbst in säkularisierten Gesellschaften keineswegs unbedeutend geworden ist – jedenfalls dann nicht, wenn Religion im Sinne einer „Vergesellschaftung des Umgangs mit Transzendenz" (Luckmann 1985, S. 26) verstanden wird. Transzendenzerfahrungen machen Menschen durchaus auch außerhalb der Kirche. Die Weltreligionen sind längst nicht mehr die einzigen sozialen Institutionen, die der „transzendentalen Obdachlosigkeit" (Lukács 2000 [1916]) des modernen Menschen Abhilfe verschaffen. Sinnstiftend, haltgebend, handlungsleitend wirken immer häufiger soziale Bewegungen, die Knoblauch als „populäre Religion" oder „populäre Spiritualität" bezeichnet. Beispiele hierfür sind das New Age, Esoterik, Okkultismus, Engelsglaube, Ayurveda, Feng Shui, Yoga, aber auch erfahrungsorientierte christliche Bewegungen wie der Evangelikalismus oder das Neupfingstlertum. Gemeinsam ist diesen unterschiedlichen spirituellen Bewegungen unter anderem, dass sie überwiegend ‚ganzheitlich' ausgerichtet sind und subjektiven Erfahrungen von Transzendenz einen hohen Stellenwert beimessen. Damit rücken auch sinnlich-körperliche Dimensionen des Glaubens in den Mittelpunkt.

Die *Entgrenzung des Sports* zeigt sich insbesondere daran, dass die Grenze des traditionellen Sportbegriffs durchlässig geworden ist. Was Sport bedeutet, ist inzwischen so wenig eindeutig zu beantworten wie die Frage, was Religion bedeutet. Das herkömmliche Sportverständnis, das auf dem Sieg-/Niederlage-Code, dem Wettkampf- und Erfolgsgedanken sowie einer vereins- und verbandsmäßigen Organisation basiert, ist nur mehr ein Sportmodell unter vielen. Der ehedem kritisch beäugte „nicht-sportliche Sport" (Dietrich/Heinemann 1989) hat sich längst etabliert und ist durch zumeist von Jugendlichen geschaffenen und nachgefragten unkonventionellen sportiven Körper- und Bewegungspraktiken ergänzt worden. Kennzeichnend für dieses neue Sportmodell ist vor allem eine große Nähe zur

Populärkultur, mit der zugleich eine Aufwertung von Körperlichkeit und Sinnlichkeit einhergeht (vgl. Gugutzer 2005, S. 112 ff.). Skateboarding, Snowboarding, Wakeboarding, Sandboarding, Kiteskiing, Kitesurfen, Beachsoccer, Beachvolleyball, Beachhandball, Crossgolfen, Parkour, Spinning, Power Yoga, TaeBo, Canyoning oder Skydiving sind Beispiele für Bewegungsformen, die kaum unter den traditionellen Sportbegriff zu fassen sind. Ihre enorme Popularität ziehen diese Bewegungsformen gerade aus dem Umstand, dass sie die Grenzen des traditionellen Sports verlassen, populärkulturelle Symbole und Motive wie Musik, Kleidung und Stil sowie leiblich-körperliche Erfahrungen und Erlebnisse wie Flow, Thrill, Kick und Fun in ihre szenetypische Praxis integrieren (vgl. Gugutzer 2004).

Es sind jedoch nicht nur die neuen, trendigen Sportarten, die sich der körpernahen und sinnlichen Populärkultur öffnen, der traditionelle Sport tut dies ebenfalls. Mit Blick auf die Eventisierung großer Sportereignisse findet sich auch hier eine bemerkenswerte Parallele zu traditionellen Religionen, die ihre großen Zusammenkünfte ebenfalls zunehmend als popkulturelle Events inszenieren. Der Unterschied etwa zwischen dem XX. Weltjugendtag in Köln im Jahr 2005, auf dem Papst Benedikt XVI. wie ein Popstar gefeiert wurde, und der Fußballweltmeisterschaft 2006 in Deutschland mit ihren Popstars „Schweini" & „Poldi" ist auf einer phänomenalen, die Praktiken, Rituale und Symbole fokussierenden Ebene gering.

Im Hinblick auf die *Entgrenzung des Körpers* ist in der jüngeren Vergangenheit vor allem die Auflösung der Grenze zwischen Natur und Kultur bedeutsam geworden. Genauer ist es die Grenze zwischen dem natürlichen und dem technologisch manipulierten Körper, die in vielen Fällen und Feldern erodiert. Künstliche Befruchtung, Präimplantationsdiagnostik, Stammzellentherapie, Organtransplantation, Klonen, Schönheitschirurgie, Neuro-Enhancement oder Doping sind Beispiele dafür, wie der menschliche Körper technologisch verfügbar gemacht wird. Insofern der Mensch die Natur, die er selbst ist, zum technischen Manipulationsobjekt macht, erreicht die Dialektik von Leibsein und Körperhaben eine qualitativ neue Stufe. Angesichts bio- und gentechnologischer Eingriffe in den Körper erhält das „instrumentelle Verhältnis zum Körper [...] auch genetisch den Primat vor dem unwillkürlichen Sein-im-Leib" (Fuchs 2000, S. 18). Damit verbunden sind grundlegende anthropologische, ethische und nicht zuletzt religiöse Fragen berühren: Was ist menschliches Leben? Wann beginnt und wann endet menschliches Leben? Darf der Mensch Schöpfer spielen?

Betrachtet man diese skizzenhaft dargestellten Entwicklungen der Religion, des Sports und der Körperpraxis, wird deutlich, dass es hier erstaunliche Parallelen und wechselseitige Bezüge gibt. In allen drei Bereichen finden sich empirische Entgrenzungsphänomene, die auch in die jeweils anderen Bereiche hinüberreichen. So hat der Säkularisierungsprozess zu einer Entkirchlichung und in dem Zuge dazu geführt, dass der ‚Heilige Kosmos' unter anderem im Körperkult eine spezifisch historische Ausprägung gefunden hat, einhergehend damit, dass sich die ‚religiösen Themen' der Gegenwart zunehmend auf das Selbst und den Körper beziehen. Umgekehrt haben die technologischen Manipulationen an der Körpernatur zu einem verstärkten öffentlichen Interesse an religiösen und ethischen Fragen geführt, und die leiblich-körperliche Erfahrungsnähe vieler spiritueller Bewegungen hat zu einer Wiederverzauberung der Gegenwartskultur beigetragen. Der Sport bewegt sich gewissermaßen zwischen diesen Polen: Als Hochleistungssport instrumentalisiert auch er den Körper, im Trendsport wertet er die Leiblichkeit auf, im Risiko- und Extremsport ermöglicht er Erfahrungen der Selbsttranszendenz und als mediales Massenereignis stiftet er quasireligiöse Gemeinschaftsgefühle.

Die hier versammelten Beiträge schließen an die Entgrenzungsthese an, teilen sie aber keineswegs uneingeschränkt. Kritisiert wird (nicht nur von Autoren in diesem Band) insbesondere die zugespitzte Variante dieser These, die Sport und Körperkult mit Religion in eins setzt. Das Gegenargument lautet: Sport und Körperkult mögen zwar religiöse Funktionen erfüllen und mithin religionsäquivalent sein,[5] dennoch sind sie keine Religion im engen Sinne. Die Analogie zwischen den sozialen und persönlichen Funktionen von Sport und Körperkult einerseits, Religion andererseits stößt spätestens dann an ihre Grenzen, wenn es um existenzielle Fragen geht, allen voran den Tod und was danach kommt. Diesbezügliche Verheißungen wie auch solche zur definitiven Erlösung von allem Leid und endgültige Antworten auf die großen Geheimnisse des Lebens liefert nur die Religion. Sport und Körperkult lassen sich daher zwar als Sozialform einer „unsichtbaren" (Luckmann 1991), „impliziten" (Thomas 2001, S. 26 ff.) oder „Indi-

---

5   Die meisten Diskussionen über die religiösen Dimensionen und Funktionen des Sports beginnen typischerweise mit dem Verweis auf den Begründer der neuzeitlichen Olympischen Spiele, Baron de Coubertin, und dessen bekannte Losung: „Das erste und wesentliche Merkmal des alten wie des modernen Olympismus ist: eine Religion zu sein" (Coubertin 1966, S. 150). Seitdem haben wiederholt vor allem Philosophen, Sport- und Religionswissenschaftler sowie Theologen (diese ganz besonders) die Religiosität des Sports in den Blick genommen (vgl. Ammicht Quinn 2004; Coakley 1997; Dahl 2009; Grupe/Huber 2000; Herms 1993; Koch 2002; Noss 2006; Möller/Ulrichs 1997; Prebish 1993; Stiehler 2008; Ulrichs/Engelhardt/Treutlein 2003). Die deutlich überschaubarere Anzahl soziologischer Beiträge thematisiert neben allgemeinen Fragen zu Sport und Religion (vgl. Knijff 2006; Knoblauch 2002; Scharenberg 1999) vor allem die religiösen Aspekte der Olympischen Spiele (vgl. Alkemeyer 1996; Franke 2000; Weis 1995) und des Fußballs (vgl. Engelhardt 2003; Gebauer 2010; Hettiger 2008; Klein/Schmidt-Lux 2006; Rupp 2003; Sellmann 2006). Noch weniger hat sich die Soziologie bisher mit dem Verhältnis von Körper und Religion auseinander gesetzt. Exemplarisch dazu siehe Mellor/Shilling (1994, 1997) und Turner (1980), siehe außerdem Gugutzer (2002).

viduen-Religion" (Krech 2011, S. 166 ff.) bezeichnen, nichtsdestotrotz sind die jeweiligen Systemlogiken, Semantiken und Kernfunktionen grundverschieden und nicht substituierbar. Um es in den Worten des ehemaligen Ratsvorsitzenden der Evangelischen Kirche in Deutschland, Wolfgang Huber, zu sagen: Sport und Körperkult sind womöglich für viele Menschen ein Religionsersatz, sie können aber keine Ersatzreligion sein: „Religionsersatz bedeutet an dieser Stelle: Sport tritt an die Stelle religiöser Vollzüge. Das gilt zunächst bereits in zeitlicher Hinsicht. Hier verdrängt das Sporttreiben oder die Teilnahme an Sportveranstaltungen bei vielen religiöse Vollzüge und kirchliche Aktivitäten. Demgegenüber bleibt aber festzuhalten: Persönlicher Gottesbezug und gemeinsame Gottesverehrung sind unersetzlich und unverzichtbar. Was an ihre Stelle tritt, wird zum Religionsersatz" (Huber 2000, S. 16).

Ersatzreligion oder Religionsersatz? Die Antwort auf diese Frage hängt vom jeweiligen Religionsverständnis ab. Soziologisch gesprochen prallen hier ein substanzielles und ein funktionales Religionsverständnis aufeinander: Im Sinne des ersteren ist Religion über den Bezug zum Numinosen, Heiligen oder zu anderen jenseitigen Mächten definiert, im Sinne des zweiten durch bestimmte anthropologische, psychische oder soziale Funktionen. Im substanziellen Verständnis hat die Liebe eines Fußballfans zu seinem Verein so wenig mit Religion zu tun wie die Transzendenzerfahrung eines Läufers während eines Ultramarathons, da der „persönliche Gottesbezug" fehlt; im funktionalen Verständnis hingegen dient die Vereinsliebe der (keineswegs nur) individuellen Sinnstiftung und Kontingenzbewältigung und erfüllt damit charakteristische religiöse Funktionen (vgl. Kaufmann 1989), so wie die Transzendenzerfahrung des Läufers eine Selbstüberschreitung bedeutet und als Selbst-Vergewisserung oder Selbst-Stabilisierung fungiert.[6]

Welche der beiden Deutungen ‚richtig' oder ‚wahr' ist, kann und soll hier nicht entschieden werden. Ebenso wenig kann und soll hier vorab festgelegt werden, dass Religion in jedem Fall mit Transzendenz und Sakralität zu tun hat und daher jede Handlung oder Situation, die auf Immanenz und Profanität hinweist, per definitionem kein religiöses Phänomen sein kann. Die Intention des Buches

---

6 Hans Joas zufolge sind „Erfahrungen der Selbsttranszendenz" – „im Sinne eines Hinausgerissenwerdens über die Grenzen des eigenen Selbst, eines Ergriffenwerdens von etwas, das jenseits meiner selbst liegt (...)" (Joas 2004, S. 17) – die Grundlage von Glauben und Religion, wobei es von der „Deutung dieser Erfahrungen" (ebd., S. 23) abhänge, ob es sich um eine religiöse Erfahrung handelt oder nicht. Vor dem Hintergrund ließe sich sagen: In der (Deutungs-)Gemeinschaft von Ultra-Langstreckenläufern existiert das „Glaubenswissen" (ebd., S. 26), dass es das *runners high* gibt und tranceähnliche, bewusstseinserweiternde, selbsttranszendierende Zustände nach einer gewissen Laufzeit möglich sind. Die Erfahrung der Selbsttranszendenz, die ein Athlet während seines 100-Stunden-Laufs macht, wäre dem entsprechend eine religiöse Erfahrung.

ist es nicht, dogmatisch festzulegen, was Religion ist (genauso wenig was Körper und Sport sind). Frei nach Luther: Woran ein Mensch sein Herz hängt, das ist sein Gott. In dem Sinne sollen hier mit soziologischer Offenheit und Neugier die Phänomene Körper, Sport und Religion und ihre Wechselbeziehungen analysiert und reflektiert werden. Das Buch setzt sich daher mit der Frage auseinander, inwiefern körperliche Praktiken im und außerhalb des Sports religiös geprägt sind oder gar selbst eine Form von Religion darstellen, und es fragt umgekehrt danach, welche Bedeutung dem Körper für den Bestand oder den Wandel einer Religion zukommt. Es betrachtet Religion und Sport als zwei funktional ausdifferenzierte Sozialbereiche, untersucht deren Interdependenzen und beschreibt empirische Phänomene der Entdifferenzierung. Nicht zuletzt diskutiert es körperliche Dimensionen von Spiritualität und Esoterik und widmet sich religiös-kultischen Aspekten des Sports und der Körperkultur. Indem das Buch auf diese Weise die Körperlichkeit der Religion sowie die Religiosität kultischer und sportiver Körper – mithin sakrale und profane Verkörperungen des Religiösen – in den Mittelpunkt rückt, führt es erstmals Körper-, Sport- und Religionssoziologie zu einem gemeinsamen, quasi ökumenischen Dialog zusammen.

Die Beiträge

Die Texte in Teil I thematisieren den Zusammenhang von *Körper, Sport und Religion* aus unterschiedlichen *theoretischen Perspektiven. Hubert Knoblauch* entwirft einen reflexiv-wissenssoziologischen Rahmen, den er als „kommunikativen Konstruktivismus" bezeichnet, zur Klärung des Verhältnisses von Sport und Religion. In Abgrenzung zur Praxistheorie konturiert Knoblauch seinen zentralen Begriff des „kommunikativen Handelns" als Verknüpfung von Sozialität, Körper und Transzendenz. Die Unterschiede zwischen den Institutionen Sport und Religion lassen sich demnach als historisch unterschiedliche Formen kommunikativen Handelns klären. Daher ist es Knoblauch zufolge eine empirische Frage, ob bzw. welche Grenzüberschreitungen und Konvergenzen es zwischen Sport und Religion gibt. Knoblauchs Argument lautet, dass der Körper bzw. körperliche Transzendenzen zwischen sportlicher und religiöser Kommunikation vermitteln: Ekstase (von der Seite des Sports her) und Spiritualität (von der Seite der Religion her) sind hierfür die offenkundigsten Beispiele. Auch *Thorsten Benkel* schlägt als Vermittlungsinstanz zwischen den beiden Handlungsfeldern Sport und Religion den Körper vor. Er reflektiert dazu zunächst das Subjektverhältnis des Körpers, das zwischen „besitzen" und „beherrschen" schwankt, was heißt, zwischen Kontrolle und Unterwerfung, Autonomie und Transzendenz. Sportliches Handeln ist vor diesem Hintergrund, so Benkel, als „Dialektik von Körperbeherrschung und Grenzerfahrung" zu verstehen, religiöses Handeln hingegen durch eine nichtleistungsbezogene Logik des Körperumgangs, die auf transzendente Ziele ausgerichtet ist. Anknüpfend an Bourdieu und Luckmann erläutert Benkel schließlich die spezifischen Verkörperungen des Sports und der Religion sowie deren Verschränkung, die er in analogen, wenngleich körperlich differierenden „Transzendentalerfahrungen" sieht.

Stehen bei Knoblauch und Benkel vor allem die Religiosität von körperlichen und sportiven Praktiken im Mittelpunkt, so in den beiden folgenden Texten primär die körperlichen Dimension der Religion. *Bryan S. Turner* macht dazu, in wohlwollend-kritischer Haltung gegenüber Descartes, die Konzepte „verkörpertes Bewusstsein" und „verkörperte Praxis" stark. Er stützt sich hierfür auf Heideggers Daseinsphilosophie, Foucaults Arbeiten zu den Technologien des Selbst und Bourdieus Praxeologie, wobei er Heideggers Philosophie als „intellektuelle Brücke zwischen den Arbeiten Foucaults und Bourdieus" betrachtet. Aus dieser integrativen körpersoziologischen Perspektive diskutiert Turner die Körperlichkeit von „Frömmigkeitspraktiken", die er als „Kern der Religion" bezeichnet. Schlussendlich plädiert er für einen körpersoziologisch sensibilisierten „religious turn" in der Soziologie, da es keinen säkularen Körper und keine säkularen körperlichen Praktiken geben kann; die Mikrorituale des Alltags sind nach Turner hierfür das beste (und die Religions- und Körpersoziologie vermittelnde) Beispiel. Für *Chris Shilling* und *Philip Mellor* wiederum erfordert die postsäkulare Wiederkehr der Religion neue soziologische Theorien. Ihr Vorschlag läuft darauf hinaus, eine verkörperte Theorie der Religion zu entwickeln, die grundlegend für die Soziologie ist. Dazu übernehmen sie Durkheims Vorschlag, dass soziale Tatsachen wirksam sind, wenn sie internalisiert werden, und Luhmanns begriffliche Differenzierung zwischen ‚Transzendenz' und ‚Immanenz', um auf dieser Grundlage eine „religiöse Körperpädagogik" zu entwerfen. Shilling und Mellor illustrieren die Brauchbarkeit dieses „realistischen Rahmens" anhand eines Vergleichs zwischen Christentum und Islam. Damit zeigen sie exemplarisch, dass und wie eine Untersuchung von Körperpädagogiken die Komplexitäten, Unterschiede und Gemeinsamkeiten heutiger Religionen zu erfassen vermag.

Teil II fokussiert die Phänomene *Glauben, Tod und Trauer. Ronald Hitzler* wendet sich mit der Wachkomaproblematik einer Grauzone dieser Thematik zu und gibt Einblicke in seine aktuelle ethnografische Forschungsarbeit. Seine zentrale Forschungsfrage lautet dabei, ob der Mensch, der im Wachkoma liegt, ein „Subjekt", ein „Individuum", ein „konkreter Anderer", ein „alter ego" ist (statt lediglich ein „Berg Menschenfleisch"), so dass man davon ausgehen kann, dass die

gemeinsame Situation mit einem wachkomatösen Menschen eine Form von „Sozialität" bzw. eine echte „soziale" Situation ist. Die Antwort darauf hängt Hitzler
zufolge davon ab, ob es bzw. welche (An-)Zeichen es dafür gibt, dass der Wach-
komapatient (alter) mit ego interagiert. Gibt es solche Zeichen, oder bleibt nur der
Kierkegaardsche „Sprung in den Glauben"? Dann aber wäre die Interaktion mit
einem Wachkomapatienten vergleichbar mit dem Glauben an Gott, dessen Existenz ebenfalls nicht sinnlich erfahrbar ist, weshalb nichts Anderes als der Glaube an ihn bleibt – wissen kann man nicht von ihm. Hitzlers phänomenologischer
Zugang zu Situationen mit Wachkomatösen geht somit deutlich über dieses empirische Phänomen hinaus und ist als grundlegender Beitrag zur Intersubjektivi-
tätsproblematik zu verstehen. In ganz anderer Hinsicht thematisiert *Stefan Hebenstreit* Glauben, Sterben, Tod. Er setzt sich mit den Trauer- und Gedenkritualen
im Fußball auseinander, insbesondere mit der Sepulkral- und Memorialkultur der
aktiven Fanszene. Vor dem Hintergrund der zeitdiagnostischen Beobachtung, dass
der Tod und mit ihm Trauerrituale in den modernen Gesellschaften zunehmend
aus der Öffentlichkeit verschwunden sind, stellt Hebenstreit die These auf, dass
die Sepulkralkultur von Fußballfans eine bemerkenswerte (und wissenschaftlich
kaum zur Kenntnis genommene) Praxis der „Kontingenzbewältigung und Gemeinschaftsstiftung" angesichts des Todes (z.B. eines Fangruppenmitglieds) ist.
Anhand ausgewählter Beispiele aus dem deutschen und österreichischen Fußball
zeigt Hebenstreit eine Vielzahl unterschiedlichster Trauerrituale auf und wie die
Akteure über solche Symbolisierungen und Ritualisierungen nicht nur Verlus-
terfahrungen bewältigen, sondern der „sozialen Desintegration und Anonymität auf der Mikroebene eines Vereins" entgegenwirken. Der Tod im Kontext des
Fußballs ist auch Thema des Beitrags von *Kornelia Sammet* und *Christel Gärtner*. In Abgrenzung zu den verbreiteten religiösen Funktionszuschreibungen des
Fußballs und in Anlehnung an Luhmanns Systemtheorie vertreten Sammet und
Gärtner die Position, dass Sport bzw. Fußball und Religion zwei soziale Systeme mit eigenen Logiken sind und für Religion der binäre Code Transzendenz/
Immanenz konstitutiv ist. Auf dieser theoretisch-begrifflichen Grundlage untersuchen sie die kommunikativen Bezugnahmen von Repräsentanten des Fußballs
und der Kirche angesichts der „Krise des Todes", die den Fußball mit dem Suizid
von Robert Enke im November 2010 ereilt hatte. Mit dem Instrumentarium der
objektiven Hermeneutik analysieren Sammet und Gärtner die Reden von Theo
Zwanziger und Margot Käßmann anlässlich der Trauerfeiern für Robert Enke.
Dabei zeigen sie, dass zwar in beiden Reden Bezug genommen wird zur Semantik und Symbolik des jeweils anderen sozialen Feldes, jedoch sowohl Zwanziger

als auch Käßmann in dem kommunikativen Rahmen bleiben (müssen), der ihnen mit ihren Systemzugehörigkeiten vorgegeben ist.

Teil III behandelt die Themen *heilige Orte, Rituale und Gefühle.* Der Text von *Stefanie Duttweiler* beginnt mit einer Betrachtung des Verhältnisses von Sport, Körper und Religion über das Medium der Architektur, konkret über Kapellen in Fußballstadien. Duttweiler argumentiert, dass die Integration christlicher Räume in sportliche für eine Nähe sorgt, die Resonanzen zwischen den sozialen Systemen evoziert; trotzdem bleiben diese eigenständig. Christliche Stadionkapellen in Deutschland verzichten auf Vereinssymbole innerhalb ihrer Räume und behaupten mit einer kontrastierenden sakralen Atmosphäre ihren Platz als Orte der Transzendenz, während Stadien mit all ihrer Faszination Orte der Immanenz bleiben. Kirche und Fußball verschmelzen und ersetzen einander nicht, so Duttweiler, gehen jedoch eine Symbiose ein, deren wesentliche Grundlage der Körper und seine Empfänglichkeit für Atmosphären und Erlebnisse ist. Die räumliche Verschränkung bei gleichzeitiger räumlicher Abgrenzung steht sinnbildlich für die Beziehung der beiden Systeme zueinander: „ambivalent, diffus und mehrdeutig". Weniger die Sakralität von Räumen als jene von Ritualen steht im Mittelpunkt des Beitrags von *Maud Hietzge.* Zwar ist der Raum für das Pilgern auf dem Jakobsweg ebenso wichtig wie für die Traceure beim Ausüben ihrer Sportart Le Parkour; in beiden Fällen geht es vor allem um die Überwindung des Raums im Medium des Körpers. Doch zielt die Argumentation von Hietzge vielmehr darauf, dass in diesen Praktiken, die sie im Anschluss an Victor Turner als „ritualisierte" Praktiken bezeichnet, der Körper als Medium für die Überwindung und die Vergewisserung des eigenen Selbst fungiert. Pilgern und Parkour beschreibt Hietzge mithin als ritualisierte Körperpraktiken, die – im Sinne Luckmanns – „kleine Transzendenzen" ermöglichen. Sie sind nach Hietzge daher als Religion im ursprünglichen Sinne von „re-ligio" zu verstehen, das heißt, als Selbstversicherung und Rückbindung, wenngleich „ohne geschlossenes Glaubenssystem".

Heilige Rituale und Symbole, vor allem aber heilige Gefühle werden von *Thomas Alkemeyer* in seinem Text über die Olympischen Spiele der Neuzeit thematisiert. Alkmeyer rekonstruiert die Entstehungsgeschichte der Olympischen Spiele der Neuzeit, indem er seinen Fokus auf Coubertins Idee legt, mit diesen Spielen eine „zivilreligiöse Antwort auf typische Krisenerfahrungen" im Frankreich des ausgehenden 19. Jahrhunderts zu finden. Der olympische Sport ist von Coubertin wie eine Religion konzipiert worden, die den Menschen Sinn sowie Symbole und Rituale geben und auf diesem Wege ein Gemeinschaftsgefühl (wieder) herstellen sollte. Wie Alkemeyer zeigt, hat Coubertin mit dem olympischen Sport eine körperpädagogische „Therapie" entwickelt, um die „kranken" Gesellschaften des Fin de Siécle zu heilen. Dass er damit erfolgreich war, so Alkemeyers zentrale These, habe damit zu tun, dass die Inszenierung der olympischen Spiele als ästhetisches, romantisches und emotionales Massenereignis die Menschen so in ihren Bann zog, dass diese sich als Teil eines großen Ganzen fühlen konnten. Alkemeyer schließt mit der skeptischen Frage, inwiefern es den Olympischen Spielen des 21. Jahrhunderts noch gelingen kann, solche „quasi-religiösen Gemeinschaftsgefühle" zu evozieren und mithin als „gesellschaftlicher Kitt" der Moderne zu fungieren. *Gunter Gebauer* knüpft mit seinem Beitrag an Alkemeyers Thesen an, insofern auch er kollektive Gefühle in den Mittelpunkt seiner Ausführungen zur Religiosität des Sports stellt. Inspiriert durch die Philosophie Wittgensteins formuliert Gebauer die These, dass das zentrale Element der eigenen Identität die Gewissheit des eigenen Ichs ist, die im gemeinsamen Leben der Gruppe empfangen werde. Eine besonders geeignete Plattform für diese Selbsterfahrung stellt dabei der Sport allgemein und im Speziellen der Fußball mit seinen quasi-religiösen, schwärmerischen und hochritualisierten Erlebnismöglichkeiten dar. Gebauer bietet eine unorthodoxe Lesart kollektiver Efferveszenz an, der zufolge sich das Individuum eben nicht in der Masse auflöst, sondern das eigene Ich sich gerade dort in einem besonderen Maße erleben und sich so seiner selbst vergewissern kann. Analog dazu gibt es die Gewissheit des eigenen Wir, die besonders stark in Momenten der Euphorie einer Fangruppe empfunden werden kann. Diese beiden Gewissheiten beflügeln sich nach Gebauer gegenseitig, bis hin zu einer potentiellen religiösen Dramatik, an der soziale Verbote außer Kraft gesetzt werden und sich ein Allmachtsgefühl einstellen kann.

Teil IV schließlich umfasst Beiträge zu den Themen *Kult, Esoterik und Spiritualität*. Mit dem Körperkult greift *Robert Gugutzer* einen der prominentesten Kulte der Gegenwart auf. Er entwickelt die These, dass die Popularität des zeitgenössischen Körperkults auf dessen religionsäquivalente Funktion zurückzuführen ist. Der Körperkult stellt Gugutzer zufolge eine individualisierte Sozialform des Religiösen dar, die Sinn stiftet und Identitätssicherung ermöglicht. Der gegenwärtige Kult um den Körper ist Ausdruck einer verkörperten Diesseitsreligion, deren hohe Nachfrage daher rührt, dass sie zur Selbstermächtigung und individuellen Bewältigung sozialer Unsicherheiten, Ambivalenzen und Kontingenzen beiträgt. Zur Plausibilisierung dieser These setzt sich Gugutzer mit dem Wechselverhältnis von Körper und Religion aus individualisierungstheoretischer Perspektive auseinander und entwickelt auf der Grundlage des funktionalen Religionsbegriffs von Luckmann eine Typologie des Körperkults. Aus den vier körperreligiösen Typen Ästhetik, Diätetik, Askese und Ekstase greift er den Typus Diätetik heraus und vertieft ihn am Beispiel des Wellnesskults. An Gugutzers

Ausführungen zur Sakralisierung des Körpers schließen *Uta Karstein* und *Friederike Benthaus-Apel* in ihrem Beitrag über fernöstliche spirituelle Körperpraktiken an. Auf der Grundlage von Bourdieus Feld-Konzept arbeiten Karstein und Benthaus-Apel Transformationsprozesse nicht nur im Feld des Religiösen heraus, sondern ebenso im Feld der Medizin und des Sports. In allen drei Feldern ist es den Autorinnen zufolge zu einem nachhaltigen Wandel der je typischen Charakteristika und zu einer „partiellen Entdifferenzierung" gekommen. Die Grenzen der Religion, der Medizin und des Sports sind zu den beiden anderen Feldern hin durchlässig geworden, im Körper finden sie nun einen gemeinsamen Schnittpunkt. Das heißt, im Gefolge der „Somatisierung und Orientalisierung des Religiösen", der „Spiritualisierung medizinischer Therapieangebote" und der „Sakralisierung des Körpers im Sport" erleben seit längerem „fernöstlich inspirierte Körperpraktiken" wie Yoga, Zen-Meditation, Reiki, Klangmassage oder Tai Chi einen enormen Zulauf. Als Gründe für diese Feld-Transformationen nennen Karstein und Benthaus-Apel die Bildungsexpansion der 1960er Jahre, die Tertiarisierung der Gesellschaft und das Versprechen von Ganzheitlichkeit, das typischerweise mit diesen spirituellen Körperpraktiken einhergeht. Im Unterschied zum Großteil der Beiträge, die sich mit den religiösen Dimensionen des Sports und des Körperkults befassen, setzt sich *René Gründer* umgekehrt mit der Aneignung sportiver bzw. gymnastischer Körperpraktiken im esoterischen und alternativreligiösen Milieu auseinander. Er wählt hierfür das Beispiel der so genannten „Runengymnastik", eines im völkisch-okkultistischen Milieu Deutschlands der 1920er Jahre entstandenen germanisch-neuheidnischen Kultes, und analysiert die körperliche Dimension der für diesen Kult zentralen „Runen-Stellungsübungen". Dabei handelt es sich um durch Körperhaltungen symbolisierte „Buchstaben-Zeichen", die zum einen ein verkörpertes religiöses Wissen repräsentieren, zum anderen als Medium des Transfers von Heilsgewissheit fungieren. Darin liegt auch die Antwort auf Gründers zentrale Frage, „wodurch und wie" die „Runengymnastik für die Praktizierenden" eigentlich „funktioniere": Insofern ritualisierte Körperpraktiken – die Runenzeichen – das kultische Wissen symbolisieren und dieses inkorporierte Wissen performativ vermittelt wird, kann es durch andere mimetisch angeeignet werden. Dadurch werden die Glaubensüberzeugungen des Kults tradiert, „konserviert", auf Dauer gestellt.

Literatur

Alkemeyer, Thomas (1996). *Körper, Kult und Politik: Von der „Muskelreligion" Pierre de Coubertins zur Inszenierung der Macht in den Olympischen Spielen von 1936.* Frankfurt am Main/ New York: Campus.

Ammicht Quinn, Regina (2004). *Körper, Religion, Sexualität. Theologische Reflexionen zur Ethik der Geschlechter.* Ostfildern: Matthias-Grünewald-Verlag.

Beck, Ulrich & Lau, Christoph (2004). *Entgrenzung und Entscheidung. Was ist neu an der Theorie reflexiver Modernisierung?* Frankfurt am Main: Suhrkamp.

Boehm, Ulrich & Strauch, Thomas (1973). *„Philosophie heute: Niklas Luhmann – Beobachter im Krähennest"* (VHS). WDR.

Coakley, Sarah (Hrsg.) (1997). *Religion and the Body.* Cambridge: University Press.

Coubertin, Pierre de (1966). *Der olympische Gedanke. Reden und Aufsätze.* (Hrsg. Vom Carl-Diem-Institut an der Deutschen Sporthochschule Köln). Schorndorf: Hofmann.

Dahl, Dagmar (2009). *Zum Verständnis von Körper, Bewegung und Sport in Christentum, Islam und Buddhismus. Impulse zum interreligiösen Ethikdiskurs zum Spitzensport.* Berlin: Logos Verlag.

Dietrich, Knut & Heinmann, Klaus (Hrsg.) (1989). *Der nicht-sportliche Sport. Beiträge zum Wandel im Sport.* Schorndorf: Hofmann.

Engelhardt, Thilo (2003). Sport und Gewalt – Über die religiösen Spuren im Fußballhooliganismus. In: H.-G. Ulrichs, T. Engelhardt & G. Treutlein (Hrsg.), *Körper, Sport und Religion – Interdisziplinäre Beiträge* (S. 133-142). Idstein: Schulz-Kirchner-Verlag.

Franke, Elk (2000). *Der moderne Sport – die zeitgemäße Religion der Jahrtausendwende?* http:// www.sportphilosophie.de/ Der_moderne_Sport.pdf. Zugegriffen: 22.05.2012.

Fuchs, Thomas (2000). *Leib, Person, Raum. Entwurf einer phänomenologischen Anthropologie.* Stuttgart: Klett-Cotta.

Gebauer, Gunter (2010). Heroes, Myths and Magic Moments: Religious Elements on the Sacred Ground. In: S. Frank & S. Steets (Hrsg.), *Stadium Worlds. Football, space and the built environment* (S. 245-260). London/New York: Routledge.

Goffman, Erving (1971). Wo was los ist – wo es *action* gibt. In: ders., *Interaktionsrituale. Über Verhalten in direkter Kommunikation* (S. 164-292). Frankfurt am Main: Suhrkamp.

Goffman, Erving (1980). *Rahmen-Analyse. Ein Versuch über die Organisation von Alltagserfahrungen.* Frankfurt am Main: Suhrkamp.

Grupe, Ommo & Huber, Wolfgang (2000). *Zwischen Kirchturm und Arena. Evangelische Kirche und Sport.* Stuttgart: Kreuz.

Gugutzer, Robert (2002). Leib, die Nonne und der Mönch. Zur leiblich-affektiven Konstruktion religiöser Wirklichkeit. In: K. Hahn & M. Meuser (Hrsg.), *Körperrepräsentationen. Die Ordnung des Sozialen und der Körper* (S. 137-163). Konstanz: UVK.

Gugutzer, Robert (2004). Trendsport im Schnittfeld von Körper, Selbst und Gesellschaft. Leib- und körpersoziologische Überlegungen. *Sport und Gesellschaft,* 1, 219-243.

Gugutzer, Robert (2005). Und sie bewegt sich doch! Neue Impulse für und durch die Soziologie des Sports. *Soziologische Revue,* 28(2), 109-119.

Herms, Eilert (1993). *Sport. Partner der Kirche und Thema der Theologie.* Hannover: Lutherisches Verlagshaus.

Hettiger, Andreas (2008). Ein Gott wird Mensch. Oliver Kahns mediale Inszenierungen biographischer Bewältigungsstrategien. In: M. Rautenberg, A. Tillmann & Lothar Böhnisch (Hrsg.), *Doppelpässe. Eine sozialwissenschaftliche Fußballschule* (S. 244-257). München/Weinheim: Juventa.

Hitzler, Ronald (1992). Der Goffmensch. Überlegungen zu einer dramatologischen Anthropologie. *Soziale Welt*, 43(4), 449-461.

Huber, Wolfgang (2000). Sport als Kult – Sport als Kultur. In: O. Gruppe & W. Huber (Hrsg.), *Zwischen Kirchturm und Arena. Evangelische Kirche und Sport* (S. 15-28). Stuttgart: Kreuz.

Joas, Hans (2004). *Braucht der Mensch Religion? Über Erfahrungen der Selbsttranszendenz*. Freiburg/Basel/Wien: Herder.

Kaufmann, Franz-Xaver (1989). *Religion und Modernität. Sozialwissenschaftliche Perspektiven.* Tübingen: Mohr (Siebeck).

Klein, Constantin & Schmidt-Lux, Thomas (2006). Ist Fußball Religion? Theoretische Perspektiven und Forschungsbefunde. In: E. Thaler (Hrsg.), *Fußball. Fremdsprachen. Forschung* (S. 18-35). Aachen: Shaker.

Knijff, Melanie (2006). *Hybride Sinnsysteme in Informationsnetzwerken. Moderne Identitätsbildung und Heilssuche über den menschlichen Körper.* Frankfurt am Main et al.: Peter Lang.

Knoblauch, Hubert (2002). Asketischer Sport und ekstatische Askese. In: G. Sorgo (Hrsg.), *Askese und Konsum* (S. 222-245). Wien: Turia + Kant.

Knoblauch, Hubert (2009). *Populäre Religion. Auf dem Weg in eine spirituelle Gesellschaft.* Frankfurt am Main/New York: Campus.

Koch, Alois (2002). Sport als säkulare Religion. *Stimmen der Zeit*, Februar, 90-102.

Krech, Volkhard (2011). *Wo bleibt die Religion? Zur Ambivalenz des Religiösen in der modernen Gesellschaft.* Bielefeld: transcript.

Lukács, Georg (2000 [1916]). *Die Theorie des Romans.* München: dtv.

Luckmann, Thomas (1985). Über die Funktion der Religion. In: P. Koslowski (Hrsg.), *Die religiöse Dimension der Gesellschaft. Religion und ihre Theorien* (S. 26-41). Tübingen: J.C.B. Mohr.

Luckmann, Thomas (1991 [1967]). *Die unsichtbare Religion.* Frankfurt am Main: Suhrkamp.

Mellor, Philipp A. & Shilling, Chris (1994). Reflexive modernity and the religious body. *Religion*, 24, 23-42.

Mellor, Philip A. & Shilling, Chris (1997). *Re-Forming the Body. Religion, Community and Modernity.* London: Sage.

Möller, Christian & Ulrichs, Hans-Georg (Hrsg.) (1997). *Fußball und Kirche – wunderliche Wechselwirkungen.* Göttingen/Zürich: Vandenhoeck & Ruprecht.

Noss, Peter (Hrsg.) (2006). *Fußball ver-rückt. Gefühl, Vernunft und Religion im Fußball. Annäherungen an eine besondere Welt.* Berlin: Lit.

Prebish, Charles S. (Hrsg.) (1993). *Religion and Sport. The Meeting of Sacred and Profane.* Westport/London: Greenwood Press.

Rupp, Hartmut (2003). Sportstadien als heilige Räume. In: H.-G. Ulrichs, T. Engelhardt & G. Treutlein (Hrsg.), *Körper, Sport und Religion – Interdisziplinäre Beiträge* (S.121-132). Idstein: Schulz-Kirchner-Verlag.

Scharenberg, Swantje (1999). Religion and sport. In: J. Riordan & A. Krüger (Hrsg.), *The International Politics of Sport in the Twentieth Century* (S. 90-104). London/New York: E & FN SPON.

Sellmann, Matthias (2006). Die Gruppe – Der Ball – Das Fest. Die Erfahrung des heiligen im Fußballsport. In: P. Noss (Hrsg.), *Fußball ver-rückt. Gefühl, Vernunft und Religion im Fußball. Annäherungen an eine besondere Welt* (S. 35-57). Berlin: Lit.

Stiehler, Matthias (2008). Fußball als Religion? In: M. Rautenberg, A. Tillmann & L. Böhnisch (Hrsg.), *Doppelpässe. Eine sozialwissenschaftliche Fußballschule* (S. 52-73). München/Weinheim: Juventa.

Thomas, Günter (2001). *Implizite Religion. Theoriegeschichtliche und theoretische Untersuchungen zum Problem ihrer Identifikation.* Würzburg: Ergon.

Turner, Bryan S. (1980). The body and religion: towards an alliance of medical sociology and sociology of religion. *Annual Review of the Social Science of Religion*, 4, 247-286.

Ulrichs, Hans-Georg, Engelhardt, Thilo & Treutlein, Gerhard (Hrsg.) (2003). *Körper, Sport und Religion – Interdisziplinäre Beiträge.* Idstein: Schulz-Kirchner-Verlag.

Weis, Kurt (1995). Sport und Religion: Sport als soziale Institution im Dreieck zwischen Zivilreligion, Ersatzreligion und körperlich erlebter Religion. In: J. Winkler & K. Weis (Hrsg.), *Soziologie des Sports* (S. 127-150). Opladen: Westdeutscher Verlag.

Internetquellen

https://www.blutfreitagsgemeinschaft-weingarten.de, Zugegriffen: 22.05.12.

http://www.katholikentag.de/programm/gottesdienste.html, Zugegriffen: 22.05.2012.

I

Körper, Sport und Religion –
theoretische Positionen

Körper und Transzendenz. Über den Zusammenhang von Wissen, Praxis, Sport und Religion[1]

Hubert Knoblauch

1. Einleitung

Die Verbindung von Sport und Religion ist nicht nur ein Thema der akademischen Diskussion. Davon zeugt eine Unmenge an Literatur, die ich hier nur exemplarisch anführen, kaum aber ausführen kann (vgl. z.b. Prebish 1993). Diese Verbindung ist auch immer wieder, ja man kann sagen dauernd ein Anliegen der öffentlichen Diskussion, deren Gehalte Gegenstand einer noch zu leistenden diskursanalytischen Studie sein könnten. Sowohl in der öffentlichen wie auch in der wissenschaftlichen Diskussion tauchen einige allgemeine Merkmale immer wieder auf: Die häufig inszenierte Efferveszenz der Fußballfans erscheint vielen als ebenso „ekstatisch" wie die eiserne Disziplin von Hochleistungssportlern an die weltabgewandte Askese religiöser Virtuosen gemahnt. Auch die Rituale der Verehrung von Mannschaften und Sportlern sowie ihre symbolische Repräsentation erinnern nicht nur religiöse Experten an die eher expressiven Religionen, sie scheint auch mit starken subjektiven Erfahrungen dessen verbunden, was in der Religionsphänomenologie als „Numinoses" bezeichnet wird. Die Ähnlichkeiten und Unterschiede habe ich an anderer Stelle schon behandelt, so dass ich interessierte Leser auf diese Texte zur „ekstatischen Religion" (Knoblauch 2001) und zur „asketischen Ekstase" (Knoblauch 2002a) verweisen kann. Je mehr man sich jedoch mit den empirischen Erscheinungsformen des Religiösen und des „Ersatzreligiösen" (um einen jener kryptotheologischen Begriffe zu verwenden, die immer schon voraussetzen, was sie zu klären beabsichtigen) beschäftigt, umso deutlicher wird es, dass sie ohne eine wissenssoziologische Perspektive nicht seriös behandelt werden können.

Wissenssoziologisch meint hier, dass man keineswegs einfach „den Gegenstand" (Sport oder Religion) beschreiben kann; vielmehr ist seine Beschreibung selbst Gegenstand der Handlungen jener Akteure, die den Gegenstand ausmachen. Dieser Gegenstand wiederum ist sehr vielschichtig, haben wir es doch nicht nur

---

1   Ich danke Rene Tuma für die inhaltlichen Hinweise und Meike Helmuth für die Korrektur.

mit einfachen Handlungen zu tun, die von den Handelnden „religiös" oder „sportlich" gedeutet werden; zum Gegenstand selbst zählen auch zahllose Akteure, die
das Handeln anderer als „sportlich" oder „religiös" deuten oder die Deutungen
der Handelnden deuten. Dabei ist nicht nur zu beachten, dass diese Deutungen –
die Berger und Luckmann (1970) als Legitimationen bezeichnen – sozial wiederum sehr vielgestaltig ausfallen. Neben denen, die selbst Sport treiben oder sich
am Sporttreiben „ergötzen" werden sie auch von „Experten" aus der Theologie
(und zwar ihrerseits verschiedenster Provenienz, Religion und Konfession), von
gut informierten Journalisten, Kommentatoren, Beratern sowie (politischen, ad-
ministrativen, juristischen) Entscheidern gedeutet. Überdies darf man auch nicht
übersehen, dass die Wissenschaft selbst, die sich nicht als zur Religion gehörig
ansieht (Religionswissenschaft und -soziologie), ihrerseits folgenreich in den gesellschaftlichen Diskurs einfließt, und zwar häufig auch dann sozial folgenreich
(also ‚wertend'), wo sie sich als ‚wertfrei' gebärdet.

Während die Analyse eines solchen Diskurses, wie gesagt, noch aussteht,
möchte ich mich hier einer anderen Aufgabe widmen. Sie besteht darin, einen be-
grifflichen, theoretischen Rahmen bereitzustellen, der auch die Behandlung des
Verhältnisses von Sport und Religion ermöglicht. Die Wissenssoziologie, insbesondere sozialkonstruktivistischer Ausprägung, bietet den Ausgangspunkt für
einen solchen Rahmen, weil sie untersucht, dass und wie der Gegenstand selbst
von den Akteuren konstruiert wird. Um aber zudem der sozialen Konstruiertheit
der wissenschaftlichen Untersuchung selbst Rechenschaft abzulegen, bedarf sie
einer Erweiterung. Diesen erweiterten, reflexiven wissenssoziologischen Ansatz
bezeichne ich als „kommunikativen Konstruktivismus". Der kommunikative Konstruktivismus ist ein Ansatz, an dem ich schon länger arbeite (Knoblauch 1995).
Diesen Beitrag möchte ich nutzen, um drei Aspekte dieses Ansatzes, die für die
Klärung des Verhältnisses von Religion und Sport grundlegend sind, etwas zu
erläutern: Körper, Transzendenz und Praxis.

So breit alle drei Aspekte schon erläutert wurden, so möchte ich auf die besonderen Bedeutungen hinweisen, die sie in der Fassung des kommunikativen
Konstruktivismus erhalten. Denn dieser Ansatz macht nicht nur eine theoreti-
sche Unterstellung, dass alles soziale Kommunikation sei, wie sie etwa auch von
Luhmann formuliert wurde. Sie trägt der für alle Forschenden unumgänglichen
Erfahrung Rechnung, dass uns Soziales, also die Anderen, auch empirisch nur
in Form von Kommunikation begegnet – eine Erfahrung, die auch auf den Ande-
ren bzw. das alter ego zutrifft. Indem der kommunikative Konstruktivismus die
Subjektivität des Forschenden mit berücksichtigt, entgeht sie der Abgelöstheit von
Luhmanns systemtheoretischem Kommunikationsbegriff (Luhmann 1984). Weil

sie sich zudem nicht auf die Rationalität der Sprache als zentrales Medium der Kommunikation beschränkt und dabei die Habitualisierung und Institutionalisierung der Kommunikation berücksichtigt, umgeht der kommunikative Konstruktivismus auch die Normativität und Begrenztheit der Habermasschen Vorstellung des kommunikativen Handelns. Beide Abgrenzungen habe ich an anderer Stelle schon formuliert (Knoblauch 1995). Angesichts der jüngeren theoretischen Entwicklungen muss man aber auch weitere Vorteile dieses Ansatzes hervorheben: Während nämlich Diskurstheorien unter dem Problem einer Überbetonung der Zeichenprozesse leiden, hebt der kommunikative Konstruktivismus gerade die Leistungen des Handelns hervor. Dabei ist dieser in der Lage, die Konstitution der Habitualisierung, Routinisierung und Institutionalisierung nachzuzeichnen, die in den gegenwärtigen Praxistheorien vorausgesetzt werden, ohne deren Vernachlässigung des kommunikativen Aspekts von Praxis zu erliegen. Wie gesagt, schließt der kommunikative Konstruktivismus jedoch vor allem am Sozialkonstruktivismus Bergers und Luckmanns an, versucht aber, dessen Trennung von sozialem Handeln und Objektivierungen (bzw. zumeist „Zeichen") durch den Begriff des kommunikativen Handelns zu erweitern. Bei dieser Erweiterung spielt der Körper eine bedeutende Rolle, ohne dass jedoch der Körper gleich zum einzigen Zentrum des Sozialen erklärt wird.

In den folgenden sozialtheoretischen Überlegungen möchte ich – nach kurzen Erläuterungen zur Soziologie des Körpers – den Zusammenhang von Körper und Sinn anhand einer kurzen Diskussion der Praxistheorie und ihrer Vorstellung eines „verkörperlichten Wissens" behandeln. Die Differenz zur Praxistheorie erlaubt mir dann eine Zuwendung zum Konzept der Kommunikation, genauer, des kommunikativen Handelns. Dabei möchte ich die These formulieren, dass der „sinnhafte" Körper im kommunikativen Handeln gründet. Auf dieser etwas abstrakten sozialtheoretischen Grundlage möchte ich dann skizzieren, wie der Unterschied zwischen Religion und Sport gefasst werden kann, bevor ich abschließend einige zeitdiagnostische Überlegungen über die Konvergenz von Sport und Religion anstelle, die die Relevanz des Begriffes der Transzendenz für die gegenwärtige sich institutionsübergreifend ausbildende Körper-Kultur betonen.

2. Körper und Sinn

Will man eine Verbindung zwischen dem Sport und der Religion suchen, kommt man nicht am Körper vorbei. So steht es außer Frage, dass der Körper im Sport eine zentrale, vielleicht sogar die zentrale Rolle spielt. In der Religion erscheint der Körper zwar zunächst nicht von besonders großer Bedeutung, wenn man von einer Reihe positivistischer Religionspsychologien absieht, die das Religiöse in körperlichen, neuerdings vor allem Gehirnprozessen, verankern möchten. Genährt, vor allem von der Phänomenologie, hat sich auch in den Sozialwissenschaften das Interesse am Zusammenhang von Religion und Körper verstärkt. Csordas (1993) zum Beispiel nähert sich dem Phänomen der religiösen (Pfingst-) Erfahrung mit dem Konzept der „somatic modes of attention", also einer Art der verkörperten Intentionalität. Csordas Zuwendung zum Körper wird in einen Zusammenhang mit dem gebracht, was Gugutzer (2006) treffend als *body turn* bezeichnet, also der interdisziplinären Fokussierung auf den Körper bzw., wie man in der deutschsprachigen Diskussion ergänzen muss, auf den Leib. Diese „Körper-Wende" in der Soziologie wird, neben Csordas, angelsächsischen Autoren wie Featherstone, Giddens und Shilling zugeschrieben (die freilich mit der deutschsprachigen, stark in der Soziologie verankerten, philosophisch-anthropologischen Beschäftigung mit dem Körper ebenso wenig vertraut sind wie mit einem großen Teil der sozialphänomenologischen Leib-Analysen).

Wie unterschiedlich die verschiedenen Positionen zum Körper sind, hat Gugutzer (2010) sehr klar skizziert. Bei aller Unterschiedlichkeit zeichnet sich der „body turn" durch eine gemeinsame Linie aus: Die Anerkennung der grundlegenden Rolle des Körpers für die Theorie von Kultur und Gesellschaft. Vor dem Hintergrund zum Beispiel der Systemtheorie ist dies durchaus beachtenswert, vertrat doch etwa Luhmann (1984, S. 334) die Auffassung, „die Differenz von Körperlichkeit und Unkörperlichkeit [habe] (zumindest für unser heutiges Gesellschaftssystem) keine soziale Relevanz". Zugleich sollte man jedoch auch erwähnen, dass diese Ausblendung des Körpers keineswegs für die gesamte Soziologie gilt. Besonders die Durkheim-Schule hat den Körper ausdrücklich thematisiert. Durkheim selbst hebt die Bedeutung des Körpers hervor, wenn er bemerkt, dass schon der bloße Umstand, dass Menschen als Einzelwesen auftreten und identifiziert werden, dem Körper zu verdanken ist: „Il faut un facteur d'individuation, c'est le corps qui joue ce role" (Durkheim 1968, S. 386). Es ist zu beachten, dass er hier von Individuation spricht und nicht von Individualität, betont er doch damit, dass es der Körper ist, der die notwendige Voraussetzung der Sozialität darstellt. Dies wird durch die Analysen seiner Schüler noch verstärkt. So macht Marcel Mauss (1978) mit dem Begriff der „Körpertechniken" deutlich, wie sehr der Körper in seinen Bewegungen und Abläufen Produkt gesellschaftlicher und kultureller Prägungen ist, und Robert Hertz (2000) veranschaulicht am Beispiel der Unterschiede zwischen der Links- und Rechtshändigkeit, wie die Differenzen zwischen Profanität und in der Gesellschaftlichkeit verankerter Sakralität in den Körper eingeschrieben sind.

Die Geschichte der soziologischen Beschäftigung mit dem Körper kann durchaus kontinuierlich weitergeschrieben werden – etwa mit Scheler, Elias und Plessner, von der französischen Tradition der Körpersoziologie und der sozialkonstruktivistischen Analyse des Körpers (Knoblauch 2002b) ganz zu schweigen. Vor dem Hintergrund dieser Tradition kann der „body turn" kaum bedeuten, der Körper sei in der Soziologie wirklich systematisch vernachlässigt worden. Vielmehr, so scheint mir, hat die Rede vom „body turn" seine Berechtigung in der zentralen Rolle, die er dem Körper einräumt. Der „body turn" stellt den Körper bzw. den Leib in eine Hauptrolle, er ist grundlegend für Wissen, Handeln, das Soziale oder was immer der Grundbegriff der jeweiligen Disziplin sein mag. Der Körper ist, so betonte schon Merleau-Ponty (1945, S. 169), „médiateur d'un monde", und so wird er durch den „body turn" auch zum Zentrum des sozialen Weltverhältnisses.

Für die Soziologie allgemein ist diese Zentralität des Körpers deswegen von besonderem Belang, weil sie – zumindest in der Weberschen Tradition – ihren Ausgangspunkt beim subjektiven Sinn hat. Die Grundlage jeder soziologischen Aussage, die nicht im Positivismus aufgeht, ist also das Subjekt. Wenn nun das Subjekt in Erweiterung des Weberschen Konzepts als verkörperlicht verstanden wird, was bedeutet das für den Sinn, der Handlungen leitet?

Eine erste Antwort auf diese Frage wird von der gegenwärtigen Zuwendung zum Begriff der Praxis gegeben. Im Unterschied zum vermeintlich „kognitivistischen" Begriff des Handelns (Reckwitz 2004) betont sie nämlich mit dem Begriff der Praxis die Körperlichkeit des Handelns, dessen Sinn dabei immer auch als sozial gilt.

3. Praxis, Verhalten und Handeln

Die Praxistheorie geht in ihren Grundzügen auf Marx zurück. In ihren vielfältigen Verzweigungen über Lukacs, Leont'ev, Meszaros, Lefebvre oder Ottomeyer hat sie vor allem über Pierre Bourdieu wieder an akademischer Popularität gewonnen. In der jüngeren Zeit wird sie vor allem im Rahmen poststrukturalistischer Ansätze diskutiert. International kommt dabei der Theorie von Schatzki (1996; 2001) eine besondere Bedeutung zu, national ist unter anderem Reckwitz (2003) zu nennen. Schatzki zufolge bezieht sich Praxis auf eine Bandbreite menschlicher und nichtmenschlicher Aktivitäten. Der Begriff zielt dabei besonders auf das, was in der Wissenssoziologie als handlungsleitendes Wissen (d.h. gesellschaftlich vermittelte Sinnorientierungen) gefasst wird, also Fertigkeiten, das stillschweigende Wissen, Präsuppositionen sowie Dispositionen ab. Der Begriff des Wissens wird jedoch ebenso vermieden wie der des Handelns, weil die verkörperten und habitualisierten Aspekte hervorgehoben werden. Praktiken sind „embodied, materially mediated arrays of human activity centrally organized around shared practical understanding" (Schatzki 2001, S. 2). Damit ersetzte der Begriff der Praxis „mind" „as the central phenomenon in human life" (Schatzki 2001, S. 11).

Die begriffliche Umstellung auf Praxis wendet sich einerseits gegen den car-tesianischen Dualismus, der allerdings seit langem schon von einer breiten Front kritischer, phänomenologischer und hermeneutischer Theorien angegriffen wur-de. Spezifischer richtet er sich gegen die vermeintliche begriffliche Intellektuali-sierung des Handelns (Reckwitz 2004, S. 320) und führe, wie Reckwitz folgert, zu einer „Umkehrung der Weberschen Handlungstheorie". Der Handlungsbegriff gehe, so Reckwitz, von einer Bewusstheit aus und verkürze damit die eigentlich körperliche Praxis.

Zwar bleiben die verschiedenen Linien der Praxistheorie miteinander we-nig versöhnt, doch darf man zugestehen, dass sie dabei dem Begriff des Körpers eine besondere Rolle einräumen. So sieht Schatzki (1996, S. 43f) den Körper als die Manifestation des menschlichen Lebens und seiner „Ebben und Fluten" an. Der Körper ist einerseits bedeutungsvoll, zum anderen ist er ein instrumenteller Körper. „The body is the seat, or site, of mind qua common medium of expres-sion for the disparate conditions of life. As we have seen, this medium is a social-ly moulded multidimensional site of manifestation, signification, and effectuation where life conditions are bodied forth in the phenomenal world" (Schatzki 1996, S. 53). Kurz: Der Körper ist eine „vermittelnde Struktur".

Ähnlich wie die Systemtheorie und die Diskurstheorie ist die (mit der letz-teren häufig verknüpfte) Praxistheorie bemüht, die Annahme, dass Subjekte han-deln, durch den Begriff der Praxis zu ersetzen, in dem der Körper als das ent-scheidende soziale Organ angesehen wird. Nicht Handelnde reden und handeln deswegen, sondern „practice is the temporally unfolding and spatially dispersed nexus of doings and saying" (Schatzki 1996, S. 89). Dabei übernimmt der Körper die Rolle des Wissensträgers und Handlungsorgans. Der Begriff des Handelns wird auch vermieden, weil der Körper nicht als subjektiv (also als Leib) und in-dividuell, sondern wesentlich als sozial angesehen wird. Denn die Ausführung bzw. Performanz der Praktiken erfordert kein steuerndes Bewusstsein, vielmehr wird das steuernde Bewusstsein zuweilen selbst als eine Folge der Praxis ange-sehen. Diese schon genannte Vorstellung eines sozialen Wissens als „tacit know-ledge", Fertigkeiten, Gewohnheiten und Routinen wird vor allem in Bourdieus Begriff des Habitus sehr prägnant gefasst (Krais/Gebauer 2002). Habitus bedeu-tet die Einschreibung sozialen Wissens und der mit der Sozialität verbundenen institutionellen Ungleichheit in den Körper, der damit auch zum sozialisierten Ausführungsorgan dieses Wissens wird.

Weil sie mit dem Anspruch antritt, sich paradigmatisch von anderen Theorien zu unterscheiden, zeichnet die Praxistheorie Karikaturen derjenigen Ansätze, von denen sie sich absetzt. Das führt dazu, dass manche ihrer analytischen Befunde hinter bekannten Ergebnissen zurückbleiben, diese sogar unterminieren. Ich habe dies am Vergleich von Bourdieus Konzept des Habitus mit der „Habitualisierung" von Berger und Luckmann skizziert, die den von Bourdieu vernachlässigten Prozess der Ausbildung des Habitus erfassen (Knoblauch 2003). Auch Bongaerts (2007, S. 256) weist darauf hin, dass – entgegen der Annahmen der Praxistheorien – viele Routinen und Gewohnheiten häufig auf ein sehr bewusst trainiertes Verhalten zurückgehen. Selbst wenn man dieses Verhalten einem sozial konstruierten Subjekt und seinen „Selbsttechniken" zuschreibt, so wäre es doch unangemessen, an ihrer Bewusstheit zu zweifeln. Auch wenn Schatzki Taylors (1995, S. 167) Beobachtung hervorhebenswert findet, „understanding is always against a background of what is taken for granted, just relied on", so ist dies in phänomenologischen, hermeneutischen und wissenssoziologischen Theorien schon ausdrücklich reflektiert. Die Herausstellung dieses Routinewissens sollte nicht darüber hinwegtäuschen, dass wir, wie etwa Schütz betont, gerade vor ihrem Hintergrund sehr bewusst handeln können. Ein Umstand, dem die Praxistheorie kaum Rechenschaft ablegt. Dabei ist, wie Bongaerts betont, auch die Ausführung bzw. „Performanz" des Handelns zu beachten. Ja, erst die „zeitdimensionale Unterscheidung von *Handeln* und *Handlung* [die Schütz vorschlägt] ermöglicht [es], die Differenz zwischen *modo futuri exacti* vorentworfener und zu realisierender *Handlung* und dem faktischen *Handeln* zu berücksichtigen, das dann zu realisierten Handlungen führt" (Bongaerts 2007, S. 258).

Wie schon mehrfach angedeutet, ist gerade auch die wesentliche Sozialität des Handelns keineswegs ein Spezifikum der Praxistheorie. Genau diese Sozialität ist es ja, die die neuere Wissenssoziologie betont, indem sie den subjektiven Sinn, der das Handeln leitet, in „Wissen", das sozial vermittelt ist (Knoblauch 2005), überführt. Dabei hebt schon Schütz mehrfach hervor, dass Wissen vorgängig sozial sei: „Denn in der natürlichen Welteinstellung ist unser Sein von vornherein ein Sein mit anderen (,) und solange Menschen von Müttern geboren und nicht in der Retorte hergestellt werden, wird die Erfahrung vom alter ego der Erfahrung vom eigenen Ich genetisch-konstitutionell vorausgehen" (Schütz 2003a, S. 115). Und, wie ebenfalls angedeutet, auch die Leiblichkeit ist keineswegs so neu, dass man ihre Berücksichtigung unbedingt als Entdeckung ansehen müsste. So ist nicht nur Merleau-Pontys Leibanalyse in der Soziologie schon länger rezipiert worden. Es ist jedoch vielfach übersehen worden, dass auch Schütz schon vor Merleau-Pontys „Phénoménologie de la perception" auf die zentrale Rolle des Leibes hingewiesen hat. In seinem Aufsatz zur Personalität aus dem Jahr 1936, welchen Srubar (1988) als den entscheidenden soziologischen Wendepunkt bei Schütz ansieht, weist Schütz (2003a, S. 111f.) auf die zentrale Rolle des Leibes hin. Er ist nicht nur Perzeptionsorgan und Träger urstiftender aktiver und passiver Erlebnisse, Ursprung der Weltorientierung und Gegenstand meines Alterns, sondern das soziale Medium des Subjekts.

Halten wir fest, dass die Habitualität, die Sozialität und die Leiblichkeit kein Spezifikum der Praxis ist. Auch wenn der Praxisbegriff die Möglichkeit der bewussten Handlung übergeht, so besteht einer seiner Vorzüge jedoch darin, dass er die Eigentätigkeit des Körpers deutlich hervorhebt. Damit meine ich weniger „Gewohnheiten und Verhaltensweisen, die nicht das Bewusstsein im Sinne eines Zieles, Entwurfs o.ä. durchlaufen haben" (Bongaerts 2007, S. 256), die als Sedimentierungen, Typisierungen und Routinen – kurz: als Wissen – vermittelt werden.[2] Vielmehr scheint, wie Bongaerts (2007, S. 258) zurecht bemerkt, die Praxistheorie mit ihrer Verkörperlichung des Wissens eine ganz andere Grenze zu sprengen, die im Sozialkonstruktivismus noch etwas realistischer aufrechterhalten wird: Handlung und Verhalten – schon bei Weber und auch noch bei Berger/ Luckmann einander ausschließende Grundbegriffe – werden „praktisch" nicht mehr geschieden. Wenn man die Praxistheorie nämlich ernst nimmt, dann sind alle unsere Verhaltensweisen wesentlich sozial geprägt. Ob wir uns kratzen, räuspern, geschlechtlich erregt sind oder weinen, Hunger haben und essen oder wütend werden – all das, was die moderne Verhaltenstheorie als ‚vorsozial', biologisch bzw. ‚instinktiv' ansieht (das lediglich sozial und kulturell ‚überformt' werden könne), erscheint aus der Perspektive der Praxistheorie als wesentlich sozial, kulturell oder, wie man früher sagte, sozialisiert. Während so die vergleichende Verhaltensforschung (ähnlich die Hirnforschung) selbst als Trägerin eines ‚biopolitischen' Programms, einer ethnozentrischen Weltsicht oder einer ideologischen Naturalisierung erscheint, fällt mit der praxistheoretisch induzierten Verkörperung des Handelns die seit Weber geteilte Annahme einer systematischen Grenze zwischen Verhalten und Handeln.[3] Alles, was der Körper tut, ist prinzipiell mit Sinn verbunden, und diese Annahme lässt sich aufrechterhalten, da man nicht davon ausgehen muss, die Subjekte verfügten bewusst über den Sinn.

---

2   Genau dass der Sinn der sie konstituierenden Handlungen nicht mehr nachvollzogen werden
    muss, ist ja auch der Kern der „Institution" bei Berger und Luckmann (1970).
3   Man sollte aber bemerken, dass Schütz (2003b, S. 185) diese Grenze eher graduell definiert,
    wenn er „Verhalten" als subjektiv sinnvolle Erfahrungen ansieht, die unserem spontanen Leben
    entspringen".

Anstatt also „Handeln" aufzugeben, scheint es mir brauchbarer, den Begriff der Praxis in das Handeln zu integrieren. Das bedeutet indessen nicht, dass Handeln sozusagen als Bewusstseinsspitze des ‚unbewussten' Eisberges der Praxis aus dem Wasser ragte. Vielmehr führt der systematische Einbezug des Körpers zu einer Veränderung des Handlungsbegriffes. Diese Veränderung betrifft die Frage, wie Handlung mit Sinn verbunden ist, und damit die Frage, die in der phänomenologischen Tradition mit Transzendenz verbunden ist. Wenn nämlich Subjektivität und Sinn verkörperlicht gedacht werden müssen, dann muss dies auch Folgen haben für den Begriff der Transzendenz.

4. Die kommunikative Konstruktion der Transzendenz

Es wird gerne übersehen, dass wir genau an der Verbindung zwischen Körper und Sinn das Problem der Transzendenz berühren, jedenfalls wenn man Luckmanns funktionalistischem Begriff des Transzendierens folgt (Luckmann 1991). Sinn nämlich ist nicht einfach eine Eigenschaft der subjektiven Erfahrung, vielmehr beruht Sinn für Luckmann darauf, dass er die fortlaufenden Wahrnehmungen des biologischen Organismus „transzendiert". „Es deckt sich mit einer elementaren Bedeutungsschicht des Religiösen, wenn man das Transzendieren der biologischen Natur durch den menschlichen Organismus ein religiöses Phänomen nennt" (Luckmann 1991, S. 85f.). Transzendenz also beruht dabei im Wesentlichen auf einer Distanz zu dem, was im biologischen Sinne als „Körper" bezeichnet wird. Das bedeutet jedoch nicht, dass sie jenseits des Körpers liegen müsste.[4] Transzendenz ist nicht, wie in vielen Theorieanlagen, eine ‚Substanz', die der Immanenz ‚gegenüber' liegt, sondern eine Leistung des verkörperten Bewusstseins. Diese Leistung fügt der biologischen Reiz-Reaktion-Kette eine zusätzliche Sinn-Dimension hinzu, welche auf etwas verweist, das selbst nicht körperlich gegeben ist. Daher stellt sich die Frage, wie dies geschieht. Wie können wir Transzendenz fassen, wenn wir den Körper mitdenken?

Luckmann selbst gibt darauf einige Hinweise, wenn er die Ablösung aus dem Strom des Erfahrens und die Möglichkeit der Distanz zu ihm damit in Ver-

---

4   Ich stütze mich hier also auf den anthropologischen Aspekt von Luckmanns Begriff der Transzendenz, ohne näher auf die phänomenologische Dreiteilung in kleine, mittlere und große Transzendenzen einzugehen (vgl. dazu Knoblauch 2009). Im Unterschied zu Luckmanns späterer Auffassung (Luckmann 1990), der meint, dass die großen Transzendenzen nicht körperlich seien und deswegen von einer „Schrumpfung der Transzendenzen" spricht, sind m.E. die großen Transzendenzen immer auch körperlich fundiert, was sich etwa an der „Jenseitsreise" im Schamanismus, der Todesnäheerfahrung oder der religiösen Vision sehr schön zeigen lässt.

bindung bringt, dass ein ,äußerer Blickwinkel' importiert wird. Das ist, wie er betont, „ursprünglich nur in den wechselseitigen sozialen Vorgängen der Face-to-Face-Situation möglich" (Luckmann 1991, S. 84). Das Transzendieren setzt also die Interaktion mit Anderen voraus. Eine zentrale Rolle spielen dabei „Objektivierungen" – ein Begriff, der auch in der „gesellschaftlichen Konstruktion der Wirklichkeit" (Berger/Luckmann 1970) eine zentrale Rolle spielt und der sozusagen ausdrücklich und klassisch die „Transzendenz" des subjektiven Sinnes formuliert. Allerdings fokussiert Luckmann ebenso wie Berger dabei hauptsächlich Zeichen und Sprache und die mit ihnen verbundenen Produkte. Wenn wir allerdings den Körper hier mitdenken, dann dürfen wir „Objektivierung" nicht nur als Produkt, sondern auch als Prozess betrachten. Das klingt zwar abstrakt, findet aber eine sehr konkrete Form in der „Objektivierung", also etwa in Gesten und Ausdrücken.

Das lässt sich anhand eines geradezu paradigmatischen Beispiels illustrieren: dem Fingerzeig. Dieser wird von Tomasello (2008) in einigen äußerst eindrücklichen Experimenten mit Schimpansen und Kleinstkindern untersucht und in seiner ontogenetischen und phylogenetischen Bedeutung herausgestellt. Dabei zeigt er, dass beide zwar durchaus zu intentionalem Handeln in der Lage sind, doch fehle ihnen das, was Tomasello „shared intentionality" nennt. Darunter versteht er die Möglichkeit zu

„joint attention, joint intention, and communicative intention, we see humans' cooperative motives for communication turn into mutual assumptions, and even norms of cooperation; and we see humans' 'natural' communicative gestures turn into human communicative conventions" (Tomasello 2008, S. 335).

Diese „shared intentionality" ist die Voraussetzung dafür, dass man also einen Fingerzeig als Verweis auf etwas Anderes versteht und nicht als Erzeugung der Aufmerksamkeit auf seinen Finger bzw. die eigene Person. Erst Menschen ab dem Alter von etwa neun Monaten könnten diese Verweisung vollziehen: Sie sehen nicht einen Finger, sondern den Finger als Verweis auf das, worauf er zeigt. „Das Zeigen", so fasst Fuchs (2008, S. 25) das Resultat von Tomasellos Experimenten zusammen, „stellt den Ursprung von Bedeutung dar und nimmt damit die Symbolik der Sprache vorweg".

Ich möchte an dieser Stelle nur andeuten, dass der Begriff der „shared intentionality", den Tomasello (2008) von Searle (1995) übernimmt, hinter der Analyse der Intersubjektivität durch Mead, Cooley und Schütz zurückfällt. Denn die Deutung des Fingerzeigs setzt voraus, dass ,he sees me seeing it'. Die „Bedeutung" wird also (sofern sie noch nicht konventionalisiert ist) nicht einfach „geteilt", sondern setzt zum einen voraus, was Mead die „Rollenübernahme" nennt, zum anderen erfordert sie die von Schütz analysierte „Reziprozität der Perspektiven", damit der Fingerzeig überhaupt als Referenz wahrgenommen werden kann. Erst wenn man diese beiden Leistungen verkörperter Intersubjektivität voraussetzt, können wir Tomasellos Fall des Fingerzeigs verstehen, und zwar als Form des Transzendierens. Der Verweis, den der Fingerzeig herstellt, wenn er als Verweis aufgefasst wird (und nicht als pars pro toto), entspricht dem, was Husserl als „Appräsentation" bezeichnet.[5] Etwas, der Finger, steht für etwas anderes, nämlich das, worauf er hinweist – obwohl er nicht dort ist. Appräsentationen sind zweifellos Transzendenzen des unmittelbaren Erfahrens (vorausgesetzt wir haben das, worauf er verweist, nicht im Blick). Gerade wer vor dem Begriff der Transzendenz eine religiöse Ehrfurcht verspürt, sollte dennoch das so beschriebene Phänomen dafür nicht zu trivial halten: In einem gewissen und durchaus prägnanten Sinne könnte man hier von einer elementaren Form des „Geistigen" reden. Dieses Geistige ist, wie man sieht, auf dem Körper fundiert, an körperliche Vorgänge gebunden und damit als Produkt oder Prozess materiell. Es geht jedoch nicht in der Materialität des Körperlichen auf. Der Körper ist vielmehr Teil eines Vorgangs, den ich als kommunikatives Handeln bezeichne. Der Körper spielt darin zwar eine bedeutende Rolle, doch ist er nicht das Zentrum des Sozialen, wie dies etwa im Theorieentwurf des „kommunikativen Körpers" bei O'Neill (1990) erscheint. Erst kraft der Transzendenz (die wesentlich in der Orientierung an Anderen als Anderen basiert) ermöglicht der Körper das kommunikative Handeln, das man als fortwährende Herstellung von Transzendenz bezeichnen kann. Man könnte etwas verkürzt sagen, die Transzendenz des Körpers ist die Transzendenz des Anderen. Verkürzt ist dies, weil der Andere die in der Intersubjektivität gemachte Annahme voraussetzt, dass er etwas so wie ich erfährt. Diese Voraussetzung erst ermöglicht es, dass das Verweisen auf etwas Anderes mit dem Verweisen vor jemand Anderem (also in einer als gemeinsam unterstellten, durch die Reziporizität der Perspektiven „übersetzten" Weise) verknüpft wird.

Wenn wir von Transzendenz reden, sollte man das Missverständnis vermeiden, sie lediglich auf eine passivische „Erfahrung der Transzendenz" zu reduzieren. Hatte schon Husserl darauf hingewiesen, dass das menschliche Bewusstsein auch dann aktiv ist, wenn wir vermeintlich nur von Gegenständen affiziert werden, so ist der Gedanke von Schmitz, die Wahrnehmung sei eine Form der „leiblichen Kommunikation" sicherlich hervorhebenswert. Sowohl das Sehen wie auch das Hören oder Tasten, so betont er, seien Formen, in denen eine „Einleibung"

---

5   Weil wir davon ausgehen müssen, dass der Fingerzeig von Kleinstkindern verstanden werden muss, bevor er als konventionalisiert wahrgenommen wird, ist der Begriff des Zeichens hier noch nicht angemessen.

der Welt geschehe (Schmitz 2009). Um den aktivischen Teil dieser Einleibungen hervorzuheben, die – bezogen auf Andere – Subjektivität konstituieren, verwende ich den Begriff des Handelns. Angesichts systemtheoretischer Missverständnisse ist es sicherlich wichtig darauf hinzuweisen, dass menschliche Kommunikation systematisch mit dem kommunizierenden Subjekt gekoppelt ist, denn es nimmt nicht nur die Umwelt wahr, sondern damit auch das, was kommuniziert wird, und zwar, besonders bedeutsam, wie ich hinzufügen möchte, dabei immer auch sich selbst. (Dass sich das Subjekt dabei nicht gleich wahrnimmt wie das Andere, das kommuniziert, ist ganz wesentlich für die Differenz zwischen Ich und Anderem.) Zugleich sollte man aber auch betonen, dass die leibliche Kommunikation eben keineswegs nur eine Wahrnehmung ist, wie Schmitz (2009) nahezulegen scheint; es ist immer auch ein Akt, der in die Welt eingreift. Im Anschluss an Husserl redet Schütz hier vom „Wirken".

Der Fingerzeig ist ein Wirken nicht nur in der Hinsicht, dass der Körper verändert wird; er ist auch ein Wirken in dem Sinne, dass diese eine auch für andere wahrnehmbare, erfahrbare Veränderung in der (als gemeinsam wahrgenommenen) Umwelt ist. Auf der Grundlage der Reziprozität der Perspektiven und der Rollenübernahme wird er nicht nur vom ausführenden Körper, sondern auch vom beobachtenden Körper (und vom ausführenden als gleichzeitig beobachtenden) wahrgenommen. Die Transzendenz ist damit nicht nur intersubjektiv, sie ist das, was wir schon oben als Objektivierung herausstellten. Wie schon das Beispiel des Fingerzeigs deutlich macht, sollten Objektivierungen nicht auf Objekte, also materiale Produkte von Handlungen (z.B. Zeichen) reduziert werden. Bei Objektivierungen kann es vielmehr auch um Vorgänge gehen, wie die Beispiele des menschlichen Ausdrucksverhaltens zeigen. Als etwas, das in der gemeinsamen Umwelt als wechselseitig und gegenseitig wahrnehmbar gilt, können Objektivierungen, woran man erinnern muss, natürlich auch Objekte, Produkte und Technologien einschließen. Der berühmte Blindenstab, der als Erweiterung des Körpers wahrgenommen wird, ist ein gutes Beispiel (das fälschlicherweise für die „Objekttheorien" als Argument eingesetzt wird, obwohl er schon von Merleau-Ponty als Beispiel verwendet wird). Materielle Objekte spielen nicht aus ,natürlichen' Gründen,, sondern aus logischen eine Rolle, weil sie über die Materialität des Körpers dauernd ins Spiel gebracht werden.

Wie schon erwähnt, öffnet die Untersuchung von Zeichen und Sprache (als eigenständige Institution) den Blick nur auf die eine Seite der Medaille, also der ,Produkte', verstellt ihn aber auf die ,Prozesse' (die auch der Praxisbegriff betont). Mit dieser einseitigen Fokussierung ist die Unterstellung genährt worden, Objektivierungen könnten gleichsam unabhängig von den Handlungsabläufen

durch ihre ‚Strukturen' verstanden werden – eine Vorstellung, die der Struktu-
ralismus ebenso nährt wie die Semiotik. Objektivierungen aber sind nicht nur
‚bedeutungshafte' Objekte, sie sind auch Teile von instrumentellen Wirk-Hand-
lungen, die in die intersubjektive Wirklichkeit eingreifen. Es ist dieses Eingreifen, das ich als wechselseitiges zeichenhaftes Wirkhandeln bzw. kommunikatives Handeln bezeichne (Knoblauch 1995). Es baut auf einem Grund von Wissen
und damit Praktiken auf, die allerdings mit transzendierenden Verweisen verbunden sind, also auf der Verwendung von appräsentierenden Objektivationen und
damit Kommunikation. Der Zusatz kommunikative *Handlung* weist, wie schon
erwähnt, darauf hin, dass sie im Vollzug automatisch die Reziprozität der Perspektive und die Rollenübernahme und damit die Unterscheidung zwischen Sub-
jektivitäten voraussetzt.

Auch wenn ich den Begriff der kommunikativen Handlung und den damit
verbundenen Ansatz des kommunikativen Konstruktivismus hier nur andeuten
kann, so muss ich doch betonen, dass er sich von Habermas' Vorstellungen nicht
nur durch die Betonung des nichtreflexiven Anteils des Wissens am Handeln (also
der „Praxis") unterscheidet. Zudem halte ich seine Trennung von instrumentellem und kommunikativem Handeln für unnötig. Indem nämlich kommunikatives
Handeln notwendig Objektivierungen in einer sozial gemeinsam erfahrbaren Umwelt erzeugt, ist es immer auch „instrumentell", also Wirken. An dieser Wirkung
wiederum ist der Körper, in dem beides zusammenfällt, wesentlich ‚schuld': sein
handelnd wirkender Ausdruck und die (auch davon, aber auch von ‚Anderem' be-
wirkte) Erfahrung. Es ist der Körper, der uns mit der Materialität der Welt und
allem, was als Objekt, Ding oder Anderer auftreten kann, verbindet (und kraft
dessen wir kommunikativ handeln können), und es ist der Körper, der Diskurse
erdet und ihnen jene ominöse Macht verleiht, die ansonsten gerne metaphysisch
erscheint. Die Sozialität aber ist identisch mit der Körperlichkeit. Gesellschaftlich
wird der Körper erst im Prozess des kommunikativen Handelns (das die Praxis
miteinschließt, aber nicht auf sie beschränkt ist). Das kommunikative Handeln
verbindet Körperlichkeit, Sozialität und Transzendenz.

5. Sport und Religion

Wie der Titel schon andeutet, behandle ich das Verhältnis von Religion und Sport
auf einer analytischen Ebene, die sich von der unterscheidet, auf der ich den Körper ansiedle. Während die Kategorien Körper, Transzendenz und Handeln etwa
als Grundbegriffe der Soziologie, d.h. bei der Analyse aller sozialen Phänomene
firmieren, ist „Religion" ein historisches Phänomen, das sich sehr erfolgreich glo-

bal ausgebreitet hat. Genauso wenig wie Transzendenz auf Religion enggeführt werden kann, lässt sich eine für die Religion spezifische Körperlichkeit substanziell bestimmen. Denn zum einen sind die Haltungen der offiziellen Religionen zur Körperlichkeit so unterschiedlich wie ihre diesbezüglichen Praktiken: Manche sind entschieden körperfeindlich, andere kultivieren geradezu die Körperlichkeit (Cipriani 2009). Zum anderen sind körperliche Phänomene offenbar viel breiter anzulegen als eine künstliche Kompartmentalisierung ‚religiöser' Körperphänomene nahelegt. Vermeintlich religiöse Erfahrungen, Emotionen oder Handlungen erscheinen nur dann als spezifisch religiös, wenn man nicht die möglicherweise gleiche Erfahrungsstruktur in anderen institutionellen Zusammenhängen beobachtet (ausführlicher in: Knoblauch 2009). Und auch dann, wenn, wie etwa in der Durkheimschen Tradition, der Begriff der Religion universell verwendet wird, treten doch Phänomene auf, die ihn ebenso weiten wie der Begriff der Transzendenz. So beobachten auch Mellor und Shilling (1997) zwar eine Abwendung von der modernen, rationalen und protestantisch geprägten religiösen Körperkultur hin zu einer postmodernen Barockisierung, doch reichen diese so weit in Sport, Medizin und Alltagskultur hinein, dass die vermeintliche Präzision des Begriffs Religion völlig untergraben wird.

In Teilen der Religionssoziologie wird deswegen unterschieden zwischen dem, was man institutionell als Religion bezeichnet, und dem, was über die Institutionen hinweg und individuell als Religion fungiert und deswegen mit dem breiteren Begriff der Transzendenz bezeichnet wird. Innerhalb der Sportsoziologie ist diese Unterscheidung zwar auch schon angedeutet worden (Dietrich/ Heinemann 1989). Dennoch hat sie sich kaum durchgesetzt. Der Unterschied zwischen dem ‚offiziellen' Sport, wie er von Verbänden organisiert wird, und dem individuell betriebenen Sport, wie etwa Joggen, ist weit weniger scharf ausgeprägt als in der Religion, wo zwischen „offizieller Religion" und „unsichtbarer Religion" Welten liegen können (Luckmann 1991). Das mag sicherlich damit zu tun haben, dass sich der Sport sehr viel leichter und entschiedener von seiner modernen Organisationsform in Vereinen und Verbänden hin zu privat betriebenen kommerziellen Organisationsformen (z.B. Fitnesstudios) geöffnet hat; es hat auch damit zu tun, dass der Sport sehr viel weniger Abgrenzungsprobleme zu angrenzenden Aktivitäten (Yoga, Zen) hat wie die Religion[6]; und schließlich mag es damit zu tun haben, dass der Sport in der gegenwärtigen Gesellschaft entsprechend weniger legitimatorische Arbeit zu leisten hat als die Religion.[7]

---

6   Das gilt ja auch für die Frage der Heilung, die beim Sport mittlerweile als unbestrittener gilt als bei der „seelsorgerlichen" Religion (vgl. Turner 1980).

7   Auf die Rolle der sportlichen Werte in der gegenwärtigen Gesellschaft hat Hans Lenk immer wieder sehr entschieden hingewiesen (vgl. z.B. Lenk 2002).

Wie unterschiedlich auch die Probleme der Abgrenzung der eigenen Institution von anderen Institutionen sein mögen, so deutlich scheint es doch, dass Sport und Religion soziologisch auch als Institutionen in ihrem institutionellen Verhältnis betrachtet werden müssen. Wie die Religion ja erst im Zuge der Säkularisierung als eigenständige Institution sichtbar wird (und wie auch der Begriff „Religion" sich erst in der beginnenden Moderne einbürgert), so kann man auch den Sport als ein modernes Institutionensystem betrachten, das sich allerdings – auch in der ideologischen Auseinandersetzung des britischen „sport" mit dem deutschen Turnen – etwas später formiert. Die Unterschiede zwischen beiden Institutionsbereichen beziehen sich offensichtlich auf die Art der Institutionen: Kirchen, Sekten und Gebetsgruppen sind keine Fußballclubs und Sportvereine, „teams" sind keine Gemeinden. Allerdings verläuft die Grenze nicht scharf, kann doch auch Religion formal in Vereinen organisiert sein, und auch im Sport, besonders im Zuschauersport, können sich rituelle Gruppen zusammentun. Wie schon Durkheim beobachtet hat, brauchen sich Religion und Sport nicht einmal in der Funktion zu unterscheiden (oder dem, was man die „idée directrice" der Institution nennt, kann doch der Sport nicht nur Efferveszenz erzeugen, sondern auch großflächige Gemeinschaften symbolisieren).[8]

Vor dem Hintergrund der theoretischen Ausführungen liegt es deswegen nahe, die häufig verwirrenden Unterschiede zwischen Sport und Religion durch den Blick auf die Formen des kommunikativen Handelns zu klären, und zwar nicht nur auf der Ebene des Handelns, sondern auch der Institutionen. Im Unterschied zum systemtheoretischen Blick auf „Kommunikation" bedeutet das nicht die (empirisch mehr oder weniger zufällige) Bestimmung einer in der offiziellen Legitimation angelegten Funktion ihrer Codes und ihres Programmes, wie es die Systemtheorie nahelegen würde. Der induktiv orientierten Logik des kommunikativen Konstruktivismus zufolge bedeutet dies vielmehr, die empirisch beobachtbaren Formen der Kommunikation zu beschreiben, die von den Handelnden explizit als religiös bzw. sportlich bezeichnet oder implizit als religiös bzw. sportlich behandelt werden. Eine solche Beschreibung ist hier allerdings nicht möglich. Ich möchte lediglich kurz skizzieren, auf welche Aspekte und Dimensionen eine solche Beschreibung achtet und wie sie zur Klärung des Verhältnisses beitragen könnte.

Ausgehend von der konstruktivistischen Annahme ist die Eigenart religiöser und sportlicher Institutionen und ihre Differenz nicht substantiell bedingt,

---

8   Ein häufig zitiertes Beispiel dafür ist natürlich die „Muskelreligion" de Coubertins und ihre Funktion bei der Legitimation nationalistischer Ideologien (vgl. Alkemeyer 1996 und in diesem Band).

sondern wird durch historisch entstandene und entsprechend bedeutsame Formen kommunikativen Handelns erzeugt. Während wir diese Formen dadurch beobachten können, dass sie kommuniziert werden, sollte beachtet werden, dass die Bedeutung dieser Kommunikation jeweils von den Handelnden bestimmt wird (und von den Beobachtern verstanden werden muss). Kommunikatives Handeln setzt den Körper voraus und bindet das Handeln an die (vermeintlich instrumentell verstandene) Materialität der gesellschaftlichen Wirklichkeit. Es ist deswegen nicht einfach eine „Selektion", sondern ein Prozess, in den der Körper in Zeit und Raum hineinwirkt, also eine „Performanz".

Führen wir uns verschiedene exemplarische Formen typischen religiösen und sportlichen Handelns vor Augen, dann ist leicht erkennbar, dass schon die unmittelbare körperliche Kommunikation sehr unterschiedliche Formen annimmt: Turnen unterscheidet sich vom Beten ebenso deutlich wie die Litanei vom Schlachtruf. Es ist dabei sehr offensichtlich, dass der Sport weitaus stärker ausdifferenzierte Formen der Kommunikation entfaltet, sie mit unterschiedlichstem Sinn versieht und dabei weiter innovativ ist. Turnen etwa oder der Sporttanz, Fußball oder Eislaufen, Leichtathletik oder Boxen unterscheiden sich nicht nur voneinander; sie sind als körperliche Ablaufformen konstitutiv für besondere Sportarten und, wenn man so will, bezeichnend für den Sport. Auch wenn die Religionen prinzipiell (selbst dort, wo sie körperfeindlich erscheinen) den Körper nicht negieren können, so finden sich hier zwar auch spezifische Formen der Kommunikation, wie das Beten mit gefalteten Händen, die fromme Körperhaltung oder die Prozession (die im 19. Jahrhundert von der Arbeiterbewegung übernommen wird und damit politische Bedeutungen erhält). Wollte man den Sport als eine Form des körperlichen Diskurses ansehen, der aus kommunikativen Handlungen gebildet wird, so könnte man sagen, dass der Körper hier einen zentralen impliziten Topos bildet.

Die kommunikativen Handlungen von Sport und Religion sind jedoch keineswegs nur zeichenlose Praktiken, sondern sind mit spezifischen Formen materialer Objektivierungen verknüpft, die ihre Eigenheiten und Unterschiede sehr deutlich markieren. Dazu zählen nicht nur die vielfältigen Materialien des Dekorum – vom Kreuz über den Kelch bis zum Ornat bei der Religion, vom Trikot über das Vereinsemblem bis zum Sportgerät im Sport. Das gilt auch für großflächige Objektivierungen wie etwa Räume, Gebäude und ganze Stadtviertel. So zeichnet sich die Religion ebenso durch eine historisch sedimentierte Innenarchitektur aus (Altar, Lettner, Sakristei etc.) wie der Sport, der auf seinen Plätzen, in Hallen und Stadien ganz eigene (und sportartenspezifische oder -übergreifende) Formen entwickelt hat.[9] Man beachte, dass diese Objektivierungen immer im

---

9   Vgl. dazu Duttweiler in diesem Band.

Handlungszusammenhang einer Performanz betrachtet werden müssen: Wie der Deutschland-Besuch des Papstes Benedikt XVI. im Jahr 2011 gezeigt hat, kann durch die kommunikativen Rituale der katholischen Kirche, ihre Emblematik und einige Utensilien selbst ein politisch konnotiertes Sportgebäude wie das Berliner Olympiastadion zum passenden Rahmen eines Gottesdienstes werden. Natürlich sollte man beachten, dass sich hinter der Formulierung „Rituale" ein großer Satz an sehr spezifischen kommunikativen Handlungen verbirgt, die von der Einfahrt des Papamobils über die zahlreichen sprachlichen und musikalischen kommunikativen Formen einer katholischen Messe bis hin zu den körperlichen Performanzregeln (Aufstehen, Knien, Sitzen, Kommunion) reicht. Auch der Sport kennt ähnliche Ausdrucksformen, die aber – gerade wegen ihrer Ähnlichkeit – nicht verwechselt werden dürfen. (Die Berliner Papstmesse hat das sehr deutlich gemacht, weil dort ausdrücklich bestimmte nicht-katholische und nicht-religiöse Rituale, wie etwa die „La-Ola-Welle" oder „Benedetto-Chöre" ausdrücklich untersagt wurden.) Diese kommunikativen Formen sind übrigens keine Codes in dem Sinne, dass sie systemisch prozessiert würden. Es handelt sich um materiale Formen der Kommunikation in der Zeit, die dazu beitragen, bestimmte soziale Strukturen zu konstruieren wie etwa Vereine, Gemeinden, Netzwerke – ja ganze Weltreligionen (vgl. Forschungskonsortium 2007).

Manche möchten einwenden, diese Betrachtung der genannten Formen beschränke sich zu sehr auf die beobachtbare Außenseite der Kommunikation. Genau dies soll durch die Betonung des Handlungscharakters aufgefangen werden, der die Deutung der handelnden Akteure (und die Deutungsarbeit der Beobachtenden) berücksichtigt. Dazu gehört nicht nur der typische ‚Sinn' der Handlungen, Rituale und materialen Objektivierungen – also der implizit praktische wie der explizite Handlungssinn, den wir als Wissen bezeichnen. Dazu gehört auch der ‚Sinnapparat', der von den Akteuren zusätzlich zur Deutung der Deutung der Handlungen produziert wird. Solche Deutungen, die sich auf andere kommunikative Handlungen beziehen und ihnen einen Sinn verleihen, kann man mit Berger und Luckmann als „Legitimationen" bezeichnen. Sie werden von den Akteuren formuliert, wenn sie etwa von Sozialwissenschaftlern, Polizisten oder Journalisten gebeten werden, ihre Handlungen zu „erklären". Sie werden aber auch von Personen formuliert, die als Vertreter der Handelnden auftreten – in unterschiedlichsten Repräsentationsverhältnissen (Fanvertreter, Kirchengemeinderäte, Trainer, Psychologen, Bischöfe, Theologen, Soziologen). Solche Legitimationen bilden typischerweise das aus, was man sehr passend als „Diskurs" (Keller 2005) bezeichnen kann.

Der Begriff des Diskurses fasst kommunikative Handlungen großflächig und hinsichtlich der thematischen Relevanz zusammen, die von ihnen selbst konstruiert wird. Religiöse Diskurse verwenden üblicherweise ein sehr eigenes Register bzw. ein Lexikon, das einschließlich seiner Metaphorik historisch ebenso gut erkennbar sedimentiert ist wie etwa die materiale Symbolik (Halbmond, Kreuz etc.) zum Wissensvorrat auch bei denen wenigstens in groben Zügen verankert ist, die sich nicht selber als religiös ansehen. Dabei kristallisieren sich innerhalb der Diskurse auch bestimmte Topoi heraus, die gleichsam als emblematische Erkennungszeichen dienen. Topoi sind Gemeinplätze des jeweils in Institutionen geführten Diskurses, die auch im Vokabular der Motive der Handelnden selbst auftreten oder für die Akteure (als Legitimationen) übersetzt werden. Während in der christlichen Religion etwa die Topoi der Göttlichkeit, Sünde, Liebe und moralisch der Nächstenliebe dominieren, zeichnet sich der Code des Sports durch die Orientierung an Fairness, Wettbewerb und einer positivistischen Vorstellung der Messung und Zählung aus (in naturwissenschaftlichen Kategorien von Zeit, Raum, Gewicht, Länge und, bei agonistischen Sportspielen oder mimetisch-ästhetischen Sportarten, in Punkten, Ligen und Tabellen). Mit Blick auf unser Thema ist dabei besonders beachtenswert, dass der Sport – sozusagen über alle Formen der Kommunikation hinweg – den Körper ausdrücklich thematisiert, während die Religion den Körper tendenziell und traditionell (oder besser: modern) unthematisch lässt, ja verneint und dafür die Transzendenz des Göttlichen betont. (Allerdings ist dies bei Religionen, die weniger scharf von der Institution der Medizin abgegrenzt sind, häufig anders angelegt.)

6. Schluss: Grenzüberschreitungen: Ekstase und Spiritualität

Folgte man den bisherigen Hinweisen, so könnte man den Eindruck haben, Sport und Religion seien getrennte Bereiche und unterschiedliche „Systeme", die sich bestenfalls durch „Interpenetrationen", funktionale Äquivalenzen oder statistische Korrelationen aufeinander bezögen. Andererseits gab es auch schon Hinweise, dass diese Trennung keineswegs aufrechtzuerhalten sei. Die Entscheidung darüber ist jedoch keineswegs eine bloß theoretische Entscheidung großer sozialstrukturell angelegter Theorien der Differenzierung unterschiedlicher sozialer Systeme oder Felder, sondern eine empirische Frage, die auf die beobachtbare Form kommunikativen Handelns zielt. Gerade zur Klärung dieser empirischen Frage trägt die Analyse der kommunikativen Handlungen entscheidend bei, sind doch nicht nur ihre Differenzen, sondern auch ihre Ähnlichkeiten Gegenstand der Untersuchung. So lässt sich sowohl die Migration sportlicher bzw. nicht-religiöser Formen in die Religion (etwa am Beispiel des Klatschens in der katholischen Messe wie auch des Topos der „Fairness" in religiöse Legitimation) hinein beobachten als auch Grenzüberschreitungen religiöser Formen in den Sport – von der (nur zuweilen karnevalesken) Übernahme kultischer Verehrungsformen bis hin zur spirituellen Deutung der sportlichen Arbeit am Körper.

Die empirische Forschung zur Frage der Grenzüberschreitung oder Grenzziehung zwischen sportlicher und religiöser Kommunikation steht zwar noch aus; doch gibt es deutliche Hinweise darauf, dass in beiden der Körper eine neue Bedeutung gewinnt. Während er im Sport zunehmend als sinnhaftes Phänomen gefasst wird, das den biologischen Körper überschreitet und damit transzendent ist, entdeckt wiederum eine lange als körperfeindlich geltende christliche Kultur den Körper und verkörperlicht die Transzendenz: Auf der einen Seite – sozusagen vom Sport herkommend – sehen wir eine Tendenz zur Erfahrung von Transzendenzen, die als *Ekstasen* gedeutet werden können. Ob wir es mit extrem gefährlichen oder bis zum körperlichen Extrem betriebenen Sportarten zu tun haben oder mit extrem weit entfernten oder besonders exotischen Sportarten, ihr Merkmal besteht darin, dass eine besondere, ekstatische Erfahrung gemacht wird. Extrembergsteigen, Marathon und Triathlon oder die neueren Formen des extremen lebensgefährlichen Boxens, all diese Formen zeichnen sich (auch) dadurch aus, dass die besondere Erfahrung, die Ekstase, als Ziel des Sports betrachtet wird. Der Körper ist dabei gleichsam ein Instrument zur Erzeugung besonderer Erfahrung. Weil diese Erfahrungen nicht mit den Deutungen der großen Transzendenz verbunden werden, erfolgt das Transzendenzieren sozusagen ins Diesseits. Die Erfahrung ist extrem, aber sie wird im Körper verortet, der als Quelle der Erfahrung gilt.[10]

Von dieser Transzendenz ins Diesseits unterscheiden sich andere Formen der Erfahrung, die sich gleichsam von der religiösen Seite auf den Körper zu bewegen. Das am Zen orientierte Bogenschießen, das am Flow orientierte Joggen oder das ins Fitnessprogramm eingebaute Yoga, um nur einige zu nennen, stellen zwar körperliche Verrichtungen dar, sind aber gleichzeitig mit einer besonderen Bedeutung versehen, die diesen Erfahrungen Transzendenz verleihen. Die Deutung dieser Transzendenz braucht selten einen theistischen Kern, sie muss im christlichen Sinne nicht als religiös verstanden werden – und wird es auch selten. Selbst für die Akteure liegt dafür der Begriff der *Spiritualität* näher (Knoblauch 2009). Auch wenn offen bleibt – und bleiben kann -, was dabei als Transzendenz auftritt, so zeichnet sich diese Spiritualität dadurch aus, dass sie sich nicht auf den Körper beschränkt. Der Körper dient hier nicht als Instrument zur Erzeugung von

---

10 Vgl. dazu Gugutzer in diesem Band.

Erfahrung, die von ihm geschaffene Erfahrung dient vielmehr als ein Zeichen für Anderes – auch wenn die Lesarten vielfältig sind oder die Körpernutzer gewissermaßen illiterat geworden sind (also eher als ein Anzeichen). Ekstase und Spiritualität sind sicherlich nur zwei Ausdrucksformen dessen, was man eine neue Körperkultur nennen kann, die den Körper zugleich mit Transzendenz erfüllen und mit ihm so kommunizieren kann, dass die Grenzen der klassischen Institutionen – Sport, Religion und, wie man an dieser Stelle hinzufügen muss: Medizin – sozusagen notwendig überschritten werden. Die Beobachtung dieser Überschreitung wird von den Institutionen selbst auch gemacht. Die Medizin etwa wehrt sich seit langem, wenn auch nicht mehr sehr erfolgreich gegen eine religiöse (‚unwissenschaftliche‘, ‚unbewiesene‘) Konkurrentin,[11] und auch die institutionelle Religion bemüht sich in ihren Legitimationen, die Grenzen der ‚richtigen‘ Religion zu markieren (ohne jedoch die faktischen Formen solcher Kommunikation auszuschließen). Während die institutionelle Religion damit eine Frontlinie aufmacht, die zuweilen als „Fundamentalismus" erscheint, hat der Sport mit diesen Grenzüberschreitungen, wie mir scheint, keine großen Schwierigkeiten. Es ist wohl seine ideologisch wenig dogmatisierte Körperkultur, die ihn so zeitgemäß macht, dass er Verein und Markt, Privates und Öffentliches, spirituelle Körpererfahrung und positivistische Körperkonditionierung verbinden kann.

Literatur

Alkemeyer, Thomas (1996). *Körper, Kult und Politik. Von der ‚Muskelreligion‘ Pierre de Coubertins zur Inszenierung von Macht in den Olympischen Spielen von 1936.* Frankfurt am Main/ New York: Campus-Verlag.

Berger, Peter L. & Luckmann, Thomas (1970). *Die gesellschaftliche Konstruktion der Wirklichkeit.* Frankfurt am Main: Fischer.

Bongaerts, Gregor (2007). Soziale Praxis und Verhalten – Überlegungen zum Practice Turn in Social Theory. *ZfS,* 36(4), 246-260.

Cipriani, Robert (2009). Corpo, religion e societá. In: G. Mura & R. Cipriani (Hrsg.), *Corpo e religion* (S. 227-235). Rom: Cittá Nuova.

Csordas, Thomas (1993). Somatic modes of attention. *Cultural Anthropology,* 8(2), 135-156.

Dietrich, Knut & Heinemann, Klaus (1989). *Der nicht-sportliche Sport.* Schorndorf: Hofmann.

Durkheim, Emile (1968). *Les formes élémentaires de la vie religieuse.* Paris: PUF.

---

11   Vgl. dazu Karstein/Benthaus-Apel in diesem Band.

Forschungskonsortium WJT (2007). *Megaparty Glaubensfest. Weltjugendtag: Erlebnis – Medien – Organisation.* Wiesbaden: VS.

Fuchs, Thomas (2008). *Leib und Lebenswelt. Neue philosophisch-psychiatrische Essays.* Zug (Schweiz): Die Graue Edition.

Gugutzer, Robert (2006). Einleitung. In: ders., (Hrsg.) *Body Turn. Perspektiven der Soziologie des Körpers und des Sports* (S. 9-53). Bielefeld: transcript.

Gugutzer, Robert (2010). *Soziologie des Körpers,* 3. Aufl. Bielefeld: transcript.

Hertz, Robert (2000). Die Vorherrschaft der rechten Hand. Eine Studie über religiöse Polarität. In: C. Koppetsch (Hrsg.), *Körper und Status. Zur Soziologie der Attraktivität,* aus dem Französischen übersetzt von Hubert Knoblauch (S. 267-292). Konstanz: UVK.

Keller, Reiner (2005). *Wissenssoziologische Diskursanalyse.* Wiesbaden: VS.

Knoblauch, Hubert (1995). *Kommunikationskultur. Die kommunikative Konstruktion kultureller Kontexte.* Berlin/New York: De Gruyter.

Knoblauch, Hubert (2001). Ekstatische Kultur. Zur Kulturbedeutung der unsichtbaren Religion. In: A. Brosziewski, T. S. Eberle & C. Maeder (Hrsg.), *Moderne Zeiten. Reflexionen zur Mulitoptionsgesellschaft* (S. 153-168). Konstanz: UVK.

Knoblauch, Hubert (2002a). Asketischer Sport und ekstatische Askese. In: G. Sorgo (Hrsg.), *Askese und Konsum* (S. 222-245). Wien: Turia und Kant.

Knoblauch, Hubert (2002b). Die soziale Konstruktion von Körper und Geschlecht. Oder: Was die Soziologie des Körpers von den Transsexuellen lernen kann. In: K. Hahn & M. Meuser (Hrsg.), *Körperrepräsentationen. Die Ordnung des Sozialen und der Körper* (S. 117-136). Konstanz: UVK.

Knoblauch, Hubert (2003). Habitus und Habitualisierung. Zur Komplementarität Bourdieus mit dem Sozialkonstruktivismus. In: B. Rehbein, G. Saalmann & H. Schwengel (Hrsg.), *Pierre Bourdieus Theorie des Sozialen* (S. 187-201). Konstanz: UVK.

Knoblauch, Hubert (2005). *Wissenssoziologie.* Konstanz: UVK.

Knoblauch, Hubert (2009). *Populäre Religion.* Frankfurt am Main: Campus.

Krais, Beate & Gebauer, Gunter (2002). *Habitus.* Bielefeld: transcript.

Lenk, Hans (2002). *Erfolg oder Fairness?: Leistungssport zwischen Ethik und Technik.* Münster: LIT.

Luckmann, Thomas (1991). *Die unsichtbare Religion.* Frankfurt am Main: Suhrkamp.

Luckmann, Thomas (1990). Shrinking Transcendence, Expanding Religion? *Sociological Analysis. A Journal in the Sociology of Religion,* 50(2), 127-138.

Luhmann, Niklas (1984). *Soziale Systeme. Grundriß einer allgemeinen Theorie.* Frankfurt am Main: Suhrkamp.

Mauss, Marcel (1978). Die Techniken des Körpers. In: ders. (Hrsg.), *Soziologie und Anthropologie* (S. 199-222). Frankfurt am Main/Berlin: Ullstein.

Mellor, Philip A. & Shilling, Chris (1997). *Re-forming the body: religion, community and modernity.* London: Sage.

Merleau-Ponty, Maurice (1945). *Phénoménologie de la perception.* Paris: Gallimard.

O'Neill, John (1990). *Die fünf Körper. Medikalisierte Gesellschaft und die Vergesellschaftung des Leibes.* München: Fink.

Prebish, Charles S. (1993). *Religion and Sport: the Meeting of Sacred and Profane Westport.* Conn.: Greenwood Press.

Reckwitz, Andreas (2003). Grundelemente einer Theorie sozialer Praktiken. *ZfS,* 32(4), 282-301.

Reckwitz, Andreas (2004). Die Entwicklungen des Vokabulars der Handlungstheorien: Von den zweck- und normenorientierten Modellen zu den Kultur- und Praxistheorien. In: M. Gabriel (Hrsg.), *Paradigmen der akteurszentrierten Soziologie* (S. 303-328). Wiesbaden: VS.

Schatzki, Theodore (1996). *Social Practices. A Wittgensteinian Approach to Human Activity and the Social.* New York: Cambridge University Press.

Schatzki, Theodore (2001). Introduction. In: ders., K. Knorr Cetina & E. von Savigny (eds.), *The Practice Turn in Contemporary Theory* (S. 1-14). London/New York: Routledge.

Schmitz, Hermann (2009). *Der Leib, der Raum und die Gefühle.* Bielefeld/Basel: Sirius.

Schütz, Alfred (2003a). Das Problem der Personalität in der Sozialwelt. In: *Theorie der Lebenswelt I. Die pragmatische Schichtung der Lebenswelt* (S. 95-162). Hgg. v. Martin Endreß und Ilja Srubar. Konstanz: UVK.

Schütz, Alfred (2003b). Über die mannigfachen Wirklichkeiten. In: *Theorie der Lebenswelt I. Die pragmatische Schichtung der Lebenswelt* (S. 181-239). Hgg. v. Martin Endreß und Ilja Srubar. Konstanz: UVK.

Searle, John (1995). *The Construction of Social Reality.* New York: Free Press.

Srubar, Ilja (1988). *Kosmion. Die Genese der pragmatischen Lebenswelttheorie von Alfred Schütz und ihr anthropologischer Hintergrund.* Frankfurt am Main: Suhrkamp.

Taylor, Charles (1995). *Philosophical Arguments.* Cambridge, Mass: Harvard University Press.

Tomasello, Michael (2008). *The Origins of Human Communication.* Cambridge, Mass: MIT Press.

Turner, Bryan S. (1980). The Body and Religion: Toward an Alliance of Medical Sociology and the Sociology of Religion. *Annual Review of the Social Sciences of Religion,* 4, 247-186.

Der Körper als Medium der Transzendenz.
Spurensuche in den Sinnwelten von Religion und Sport

Thorsten Benkel

„*Was der Leib gelernt hat, das besitzt
man nicht wie ein wiederbetrachtbares
Wissen, sondern das ist man.*"
(Bourdieu 1993, S. 135)

1. Den Körper besitzen

Ich habe einen Körper. Dieser Satz konstatiert ein Besitzverhältnis, über das kaum je gesprochen wird, da die Aussage zu den „so selbstverständlichen" (Sarasin 2001, S. 18) Tatsachen des Lebens gehört, dass auf den ersten Blick mit Nachfragen oder Widersprüchen nicht zu rechnen ist. Jeder Mensch verfügt über eine *Körperausstattung*, die im Vergleich zu den *Körpern der anderen* sehr eigenwillig ausfallen kann. Sie mag sich erheblich von den (gleichsam dem sozialen Wandel unterworfenen) *Körperidealen* einer Kultur unterscheiden oder ihr recht genau entsprechen; der Körper mag schon gealtert sein oder noch ganz jung; er mag die Geschlechtsmerkmale der einen oder der anderen oder alternativer Zuordnungsetiketten tragen; er mag recht gesund sein oder kränkeln, im Sinne des je dominierenden Körperverständnisses ‚funktionstüchtig' sein oder fast vollständig ‚außer Betrieb' – entscheidend ist: *der Körper ist stets mit im Spiel*, wenn von einem Subjekt die Rede ist oder dieses Subjekt selbst spricht.

Es scheint, als hülle sich der Körper selbst in Schweigen (vgl. Ceronetti 1990). Doch wenn gesprochen wird, dann generieren die Stimmbänder, die Mundmuskulatur, die zuständigen Gehirnareale usw. das Gesprochene. So zumindest sieht es aus, wenn man das Sprechen als körperlichen Akt begreifen will. Dennoch spricht nicht ‚der Körper von X' sondern: X. Der Körper ist *sein* Körper, niemals der eines anderen, und das Sprechen des ‚Körperinhabers' gilt, wenigstens in der Alltagskommunikation, als der Ausdruck einer *Subjektverlautbarung*, die in der offenkundigen Einheit von Körper und Person erfahrbar wird. Das *sub-jectum* ist dem Wortsinn nach ein *Unterworfenes* (Stäheli 2000, S. 50f.) – und in der Tat ist das Subjekt von den Möglichkeiten der körperlichen Aktionsfähigkeit abhängig, um seine Subjekthaftigkeit demonstrieren zu können. Zugleich ist das Subjekt auch ein *Individuum*, also etwas *Unteilbares*, das sich nicht ohne weiteres in

Körper und Person oder in Körper und Geist oder gar in Körper und Seele auf-
gesplittet denken lässt.[1]
Man hat also einen Körper. Das ist für jeden Menschen eine Wahrheit – die,
wie alle Wahrheiten, nicht unumstößlich ist. Kalkuliert man die Grenzfälle und
Extrembeispiele ein, wird die harmlose Besitzaussage leicht zum Politikum oder
zur Glaubensfrage. Unklarheiten scheinen sich insbesondere dann aufzudrängen,
wenn die Körperlichkeit von ihrem Anfang oder ihrem Ende her gedacht wird.
Sind befruchtete Eizellen bereits Menschen? Sind Leichen noch Menschen? Ist
das transplantierte Organ menschlich? Wann beginnt überhaupt die Körperlichkeit und wann endet sie – und wie ist dies mit ‚humanistischen‘ Begleitargumen-
tationen jeweils verknüpfbar? Darüber streitet die Philosophie seit Jahrhunderten
und die Soziologie muss sie um dieses Problem nicht beneiden. Zudem hat sie mit
dem Körper selbst schon genug zu tun – auch wenn sich die entsprechende For-
schungsperspektive, wenigstens im deutschsprachigen Raum, erst vor wenigen
Jahren ausdifferenziert hat (Schroer 2005; Gugutzer 2004, 2006). Andockstellen
für die Analysen der gesellschaftlichen Relevanz von Körperlichkeit gibt es zu
Genüge. Folgender Diskurs gehört zu den ältesten und bekanntesten Beispielen:
Die *Autonomie* im Umgang mit dem *eigenen Körper* gilt heutzutage als ein im
sozialen Miteinander implizit verbrieftes Freiheitsrecht. So zumindest lautet der
status quo des Körpers gemäß dem Kulturideal der so genannten westlichen Welt.
Die Debatten um dieses Rechtsverhältnis sind so alt wie die Diskussionen über
Körperlichkeit insgesamt und wurden, im Fall des Körpers ist dies wohl keine
Übertreibung, von nahezu allen bedeutenden philosophischen und anthropologi-
schen Denkern der Neuzeit aufgegriffen. So unterschiedlich die Wertungen und
Bilanzen auch ausgefallen sind, letztendlich ist durch den Widerstreit allmählich
ein Körperbild installiert worden, das nur mehr bedingt zwischen Körper*haben*
und Körper*sein* trennt (Plessner 1975). Mehr noch, der Körper wird seit geraumer
Zeit als Selbstverständlichkeit verhandelt, mit der zwangsläufig umzugehen ist.
Die Karriere dieser Zwangsläufigkeit gehört zu den bemerkenswertesten historischen Verlaufslinien im Umgang mit dem Körper, insofern sich an ihr demonstrieren lässt, wie sich einschränkende Notwendigkeiten mit autonomiefördernden
Gestaltungsoptionen verbinden lassen – und wie sehr das Ansehen *beider* Pole
auf gesellschaftlich tradierten Vermeintlichkeiten bzw. auf der Wirkmacht sozialer Konstruktionen basiert. Der Körper lässt sich indes bei all dem nicht ohne

---

1   Wenig bekannt ist die soziologiehistorische Anekdote, dass das Beharren auf dieser Untrenn-
     barkeitssemantik dem jungen Georg Simmel zum Augenblicksverhängnis wurde: Aufgrund
     seines Insistierens gegen einen renommierten älteren Kollegen, dass der Sitz der Seele sich nicht
     als konkretes Gehirnareal bestimmen lässt, fiel Simmel durch sein Habilitationskolloquium
     und musste es wiederholen (vgl. Münch 2004, S. 206).

den Einschluss der medizinisch, biologisch und psychologisch relevanten Aspekte denken, die die Materialität des Körperlichen begleiten und sie zugleich *transzendieren*, weil sie den puren Objektstatus des Körpers aufheben (vgl. Merleau-Ponty 1974, S. 89 ff.). Vom Körper ist folglich nicht mehr in einem physikalischen Sinn die Rede, als sei er ein spezifischer, quasi-mechanischer Gegenstand unter vielen, sondern in einem ‚lebensweltnahen' (und von heute aus könnte man ergänzen: ‚menschenwissenschaftlichen') Blickwinkel wird vom *Leib* gesprochen. Der Leib ist nicht lediglich definitorisch einem Subjekt ‚zugehörig', sondern mit dessen leibhaftiger (und eben nicht: *körperartiger*) Präsenz identisch. Über die Idee einer permanenten ‚Vorherrschaft' des Subjekts über seine Körperausstattung lässt sich allerdings streiten. Gewiss, körperliche Leistungskraft und dazu gehörende kognitive Leistungen werden aus sozialstrukturell auferlegten Motiven heraus verkauft und sind damit mehr oder minder stark einem fremden Lenkungszugriff unterworfen. Wer dies mit Blick auf die Position des Leibes problematisieren will, wird jedoch rasch feststellen, dass der Alltag von zahlreichen ‚Instrumentalisierungen' der Leibaustattung (etwa der einzelnen Körperglieder) geprägt ist, die vielfach ohne Entfremdungserfahrung ablaufen – und sogar ausdrücklich im Zeichen der individuellen Körperautonomie herbei geführt werden. (Dafür bildet der *Sport* ein gutes Anschauungsbeispiel.) Der Leib wird immer wieder (auch) *als Körper* spürbar; denn es stellt sich in zahlreichen Erfahrungssituationen heraus, dass der Leib eine ‚materielle' Dimension hat, die nicht vollends kontrollierbar ist bzw. die dem Subjekt spezifische ‚Umgangsansprüche' aufdiktiert. Das Körperliche des Leibes lässt sich nicht ganz und gar ‚beherrschen', doch der bewusste Umgang mit dieser Dimension (sozusagen eine reflektierte *Verwaltung des Körperlichen* ‚am Leib') ist selbst wiederum ein *Leibmerkmal*. Der Leib ist Leib auch dadurch, dass der Körper mitsamt seiner Prozesse und Anforderungen *kultiviert* wird – denn gerade dadurch wird die Vorstellung eines schlichtweg gegebenen ‚Dinghaften' im und am menschlichen Körper relativiert.

Die in der abendländisch-logozentrischen Geistesgeschichte verwurzelte Vorherrschaft der Reflexion vor der Körperlichkeit kennt noch weitere Ausnahmen. Mag der Körper auch „Symbol für eine noch kontrollierbare Wirklichkeit" (Bette 1989, S. 31) sein: Körperkontrolle wird zuweilen doch absichtsvoll ausgeschaltet (Korte 2007; Niekrenz 2011). Körper werden strategisch an den Punkt gebracht, an dem die Facetten ihrer *Eigenmächtigkeit* deutlich spürbar werden, beispielsweise im Kontext von Sexualität und/oder Schmerzerfahrungen (Benkel/Akalin 2010; Meitzler 2010). Und Körper tun bekanntlich generell nicht lediglich das, was sie nach Maßgabe der subjektiven Vorstellung ihres Trägers tun bzw. was sie demzufolge *erfahrbar* machen sollen, wie etwa der Komplex *Krankheit/Gesund-*

heit beweist (Engelhardt 1999). Deshalb ist die in Verhandlungen über Leibhaf-
tigkeit eingeschleuste Bekräftigung, man selbst sei Herr oder Herrin des eigenen
Körpers, denn auch primär eine *philosophische* Bemerkung, gewürzt mit einer
gehörigen Portion Idealismus und garniert mit dem unausgesprochenen Wunsch-
gedanken, dass unerwünschte Ausnahmeerscheinungen überschaubar bleiben.
   Die damit angedeutete Vorstellung, der Körper lasse sich nur mehr als ‚Körper von' denken, findet im Alltagskalkül rege Zustimmung. Dort muss schließlich nur selten reflektiert werden, was beispielsweise in der Medizin den Alltag
der Profession ausmacht: Dass nämlich Körper auch weiterhin, mehr oder minder
stringent, ‚dinglich' behandelbar sind und es in vielen Fällen sogar sein *müssen*,
damit das System funktioniert. Zwar sind die Medizinlehrbücher voll von huma-
nistisch angehauchten Unterweisungen, wonach der Patient vor allem ‚Mensch'
sei und ‚ganzheitlich' angesehen werden müsse, und diese in die Behandlungsdi-
daktik sedimentierten Postulate sind fraglos sehr sympathisch. An der Routine-
abwicklung, die die Platzwunde oder der Armbruch erfahren, ändert dies nichts.
Hier ist der ‚Körper von X' eben doch vorrangig ‚Körper', während X das sozusagen ‚personale' Attribut dieses Körpers darstellt. Es wird erst dann relevant,
wenn es um Aspekte des körperlichen *Objektstatus'* geht, die vom *Subjekt* abhängen – beispielsweise bei langfristigen therapeutischen Maßnahmen, bei spezifischen Dispositionen oder in Fällen, in denen es um Psychosomatik geht.

2. Den Körper beherrschen

Ich beherrsche meinen Körper. Gemeint ist damit (an dieser Stelle) weniger die
Körperbeherrschung im Sinne kontrollierter Handlungsformen als vielmehr das
Prärogativ des Körperbesitzers, weitgehend auch die *äußeren* Kontakte, also die
Umweltberührungen, die Auseinandersetzung mit *Fremdkörpern*, das Einbinden
des eigenen Körpers in spezifische Situationen und Erfahrungsmodi usw. autonom
zu verwalten. Dieses Verständnis hat sich dermaßen nachdrücklich in den Kul-
turhaushalt eingebürgert, dass Angriffe auf die körperliche Unversehrtheit oder
überhaupt gegen die Umgangsautonomie am eigenen Leib ad hoc als Verletzungen, als Zudringlichkeiten, als Repressionen und Rückfälle hinter einen zivili-
satorischen Normalwert angesehen werden (vgl. Schwarte/Wulf 2003). Über die
wichtige Bedeutung der Unversehrtheit des Körpers muss kaum je gestritten werden – jedenfalls so lange nicht, wie nicht eine Divergenzkonstellation besteht zwischen *zwei* Positionen, die auf *einen* Körper zugreifen. Beispielhaft dafür ist die
Beziehung zwischen einer Erziehungsinstanz und dem Subjekt ihrer Erziehungs-
bemühungen. Solche Zusammenstellungen sind für die westliche Welt die viel-

leicht typischste Form eines *Körperbestimmungskonflikts*. Eltern diktieren ihren Kindern den Umgang mit dem Körper unter dem Deckmantel der Wirklichkeitserklärung (vgl. Berger/Luckmann 1992), also im Modus einer ‚Allgemeinbelehrung' über das Wesen der Körperlichkeit ‚an sich'. Elterliche Erziehungsfürsorge genießt – außer bei Teenagern! – gesellschaftlich einen recht hohen Stellenwert, was, wenn auch nicht auf die *Dominanz*, so doch zumindest auf ein *Mitbestimmungsrecht* über die Körperautonomie des Kindes bzw. des/der Heranwachsenden abzielt. Der kindliche Körper *darf* noch nicht autonom sein – der erwachsene Körper hingegen *soll* es sein. Das Streitpotenzial zwischen Eltern und Kindern ist für die typische innerfamiliäre Kommunikation allerdings überraschungsarm und vorhersehbar (Burkart 2008), ganz zu schweigen von der Wiederholungsrate, mit der das Thema immer wieder aufgetischt wird (im wahrsten Sinne des Wortes; vgl. Audehm 2007). So entstehen Spannungen und Unzufriedenheiten, die irgendwann eine räumliche Trennung forcieren – und damit die nächste Stufenleiter der Körperautonomie aufschließen.

Spannungen wegen fehlender oder genommener Selbstbestimmung lassen sich auch in anderen Zusammenhängen auffinden. Pfleger beispielsweise weisen ihren Patienten zu einem Umgang mit dem Körper im Zeichen eines Pragmatismus an, der (im besten Fall) beiden Seiten das gemeinsame Auskommen erleichtert. Von einer wirklichen Fremdbestimmung kann in diesem Fall nicht gesprochen werden, wohl aber von einer sozialen Situation, die dermaßen stark von Erwartungen und vom Wunsch nach bestimmten ‚Gelingensbedingungen' des Miteinanders geprägt ist, dass Patienten durchaus darunter leiden, wenn sich ihr Körper nicht dermaßen ‚geordnet' verhält, wie es für die Pflegesituation ‚am günstigsten' wäre. Ein anderes Beispiel: Manche Lebensgefährten erteilen ihrem Partner Ratschläge für den Umgang mit dem Körper und legitimieren dies mit den aus der Beziehungskonstellation präparierbaren ‚Machtbefugnissen', die ihnen ein Mitspracherecht hinsichtlich der Körperautonomie des anderen zu verleihen scheinen, weil durch das wechselseitig zugesprochene Recht auf ‚Einmischung' die Beziehung mutmaßlich gefestigt wird. Hier ist die Fremdbestimmung die dialektische Kehrseite des *selbst bestimmten* Wunsches, sich auf den Partner einzulassen und dafür partiell die eigene (nicht nur Körper-)Autonomie auf- bzw. abzugeben.

Diese gar nicht so seltenen Ausnahmen scheinen eine Regel zu bestätigen: Die einmal erreichten Stadien der körperlichen Selbstverwaltung werden in sozialen Kontexten nur mehr vor dem Hintergrund entsprechender Aushandlungen und Notlagen bzw. auf Basis freiwilligen Verzichtes wieder (und zumeist nur zeitweilig) abgegeben. Selbstverständlich gibt es auch *Zwangssituationen*, in denen die Vorherrschaft über den eigenen Körper den Machtoptionen eines anderen zum

Opfer fällt. Die Bewertung solcher Situationen fällt sehr unterschiedlich aus: Sie gelten mal als traumatisches, mal als unvermeidliches, bald als provoziertes und bald als schicksalhaftes Erlebnis, je nachdem, wer aus welcher Sichtweise über welche Körpereinschränkungen und -instrumentalisierungen urteilt. Wiederum ein Beispiel: Der verletzte, anhand seiner Wunden sichtbar versehrte Körper des Opfers eines Raubüberfalles weist deutlich auf einen erlittenen Autonomieverlust hin. Ganz anders sieht es aus, wenn *identische* Verwundungen das Ergebnis des Widerstandes sind, den der dafür verantwortliche Dieb bei seiner polizeilichen Festnahme leistet. Auch hier ist der Körper einem Zwang unterworfen worden, der gegen den Willen des Betroffenen geht, und dennoch darf davon ausgegangen werden, dass dieser Eingriff mehrheitlich als Notwendigkeit gedeutet wird. Körperbeherrschung stößt spätestens dann an ihre Grenzen, wenn der Körper als Instrument von Handlungsweisen gebraucht (Alltagssemantik: *missbraucht*) wird, die gegen (*für den Beobachter gültige*) Ordnungskonzepte verstoßen.[2] Somit ist auch die gewaltsame Aufhebung der körperlichen Selbstbestimmung nicht ohne den Blick auf die konkrete Situation bewertbar, und erst vor diesem Hintergrund kann entschieden werden, ob dabei legitime oder illegitime Umgangsformen vorliegen. Es gibt keine absoluten Standpunkte, die dem Körper eine kontextunabhängige Geltung zusprechen.[3]

Das klassische Exempel für *Körperzwang*, der sich auf die gesamte lebensweltliche Existenz ausdehnt, ist die Sklaverei (vgl. Hermann-Otto 2005). Sklaven widerlegen das neuzeitliche Einheitspostulat von Körper und Körperbehandlungsinteresse nolens volens, da zu den Konstitutionsbedingungen von Sklaverei die Reglementierung nahezu sämtlicher auf dem sozialen Parkett ablaufender Umgangsformen gehört. Sklaven sind somit ‚rückverwandelte‘ Körper: Die Selbstbestimmungsinteressen der ‚Körperbesitzer‘ werden durch die ‚Sklavenhalter‘ (ein vielschichtiger Begriff) gewaltsam unterdrückt und im nächsten Schritt durch gesteuerte Ausbeutung in einen Praxiszusammenhang eingespannt, der am ‚besten‘

---

2   Dieser Aspekt gewinnt an Schärfe, wenn er auf Situationen bezogen wird, in denen Menschen *den eigenen Körper* verletzen (Beispiel Suizidversuch; Lindner-Braun 1990) bzw. in einer Grauzone agieren, deren letztgültige Bestimmung noch aussteht, weil sich die gegenwärtig etablierte/legitimierte Praxis auch wieder ändern kann (Beispiel Schwangerschaftsabbruch; Boltanski 2007). An diesen hitzig diskutierten Themen wird evident, dass die Frage, *welche* Ordnung tangiert wird, davon abhängig ist, *wer wen in welchem Setting wie fragt.*

3   Nicht einmal der *Tod*, dieser (scheinbar; Schlich/Wiesemann 2001) objektive Indikator für eine elementare Veränderung des körperlichen Zustandes, hat eindeutige Standpunkte provozieren können. So sehr sein Herbeiführen gesellschaftlich auch geächtet ist, Rahmenbedingungen wie der *Kriegszustand* (Gleichmann/Kühne 2004) oder bestimmte Konflikteskalationen (Beispielkontext *Finaler Rettungsschuss*) hebeln den vermeintlich unbedingten Vermeidungskonsens wieder auf.

gelingt, wenn der betreffende Körper eben doch wie ein ‚Ding‘ oder vielmehr: wie eine Maschine operiert.

Die Maschinenmetapher (klassisch: La Metrie 2009) schreibt dem Körper einen hochgradig aktiven, rationalen ‚Produktionscharakter‘ zu, dem die etablierte Selbstbestimmungssemantik vermeintlich fern steht. Tatsächlich jedoch vermischen sich Referenzen auf den maschinellen Leistungsaspekt durchaus mit individuellen, mithin von einer *Suche nach Transzendenz* angeleiteten Wegen der Körpergestaltung. Eine hinsichtlich der Frage nach der Handlungsautonomie aufschlussreiche Form des körperlichen Umgangs, die zuweilen an die Grenzen der Körperbeherrschung führt – und auch absichtsvoll dorthin führen soll –, und die jenseits von Fremdsteuerung stattfindet, aber mithin doch in Bereiche des Kontrollverlustes hinein ragt bzw. in Richtung einer Dialektik von Körperbeherrschung *und* Grenzerfahrung geht, stellt das *sportliche Handeln* dar. Eine andere Logik des Körperumgangs, die vom Sport weit entfernt zu sein scheint, steckt hinter den zwar auf transzendente Ziele justierten, aber ohne somatischen Leistungsanspruch vollzogenen Körperpraktiken in *religiösen Kontexten*. Um die Verbindung beider Felder soll es nachfolgend gehen.

3. Symbolisches Kapital und unsichtbare Religion

Zunächst noch einige Bemerkungen zur Körperlichkeit im Allgemeinen. Die Zeiten, als der Körper sich beispielsweise im Kontext berufsalltäglicher Betätigungen hinsichtlich seiner *Arbeitskraft* in seiner Unübersehbarkeit, zugleich aber auch Leistungsfähigkeit (und ebenso in seiner Verletzbarkeit) *zwangsläufig* präsentiert hat, während er zugleich in völlig anderen Sinnkontexten absichtsvoll in seiner Stattlichkeit, seiner Zierde und in seiner Rolle als Platzhalter für Ästhetisierungsbestrebungen dargestellt wurde, sind Geschichte. Moderne Körperperformance-Strategien sind weit weniger Beschränkungen und Erwartungen unterworfen. Sie können so gestaltet werden, dass der Körper bzw. die subjektive Verschränkung von Prägung, Einstellung und Körperlichkeit permanent sichtbar ist und aufzeigt, *wer man ist.* Der Vormarsch der Körpergestaltung hat dem Diskurs über *Mode* (Esposito 2004) ein Konkurrenzphänomen an die Seite gestellt, denn längst schon zählt nicht mehr nur die *Verkleidung* des Körpers, sondern auch und gerade die (Mit-)Gestaltung des dahinter/darunter steckenden ‚Substrats‘ (Posch 1999). Die respektvolle Distanz zu (medizinisch nicht notwendigen) chirurgischen Eingriffen ist vielerorts aufgegeben, und auch andere Modifikationsangebote werden angewendet (Borkenhagen/Brähler 2010), damit die Körpergestaltenden sich selbst und den konkreten oder abstrakten Adressaten dieser

Modellierungsoptionen gegenüber demonstrieren können, dass man es mit einem Körper zu tun hat, der unter bewusster, interventionsbereiter Beobachtung steht. Optimal aufgestellt ist der *sexy body* (Villa 2011) – ein Körper, der hinsichtlich der florierenden Möglichkeiten und der gesellschaftlichen Ansprüche an das Körper*aussehen* ‚up to date' ist und der beweist, dass er ein gutes ‚optisches Ergebnis' erwirtschaften kann bzw. selbst dieses Ergebnis darstellt.

Thomas Luckmann versteht die Transzendierung des biologischen Wesens qua Kulturarbeit am Körper als eine Figuration von *Religiosität* (Luckmann 1991). Der hohe Stellenwert einer ausdrücklich *körperinvolvierenden* Beteiligung an zahlreichen gesellschaftlichen Kontexten, wodurch die ‚Verwaltung des Körpers' zu einer dauerpräsenten, von Ritualen und Investitionen geprägten Institution geworden ist, pflichtet diesem Sprachgebrauch bei. Die weitgehende Freiheit der individuellen Körpergestaltung ist, wie jeder Individualisierungstrend, allerdings ein Gemisch aus Chancen und Verlusten, und das unumgängliche Einnehmen bestimmter Positionen durch die Art der Verkleidung, Verzierung und damit Steigerung der Bezugsdimensionen des Körpers provoziert unerlässlich mehr oder minder offen ausgefochtene Konkurrenzverhältnisse. Hinzu kommt das von Bourdieu als *Hexis* begriffene Verhältnis des Selbst zu seinem Körper (und seinen Körper*gestaltungen*), das die Verinnerlichung sozialer Erfahrungen und das Erleben körperbezogener Interaktionen entscheidend mitbestimmt. Je stärker Körper in einer Gesellschaft in der Weise, in der sie ‚sozial aktiv' sind (d. h. mit Blick auf die eigene Außenwirkung *be-* und *ver*handelt werden) „von Gewicht sind" (vgl. Butler 1995), desto stärker werden sie als *Signatur* jener Person verstanden, die über diesen Körper verfügt – und zugleich dieser Körper *ist*.

Der Umgang mit der Körperausstattung schafft *symbolisches Kapital*. Wer sich ‚sehen lassen kann', wer sichtbar ‚an sich arbeitet', wer die Disziplin hat, sich nicht (länger) ‚gehen zu lassen', der beweist der sozialen Umwelt, dass er weiß, dass es wirkt, als wäre sein Körper ein Ausdruck dessen, *was und wer er ist*. Und wer „sich schön macht" (Degele 2004), wer ästhetisch-erotischen Idealbildern entspricht, wer optische Schlüsselreize zu adaptieren weiß, macht klar, dass er weiß, dass andere wissen, wie bedeutsam die Körpergestaltung für das soziale Miteinander ist. Das so generierte symbolische Kapital der Anerkennung, Bewunderung und Leistungszusprache (bzw. das Ausbleiben dieser Kapitalkumulation) wirkt sich auf das ökonomische Kapital (etwa durch bessere Berufschancen auf Basis der gesünderen, ‚dynamischeren' Erscheinung) und auf das soziale Kapital (bei größerer Beliebtheit wegen größerer Attraktivität) aus, wie neben Bourdieu auch zahlreiche sozialpsychologische Untersuchungen gezeigt haben. „Das Verhältnis zum Körper bedingt den gesamten Bezug zur Welt", schreibt Bourdieu (1992, S.

194 f.), denn die „Teilnahme an der Welt" wird körperlich ausagiert, und auch der *Habitus* ist am ehesten als „das Körper gewordene Soziale" (Bourdieu/Wacquant 2006, S. 161) greifbar. Körperhaben und Körpersein sind eine soziale Angelegenheit: Neben Zuschreibungen des sozialen Status und verschiedener Handlungskompetenzen bzw. Denkweisen gilt der gestaltete Körper als Nachweis für die überaus positiv besetzte Leistungsbereitschaft, *an sich selbst* die Ansprüche der Gesellschaft zu verwirklichen. Der Körper ist also nicht nur Funktionsträger und Transporteur von Sinnsetzungen, sondern eben auch *Produkt* und *Produzent* gesellschaftlicher Verhältnisse (Gugutzer 2004, S. 6). Er projiziert geltende kulturelle Muster nach außen – oder belegt die misslingende Adaption an das (gleichwohl dennoch erstrebte, aber eben nicht erreichte) Ideal.

Im Kontext des *Sports* offenbart sich der Körper vielleicht am stärksten als subjektive Arbeitsfläche. Fitness, Gesundheit, Leistung, Training, Ausdauer, aber auch Ernährungsbewusstsein, Aufbauwillen, kalkulierte Schonungsphasen sind *anschauliche* Faktoren der Bereitschaft des Subjekts, den eigenen Körper permanent zu examinieren, ihn aktiv zu modellieren und die je akuten Gestaltungsziele auf Basis des erreichten Niveaus ständig neu abzustecken. Während die Idee des Körpers als „reizbare Maschine" (Sarasin 2001) antiquiert ist, ist der Leib als Resonanzfläche für *Selbstzuchtaktivität* gefragter denn je. Sport bildet (wie beispielsweise auch *Tanz* oder *Sexualität*) eine sinnbesetzte Rahmung für entsprechende Handlungsabsichten. Auch dazu passt Luckmanns Begriff der „unsichtbaren Religion", denn die Metapher der Anbetungswürdigkeit athletischer Körper, die nahezu ekstatische Verehrung physischer Attraktivität, die fast schon sakrale Ehrfurcht vor dem ‚perfekten' Body, das verehrende Lob asketischer Disziplin und das meditative Versinken in die Sportausübung zeigen Schnittmengen auf zwischen Körperaktionen und Transzendenzpotenzial. Außerdem bietet der Sport die Erfahrungsoption, die ‚dinglichen' Bewegungen des Körpers mit einer diese ‚materielle Basis' überschreitenden Zufriedenheitsempfindung zu koppeln; beispielsweise dann, wenn der Sportler seinen Laktosewerten zufolge am Rande der Erschöpfung steht und dennoch von einem unvergleichlichen Glücksgefühl durchdrungen ist (Bette 1989, S. 36). ‚Lügt' der Körper dabei? Kann er überhaupt je „ehrlich" sein (Hahn 2010)? Oder ist diese Zusammenschaltung vermeintlich widersprüchlicher Ereignisse eine jener spezifischen Eigenleistungen der Sinnwelt Sport, aus der sich ihre unsichtbare Religiosität – das meint mittelbar auch: die Massenbegeisterung für Sporthandeln und mediale Sportrezeption – speist? Soviel steht fest: Sport darf als heterogene, säkulare, aber auch kultisch verehrte und mit Transzendenzzuschreibung aufgeladene Sinnsphäre gelten. Dieser gesellschaftliche Rang und der umfassende Zuspruch, der ihn trägt, lassen sich nicht allein durch das Aufeinanderbeziehen von Körperhandlung und effektivem Leistungserfolg erklären.

4. Körper und Glauben

Dem kulturgeschichtlich nachweisbaren Hervortreten des Körpers als eine bewusst wahrgenommene *soziale* Facette steht die ganz anders gelagerte Entwicklungsgeschichte der Relevanz religiöser Praxen gegenüber. Anstelle eines – nur bei kurzsichtiger Betrachtung stichhaltigen – Bedeutungsverlustes von Religion muss zumindest in der westlichen Welt vielmehr von einem Strukturwandel gesprochen werden, der u. a. das Phänomen der ‚Privatisierung' des religiösen Sinns hervor gebracht hat bzw. in einer dialektischen Verbindung auf diesem Phänomen beruht. Wie Luckmann schon vor Jahrzehnten schrieb, können vielfältige Erlebnisformen und Handlungskontexte als (zivil-)religiöse Bezugsfelder verstanden werden, wenn der Kriterienkatalog religiöser Sinnelemente aus der dogmatischen Reduktion auf das Kirchliche befreit wird. Dahinter mag im Lichte klassischer religionssoziologischer Positionen (wie etwa Webers Auseinandersetzung mit „Typen religiöser Vergemeinschaftung"; 1980, S. 245 ff.) auch ein im Binnenraum individueller Selbstverantwortung grassierendes Zurückschrauben bzw. Neujustieren der *diesseitigen* Aspekte religiösen Handelns stecken.[4] Diese „neue Sozialform der Religion" ist von einer „doppelte[n] Autonomie" geprägt, wie Hubert Knoblauch (1991, S. 19, 22) festhält: Das Individuum verfolgt dabei *persönliche* Ziele, während die Ansprüche der betroffenen Institutionen zunehmend formaler Natur sind. Es macht den Eindruck, als sei Religion gesamtgesellschaftlich heute nur mehr als ein zwar fraglos vorhandenes, aber eben zersplittertes Funktionssystem wahrnehmbar, das auf der *Akteursebene* eine je subjektiv bestimmte Wichtigkeit zugesprochen bekommt. Nach wie vor ist zwar beispielsweise die katholische Kirche ein *global player,* ja eine „unabhängige Internationale", wie Ulrich Beck (2011, S. 288) festhält. Und gewiss ist Religion für viele Menschen noch immer etwas Kollektives, geprägt von einer über die persönliche Erfahrung hinaus ragenden, sozial verbindenden Qualität. Aber dieser Anspruch findet seine Verwirklichung letztlich darin, dass Einzelne sich bewusst dafür *entscheiden,* sich mehr oder minder intensiv als ‚religiös tätiger Mensch'

---

4   Beispielhaft dafür lässt sich die Funktion der Religion als herrschaftssicherndes (Kommunikations-)Instrument bzw. als Symbolsprache anführen, die die Natur erklärt (vgl. Bourdieu 2009, S. 30 f.). Diese Funktionen werden mittlerweile von anderen Instanzen übernommen, die, um zu *gelten,* aber gleichsam eine engagierte Folgschaft benötigen.

mit und für andere (und gegenüber einer Kirche) zu engagieren.[5] Anders gesagt, nicht die religiösen „Virtuosen" (Weber 1980, S. 327ff.) diktieren den Geltungsrang des von ihnen propagierten Überzeugungssystems, sondern die Gläubigen bestimmen, welchen Anteil die Religion in ihrem Leben einnimmt. Vor dem Hintergrund des Wiedererstarkens fundamentalistischer Positionen, die sowohl im „Naturalismus" der Wissenschaften wie auch in der Religion aufscheinen (Habermas 2005), ist eine präzisere Analyse unabdingbar. An dieser Stelle soll es jedoch primär um einen Nebenschauplatz gehen – um die in Religionskontexten exponierte Rolle des *Körpers*.

Bezüglich der unsichtbaren Religionen, von denen Luckmann spricht, lässt sich über die Einbeziehung des Körpers alles und zugleich nichts sagen, denn der Körper ist in die vielen Zusammenhänge, die demnach als quasi-religiös gelten können, jenseits dogmatischer Festsetzungen eingebunden. Sport, Tanz, Sex – all das, und noch vieles mehr, ist außerhalb der bekannten profanen Kontexte auch als religiöser Bezugsrahmen greifbar und spielt dort, ebenso wie in der jeweils komplementären *religionsfernen* Sphäre, eine wichtige Rolle.[6] Die Privatisierung des religiösen Sinns kennt indes noch weitere Rahmungen, die mit wenig bis fast gar keinem Körpereinsatz auskommen. Als Extremwert darf die Variante der lediglich gedanklich verwirklichten ‚Religionspraxis' gelten, die – je nach Standpunkt – vom Körper entkoppelt, oder ihm nur mehr als unsichtbarer *Vorgang im Gehirn* eingeschrieben ist.

Mehr Verbindlichkeit und Durchsichtigkeit bieten die traditionellen Kirchenreligionen. Körperbezüge und Körperaktionen sind hier überwiegend rituell geformt und nehmen somit innerhalb der Liturgie einen festen, wenn auch meist randständigen Platz ein. Dazu gehören streng formalisierte Gebetshaltungen und Interaktionsregeln, aber auch Tabuisierungen und *Körperumgangsvermeidungen*. (Die Taktiken, den Körper ‚hinweg zu denken' bzw. ihn performativ ‚zu verleugnen' und seine Präsenz zu ‚schmälern', sind schließlich erst Recht Modi des *Umgangs* mit dem Körper.) Auch für die Gläubigen und für die Priesterschaft ist die Aussage „Ich habe einen Körper" wahr; aber diese Vorherrschaft muss in religi-

---

5   Webers Bekräftigung (1980, S. 1), dass auch *Denken* Handeln ist, findet hier eine schöne Entsprechung, denn das erwähnte Engagement kann sowohl durch aktives Agieren *demonstriert* werden wie es auch als die ‚innere Überzeugung' des Glaubens (und des *Glaubens an den Glauben*) lediglich in der Dunkelkammer der subjektiven Gedankenwelt stattfinden kann.

6   Aus der Vielzahl an Beispielen lassen sich etwa mimetische Zeremonien aufzählen, die den Teilnehmern magisch/religiös aufgeladene Mimesishandlungen abverlangen (vgl. Gehlen 1971), aber auch Sekten, die vor allem ab den 1960er Jahre als verkappte Sexualkulte auftraten, und schon die Traditionen bestimmter Volksstämme, die den Kampf von Gut gegen Böse im sakralen Rahmen re-inszenierten – und damit en passant Vorläufer bestimmter Sportformen waren (vgl. Bette 2010, S. 17).

ösen Zusammenhängen kaum je transparent gemacht werden. Religion genießt gemeinhin die Reputation, eine körperferne Angelegenheit sein, bei der die *Prävalenz des Geistigen* entscheidet.[7] Wenigstens dann, wenn bei Gläubigen und Priestern ihre religionssystemspezifische Rolle eine gegebene soziale Situation dominiert, wird der Körper zum größten Teil ‚taub geschaltet'. Die damit implizit befolgte Anleitung zur ‚Entkörperlichung' schafft die Bedingung, unter der die religiöse Sinnsetzung in dieser Situation entfaltet werden kann. Hinzu kommen auf der Seite des Klerus die Verhüllung des Körpers in Gewänder und das Reduzieren der körperlichen Aktionen auf jenes Minimum, das die Bandbreite der notwendigen Gesten und Ausführungen erlaubt, *aber nicht mehr*.[8] Eine derart rigorose Körperpolitik kann als exemplarische Verwirklichung der Distanz zwischen Physis und Psyche gelten: Die erwünschte Konzentration auf den ‚religiösen Sinn' läuft mit einer Loslösung von der Sinnlichkeit der Körpererfahrungen offenbar erfolgreich zusammen; dies zumindest will hinsichtlich seiner Priesterschaft beispielsweise der Katholizismus Glauben machen.

Religiöse Heilserfahrungen haben zwar eine körperliche Dimension, insbesondere wenn man sie buchstäblich liest (siehe etwa die Heilung von Krank(heit)en, über die im Neuen Testament wie auch regelmäßig in der Boulevardpresse zu lesen ist). Auch das Beispiel der (muslimischen) Derwische, die durch die Instrumentalisierung ihres Körper (und ihrer Sinneswahrnehmung, die sie absichtsvoll in Taumel versetzen) in ekstatisch-religiöse Zustände verfallen, ist bekannt. Im Christentum wiederum sind kulturgeschichtliche Betrachtungen über *Stigmatisierungen* aktenkundig, von denen es heißt, dass sie auf wundersame Weise besonders gläubigen Menschen widerfahren (Daxelmüller 2001). Die Reproduktion der Wundmale Christi in Zeiten der weit verbreiteten Skepsis gegen Übersinnlichkeit wirft die spannende Frage auf, weshalb diese körperliche Manifestationen überhaupt als verehrungswürdige ‚Zusatzleistung' bewertbar sein sollen, wenn doch die religiöse Erfahrung vorrangig eine spirituelle ist. Das Sakrale ist eine geistige Angelegenheit, das Leibliche dagegen bildet dafür die ‚materielle', damit in den traditionellen Religionen aber untergeordnete Basis. Die Stigmata

---

7   Sie hat den Vorteil, neben der augenscheinlichen Verbindung zu den zentralen ‚über-materiellen', weil transzendenten Inhalten einerseits Störfaktoren vermeintlich auszuschalten (klassisch: sexuelle Regungen) und andererseits integrativ zu wirken, insofern individuelle Körpermerkmale für die Adaption des Glaubens ohne Belang vorgeblich sind (ganz im Gegensatz zu *Einstellungsmerkmalen*!).

8   Die dahinter stehende ‚Selbstzuchtmaschinerie' ist paradox, denn einerseits stellt sie stark auf das Selbst, also auf die Autonomie der dementsprechend Handelnden ab – man muss es nicht lediglich *tun*, sondern *soll* es *wollen* –, während andererseits die Festlegung, ob die Selbstzucht ‚erfolgreich' verlaufen ist oder nicht, letztlich von der Fremdeinschätzung durch andere ‚Experten' abhängt!

übertreffen die Routinen des religiösen Körperbezugs bei weitem, indem sie (etwas überspitzt formuliert) zur inneren Erfahrungen auch noch einen ‚positiven Beweis' liefern.

Der Körper im Christentum, um bei diesem Beispiel zu bleiben, ist der Körper eines Akteurs, der mit seinem Handeln seinen Glauben demonstriert. Dafür sind Körperaktionen lediglich das Mittel zum Zweck; und die Kontemplation, die bis hin zur Trance führt (und somit wiederum *weg von der Körperlichkeit*), gilt als Beleg für eine ‚wahre' Verbundenheit mit dem religiösen Ideal – eine Verbundenheit, die überdies den Gläubigen für eine Zeit aus dem Dickicht der körperlichen wie psychischen Anforderungen des Alltags befreit. Die Bewegungspermanenz, die der Körper etwa im Sport erfährt, findet hier keine Entsprechung, weil es nicht darum geht, den Körper zu *spüren* und zu *verändern*, sondern (und darin scheint eben doch eine Verbindung auf) es geht darum, sein Vorhandensein für bestimmte Zwecke einzusetzen, die an der Körperebene ansetzen, sie jedoch transzendieren. Dazu zählen neben den oben erwähnten Beispielen auch *Körpermarkierungen* (etwa die rituelle Beschneidung im Judentum, das Verdecken des [weiblichen] Körpers in verschiedenen Sparten des Islam oder die Taufe im Christentum). Bemerkenswert ist, dass einer Leitfigur des Christentums sogar ausdrücklich als *Körperakteur* gedacht wird: Jesus trägt seine ‚Leib-Zeichen' vor sich her, er empfindet in den Evangelienberichten körperlichen Schmerz, er kommt durch Gewalt zu Tode und steht explizit ‚leiblich' wieder auf. Diese Leidengeschichte, die nebenbei Jesus *auf Basis seiner Körperlichkeit* als menschlichen Akteur ausweist und eine ‚Ausbalancierung' gegenüber seiner göttlichen Herkunft herstellt, hat bis in die Gegenwart hinein Nachahmer gefunden. Sie praktizieren Läuterungsrituale, die auf *Selbstgeißelung* beruhen, und machen damit den geschundenen Körper Jesu stellvertretend *als Körper* (wieder) anschaulich. *Körpermetaphern* sind dem Christentum erst Recht nicht fremd.

Angesichts der populären Vorstellung einer leibfeindlichen Gemeinschaft ist der häufige Rekurs auf eine entsprechende Bildersprache und auf *Körpersymboliken* geradezu erstaunlich (Schroer/Staubli 1998). Um nur ein Beispiel anzuführen: In der Eucharistie (wo übrigens die Hostie buchstäblich ein Schlachtopfer versinnbildlicht!) taucht der Körper in symbolischer Verkleidung auf, der religiösen Sinnbestimmung zufolge handelt es sich bei dieser eigenwilligen „Wiederkehr des Körpers" (Kamper/Wulf 1982) jedoch nicht um ein bloßes Bild, sondern um eine *materielle Verwandlung* des Körpers Jesu in Brot und Wein.

Geht man das Wagnis ein, die Position der Rollenträger innerhalb der Sinnwelt Religion hierarchisch zu staffeln, stellt sich eine erstaunliche Parallele zur Sinnwelt des Sports her. Hier wie dort bedarf es keiner bestimmten *Einrichtung des Körpers*, um an ihr teilzunehmen (beide Sinnwelten halten zwar spezifische ‚Trainingsformen' bereit, die aber keine Konstitutionsbedingung sind). Hier wie dort lässt sich differenzieren zwischen Experten, die über Sinnsetzungen Bescheid wissen, und Aktiven, die auf Basis entsprechender Belehrungen zu spezifischen Handlungen greifen. In beiden Bereichen ist das Sich-Einlassen auf eine Sinnbesetzung maßgeblich, die eine klar unterscheidbare Alternative zu anderen Subsinnwelten darstellt. Beide Male geht es um *Außeralltäglichkeit*. Und in der Religion wie auch im Sport steht hinter der (einerseits schwachen, andererseits starken) Körperreferenz der Verweis auf eine anvisierte, womöglich nie eintreffende, aber erstrebenswerte *Transzendentalerfahrung*. Das verdient eine genauere Betrachtung.

5. Der praktische Sinn sportlichen Handelns

Sport soll an dieser Stelle unabhängig von Mannschaftsleistungen oder von einem auf Rekordleistungen orientierten, professionellen sportlichen Agieren, aber auch losgelöst von einer gesellschaftlich orientierten Makro-Perspektive (vgl. Bette 2010) als individuelles Handeln mit Körpereinsatz angesehen werden. Für Pierre Bourdieu bildet der „Sinn des Spiels" beim Sport ein Paradebeispiel für „praktischen Sinn", der dem Spieler „Bedeutung und Daseinsgrund, aber auch Richtung, Orientierung, Zukunft" zuweist (Bourdieu 1993, S. 122 f.). Die Anerkennung der Voraussetzungen und das Gespür für die vorhersehbare Zukunft, die das Spiel erst *im Rückblick* sinnvoll machen, sind für Bourdieu die Konstitutionsbedingungen dieses praktischen Sinns. Sport ist eine Sinnwelt unter vielen, die sich mit anderen Sinnsphären nur bedingt überschneidet. Sieht man davon ab, dass im religiösen Rahmen die Zukunft eine *erhoffte* (im Lichte dieser Hoffnung aber durchaus subjektiv mit Glaubensgewissheit ‚vorhergesehene') Zukunft ist, lassen sich die Begrifflichkeiten, die Bourdieu mit dem Sport in Verbindung bringt, durchaus auch auf das religiöse Feld beziehen. „Bedeutung und Daseinsgrund", „Richtung, Orientierung, Zukunft", das sind Vokabeln, die der Sinnwelt des religiösen Handelns sogar näher stehen als dem Sport.

Allerdings spielt im Sport der Körper eine prominente, ja eine zentrale Rolle. Er ist Motor *und* Zielobjekt des sportlichen Handelns. Er wird zunächst *instrumentell* behandelt, damit am Ende – neben anderen Effekten – auch der Körper selbst eine Aufwertung erfährt. Der gleichzeitige Einsatz des Körpers als Fremd- und Selbstzweck (oder, wenn man so will: als ‚Erfahrungsleib' und als ‚Durchführungsinstrument') ist eine zwiespältige Angelegenheit, die gerade in dieser Zwiespältigkeit ihren Reiz entfaltet. Sportausübung ist anstrengend, weil sich der

Leistungswille nicht bruchlos in entsprechenden körperlichen Leistungen nieder-schlägt, sondern es entsprechender Körperkoordination bedarf und zunächst phy-siologische sowie psychologische Widerstände gebrochen bzw. verändert werden müssen, damit die erwünschte Leistung erzielt werden kann (oder damit überhaupt erst damit angefangen wird, diesem Ziel entgegen zu eifern). Dieses Aktivieren und Überwinden (und die sukzessive Verschiebung der individuellen Ausdauer- und Zumutbarkeitsgrenzen) verleiht dem ‚Martern' des Körpers einen positiven Begleiteffekt, der für viele Menschen das eigentliche Motiv sportlichen Handelns ist: Die nicht permanent durchlebten, nun aber kontrolliert herbeigeführten An-strengungen sind als Alternativen zum Alltag, und nicht selten aus subjektiver Perspektive sogar als *extreme* Körpererfahrungen der spürbare Beleg für eine vollbrachte Leistung, die sich in symbolischem Kapital (mehr Fitness, mehr Ge-sundheit, mehr Kraft, aber auch: ‚beweiskräftig' dokumentiertes Engagement, nachweisliches Überwinden des ‚inneren Schweinehundes' usw.) niederzuschla-gen verspricht. Da der Sportler seinen Körper für diese Zwecke einsetzt und er zugleich dieser Körper *ist*, ist Sport zugleich Modellierung am Selbst.

Anders als in den meisten religiösen Praxen gibt die Sinnwelt des Sports ausdrücklich die Möglichkeit, die beabsichtigten Ziele in Eigenregie anzuvisie-ren. Sport kann im individuellen Zeit- und Handlungsrahmen, also in „selbstor-ganisierten Situationen" (Bette 2010, S. 5) vollzogen werden. Der Grad der Ori-entierung an den quasi-institutionell vorgegeben Mustern (wie etwa offiziellen Regelwerken) kann individuell bestimmt werden. Sport kennt keine Konfession, und die Semantik von korrektem bzw. verfehltem Handeln existiert hier nur in-nerhalb spezifischer Sozialstrukturen (Sportvereine und -verbände), an die kein Sportler zwingend gebunden ist, wenn er Sport praktizieren möchte. Sportler ist man auch ohne die Adaption der Einstellungs- bzw. Überzeugtheitskriterien ei-ner bestimmten sozialen Gruppe – nicht jedoch ohne die Zuschreibung von an-deren, dass man tatsächlich Sport betreibt.[9] Andererseits steht hinter dem Sport das Streben nach verschiedenen Formen des Erfolgs, die subjektiv bestimmt sind und sich dementsprechend primär im subjektiven Erleben (das immer auch sozi-al geprägt ist) niederschlagen. Wenn ein (wie auch immer definierter) sportlicher Erfolg erreicht worden ist, lässt er sich, außer im Profisport, nur über Umwege in

---

9   Nicht jeder Wettbewerb, der Körpereinsatz erfordert, gilt in der gesellschaftlichen Perspektive als Sport, auch wenn das sportliche Feld häufig als Metaphernreservoir zur Kommentierung diverser Körperaktivitäten verwendet wird. Ob Sport praktiziert wird oder nicht, hängt (inklusive der hier nicht näher betrachteten Differenzierung unterschiedlicher Sportformen) offenkundig nicht von der Selbstbeobachtung des Individuums ab, sondern macht sich an den (durchaus wandelbaren) Wissensbeständen fest, die gesellschaftlich über das ‚Wesen des Sports' florieren.

ökonomisches oder kulturelles Kapital ummünzen. (Er schlägt sich wohl noch am ehesten, aber ebenfalls nicht vordergründig, in der Kumulation *sozialen Kapitals* nieder.) Dies lässt sich vergleichen mit der gesellschaftlichen ‚(Nicht-)Anwendbarkeit' jener Erfolge und subjektiven Ergebnisse, die sich aus dem religiös motivierten Streben nach Transzendenz ergeben: Zuvorderst geht es um *Effekte des Selbst*, die in der Folge auf die soziale Dynamik im näheren Umfeld Einfluss nehmen (können), die aber üblicherweise nicht *deswegen* beabsichtigt sind.

Das produktive Aufgreifen der Materialität des Körpers markiert eine handgreifliche, rationale Komponente des Sports, auf der andere Rationalitäten (wie die Regeln einzelner Sportarten) aufbauen. Sport beinhaltet zugleich eine Transzendierung der Natur durch die gezielte Ausschöpfung und mithin Überschreitung des Standardleistungsniveaus menschlicher Körper. Dies stellt, wie Luckmann betont, im Sinne der „unsichtbaren Religion" bereits eine *sakrale Spur* dar. Die Rückbezüglichkeit auf den Körper erdet im Sport die säkulare ‚Heilssuche', denn das Ziel ist nicht ein jenseitiges, sondern etwas Spür- und Messbares. Außerdem kann der Leib den Körper hier als etwas ‚Anderes' und doch wieder ‚Eigenes' erleben, in dem er, anders als in Alltagskontexten, Anstrengung, Aufregung oder auch Schmerz als Aspekte absichtvollen Handelns erfährt. Das unvermeidliche Produkt sportlicher Aktivitäten ist die Verwandlung des Körpers; sie ist im Erfolgsfall im Laufe der Zeit quantifizierbar. Diesbezügliche Messvorgänge sind notwendige Bestandteile, aber letztlich auch *Profanisierungen* des Strebens nach der Überwindung körperlicher Grenzen. Die Rationalität hinter der durch *Körperbeherrschung* entwickelten Leistungskraft ist im Sport das physische Sprungbrett für die ‚überkörperliche', also buchstäblich *metaphysische* Erfahrung, an eine Erlebens- und Erleidensbarriere des Körperlichen gestoßen zu sein und sie vielleicht sogar übertroffen/verschoben zu haben.[10] Im Sport wird mit dieser materiellen Basis unter ganz anderen Voraussetzungen umgegangen als im religiösen Kontext, obwohl beide Male *identische* physiologische Bedingungen der Möglichkeit metaphysischen Erlebens bestehen. Die Omnipräsenz spiritueller Bezugspunkte, die in der Religion die Sphäre des Physisch-Mechanischen permanent relativiert und in Andeutungen einen ‚Nimbus der Heiligkeit' evoziert, kennt die Idee der Produktivkraft durch *Körper*leistungen nicht, sondern allenfalls die Idee einer Verschmelzung von *Leiblichkeit* und *Übersinnlichkeit*.

---

10   Von einem „konsequenzenlosen Diesseitserleben[]" (Bette 2010, S. 117) lässt sich wohl nur
     dann sprechen, wenn Sport als ein im Körperlichen verwurzelter Aktionsbereich verstanden
     wird, der keine kognitive ‚Eigendynamik' zulässt, die dieses Fundament transzendiert. Gerade
     dieses (subjektiv zu bestimmende, aber als Diskurs faktisch vorhandene) Moment ist aber für
     viele Menschen ein Motiv, um ihren Körper sportlich ‚einzusetzen'.

Ebenso wie religiöse Praxen ist auch sportliches Handeln kein Selbstzweck. Sport kann *auch* als Kulturtechnik verstanden werden, die hinsichtlich ihres Körperbezugs die Möglichkeit gibt, sich so *darstellbar zu machen*, wie man sich dargestellt sehen will. Ethnografische Studien im Kontext des *Bodybuilding* haben dies an einem Beispiel plastisch gemacht, das diese Plastizität ausdrücklich forciert.[11] Sporterfolge sind, abgesehen vom Mannschaftssport, Individualleistungen, die das Subjekt in Vermittlung über seinen *als 'leistungsstark' beobachtbar gewordenen Körper* in den Mittelpunkt stellen. Der Rückgriff auf den Körper wird gesellschaftlich als Rekurs auf das Subjekt verstanden, dem er 'gehört' und der er 'ist'.

Im Alltagsverständnis gelangt dieses Subjekt durch sein erfolgreiches sportliches Tun neben den genannten Effekten an einen Mehrwert an Wettbewerb, Spaß und Geselligkeit – profane Werte also, die der eher als ernsthaft und als 'arbeitslastig' empfundenen Selbstzuchtthematik merkwürdig entgegenstehen. Wie relevant Sport in der subjektiven Sichtweise ist, lässt sich nicht losgelöst von sozialen Strukturen denken, die in die vermeintlich autonome Bewertung des Einzelnen einfließen. So gilt es beispielsweise als ausgemacht, dass zwischen dem sporadischen Kicken auf dem Bolzplatz und dem Absolvieren eines Ironman-Parcours nicht nur ein physiologischer Unterschied besteht, sondern eine ganz andere Sinnsetzung vorherrscht. In beiden Fällen wird sportlich gehandelt und beide Handlungsformen können von derselben Person unmittelbar hintereinander geleistet werden. Dennoch besteht ein trennscharfer Unterschied, der die verschiedenen Rahmenkontexte sportlichen Zielstrebens illustriert. Wer den Ironman absolviert, treibt sich auf eine für die Beobachtung nachvollziehbare Weise an seine Grenzen und darf 'stolz auf sich sein'. Er darf – zumindest unter Gleichgesinnten – Anerkennung für das Quälen seines Körpers bis zur Ziellinie erwarten, derweil der Freizeitfußballer ein solches Maß an (Körper-)Aufwendung nicht nur scheut, sondern sogar *scheuen muss*, weil die Sinnsetzungen, die er (und andere) mit seinem Spiel verbinden, völlig andere sind, woraus sich völlig andere Anforderungen ergeben.[12]

Nicht zufällig ungefähr zur Entstehungszeit der *Protestantischen Ethik* von Max Weber kommt bei Thorstein Veblen zum Ausdruck (1986, S. 244 ff.), dass Sport als freiwilliger Rückzug ins Archaische von quasi-militaristischem Training, von Zucht und von Askese dominiert ist. Der unterstellte Drill will der Au-

---

11   Zum Sinnsystem des Bodybuilding – ein Begriff, der sich fast schon als Leitmotiv *aller* Sportausübungen verwenden lässt – vgl. Honer (2011a, 2011b); eine religiöse Konnotation stellt Knoblauch (1991, S. 29) her.

12   Beispielsweise an eine betont lockere, gewissermaßen augenzwinkernde und den Genussaspekt in den Vordergrund rückende 'Einstellung', die nicht nur *empfunden*, sondern vor allem *aufgezeigt* werden soll.

tonomie sportlicher Körpergestaltung (und körperlicher Sportgestaltung) nicht
so Recht entsprechen, gibt er doch einen Eindruck, Sport sei – wenigstens auf einem bestimmten Leistungsniveau – eine Zwangsveranstaltung, die dem Sportler zuallererst Unterwerfung abverlangt. Wie virulent diese eigenwillige Beob-
achtungsweise für die gesellschaftliche Bewertung sportlichen Handelns werden
kann, zeigt der Diskurs über *Doping*. Ebenso wie das religiöse Feld (aber weniger aufdringlich) ist der Sport alles andere als eine moralfreie Zone. Die ethische
Anschauung, vielleicht sogar: der *Dogmatismus* des Sports kommt in den Fair-
nessgeboten, der Partizipationsoffenheit, der Solidarität gegenüber Mitspielern
und in weiteren Elementen zum Ausdruck. Ohne Bezug auf solche ‚höheren Werte‘, die der brachialen Diesseitigkeit einer in ihren entscheidenden Punkten kör-
perzentrierten Handlungsform ideologisch veredelt, kommt keine Sportart aus.
Wo moralische Werte bestehen, ist immer der Verstoß dagegen möglich, und wo
er möglich ist, findet er früher oder später auch statt. Doping ist eine besondere Form des Regelverstoßes; wenn man so will, kann man es als ein ‚körperliches Foul‘ ansehen, das ohne Berührung auskommt. In der *Logik der sportlichen
Vernunft* gilt Doping als Betrug, weil damit die als ‚natürlich‘ verstandene Körperausstattung aufgerüstet wird (Bette/Schimank 2006). Die medial allüberall
verbreitete Doping*kritik* postuliert von einer ethischen Warte aus, dass nur ‚das
Echte‘, gelten darf, womit eine *körperliche Authentizität* als Diskursobjekt etabliert wird, welches vorgeblich schon *vor* seiner Diskursivierung als ‚Naturaus-
stattung‘ des Körpers Bestand hatte. Höchstleistungen dank Doping, die ja trotz
allem *tatsächlich geleistet wurden*, fallen demnach aus dem Rahmen: Sie sind,
auf zunächst undurchsichtige Weise, als Körperaktionen entworfen worden, bei
denen der Wille zum (von außen beobachtbaren) Leistungserfolg die vorrangige
Direktive ist. In diesem Rahmen ist das Ethos des Sports nicht viel mehr als ein
flexibel zu handhabendes Diskursbündel. Die (vielsagend betitelten) Doping*sün-
der* erreichen ihre Leistungen nun aber vorgeblich in einem Rahmen, der von Respekt für die – Doping unmissverständlich verdammenden – Regularien der jeweiligen Sportart bestimmt ist.[13]

Doping bedeutet: Nicht die Leistung ist fingiert, sondern der Weg, der zu
ihr führt. Doping ist deshalb ein Skandal, weil es Sportler gibt, die *nicht* dopen,
obwohl sie sich in ähnlichen Situationen befinden wie diejenigen, die es tun (vgl.
Bette 2010, S. 74). Zwischen beiden Handlungsalternativen klafft ein Widerspruch,

---

13   Wo solche Normen fehlen, die ausdrücklich verschiedene Formen körperlicher Manipulati-
      onsarbeit qualitativ unterscheiden – sodass etwa Muskelaufbau durch Training in Ordnung
      ist, nicht aber Muskelaufbau durch den Konsum von Chemieprodukten –, ist von Doping
      auch keine Rede. Niemand, der mit ästhetischer Chirurgie behandelt wird, muss sich danach
      anhören, sein Körper sei in Sachen Attraktivität „gedopt" worden.

und die moralische Wahrheit wird gesellschaftlich ziemlich eindeutig nur einer der beiden Seiten zugesprochen. Auf irritierende Weise legen Nutzer von Dopingmitteln dar, dass der Wunsch, das körperliche Leistungsniveau zu verbessern, auch Anschlüsse an das profane Motiv der Suche nach sozialer Anerkennung und nach ökonomischer Aufwertung des individuellen Handelns offen lässt. Kaum ein anderer sozialer Bereich als der Sport lässt eine derart enge und kausal aufeinander bezogene Kopplung von (Körper-)Leistungserfolg und der Zuschreibung positiver (und sozusagen auch ‚positivistischer‘) Merkmale zu. Die Vergleichssinnwelt Religion ist hinsichtlich dieser Kopplung gänzlich außen vor, da die entscheidende, vom Subjekt einzubringende ‚Leistungsressource‘ die *Glaubensüberzeugung* ist. Sie ist zwar ebenfalls nur ‚wahr‘, wenn sie ‚echt‘ ist (und vice versa), sie muss aber nicht fingiert werden, weil der (durchaus einberechnete) erwartbare ‚Ertrag‘ schließlich einerseits bloß subjektiv von Gewicht und andererseits, in eschatologischer Perspektive, ohnehin ‚nicht von dieser Welt‘ ist.

6. Grenzüberschreitung und Heilssuche

Abschließend soll die Analogisierbarkeit von (Körper-)Erlebnisformen im Sport und in der Religion auf einige wesentliche Aspekte zugespitzt werden. Der Körper kann heutzutage als Projektionsfläche und als Werkzeug zur Erzeugung von säkularer Transzendenz angesehen werden, und dies nicht nur vor dem Hintergrund von messbaren Leistungsansprüchen, sondern auch im Hinblick auf solche äußerlich schwieriger feststellbaren Facetten wie Lust- und Genussempfinden, Ästhetik oder persönliches Wohlgefühl. Sport ist dafür ein gutes Beispiel, weil sich dabei *Immanenz* (das Diesseitige, konkret etwa das *Körper-Haben*) mit *Transzendenz* (als das Glück der Verwirklichung von Zielsetzungen und vor allem: der *Gestaltungsautonomie* des eigenen Lebens/Strebens) verknüpft. Das ist nicht nur für Luckmann, sondern auch – aus einer ganz anderen soziologischen Theorierichtung herstammend – für Niklas Luhmann ein *religiöser* Vorgang (vgl. Luhmann 1999). Trotz der deutlichen Unterschiede birgt der Sport eine große Übereinstimmung mit der Religion, insofern es bei beiden Sinnwelten um formale und soziale Orientierungsmaßstäbe geht, die die soziale Welt zur Adaption *bereit hält*, jedoch nicht (oder *nicht mehr*) aufzwingt. Bei beiden geht es um rituelle und kultische Elemente, die *performativ verwirklicht werden*; bei beiden sind Überzeugungen, Praktiken, Gebote und Bewährungspassagen entscheidende Stützpfeiler des sinnhaften Handelns; und bei beiden regiert eine *Ethik der Lebensführung*, die über die unmittelbaren ‚Expertenhandlungen‘ (wie etwa die Sportausübung oder das Gebet) hinaus geht. Nicht *dass* der Körper dieses oder jenes tut, ist entscheidend, sondern die damit verbundene (dahinter stehende) *Über-zeugung*, dass er dies tun *muss*, damit das Sinnmotiv verwirklicht werden kann. Dieses ‚Müssen' ist bei beiden Sinnwelten ein Müssen, das erst durch freiwillige Akzeptanz zum ‚Muss' wird; anders gesagt: es ist ein Müssen, das aus der Hingabe heraus geboren wird.

Religion wie Sport weisen einen *Demonstrationscharakter* auf. Wie oben angeschnitten, sind ganz und gar ‚individuelle' Religionsausübungen untypisch, denn Glaubensbekundungen stellen keine Privatangelegenheit des Gläubigen dar, sondern implizieren eine *soziale Dimension*. Bereits die Bekundung der Tatsache, *dass man glaubt*, ist nur als soziale Handlung denkbar und sinnvoll. Auf wiederum andere und doch ähnliche Weise ist der Umgang mit dem Körper im Sport ebenfalls kein *subjektivistisches* Manöver, das allein einer nach außen hermetisch abgeschlossenen ‚Selbstverwirklichung' dient.[14] Körperformung unter sportlichen Bedingungen kann ebenso sehr *alleine* betrieben werden, wie alleine gebetet werden kann; die Tragweite, die Sport und Religion gesellschaftlich jeweils ausüben, basiert aber gerade auf der öffentlichkeitswirksamen, das Bekenntnis zu diesem spezifischen sinnhaften Handeln (oder zum *Glauben* an diese Sinnhaftigkeit) ausdrückenden Selbstdarstellung. Nur sie macht sportliches bzw. religiöses Handeln anschlussfähig, denn nur durch diese Darstellung der subjektiven Anerkennung entsprechender Sinnkriterien wird man als Sportler oder Gläubiger (an-)erkannt.

Religion wie Sport sind Sinnwelten, die beide als Freizeitgestaltungsangebote massentauglich sind und die beide eine ausgewählte Expertenriege aufweisen, die in der Kennerschaft, der Weitervermittlung von Fachwissen und in der virtuosen Beherrschung der erforderlichen (Körper-)Handlungsweisen ihr Berufsfeld findet. In beiden Bereichen sind überdies Heilserwartungen und Entbehrungsstrategien mit vorherrschenden gesellschaftlichen Bildern bezüglich idealer Lebensformen bzw. idealer Formen der Körper- und *Selbst*beherrschung verknüpft – und beide Bereiche weisen als Grenzrahmen einen „unerreichbaren Horizont [auf], der unerreichbar in der Ferne liegt, ein Ansporn zu ununterbrochenen Anstrengungen", wie Zygmunt Bauman (1998, S. 23) über den Fitnesskult schreibt, aber wortgleich auch über religiösen Glaubenseifer schreiben könnte. Explizite Schnittmengen, die an dieser Stelle nicht weiter ausgeführt werden können, sind ferner: die Darstellung von Handlungen, die als Ehrgeiz und Engagement dechiffrierbar sind (und die selbst einer nicht-überzeugten, glaubensfernern Umwelt gegenüber aufrecht erhalten werden); die Unterdrückung physischer (im Sport:

---

14 Man muss sich zu dem, was man ist, erst machen, schreibt Plessner (1975); doch wie kann man angesichts der Parole/Ideologie, sich selbst zu verwirklichen, in der Folge *noch wirklicher* werden, als man schon ist? (Vgl. Luhmann 1996, S. 203)

Leistungsgrenzen, Schmerz; in der Religion: Körper‚versuchungen') und psychischer (im Sport: Motivation; in der Religion: Zweifel) Widerstände; Ausdauerwille (im Sport: konsequente Zielvorgabenorientierung; in der Religion: Permanenz des Glaubens); ein spezifischer Kult- und Sozialcharakter (Verschworenheit, Expertenwissen, Anerkennung von Vorgaben/Autoritäten); Idealismus (im Sport: Fairness-, in der Religion: Gewissheitsüberzeugung); Opferbereitschaft (Zeitökonomie, Entbehrung, Hinnahme eines Enttäuschungsrisikos); Grenzerfahrungsbereitschaft (und die aktive Suche danach) und schließlich *Grenzüberschreitung* (die Verbesserung der erbrachten Leistung als symbolische Erhöhung des eigenen Status', das Annähern an ein letztgültiges Ziel).

Solche Gegenüberstellungen weisen den Nachteil auf, dass sie immerzu ‚erfolgreich' sind, weil sich Entsprechung zwischen sozialen Handlungsfeldern stets finden lassen, wenn man gezielt (und mit großzügigem Blick) nach Ähnlichkeiten fahndet. Ein bekanntes Beispiel kommt von Bourdieu. Über ihn ist bekannt, dass er sich des Sports, und insbesondere des Kampfsports, gerne und häufig als *Wissenschaftsmetapher* bedient hat (vgl. Bourdieu 1992, S. 201 ff.; 1998, S. 17). Außerdem gleicht der Soziologe laut Bourdieu in gewisser Hinsicht sogar einem „hochklassigen Sporttrainer" (Bourdieu/Wacquant 2006, S. 257). Die Funktion des Trainers im Sport könnte *cum grano salis* in der Funktion des Priesters eine Entsprechung finden, der seine im Studium und in der religiösen Arbeitspraxis erlangten Wissensbestände an andere weiter gibt, die ihren Glauben ‚trainieren' wollen. Vielleicht liegt in der Einfachheit, mit der sich solche äußerlichen Vergleichsmerkmale auffinden lassen, das soziologische Geheimnis der Beziehung von Sport und Religion: Beide Felder *bewegen* Akteure – jeweils inmitten sozialer Rahmungen und jeweils auf ambivalente Weise. Die Körpereinsätze fallen recht unterschiedlich aus, dennoch geht es in beiden Sinnsystemen um die Annäherung an ein immanent greifbares *Weltentrückungspotenzial,* das – durchaus auf ‚binnenrationale' Weise – den sportlich bzw. religiös Handelnden aus den Rationalitätsansprüchen des Alltag heraus hebt.[15] Die ‚Authentizitäts- und Wahrhaftigkeitsgefühle', die stattdessen produziert werden, machen die Flucht aus diesen Verhältnissen temporär möglich und lassen dabei im besten Fall, vermittelt über das Miteinander von Körperaktion und Reflexion, das „Bewusstsein zu sich selbst [...] kommen" (Bette 1999, S. 161). Im Gegensatz zu den Anforderungen

---

15 Vielleicht weisen Sport und Religion gerade wegen dieser Gegenbewegung zu den entzauberten, durchrationalisierten Alltagsstrukturen, die „das einzelne Subjekt hinter den Kulissen der Organisationsgesellschaft subtil [...] verschwinden [lassen]" (Bette 2010, S. 109), die Gemeinsamkeit auf, dass die Ausübenden beider Bereiche der nüchternen soziologischen Aufklärung ihrer „Rückverzauberungsnische" eher skeptisch gegenüber stehen (vgl. ebd., S. 77f.).

und Bedrängnissen des Alltags geben Sport und Religion eine Ahnung von der Möglichkeit, dass ein *transzendentales Anderes* existiert und erreichbar ist, das diese Alltagszwänge für einen gewissen Zeitraum aushebelt bzw. *ausgleicht*. Das transzendentale Potenzial scheint hier einmal eher körpernah und einmal eher körperfern zu verlaufen, aber ohne Körper ist das *Denken der Entkörperlichung* nicht möglich, und ohne das *Denken der Transzendenz* kann es keine Zuschreibung an sich selbst (und an andere) geben, rein am Körper und doch zugleich *über den Körper hinaus* eine subjektiv befriedigende, ertragreiche und stimulierende Leistung vollbracht zu haben.

Literatur

Audehm, Kathrin (2007). *Erziehung bei Tisch. Zur sozialen Magie eines Familienrituals.* Bielefeld: transcript.

Bauman, Zygmunt (1998). Über den postmodernen Gebrauch der Sexualität. In: G. Schmidt & B. Strauß (Hrsg.), *Sexualität und Spätmoderne. Über den kulturellen Wandel der Sexualität* (S. 17-35). Stuttgart: Enke.

Beck, Ulrich (2011). Herrschaft in der Zweiten Moderne. Das Meta-Machtspiel. In: W. Bonß & C. Lau (Hrsg.), *Macht und Herrschaft in der reflexiven Moderne* (S. 284-303). Weilerswist: Velbrück Wissenschaft.

Benkel, Thorsten & Akalin, Fehmi (Hrsg.) (2010). *Soziale Dimensionen der Sexualität.* Gießen: Psychosozial-Verlag.

Berger, Peter L. & Luckmann, Thomas (1992). *Die gesellschaftliche Konstruktion der Wirklichkeit. Eine Theorie der Wissenssoziologie.* Frankfurt am Main: Fischer Taschenbuch-Verlag.

Bette, Karl-Heinrich (1989). *Körperspuren. Zur Semantik und Paradoxie moderner Körperlichkeit.* Berlin/New York: de Gruyter.

Bette, Karl-Heinrich (1999). *Systemtheorie und Sport.* Frankfurt am Main: Suhrkamp.

Bette, Karl-Heinrich (2010). *Sportsoziologie.* Bielefeld: transcript.

Bette, Karl-Heinrich & Schimank, Uwe (2006). *Doping im Hochleistungssport.* Frankfurt am Main: Suhrkamp.

Boltanski, Luc (2007). *Soziologie der Abtreibung. Zur Lage des fötalen Lebens.* Frankfurt am Main: Suhrkamp.

Borkenhagen, Ada & Brähler, Elmar (Hrsg.) (2010). *Intimmodifikationen. Spielarten und ihre psychosozialen Bedeutungen.* Gießen: Psychosozial-Verlag.

Bourdieu, Pierre (1992). *Rede und Antwort.* Frankfurt am Main: Suhrkamp.

Bourdieu, Pierre (1993). *Sozialer Sinn. Kritik der theoretischen Vernunft.* Frankfurt am Main: Suhrkamp.

Bourdieu, Pierre (1998). *Praktische Vernunft. Zur Theorie des Handelns.* Frankfurt am Main: Suhrkamp.

Bourdieu, Pierre (2009). Genese und Struktur des religiösen Feldes. In: ders., *Schriften*, Bd. 13: *Religion* (S. 30-90). Konstanz: UVK-Verl.-Ges.

Bourdieu, Pierre & Wacquant, Loïc J. D. (2006). *Reflexive Anthropologie*. Frankfurt am Main: Suhrkamp.

Burkart, Günter (2008). *Familiensoziologie*. Konstanz: UVK-Verl.-Ges.

Butler, Judith (1995). *Körper von Gewicht. Die diskursiven Grenzen des Geschlechts*. Berlin: Berlin-Verlag.

Ceronetti, Guido (1990). *Das Schweigen des Körpers*. Frankfurt am Main: Suhrkamp.

Daxelmüller, Cristoph (2001). *Süße Nägel der Passion. Die Geschichte der Selbstkreuzigung von Franz von Assisi bis heute*. Düsseldorf: Patmos.

Degele, Nina (2004). *Sich schön machen. Zur Soziologie von Geschlecht und Schönheitshandeln*. Wiesbaden: VS.

Engelhardt, Dietrich von (1999). *Krankheit, Schmerz und Lebenskunst. Eine Kulturgeschichte der Körpererfahrung*. München: Beck.

Esposito, Elena (2004). *Die Verbindlichkeit des Vorübergehenden. Paradoxien der Mode*. Frankfurt am Main: Suhrkamp.

Gehlen, Arnold (1971). Über die Verstehbarkeit der Magie. In: ders., *Studien zur Anthropologie und Soziologie* (S. 79-92). Neuwied/Berlin: Luchterhand.

Gleichmann, Peter & Kühne, Thomas (Hrsg.) (2004). *Massenhaftes Töten. Kriege und Genozide im 20. Jahrhundert*. Essen: Klartext Verlag.

Gugutzer, Robert (2004). *Soziologie des Körpers*. Bielefeld: transcript.

Gugutzer, Robert (Hrsg.) (2006). *Body Turn. Perspektiven der Soziologie des Körpers und des Sports*. Bielefeld: transcript.

Habermas, Jürgen (2005). *Zwischen Naturalismus und Religion*. Frankfurt am Main: Suhrkamp.

Hahn, Alois (2010). Kann der Körper ehrlich sein? In: ders., *Körper und Gedächtnis* (S. 131-141). Wiesbaden: VS.

Hermann-Otto, Elisabeth (Hrsg.) (2005). *Unfreie Arbeits- und Lebensverhältnisse von der Antike bis in die Gegenwart*. Hildesheim/Zürich/New York: Olms.

Honer, Anne (2011a). Beschreibung einer Lebenswelt. Zur Empirie des Bodybuilding. In: dies., *Kleine Leiblichkeiten. Erkundungen in Lebenswelten* (S. 89-103). Wiesbaden: VS.

Honer, Anne (2011b). Bodybuilding als Sinnsystem. Elemente, Aspekte und Strukturen. In: dies., *Kleine Leiblichkeiten. Erkundungen in Lebenswelten* (S. 105-120). Wiesbaden: VS.

Kamper, Dietmar & Wulf, Christoph (Hrsg.) (1982). *Die Wiederkehr des Körpers*. Frankfurt am Main: Suhrkamp.

Knoblauch, Hubert (1991). Die Verflüchtigung der Religion ins Religiöse. In: T. Luckmann (Hrsg.), *Die unsichtbare Religion* (S. 7-41). Frankfurt am Main: Suhrkamp.

Korte, Svenja (2007). *Rauschkonstruktionen. Eine qualitative Interviewstudie zur Konstruktion von Drogenrauschwirklichkeit*. Wiesbaden: VS.

La Mettrie, Julien Offray de (2009). *Die Maschine Mensch*. Hamburg: Meiner.

Lindner-Braun, Christa (1990). *Soziologie des Selbstmords*. Opladen: Westdt. Verlag.

Luckmann, Thomas (1991). *Die unsichtbare Religion*. Frankfurt am Main: Suhrkamp.

Luhmann, Niklas (1996). *Die Realität der Massenmedien*. Opladen: Westdt. Verlag.

Luhmann, Niklas (1999). *Funktion der Religion*. Frankfurt am Main: Suhrkamp.

Meitzler, Matthias (2010). Die Wahl der Qual. Lustvoller Schmerz als sexuelle Dienstleistung. In: T. Benkel (Hrsg.), *Das Frankfurter Bahnhofsviertel. Devianz im öffentlichen Raum* (S. 277-305). Wiesbaden: VS.

Merleau-Ponty, Maurice (1974). *Phänomenologie der Wahrnehmung.* Berlin: de Gruyter.

Münch, Richard (2004). *Soziologische Theorie,* Bd. 1. Frankfurt am Main/New York: Campus-Verlag.

Niekrenz, Yvonne (2011). *Rauschhafte Vergemeinschaftungen. Eine Studie zum rheinischen Straßenkarneval.* Wiesbaden: VS.

Plessner, Helmuth (1975). *Die Stufen des Organischen und der Mensch.* Berlin/New York: de Gruyter.

Posch, Waltraud (1999). *Körper machen Leute. Der Kult um die Schönheit.* Frankfurt am Main/ New York: Campus-Verlag.

Sarasin, Philipp (2001). *Reizbare Maschinen. Eine Geschichte des Körpers 1765-1914.* Frankfurt am Main: Suhrkamp.

Schlich, Thomas & Wiesemann, Claudia (Hrsg.) (2001). *Hirntod. Zur Kulturgeschichte der Todesfeststellung.* Frankfurt am Main: Suhrkamp.

Schroer, Markus (Hrsg.) (2005). *Soziologie des Körpers.* Frankfurt am Main: Suhrkamp.

Schroer, Silvia & Staubli, Thomas (1998). *Die Körpersymbolik der Bibel.* Darmstadt: Wiss. Buchgesellschaft.

Schwarte, Ludger & Wulf, Christoph (Hrsg.) (2003). *Körper und Recht. Anthropologische Dimensionen der Rechtsphilosophie.* München: Fink.

Stäheli, Urs (2000). *Poststrukturalistische Soziologien.* Bielefeld: transcript.

Veblen, Thorstein (1986). *Theorie der feinen Leute. Eine ökonomische Untersuchung der Institutionen.* Frankfurt am Main: Fischer-Taschenbuch-Verlag.

Villa, Paula-Irene (2011). *Sexy Bodies. Eine soziologische Reise durch den Geschlechtskörper.* Wiesbaden: VS.Weber, Max (1980). *Wirtschaft und Gesellschaft. Grundriß der verstehenden Soziologie.* Tübingen: Mohr.

Körper, Religion und Praxis: Bourdieu, Foucault und Heidegger[1]

Bryan S. Turner

1. Einführung

Die Soziologie des Körpers zeichnet sich durch eine anhaltende – mal implizite, mal explizite – Kritik an der herkömmlichen Trennung zwischen Geist und Körper aus, die seit der berühmten philosophischen Intervention von René Descartes das Markenzeichen der Erfahrungswissenschaften und insbesondere der Medizin ist. Anstelle solcher Dualismen rückt bei der soziologischen Betrachtung des Körpers, vor allem in der Medizinsoziologie, das holistische Konzept der ‚verkörperten Person' als Einheit aus biologischem Organismus, Bewusstsein, Emotionen und Handlungen in den Vordergrund. Diese Einheit aus Bewusstsein, Körper und Praxis lässt sich verkürzt als ‚Verkörperung' bezeichnen.

Wir sollten allerdings nicht übersehen, dass Descartes selbst höchstwahrscheinlich nie oder zumindest nicht immer ein strenger Cartesianer war. Descartes differenzierte zwar zwischen *res extensa* (alle biologischen und physischen Ereignisse) sowie *res cogitans* (‚Gedankliches'). In der sechsten Meditation räumt er jedoch ein:

> „Es lehrt mich ferner die Natur durch eine Empfindung des Schmerzes, Hungers, Durstes usw., daß ich nicht nur in der Weise meinem Körper gegenwärtig bin, wie der Schiffer seinem Fahrzeug, sondern daß ich aufs engste mit ihm verbunden und gleichsam vermischt bin, so daß ich mit ihm eine gewisse Einheit bilde" (Descartes 1915, S. 69).

Descartes fährt fort mit der Beobachtung, dass diese Empfindungen von Schmerz, Hunger oder Durst „nichts anderes als gewisse, aus der Vereinigung und gleichsam Vermischung des Geistes mit dem Körper entstandene Weisen des Bewußtseins" (ebd., S. 70) sind. Die wiederholte Lektüre klassischer Texte führt des Öfteren zu solchen lehrreichen Einsichten, die intellektuell erschütternd sein und

---

1   Der Beitrag ist eine überarbeitete Version des Textes „Embodied Practice: Martin Heidegger, Pierre Bourdieu and Michel Foucault", der erscheinen wird in Turner, Bryan S. (Hrsg.) (2012) *The Handbook of Body Studies*. London: Routledge.

unser bisheriges Verständnis philosophischer Traditionen in Frage stellen mögen. In gewisser Weise verweist Descartes viel eher auf das moderne Konzept eines ‚verkörperten Bewusstseins' als einem unerlässlichen Bestandteil verkörperter Praktiken denn auf den nach ihm benannten Dualismus. Es ist nun die Aufgabe der Körpersoziologie, Forschungsstrategien zu entwickeln, die genau die Entstehung dieses ‚verkörperten Bewusstseins' beleuchten (vgl. Shilling 2007).

Diese Entwicklung in der Soziologie bedeutet also einen grundlegenden Angriff auf das säkulare Vermächtnis des Cartesianismus, genauer auf die Metapher des Körpers als einer Maschine, die durch Anweisungen des Geistes gesteuert wird. Ein Großteil der Anregung, die cartesianische Sicht auf den Körper als eine bloß physische Ausdehnung im Raum über Bord zu werfen, stammt jedoch nicht aus der Soziologie selbst, sondern aus der Philosophie, und zwar insbesondere aus Martin Heideggers Werk *Sein und Zeit* (1957). Heideggers lebenslanges philosophisches Unternehmen kann nämlich gedeutet werden als Untersuchung unseres körperlichen Daseins in der Welt bzw., soziologisch ausgedrückt, als Untersuchung des praktischen Handelns von Menschen in ihrer Lebenswelt oder der alltäglichen Praktiken verkörperter Wesen.

Diese Interpretation von *Dasein* in Bezug auf ein holistisches Körperkonzept ist größtenteils dem Werk Frederick Olafsons *Heidegger and the Philosophy of Mind* (Olafson 1989, S. 620) geschuldet, wo er gegen andere Interpretationen argumentiert, die Dasein antihumanistisch und entkörpert verstehen. Diese Herangehensweise hat Olafson in *What is a Human Being?* (Olafson 1995) weiterentwickelt, um der Kritik am modernen Vermächtnis des Cartesianismus Nachdruck zu verleihen:

> „To say that something acts is to say that it makes a change in the world, and that it is possible only for an entity that is itself in that world and in it in a way that permits acting on it. We know of no way in which that can be done in a world of material things like ours unless the entity in question is or, as we also say, has a body" (Olafson 1995, S. 198).

Unsere Verbindung mit der Welt besteht nicht aus einer Anzahl zufälliger oder ad hoc-Aktivitäten, sondern diese Beziehung ist vielmehr organisierter und habitueller Art, weil ich nicht dauernd Praktiken einüben muss, die ich mir einmal angeeignet habe und die mittlerweile zur Routine geworden sind. Das Fahrradfahren bietet das sprichwörtliche Beispiel hierfür: Obwohl ich seit vierzig Jahren nicht auf einem solchen Gefährt gesessen habe, muss ich die für das Fahrradfahren notwendigen Bewegungen nicht neu erlernen. Als ein Produkt moderner Technologie ist ein Fahrrad kein natürlich vorkommender Gegenstand meiner Lebenswelt, aber wenn ich mir einmal die notwendigen Praktiken zur Balancierung auf dem Fahrrad angeeignet habe, ‚vergisst' mein Körper diese Routinen nicht. Etwas kontraintuitiv ausgedrückt, es ist nicht nötig, dass ich kontinuierlich Praktiken einübe, die sich mir eingeschliffen haben. Daher ist es kennzeichnend für unsere Beziehung zur Welt, dass sie durch eine große Anzahl von Praktiken bestimmt ist, die selbst in Beziehung zu einer großen Bandbreite an Technologien (angefangen bei Fahrrädern bis hin zu Raumschiffen) stehen, wobei für uns als verkörperte Personen diese Praktiken zunehmend das ausmachen, wer oder was wir sind; sie bestimmen die genaue Art und Weise, wie ich auf diese Welt mittels Technologien oder Techniken einwirke bzw. mein Dasein in dieser Welt überhaupt. Letztlich war es der französische Ethnologe Marcel Mauss, der die brillante Einsicht in solche verkörperten Praktiken hatte, als er die unterschiedlichen Varianten beobachtete, wie Soldaten einen Graben aushoben oder gemeinsam marschierten. 1925 prägte er die Wendung „Körpertechniken" (Mauss 1979), um die große Anzahl von Routinen, die unsere Welt strukturieren, begrifflich einzufangen. Olafson beschreibt in stärker philosophischen Begriffen diese Praktiken, die den Körper sowie Verkörperung als Habitus dieser Einheit charakterisieren.

Diese Verbindungen zwischen Körper und der Alltagswelt voller Praktiken habe ich als Vorbereitung eingeführt, um mich im Folgenden auf die Arbeiten von Pierre Bourdieu und Michel Foucault als Theoretiker sozialer Praxis zu beziehen.

Obgleich die Arbeiten von Bourdieu und Foucault durch sehr verschiedene Anliegen und intellektuelle Traditionen geprägt waren, verbindet sie doch zugleich ein etwas eigenartiger und problematischer intellektueller Einfluss, nämlich Heideggers Kritik der Metaphysik sowie seine Überlegungen zur Zeitlichkeit von Existenz. Trotz Heideggers kontroverser Beziehung zum Nationalsozialismus war er ein immens einflussreicher Denker im Nachkriegsfrankreich – insbesondere in der Existenzphilosophie, der Phänomenologie sowie in der Denkrichtung, die mittlerweile etwas irreführend als ‚Poststrukturalismus' bezeichnet wird. Heideggers ‚Antihumanismus' war für die intellektuelle Entwicklung sowohl von Foucault als auch Jacques Derrida (Rabinow 1994) bedeutsam. In einem Interview in der Zeitschrift *Ethos* im Jahre 1983 sagte Foucault: „My entire philosophical development was my reading of Heidegger" (Eribon 1991: 30). Dabei hat die Debatte um Heideggers politische Orientierung das Verständnis seines philosophischen Vorhabens fast das ganze 20. Jahrhundert hindurch überschattet (vgl. Derrida 1989; Farías 1989; Wolin 1991).

Heidegger-Interpretationen divergieren stark voneinander. Richard Wolin vertritt das Argument, dass Heidegger eine tiefe Verachtung gegenüber der Gewöhnlichkeit des Alltagslebens hegte, weil „Dasein (…) a smug posture of silent superiority – Heideggerian 'reticence'" sei (Wolin 1990, S. 45). Heidegger bevorzugte Risiken, Gefahren und Exzesse gegenüber der bourgeoisen ‚Alltäglichkeit';

solche Einstellungen waren ein wichtiger Aspekt der nationalsozialistischen Mentalität. Nach Wolin (ebd., S. 89) war Heidegger dieser bourgeoisen Realität gegenüber gar feindlich eingestellt, da dieser jede Verbindung mit der authentischen ‚Volksgemeinschaft' fehlte. Diese Deutung Heideggers stimmt nicht im Entferntesten mit Ansätzen solcher Autoren wie Herbert Dreyfus in *Being-in-the-World* (Dreyfus 1991) und Walter Brogan in *Heidegger and Aristotle* (Brogan 2005) überein, die Heideggers Ansichten über Gemeinschaft, Interdependenz und Lebenswelt verteidigen. In seiner Analyse von Heideggers Beziehung zu Aristoteles betont Brogan in den Bezug auf *Sein und Zeit*:

> „Heidegger overcomes the modern concept of the isolated subjectivity and provides a basis for understanding the fundamentally communal and relational character of Dasein" (Brogan 2005, S. 151).

Dieser relationale Charakter hat nur Sinn in einer Welt mit Anderen. Aufgrund dieser radikal unterschiedlichen Ansichten über Heidegger ist es keine leichte Aufgabe, seinen Einfluss auf aktuelle Debatten über Körper, Praxis und Selbst zu bestimmen.

Der Einfluss Heideggers auf Foucault ist wohl bekannt, obgleich nicht breit anerkannt (vgl. Habermas 1987; Rabinow 1994). Eine Verbindung zwischen Bourdieu und Heidegger herzustellen, ist dagegen deutlich schwieriger. Bourdieu schrieb sogar eine unverhohlen feindliche Arbeit über Heidegger in *Die politische Ontologie Martin Heideggers,* den er als einen „konservativen Revolutionär" bezeichnete (Bourdieu 1988). Nichtsdestotrotz gibt es eine Verbindung zu Heideggers Philosophie in seinem Habitus- und Praxis-Konzept. Bourdieu verortete Heidegger in der „konservativen Revolution" der Zeit nach dem Ersten Weltkrieg, aber tat sich schwer, eine zu einfache Reduktion von Heideggers Philosophie auf soziale und politische Rahmenbedingungen zu vermeiden, ohne die diversen Möglichkeiten innerhalb des Feldes der Philosophie selbst zu berücksichtigen. Trotzdem verharrt Bourdieu hartnäckig auf Heideggers kleinbürgerlichen und ländlichen Hintergrund, der Heidegger angeblich verlegen machte, wenn er sich in der Gegenwart der aristokratischen Zirkel der Universität in der Zeit der Weimarer Republik aufhielt. Heideggers Vorliebe für den ländlichen, wenn nicht gar rustikal-bäuerlichen Lebensstil spiegelt sich wider in seiner philosophischen Wende hin

„zur Welt des ‚Besorgens', zum ‚Zuhandenen', zur alltäglichen Existenz, der provinzielle Asketismus eines Konsumenten von Naturerzeugnissen und regionaler Trachtenkleidung, gleichsam eine kleinbürgerliche Karikatur des ästhetisierenden Asketismus der großen Eingeweihten, der Kenner italienischer Weine und mediterraner Landschaften, Mallerméscher Poesie und präraffaelitischer Kunst, antik gestylte Gewänder und Dantescher Profile (...)" (Bourdieu 1988, S. 70f.).

Seine Radikalisierung der westlichen Philosophie wurde mit seiner sozialen Inkompatibilität in Verbindung gebracht – denn „außer Zweifel steht, dass Heideggers Feindschaft gegenüber den Großmeistern des Kantianismus, zumal Cassirer, in einem tiefsitzenden Antagonismus der Habitusformen seine Wurzel hatte" (ebd., S. 65). Weiter kritisierte Bourdieu diejenigen Heidegger-Interpretationen, die seine Verbindungen zum Nationalsozialismus nicht zu verstehen vermochten, und besonders hart war er gegenüber den französischen ‚Heidegger-Marxisten', die Heideggers Philosophie als eine Variante des Materialismus deuten wollten.

Die Argumentation dieses Abschnitts zielt darauf ab, Heidegger als die intellektuelle Brücke zwischen den Arbeiten Foucaults und Bourdieus zu betrachten, wobei noch wichtiger ist, dass die Entdeckung dieser Verbindung uns erlaubt, die fundamentale Wirkung von *Sein und Zeit* auf das aktuelle theoretische Verständnis von Konzepten wie Verkörperung, Technologie und Praxis (ein)schätzen zu können. Dieser exegetische Ausflug ist selbstverständlich kein Beitrag zur Philosophie per se, sondern vielmehr der Versuch, die Grundlagen einer Praxissoziologie zu verdeutlichen.

2. Heideggers versteckte Körpertheorie

Heideggers Philosophie zielte darauf ab, die traditionellen Probleme der Ontologie zu bewältigen, einschließlich des Vermächtnisses des cartesianischen Geist-Körper-Dualismus' sowie theologischer Herangehensweisen an die menschliche Ontologie. Um die Metaphysik des Dualismus' zu transzendieren, suchte er eine neue Interpretation von Existenz in dem Konzept „Dasein" (Heidegger 1957). Nach Heidegger war das Problem westlicher Philosophie ihre Vergesslichkeit bezüglich der Natur des Seins, bedingt durch die Obskurität der Metaphysik und abstrakter philosophischer Spekulationen. Heideggers Philosophie unternahm den Versuch, das abstrakte Konzept des Seins der herkömmlichen Philosophie durch eine Verschiebung des Fokus' auf das alltagsweltliche Sein und dessen Praxis zu transformieren, die durch ein als selbstverständlich verstandenes In-der-Welt-Sein charakterisiert ist. Insbesondere ging es Heidegger darum, dem Sein eine zeitliche Rahmung zu geben, innerhalb derer die vergängliche Natur des Lebensvollzugs dem Sein den notwendigen Kontext liefert. Demzufolge muss ein Mensch im Kontext der Zeit, genauer im Kontext der zeitlichen Entwicklung bzw. des Voranschreitens des Lebensvollzugs auf den Tod hin verstanden werden. Heidegger folgt hier Aristoteles, indem er betont, dass die Qualität eines individuellen Lebens (sein Wert) anhand der Einstellung des Einzelnen zum Tod zu messen sei (vgl. Hoffman 1993). In *Der Begriff der Zeit* bietet Heidegger eine Definition von Dasein an, die explizit Bezug nimmt auf dessen alltägliche Zeitlichkeit:

> „Das Dasein ist das Seiende, das charakterisiert wird als *In-der-Welt-sein*. Das menschliche Leben ist nicht irgendein Subjekt, das irgendein Kunststück machen muß, um in die Welt zu kommen. Dasein als In-der-Welt-sein meint: in der Weise in der Welt sein, daß dieses Sein besagt: mit der Welt umgehen; bei ihr verweilen in einer Weise des Verrichtens, des Bewerkstelligens, des Erledigens, aber auch der Betrachtung, des Befragens, des betrachtenden, vergleichenden Bestimmens. Das In-der-Welt-sein ist charakterisiert als *Besorgen*" (Heidegger 1989, S. 12).

Obschon Heidegger in seinen jungen Jahren seinen katholischen Wurzeln entsagte, herrscht die Ansicht vor, dass der Antrieb seiner Philosophie durch und durch religiöse Fragen, nicht zuletzt Fragen zu Zeitlichkeit, Endlichkeit und dem Tod gewesen seien.

Heideggers Erörterung von Dasein enthält drei grundlegende Komponenten. Erstens, Dasein ist gedacht als in die Welt „geworfen" sein, in der es mit spezifischen kulturellen und historischen Praktiken assoziiert wird. Dasein findet sich selbst in einer Welt, die stets und immer schon gemacht ist; diese „Geworfenheit" verleiht ihm seine soziale Faktizität. Dasein existiert in einer spezifischen Welt. Zweitens wird dieser Agentencharakter des Daseins als diskursiv angesehen, da es in einer Welt verortet ist, die bereits über Sprache und geteilte öffentliche Bedeutung verfügt. Drittens beinhaltet Dasein Verstehen; Dasein impliziert stets die Selbstreflexion über das eigene Verortet-Sein. Die Wichtigkeit dieser drei Aspekte des Daseins besteht darin, dass Sein stets zukunftsorientiert ist, das heißt, Sein bedeutet eine Antizipation der bzw. eine Ausrichtung auf Zukunft hin. Dasein beinhaltet irgendeine Art Projekt, durch das diese Zukunftsorientierung ausgedrückt wird. Etwas dramatischer ausgedrückt, Sein ist immer ein ‚Sein zum Tode'. Dasein kann seinen eigenen Tod nicht kennen, aber sein Sein wird in Richtung seines finalen Ausgangs gelebt, dessen es sich nie bewusst sein kann. Diese Zentralität der Zeitlichkeit in Heideggers Erläuterung des Seins impliziert zudem den tief greifenden Aspekt der Verwundbarkeit und Brüchigkeit, die kennzeichnend sind für das Konzept eines menschlichen Wesens, das unentrinnbar mit dem Tode verbunden ist. Sein ist dominiert durch ein Gefühl der Machtlosigkeit und Verwundbarkeit, wenn es dieser finalen Bedrohung gegenübersteht.

Heidegger benutzt nicht die Begriffe ‚Person' und ‚Selbst', weil sein Hauptanliegen dem Seinsmodus von Entitäten galt. Mit dem Ziel der Eröffnung einer neuen Debatte über Existenz führte Heidegger den Begriff Dasein ein, um traditionelle Begriffe wie ‚Person', ‚Subjektivität' oder ‚Bewusstsein' zu vermeiden. Weil Heidegger eine eigene Sprache wählte, um sich von dem Erbe vorangegangener Auseinandersetzungen mit der Frage der Existenz frei zu machen, wird sein philosophisches Werk – inklusive seines Vermächtnisses in den Arbeiten von Foucault –, wie bereits erwähnt, des Öfteren als antihumanistisch bezeichnet. Während Heidegger sicherlich nicht an der Ausarbeitung einer Psychologie des subjektiven menschlichen Bewusstseins interessiert war, entwickelte er ein Konzept von Dasein, das grundlegend und umfassend sozialer Art ist. Sein ist stets und immer schon ein In-der-Welt-Sein und kann als solches niemals außerhalb oder unabhängig von seinen Beziehungen zu anderen Wesen verstanden werden (vgl. Mulhall 1996, S. 65f.). Heidegger vermeidet es, von einem ‚bewusstseinsfähigen Subjekt' zu sprechen, um seine Vorgehensweise von der seines Lehrers Edmund Husserl abzugrenzen, dessen phänomenologische Arbeiten den Ausgangspunkt eines transzendentalen Subjekts nehmen, dessen Welt ‚außerhalb' ist. Dieser philosophischen Kalküle ungeachtet kann Heideggers Ansatz als durch und durch soziologisch angesehen werden. Menschen kommen mit der Welt zurecht, da sie in eine soziale Welt hineinsozialisiert werden, die über geteilte Bedeutungen verfügt:

„Heidegger's basic point is that the background familiarity that underlies all coping and all intentional states is not a plurality of subjective belief systems including mutual beliefs about each others' beliefs, but rather an agreement in ways of acting and judging into which human beings, by the time they have Dasein in them, are 'always already' socialized. Such agreement is not conscious thematic agreement but is prior to and presupposed by the intentionalistic sort of agreement arrived at between subjects" (Dreyfus1991, S.144).

Wir sind stets und waren schon immer soziale Wesen. Vor diesem Hintergrund sollten wir nicht von unserer Intentionalität ausgehen, um die externe Welt zu verstehen, sondern mit der sozialen Welt beginnen, um Intentionalität zu verstehen. Intersubjektivität wird bei Heidegger im Sinne einer bereits existierenden sozialen Welt aufgefasst, die er mit dem Begriff „Mitsein" umschreibt. Diese profunde Anerkennung der sozialen Welt gilt auch für Gemütszustände und Affekte, die nach Heidegger keine privaten Gefühle, sondern geteilte soziale Angelegenheiten sind. Die öffentliche Natur von Gefühlen wird etwa im Ausdruck ‚in guter Laune sein' im Gegensatz zu ‚gute Laune in uns haben' sichtbar. Diese geteilten Emotionen sind dabei wesentlich für die zeitliche ‚Verortung' von Individuen hinsichtlich der sicheren Erwartung von Angelegenheiten in der Zukunft.

Die Leistung und das Ziel von Heideggers radikaler Philosophie war die Aufdeckung und Unterminierung dieser Verschleierung bzw. Vergesslichkeit der authentischen Natur des Seins. Die augenscheinliche Neutralität der Verwendung von Ausdrücken wie ‚man denkt' oder ‚man tut' verdeckt perfekt die Subjektivität und Entfremdung des westlichen Konzepts des autonomen Individuums in einer Massengesellschaft. Das Paradoxon des modernen Individualismus' ist, dass das Individuum in der Masse untergeht. Nach Heidegger ist Entfremdung die Entwurzelung des Daseins aus seiner reflexiven Aufnahme in das Alltagsleben. In diesem Sinne ist die Heideggersche Entfremdung ein allmählich wachsendes Gefühl vom Unwohlsein in der alltäglichen Welt, in der wir uns nicht mehr zuhause fühlen können. Heideggers Behandlung der Probleme der modernen Welt durchzieht ein tief liegendes nostalgisches Verlangen nach einem Ort, an dem Dasein ‚Zuhause' sein könnte. Die mittlerweile berühmten Bilder davon, wie Heidegger in seiner Skihütte in Todtnauberg während der Nachkriegszeit recht isoliert lebte, verleihen dieser Nostalgie einen visuellen Ausdruck. Heideggers Aufenthalt in Griechenland im Jahre 1962 kann ebenfalls als ein Indiz seiner Einschätzung einer wahrhaft verwurzelten Natur des Seins in der klassischen Welt und seiner Entfremdung in der modernen Welt gedeutet werden. Der Aufenthalt in Griechenland ist eine Metapher des Lebens selbst (Heidegger 1990). Entfremdung von der Welt und Nostalgie angesichts einer verlorenen Vergangenheit sind zudem viel eher religiös aufgeladene denn säkulare Themen. In den Metaphern der Entfremdung zeigt sich eine interessante Kontinuität zwischen Marx' Darstellung der Entfremdung, Webers Konzept der Entzauberung und Heideggers Wahrnehmung der Vergesslichkeit der modernen intellektuellen Welt.

In summa zeichnet Heideggers Philosophie ein Bild sozialer Existenz, das hochgradig geistesverwandt ist mit der soziologischen Vorstellung von sozialer Existenz und insbesondere relevant ist für das Projekt einer Soziologie des Körpers. Erstens erhalten wir von Heidegger ein scharf umrissenes Verständnis von der alltagsweltlichen Verkörperung des sozialen Akteurs. Denn seine Kritik der Metaphysik vertrieb sowohl das Geist- als auch das Maschinenmodell aus dem Geist-Körper-Dualismus:

> „The body would be understood as in some sense carrying on its own life, rather than being in the service, whether directly or mediately, of an external master. In that picture, the body as a whole would stand in a reflexive relation to itself and, within that relation to itself, its parts and their movements would be internally related to one another" (Olafson 1995, S. 214).

Heideggers Analyse des Seins beginnt mit der Frage, wie Sein stattfindet, und nicht etwa mit Fragen nach abstraktem Wissen. Tatsächlich nahm Heidegger eine kritische Haltung gegenüber der Vorrangstellung der Epistemologie im westlichen Denken ein, daher war seine erste Frage stets pragmatisch: Was sind die Methoden oder ‚Werkzeuge', durch welche das Sein einer Entität mitgeteilt wird? Wie bzw. wo kommt es zu dieser Mitteilung?

Zweitens ist dieses In-der-Welt-Sein mit Zeitlichkeit durchzogen; die soziale Welt ist vor allem anderen eine historische, weshalb die herkömmlichen Methoden der Philosophie, wie die ahistorischen Methoden der Transzendentalphilosophie, grundsätzlich falsch sind. Das Leben eines Individuums kann nur unter dem Gesichtspunkt eines kollektiven, sich geschichtlich entfaltenden Narrativs verstanden werden. Noch während der frühen Ausarbeitung dieser Konzepte schrieb Heidegger: „Zeit ist Dasein. Dasein ist meine Jeweiligkeit, und sie kann die Jeweiligkeit im Zukünftigen sein im Vorlaufen zum gewissen aber unbestimmten Vorbei" (Heidegger 1989, S. 26). Diese Auffassung von Historizität ist jedoch eine gänzlich andere als die in Hegels Dialektik des Selbstbewusstseins, das sich selbst geschichtlich realisiert. Zeit muss in Bezug auf ihre alltägliche Realität verstanden werden. In der alltäglichen sozialen Welt wird Zeit als Gegenwart ausgedehnt als eine unendliche Anzahl von Wiederholungen. Dasein in seiner Alltäglichkeit erstreckt sich von der Geburt bis zum Tod, und authentische Zeit, im Gegensatz zur technischen Uhrzeit der industriellen Zivilisation, ist eine Projektion in die Zukunft und daher auch in Richtung des Todes. Weil Heidegger von der Dichte der Gegenwart beeindruckt ist, lehnt er das Konzept der Zeit als einer Aneinanderreihung diskreter Ereignisse ab, die die Vergangenheit mit der Zukunft verbindet. Von daher findet die Zeitlichkeit menschlicher Wesen ihren Ausdruck in ihrer Sterblichkeit und Endlichkeit, aber anders als in klassischen Varianten des Existentialismus ist diese Sterblichkeit nicht individualistischer, sondern sozialer Natur. Heideggers Metaphern vom Sein (auf Erden) bedingen die Vorstellung vom (Zusammen-)Wohnen, Verweilen und Bauen (Heidegger 2009). Vor dem Hintergrund des bisher Gesagten umfasst ein erfolgreiches Verweilen Behaglichkeit oder ein (Auf-)Bauen. Heideggers Begriffe Sein und Zeitlichkeit sind aufgrund der Betonung der Interdependenz von Sein, Ort und Zeit soziale Begriffe.

Drittens stehen wir permanent der Welt gegenüber unter Handlungsdruck, da unser Sein stets ein In-der-Welt-Sein ist, das sich aus Entitäten zusammensetzt, die sich uns gegenüber als „zuhanden" oder „vorhanden" präsentieren. Die menschliche Hand ist für Heidegger ein essentieller Aspekt der Menschlichkeit und des praktischen Verstricktseins des Menschen in die Welt. Während Klauen, Pfoten, Hufe und Schnäbel für die Tierwelt kennzeichnend sind, ist das Verstricktsein menschlicher Wesen in die Welt auf „behände" Weise durch ihre Hände charakterisiert (Turner 1992, S. 99-121). Heideggers Philosophie ist durchsetzt mit der Idee der „Vorhandenheit" und der „Zuhandenheit". Menschen als „zuhandene" Kreaturen leben in einem „weltbildenden" Kontext, während Tiere in einem „weltarmen" leben. Die Zuhandenheit der menschlichen Existenz ist grundlegend für das menschliche Sein. In dieser Hinsicht kommt Heideggers praktische Ontologie Marx' und Engels' *Die deutsche Ideologie*, nach der sich Menschen von Tieren durch ihren praktischen Umgang mit der Welt unterscheiden, verblüffend nah. Menschen müssen arbeiten, um zu leben (durch die Transformierung ihrer

Welt mittels praktischer Aktivität). Es gibt vielleicht sogar eine noch relevantere Stelle dieses Marxschen Frühwerkes, nämlich jene, an der Marx am konventionellen Materialismus bemängelt, dass dieser die praktische, ‚tätige' und sensuelle Natur menschlicher Aktivität nicht zu begreifen vermag (Marx/Engels 1953, S. 593). Diese Textstelle lässt durchaus Bezüge zu Heideggers Konzept des Daseins als stetiger Bewegung bzw. praktischer Subjektivität erkennen. Heidegger drückt diese praktische Beziehung zur Welt mit den Begriffen des „Besorgnis" bzw. der „Sorge" aus. Unser In-der-Welt-Sein zwingt uns eine Angst um unseren Platz in der Welt auf, mit der wir umgehen müssen, weshalb die Sorge um die Welt fundamental zu unserer Existenz dazugehört.

Schließlich sind soziale Wesen keine Zuschauer, sondern Mitspieler. Weil die Welt durch praktisches Handeln geformt und angeeignet werden muss, müssen Menschen in Bezug auf ihre zukunftsorientierten Handlungen in der Welt verstanden werden. Im konventionellen soziologischen Verständnis sind die Aktivitäten von Menschen tatsächlich Handlungen und nicht bloß Verhalten. Eines der Hauptthemen, mit denen Menschen umgehen müssen, ist die Gewissheit ihres eigenen Ablebens, ohne genau oder überhaupt zu wissen, wann und wie dies letztendlich eintreten wird. Heidegger verweist hier wieder auf diese Tatsache, um grundlegend zu differenzieren zwischen der Sterblichkeit von Tieren, die verenden, und Menschen, die reflexiv sich mit ihrem eigenen Tode (und ihrer Sorge darum) auseinander setzen müssen. Nach Heideggers Auffassung von Zeit ist der Tod kein Ereignis in der Zeit; Menschen existieren nicht in der Zeit, weil ihre Existenz die Zeitlichkeit selbst ist. Weil Menschen sich gleichzeitig an die Vergangenheit erinnern, in der Gegenwart leben und die Zukunft antizipieren können, sind Vergangenheit, Gegenwart und Zukunft keine Dimensionen der Zeit. Ohne diese Offenheit der Zeit wären Menschen keine in-die-Zukunft-projizierenden Wesen, deren Natur stets durch die Vollendung von Handlungen realisiert wird.

3. Foucault: Subjektivität, Disziplin und der Körper

Es ist unstrittig, dass Michel Foucault eine zentrale Rolle für aktuelle wissenschaftliche Arbeiten zum Körper spielt. Seine Analyse des menschlichen Körpers war der Versuch zu zeigen, dass ‚der Körper' ein kontingenter Effekt der Macht statt eine einfach gegebene Naturtatsache ist. In seiner Arbeit *Technologien des Selbst* findet sich die Aussage, „[a]lle meine Untersuchungen richten sich gegen den Gedanken universeller Notwendigkeiten im menschlichen Dasein. Sie helfen entdecken, wie willkürlich Institutionen sind" (Foucault 1993, S. 16f.). Foucaults Vermächtnis besteht darin, entschieden gegen Konzepte biologischer Notwendigkeiten oder eines geteilten biologischen Schicksals zu opponieren. Seine historischen Analysen des medizinischen Wissens und institutioneller Macht schließen allerdings die Betrachtung leiblicher Erfahrungen[2]* aus. Wie Heidegger beschäftigte ihn nicht die Frage, wie Individuen ihre Welt subjektiv erleben.

Colin Gordon lieferte eine nützliche Zusammenfassung von Foucaults theoretischem Beitrag, die er anhand von drei Überschriften gliedert: „certain forms of explicit, rational, reflected *discourses*; that of certain non-discursive social and institutional *practices*; and that of certain *effects* produced within the social field" (Gordon 1980, S. 246). Soziologisch könnten wir diese ,allgemeine Ordnung von Ereignissen' als Ideologien, Institutionen (oder institutionelle Praktiken) und ihre nicht-intendierten Folgen resümieren. Das Problem mit einem Großteil des Foucaultschen Vermächtnisses ist aber, dass es hauptsächlich die Einschreibung sozialer Praktiken in den Körper als einem bloß passiven Objekt fokussiert. Das gemeinsame Thema von *Überwachen und Strafen* (Foucault 1976) und *Sexualität und Wahrheit* (Foucault 1977) ist, wie an die Stelle des Körpers als Objekt strafrechtlicher Unterdrückung subtilere und implizitere Techniken seiner Normalisierung rückten. Diese Verschiebung wurde als eine „politische Technologie des Körpers" (Foucault 1976, S. 34) dargestellt: „Die Disziplin fabriziert auf diese Weise unterworfene und geübte Körper, fügsame und gelehrige Körper" (ebd., S. 177).

Dieser Gegensatz von passivem Körper und ge- und erlebtem Leib ist ein wichtiges Moment in Foucaults Arbeiten (vgl. Turner 1984). Mit Rekurs auf den passiven Körper in Foucaults Arbeiten zur Geschichte der Sexualität ist Arthur Franks analytischer Überblick über das körpersoziologische Feld ein nützlicher Ansatz für das von ihm so genannte *bringing the body back in,* insofern Frank hier die Aufmerksamkeit vom Körper als einem gesellschaftlichen Problem zu einem Problem für den Körper selbst verschoben hat (Frank 1991, S. 47). Franks Beitrag ist wichtig, weil er wider dem Rollenkonzept des ,Kranken' den ,Körper außer Kontrolle' erkundet, der sich in einem Zustand permanenter und nicht nur vorübergehender Krankheit befindet, und weil das Problem des Leidens für jeden Erklärungsversuch von Verkörperung wesentlich sein wird, der sich ernsthaft mit Ethik auseinandersetzen will (vgl. Frank 1995). Erst durch die Distanzierung vom Thema der Gouvernementalität kann eine Auseinandersetzung mit Narrativen der Ethik, Schmerzen und Krankheit beginnen. Allein durch die Anerkennung der ontologischen Verwundbarkeit des menschlichen Körpers können die Sozialwissenschaften die Erforschung sozialen Leidens verstehen bzw. zu ihr

---

2   Hier wurde ,experience of the lived body' mit ,leibliche Erfahrung' übersetzt, da es eine enge Verwandtschaft zwischen dem in der englischsprachigen Soziologe verwendeten Begriff des ,lived body' und dem deutschen Begriff des ,Leibes' gibt. (A.d.Ü.)

beitragen. Erst in Form einer, wie man sagen könnte, ‚säkularen Theodizee' (Erklärungen der Problematik des Leidens und Ungerechtigkeit in der Gesellschaft)
kann Biologie auf nützliche Weise in die Sozialwissenschaften (wieder) aufgenommen werden. Zudem findet die Anerkennung des Leidens als Teil der *condi-
tio humana* eine starke Resonanz in der Theologie.

Frühe Versuche, Foucault als einen Theoretiker des Körpers zu deuten, haben sich auf das Konzept einer „Regierung des Körpers" konzentriert (vgl. Turner 1992), das heißt darauf, wie der Körper repräsentiert und reguliert wird. Im
Ergebnis gibt es eine Vielzahl von Anwendungen des Foucaultschen Denkgebäu-
des der Gouvernementalität in Bildung, Medizin und Religion, in denen der Körper fabriziert und diszipliniert wird. Mit der Veröffentlichung von *Hermeneutik
des Subjekts* (Foucault 2004), die aus seinen Vorlesungen am *Collège de France*
in der Zeit von 1981-1982 hervorgegangen ist, entwickelte sich jedoch eine andere
Sicht auf Foucault. Frédéric Gros hat diese neue Perspektive auf Foucault in seiner Schrift „Situierung der Vorlesungen" prägnant zusammengefasst:

> „Von den 80er Jahren an förderte Foucault mit seinen Untersuchungen zu den die griechische
> und römische Antike beherrschenden Lebenstechniken eine andere Figur des Subjekts zuta-
> ge, ein Subjekt, das nicht mehr konstituiert wird, sondern über geregelte Praktiken sich selbst
> konstituiert. Die Erforschung des modernen Abendlandes hatte ihm lange Zeit das Vorhan-
> densein jener Techniken verborgen, so sehr waren sie im Archiv durch die Wissenssysteme
> und Machtdispositive dem Blick entzogen (...)." (Gros 2004, S. 624)

Das Ergebnis dieser Arbeiten zur Antike war nicht eine Abkehr von den bisherigen Machtanalysen, sondern eine Verkomplizierung aller Untersuchungen von
Gouvernementalität durch eine Erkundung des Phänomens der Selbstsorge. In
den Arbeiten zur Antike positionierte sich Foucault neben den zahlreichen konventionellen Interpretationen, in denen die Aufforderung der berühmten Delphi-
schen Inschrift „Erkenne dich selbst!" eine zentrale Stellung einnahm. Stattdessen schlug er vor, die Idee der „Sorge um sich selbst" als Kern einer Spiritualität
zu untersuchen, die er „jene Suche, Praxis und Erfahrung [nennt], durch die das
Subjekt an sich selbst die notwendigen Veränderungen vollzieht, um Zugang zur
Wahrheit zu erlangen" (Foucault 2004, S. 32). Diese Suche nach Spiritualität versteht Wahrheit nicht als ein Recht des Individuums, sondern sieht vor, dass „sich
das Subjekt verändert, wandelt, einen Weg zurücklegt und in gewissem Maße und
bis zu einem gewissen Punkt ein anderes wird" (ebd.). Spiritualität benötigt die
Konversion oder Transformation des Subjekts mit dem Endergebnis der Glück-
seligkeit. Foucault stellt diese Auffassung von Spiritualität dem die Neuzeit ein-
leitenden ‚cartesianischen Moment' gegenüber, da Descartes' Philosophie eine
klare Trennung von Spiritualität und Philosophie vornahm.

Die Ansicht, dass in spirituellen Praktiken das Selbst nicht passiv hergestellt wird, sondern sich aktiv selbst hervorbringt, wird unmittelbar in Foucaults Kommentaren zur Askese deutlich. Innerhalb des Mainstreams der Soziologe führt jede Diskussion über Askese zwangsläufig zu Max Webers These der protestantischen Ethik und dem Verständnis von asketischer Praxis als Entsagung. Interessanterweise lehnt Foucault (2004, S. 392) diese Annahme der ‚Selbstentsagung‘ ab und führt dagegen an, dass für die Menschen der Antike *askesis* ‚Selbstkonstitution‘ bedeutete oder „ein bestimmtes Verhältnis herauszubilden, das erfüllt, vollkommen, selbstgenügsam und dazu angetan war, jene Läuterung zu sich selbst durchzumachen, die in dem Glück besteht, das man im selbstgenügsamen Verhältnis zu sich erlebt" (Foucault 2004, S. 392). In den Augen von Philosophen wie Marcus Aurelius war die Vortrefflichkeit oder der Wert, die durch asketische Praktiken entstanden, vergleichbar mit der Vortrefflichkeit, die ein Athlet durch das Training zur Perfektionierung seines Körpers für die öffentliche Arena des sportlichen Wettkampfs erreicht. Die Askese der Stoiker enthielt zwar eine Komponente der Entbehrung, die sie mit dem Christentum teilt, aber Foucault sieht die Intention der antiken Menschen trotzdem nicht in Selbstentsagung, sondern in Selbstverwirklichung.

In einem kürzlich erschienenen Artikel bemängelt Paul Rabinow (2009), dass zu viele Foucault-Jünger sein Werk zu stark verkürzt hätten, indem sie einseitig Konzepte wie ‚Macht‘, ‚Ethik‘ oder ‚Gouvernementalität‘ fokussieren. Demgegenüber führt Rabinow an, dass Foucault sich in seinem späteren Werk immer mehr auf Fragen konzentriert habe, die sich um das Thema der „Sorge um sich selbst" drehen. Das neue Projekt, das aus seinen Analysen der Askese entstand, war „Spiritualität", allerdings nicht mit dem christlichen Erlösungsimpetus. Vielmehr machte Foucault Anleihen bei säkularen Traditionen wie dem altgriechischen Konzept von „Erlösung" (*sozein*), das eine Aktivität bedeutet, die darauf zielt, das Gute für jemanden zu erreichen. Dieses altgriechische Konzept brachte die Idee der Sorge um andere hervor, die es zu pflegen gilt. Zur Erreichung dieses Gutes muss das Individuum stets wachsam sein oder sich in Askese üben. Mit diesem spirituellen Pfad ist die Sorge um sich selbst verbunden, die zumindest zum Teil aus dem asketischen Training des eigenen Körpers besteht.

4. Bourdieu: Praxis, Habitus, Hexis

Während Foucault eine zentrale Figur für die Betrachtung des Körpers in den Geisteswissenschaften gewesen ist, wird Bourdieus Sozialtheorie inzwischen allgemein als das dominante Paradigma in der Körpersoziologie angesehen (vgl.

Shilling 2007). Seine Ideen zu Körper und Praxis sind in einer Reihe wichtiger Arbeiten wie *Praktische Vernunft* (Bourdieu 1998), *Meditationen* (Bourdieu 2001) und *Die männliche Herrschaft* (Bourdieu 2005) ausgeführt. Daran anschließend ist Bourdieus Werk einflussreich für Untersuchungen zum Habitus des Boxkampfes (Wacquant 1995, 2004) bis zum klassischen Ballett (Turner/Wainwright 2003) gewesen. Seine Konzeption des Körpers entwickelte Bourdieu anhand zweier einflussreicher Begriffe: „Hexis" bezieht sich auf die Körperhaltung von Menschen (Gangart, Gestik oder generelle Haltung) und „Habitus" auf Dispositionen, durch welche Geschmack ausgedrückt wird; er stellt die gewohnheitsmäßige Weise dar, wie etwas gemacht wird. Bourdieu setzt in *Die feinen Unterschiede* (Bourdieu 1982) diese Begriffe ein, um den alltäglichen Habitus sozialer Klassen zu untersuchen. Der Körper – durchzogen von symbolischem Kapital, wobei dieses körperlicher Ausdruck der Hierarchien sozialer Macht ist – wird permanent kultiviert und repräsentiert durch die ästhetischen Präferenzen verschiedenster sozialer Klassen und ihrer Fraktionen: so erfordere in der französischen Kultur etwa Bergsteigen und Tennis den gedehnten, schlanken und geschmeidigen Körper der Mittel- bzw. der oberen Klassen, während das Ringen als Sport der Arbeiterklasse einen ganz anderen Körper und Habitus hervorbringe.

Aufgrund der Betonung von Praxis und Habitus ist Bourdieus Werk sehr geeignet für eine Betrachtung von Kultur als einem Ensemble sozialer Praktiken. Habitus kann definiert werden als eine Ansammlung von Einstellungen, Dispositionen und Erwartungen, die Individuen qua ihrer Mitgliedschaft in einer bestimmten sozialen Umwelt teilen, für die Bourdieu den Begriff „Feld" benutzt. So ist Geschmack im Sinne Bourdieus nichts rein Individuelles, Zufälliges oder Instabiles, sondern hochgradig organisiert im Hinblick auf soziale Positionen, Praktiken und Institutionen. Der Habitus ist „ein erworbenes System generativer Dispositionen" (Bourdieu 1977, S. 95), innerhalb dessen Individuen denken, dass ihre Präferenzen offensichtlich, natürlich und selbstverständlich sind. Im Alltag reflektieren Individuen ihre Dispositionen in der Regel nicht:

> „Und wenn der Habitus ein Verhältnis zu einer sozialen Welt eingeht, deren Produkt er ist, dann bewegt er sich wie ein Fisch im Wasser und die Welt erscheint ihm selbstverständlich. ( ) Ich bin in der Welt enthalten, aber sie ist auch in mir enthalten, weil ich in ihr enthalten bin; weil sie mich produziert hat und weil sie die Kategorien produziert hat, die ich auf sie anwende, scheint sie mir selbstverständlich, evident" (Bourdieu/Wacquant 1996, S. 161).

Bourdieu zufolge haben Geschmack und Dispositionen ganz klar mit Verkörperung zu tun – evident etwa bei Dingen, die wir mit Nachdruck nicht mögen und die uns folglich regelrecht anekeln. Das Konzept des Ekels aus dem 17. Jahrhundert als einer Beleidigung unserer Empfindlichkeiten verbindet das Gefühl des

Abstoßes mit echter Übelkeit. Dafür, dass uns etwas im Sinne des kulturellen Geschmacks abstößt und wir es abwehren wollen, gibt es viele umgangssprachliche Ausdrücke, etwa ‚es ekelt mich an' oder ‚ich hab's satt'. Habitus und Verkörperung sind offensichtlich eng miteinander verwoben. Die Art und Weise des Körperumgangs offenbart „die tiefsitzenden Dispositionen und Einstellungen des Habitus" (Bourdieu 1982, S. 307). Unsere Körper symbolisieren den Habitus des Feldes, in dem sie sich befinden. Wie wir bereits mit Verweis auf Bourdieus berühmte Untersuchung zum französischen Statussystem angemerkt haben, haben z.b. soziale Unterschiede bei Sportpräferenzen mit verschiedenen sozialen Klassen zu tun, die wiederum verschiedene ‚Präferenzen' bezüglich des Körpergewichts, der Körperform und -disposition ausdrücken. In *Die feinen Unterschiede* werden wichtige Verbindungen zwischen sozialer Klasse und Präferenzen von Essenssorten und Körperform skizziert:

> „Der Geschmack für bestimmte Speisen und Getränke hängt im weiteren sowohl ab vom Körperbild, das innerhalb einer sozialen Klasse herrscht, und von der Vorstellung über die Folgen einer bestimmten Nahrung für den Körper, das heißt auf dessen Kraft, Gesundheit und Schönheit, als auch von den jeweiligen Kategorien zur Beurteilung dieser Wirkungen; da nicht alle sozialen Klassen auf die gleichen Kategorien zurückgreifen, lassen sich klassenspezifische Rangstufen der Folgen erstellen (...)" (Bourdieu 1982, S. 305ff.).

Weil verschiedene Körper (starke, gedrungene, geschmeidige, athletische, sinnliche und sexuelle Körper) einen unterschiedlichen ästhetischen Wert in ihrem jeweiligen sozialen Feld besitzen, kann zwischen dem physischen und symbolischen Kapital von Körpern unterschieden werden. Bourdieu trennt soziales Kapital (die sozialen Beziehungen, in die Menschen investieren), kulturelles Kapital (Bildungsqualifikationen) und symbolisches Kapital (Ehre und Prestige), aber der menschliche Körper ist auch ein Teil des Kapitals, dem Menschen Werte zuschreiben. In *Body & Soul* zeigt Wacquant (2004) anhand einer bedeutenden ethnographischen Studie, wie körperliches Kapital durch ein unerbittliches Programm boxkämpferischer Disziplin aufgebaut wird.

Das physische und das symbolische Kapital des Körpers stehen in einem zwangsläufig widersprüchlichen Verhältnis zueinander. Sport- oder Tanzkarrieren können im Sinne dieser widersprüchlichen Spannungsmomente verstanden werden. So können Prominente auch nach ihrem Rückzug aus dem sportlichen Bereich ihr symbolisches Kapital behalten, indem sie Berühmtheiten in anderen Feldern wie etwa im Film oder Fernsehen werden. Bourdieus Arbeiten sind insbesondere bei der Untersuchung von sportlichen Körpern nützlich gewesen. Es stellt sich aber die Frage, inwiefern diese ebenso erfolgreich sein könnten für die Analyse religiöser Verkörperungen, bei denen fromme Praktiken oder Investitionen Ergebnisse produzieren, die voller Anmut sind. Der Habitus elitärer Religiosität produziert Dispositionen oder einen Geschmack in Bezug auf den Körper, die wiederum Normen über Anstand, Anmut und Spiritualität etablieren, wobei diese Normen als eine Verkörperung eines Charismas gedacht werden können im Sinne einer Manifestation von Orthodoxie oder Authentizität innerhalb eines Feldes voller konkurrierender Definitionen, Vermächtnisse und Anlässe. Diese anmutigen Darstellungen sind das Resultat eines langen Prozesses der (Aus-)Bildung und Praxis und können als solche mit der praktischen Religiosität der breiten Masse kontrastiert werden; da diese über kein vollständiges Verständnis verfügt, kann sie religiöse Handlungen nicht kunstvoll praktizieren. Die breite Masse ist pietätlos, weil ihre *doxa* zunächst einmal durch einen Synkretismus kontaminiert ist, und weil sie zudem zu sehr in weltliche Belange involviert ist, um etwas Wertvolles zu erreichen. Diese Argumente könnten leicht auch auf den Buddhismus übertragen werden, in dem der Laie als zu sehr in die Welt involviert angesehen wird, um Abstand zu gewinnen, während der buddhistische Mönch durch Training vollständige Aufmerksamkeit anstreben kann.

5. Ästhetik und Erfahrung: Eine Kritik an Bourdieu

Eine Kritik an Bourdieu ist, dass in seiner Kulturanalyse die Frage der Praxis oft vernachlässigt wird. So führt Richard Shusterman vor dem Hintergrund seines Fokus' auf die Beziehung von Körper und Ästhetik aus, dass Bourdieus Kultursoziologie sich ausschließlich mit Hörbarem (Musikgeschmack) und Visuellem (herkömmliche Kunstwerke) beschäftige. Folglich komme Performanz trotz der Zentralität, die die Praxis in Bourdieus Soziologie insgesamt innehat, zu kurz. Shusterman (2008) argumentiert, dass es eine implizite Parallele zwischen Bourdieus Soziologie der Ästhetik und Theodor Adornos Kritik der Populärkultur gibt. Visuelle Kultur wie ein Gemälde des Barocks oder literarische Kultur wie ein Sonett Shakespeares besitzen mehr kulturelles Kapital als eine darstellende Kunst wie Tanz. So interessiert sich Shusterman bspw. für Rap als Gesellschaftskritik und hält sie eben nicht nur für einen Ausdruck nicht authentischer Populärkultur.

Shusterman zufolge habe Bourdieu keine ausreichende Soziologie der Erfahrung und insbesondere ästhetischer Erfahrung geliefert. Bourdieus Abneigung gegenüber einer ernsthaften Beschäftigung mit Erfahrung (von Bewegung) habe damit zu tun, dass der Genuss von Rap oder Tangotanz außerhalb des kulturellen Privilegs liegt, das intellektuellem Selbstbewusstsein und Reflexionsvermögen zufällt. Sich auf solche intellektuelle Introspektion zu verlassen, wird uns aber nicht dabei helfen, einzudringen in „the deeper, unconscious, socially structured strata of the self that help shape individual consciousness" (Shusterman 2002, S. 224). Bourdieus Abneigung gegenüber einer Auseinandersetzung mit leiblicher Erfahrung gilt insbesondere der flüchtigen Erfahrung etwa einer Tanzgeste. Deswegen schließt Shusterman, dass bei Bourdieu keine „sympathetic attention is given to the phenomenological dimension of lived experience, its power of meaningful, qualitative immediacy, and its potential for the transformation of attitudes and habits" (ebd., S. 221). Während Rap ein besonders eindrückliches Beispiel für dieses konzeptuelle Problem liefert, stellt Tanz allgemein die Bewährungsprobe des Anwendungsbereichs herkömmlicher Ästhetiktheorie dar, in der das kantische Vermächtnis des desinteressierten, rationalen Urteils noch allgegenwärtig ist. Ein Aspekt von Shustermanns Arbeiten zur Ästhetik ist, die Bewegung des menschlichen Körpers – Fuß-Wippen, Hände-Klatschen, Hin-und-her-Schaukeln usw. – als einen wichtigen Bestandteil des Genusses jeder Performanz, sei es Hip-Hop oder Bach, anzusehen. Um also Ballett als eine Performanz und nicht lediglich als eine kulturelle Repräsentation zu untersuchen, müssen Soziologen ganz genau auf den performativen Körper achten. In der Arbeit *Performing Live* (Shusterman 2000), in der er sich auf die Arbeiten Bourdieus bezieht und eine pragmatische Ästhetik entwickelt, argumentiert Shusterman, dass ein ästhetisches Verständnis populärer musikalischer Performanzen wie Rap nie die verkörperten Elemente künstlerischer Aktivität vernachlässigen kann. In *Pragmatist Aesthetics* (Shusterman 1992) sowie *Surface & Depth* (Shusterman 2002) leistet Shusterman wichtige Beiträge zur Ästhetiktheorie, indem er die Beziehung zwischen dem pragmatischen Vermächtnis John Deweys und Bourdieus Kultursoziologie betrachtet. Durch seine Hervorhebung des Körpers für die Ästhetik hat er überzeugend dargestellt, dass sich Bourdieus Kulturanalyse ausschließlich mit dem Hörbaren und Visuellen auseinandersetzt. Performanz wurde von Bourdieu nicht erfolgreich behandelt, ungeachtet der Zentralität der Praxis in seinem soziologischen Werk insgesamt.

6. Fromme Praxis

In diesem Abschnitt möchte ich kurz einige Aspekte der vorgestellten Theorien des Körpers, Habitus' und verkörperter Praxis in Bezug zur Religionssoziologie stellen. Dem Argument aus Foucaults Vorlesungen zur Hermeneutik des Subjekts, insbesondere zur Askese als Selbstkonstitution, folgend, kann der Kern von Religion als aus Frömmigkeitspraktiken bestehend betrachtet werden. Spirituelle Vortrefflichkeit oder Tugendhaftigkeit ist gewiss das, wonach Religionen

gemeinhin streben. Diese Betonung der Praxis ist ein hilfreiches Gegenmittel
für die traditionelle Aufmerksamkeit, die – die praktische Religion vernachläs-
sigend – dem religiösen Glauben oder dem theologischen Wissen im Mainstream
der Religionsstudien geschenkt wird. Daher kann eine Reihe von Konzepten, die
zur „Logik der Praxis" gehören, wie Hexis und Habitus, genutzt werden, um die
praktische Natur von Frömmigkeit aufs Neue zu betrachten (vgl. Bourdieu 1990).
Typischerweise haben fromme Handlungen mit körperlichen Praktiken zu tun,
die die Ernährung, das Benehmen, die Körperhaltung, Disziplin und die persönliche Kleiderordnung betreffen.

Frömmigkeit, vom lateinischen Wort *pietas* abstammend, heißt Gehorsam
gegenüber Gott. Der Begriff bezieht sich auf habituelle Handlungen der Verehrung und Gehorsamkeit, die durch die Gewohnheiten der Frommen gebildet werden. Hinsichtlich der Askese solcher Praktiken ist es nicht notwendig, das Selbst
zu verleugnen, vielmehr geht es um eine Transformation des Selbst durch religiöse Vortrefflichkeit. Selbstverständlich müssen individuelle Handlungen der
Frömmigkeit vor dem Hintergrund ihres breiteren sozialen sowie eines tieferen
historischen Kontextes betrachtet werden. Es ist des Öfteren angemerkt worden,
dass sich die Modernisierung des Islam durch fromme Handlungen vollzieht, die
posttraditionelle Lebensstile hervorbringen, nämlich fromme Lebensstile, die in
Konkurrenz zur Tradition, zum säkularen Habitus anderer Muslime und zu anderen religiösen Traditionen stehen. Fromme Handlungen liefern dem Individuum
das Gefühl einer Selbstbemächtigung, indem es sich Praktiken angewöhnt, die
zwischen frommer und traditioneller Kultur trennen und voneinander abkoppeln.

Es besteht zudem die Tendenz einer starken Zunahme religiöser Handlungen, wenn die Frommen ihre Höherwertigkeit im religiösen Feld demonstrieren.
Dieser Wettbewerb um den Ausdruck von Frömmigkeit erlaubt eine Einsicht in
das Phänomen der Pietätisierung[3]* von Frauen in vielen reformistischen Bewegungen und verhilft uns darüber hinaus zu einem Verständnis darüber, weshalb
Konflikte zwischen Säkularität und Inspiration entstehen. Der Wettbewerb um die
Manifestation von Frömmigkeit verdeutlicht einen zentralen Widerspruch, da es
eigentlich ein gängiges religiöses Grundprinzip ist, dass wahre Frömmigkeit ver-
borgen bleibt. Die wahrhaft Frommen geben nicht mit ihrer Tugendhaftigkeit an,
genauso wenig wie Wohlhabende es nötig haben, ihre Reichtümer zur Schau zu
stellen. Die Frommen werden nicht darin unterstützt, den Status einer Berühmt-

---

3   Der Begriff ‚pietisation', der hier als ‚Pietätisierung' übersetzt wird, ist vom Autor selbst
     geprägt worden; vgl. B. S. Turner (2008): „Introduction: the price of piety", *Contemporary
     Islam*, 2(1): 1-6. (A.d.Ü.)

heit, sondern nur persönliche Bescheidenheit anzustreben. Die Frage stellt sich aber dann, wie wir den Wert eines Frommen messen können. Hier könnte eine Kritik an Bourdieus Habitusbegriff dienlich sein. Letzen Endes muss Bourdieu annehmen, dass Dispositionen vergleichsweise stabil sind, eben weil sie habituelle Ansammlungen von Präferenzen sind. Sowohl der „Habit" als auch der „Habitus"' legen nahe, dass unsere Dispositionen und unser Geschmack bloße Routinen sind, während eine fromme Handlung womöglich einen radikalen Bruch mit habituellem Verhalten bedeuten würde. Wo Frömmigkeit aus einem Akt der Konversion resultiert, wird sie zugleich eine radikale Transformation des Selbst hervorbringen. Nach Bourdieu wird das Individuum in einen relativ stabilen Habitus hineinsozialisiert, woraus folgt, dass es nicht selbstverständlich ist, ob seine Soziologie de facto über die kulturelle Konstitution des Selbst hinaus mit einem Selbst, das sich selbst konstituiert, umgehen kann. Bourdieus Soziologie ist nicht auf Situationen eingestellt, in denen es einen radikalen Bruch in einem Feld gibt, der das Ergebnis einer charismatischen Bewegung ist und eine radikale Transformation der Sorge um sich selbst zur Folge hat.

Fromme Handlungen reproduzieren nicht einfach nur Gewohnheiten, sondern fordern bestehende Arrangements heraus – sowohl säkulare als auch religiöse. Beispielsweise hat die Verbreitung von Koran-Lektüregruppen und Rezitationswettbewerben nicht einfach eine Reihe traditioneller Annahmen institutionalisiert, sondern in der Tat eine neue Form religiöser Praxis geschaffen, die viele bestehende Annahmen herausfordert (vgl. Gade 2004). Ähnlich verhält es sich in Malaysia, wenn Frauen den Schleier zu tragen beginnen. Denn dies heißt nicht, dass sie sich einfach einer traditionellen Praxis beugen, da ihre Mütter und Großmütter normalerweise keinen Schleier trugen. In dem Sinne wird klar, dass die Untersuchung von frommen Handlungen ein wichtiger Aspekt der Religionssoziologie ist, weil die Verbreitung sowie das Wiederaufleben einer Religion in jeder sozialen Gruppierung oder Gesellschaft eines gewissen Grades an Pietätisierung bedarf. Das heißt, dass durch die Neuformierung alltäglicher Praktiken von sonst säkularen Aktivitäten (Essen, Schlafen, Sich-Kleiden usw.) eine religiöse Bedeutung verliehen wird. Der Körper und Verkörperung spielen offenkundig eine wichtige Rolle im religiösen Glauben und in der religiösen Praxis, und Pietätisierung zielt auf die Vortrefflichkeit oder Tugendhaftigkeit in der Praxis der Religion. Frauen sind bei der Erziehung und Disziplinierung ihrer Kinder maßgeblich an der intergenerationalen Weitergabe dieser Dispositionen beteiligt. Die Untersuchung weiblicher Frömmigkeit in modernen reformistischen Bewegungen ist ein wichtiger Schritt, um die Modernisierung der Alltagswelt durch die Intensivierung religiöser Praxis zu verstehen (vgl. Tong/Turner 2008).

Das moderne soziologische Verständnis von Habitus geht letztlich auf Aristoteles zurück. Dieser hatte sich damit beschäftigt, wie Tugenden in Individuen durch Erziehungsprozesse, einschließlich des Trainings des Körpers, verankert bzw. hervorgebracht werden können. Daher wurden in der Antike hervorragende Leistungen in der Turnhalle als ein Grundstein für die Charakterbildung des Bürgers angesehen. Das griechische Wort für „Tugend" in *Die Nikomachische Ethik* ist *arête* oder Exzellenz, bei der moralische Tugendhaftigkeit charakterliche Exzellenz ist. Der Habitus des Individuums beinhaltet das, was Bourdieu im Anschluss an Aristoteles Hexis nennt, in der körperliche Dispositionen Werte und Tugenden verkörpern. Diese Ansicht wurde neuerdings auf den Islam angewandt, etwa in Saba Mahmoods (2005) *Politics of Piety*. Obwohl diese Behandlung des Habitus' auf westliche Auffassungen von Frömmigkeit und Exzellenz fokussiert erscheinen mag, zeigt Mahmoods Erörterung muslimischer Frömmigkeit eindeutig den Austausch zwischen klassischer arabischer Philosophie und altgriechischer Kultur, dem sowohl arabische als auch griechische Kommentare der Werke von Aristoteles, etwa in den Arbeiten von Averroes, als gemeinsamer Nenner zugrunde liegen.

7. Conclusio: Körper und Tugend

Dafür, dass bei Bourdieu und Foucault sehr oft von Körper und Praxis die Rede ist, ist nicht ganz klar, ob sie sich selbst wirklich einer grundlegenden sozialtheoretischen Anerkennung des Körpers verpflichten wollten. Foucaults 1980er Vorlesungen zielten auf eine neue Art von Spiritualität und Erlösung, aber war diese Sorge um die Seele letztlich mit einer Sorge um den Körper verknüpft? Rabinow (2009, S. 41) zufolge „problematisieren" diese Vorlesungen „once again (...) philosophy as a practice and a way of life". Hat diese Reformulierung der Philosophie das Denken mit körperlichen Praktiken wieder verbunden? Wie wir gesehen haben, liegt die Bedeutung von Shustermans Kritik an Bourdieu darin, dass er das Philosophieren wieder zurück zu den körperlichen Praktiken bringen möchte.

Kann es einen wahrhaft säkularen Körper geben? In menschlichen Kulturen, einschließlich säkularen und kommerziellen Gesellschaften, wird der Körper einer nicht enden wollenden Reihe von Disziplinierungen ausgesetzt, die irgendeine Art Regulierung des Körpers bewirken. Wacquants *Body & Soul* kann als eine Reflektion über den Kampf gelesen werden, der notwendig ist, um ein gewisses Niveau der Selbstentwicklung durch das Leiden, das in einem solchen Trainingskontext zwangsläufig ist, zu erreichen – daher kommt der Bezug auch zur Seele. Körperliche Praktiken beinhalten zwingend auch die Suche nach einer

Art Tugendhaftigkeit, und so kann die Suche nach Exzellenz nicht so leicht ausgelöscht werden, nicht einmal in einer säkularen Welt des Konsums, in der Exzellenz käuflich, ja sogar oft ein Sonderangebot ist.

Ein *religious turn* innerhalb der Soziologie scheint unausweichlich, zumal moderne Technologien regelrecht die Frage aufdrängen: Was ist das Leben? Die Entwicklung der Körpersoziologie hat des Öfteren von Zusammenschlüssen mit der Theologie oder der Philosophie profitiert (vgl. Davies 2002). Was die Theologie betrifft, ist es vielleicht ein Stück weit ironisch, dass trotz einer Vielzahl an Angriffen auf den Dualismus das Problem der Seele (Descartes' Schiffer) immer noch im Körper (Descartes' Schiff) herumspukt. Kann dieses Problem durch die Idee des Rituals als grundlegendes Beispiel verkörperter Praxis gelöst werden? Tatsächlich gibt es einen zugrunde liegenden theologischen Rahmen in vielen Arbeiten zum Körper, weil es unmöglich ist, an den Körper zu denken, ohne gleichzeitig hochgradig ritualisierte Praktiken mit zu denken. Aus diesen Gründen sind sowohl Mary Douglas' (1966) Arbeiten als auch Alasdair MacIntyres (1999) Kommentar zum Körper schwer vorstellbar ohne die katholische Theologie. Aus der Körpersoziologie resultiert die Einsicht, dass bewusste Verkörperung in als selbstverständlich erachteten Ritualen situiert ist, die den Habitus des alltäglichen Lebens konstituieren. Die tiefer liegende Implikation der Vermächtnisse der Religions- und Körpersoziologie ist, dass die Mikrorituale des alltäglichen Lebens nur aufrecht erhalten werden können, wenn sie von Ritualen einer geteilten Gemeinschaft untermauert werden.

(Übersetzung aus dem Englischen: Robert Mitchell/Robert Gugutzer)

Literatur

Bourdieu, Pierre (1977). *Outline of a Theory of Practice.* Cambridge: Cambridge University Press.
Bourdieu, Pierre (1982). *Die feinen Unterschiede. Kritik der gesellschaftlichen Urteilskraft.* Frankfurt am Main: Suhrkamp.
Bourdieu, Pierre (1988). *Die politische Ontologie Martin Heideggers.* Frankfurt am Main: Suhrkamp.
Bourdieu, Pierre (1990). *The Logic of Practice.* Cambridge: Polity Press.
Bourdieu, Pierre (1998). *Praktische Vernunft: Zur Theorie des Handelns.* Frankfurt am Main: Suhrkamp.
Bourdieu, Pierre (2001). *Meditationen. Zur Kritik der scholastischen Vernunft.* Frankfurt am Main: Suhrkamp.
Bourdieu, Pierre (2005). *Die männliche Herrschaft.* Frankfurt am Main: Suhrkamp.

Bourdieu, Pierre & Wacquant, Loïc J. D. (1996) *Reflexive Anthropologie*. Frankfurt am Main: Suhrkamp.

Brogan, Walter A. (2005). *Heidegger and Aristotle.The Twofoldness of Being*. New York: State University of New York Press.

Davies, Douglas (2002). *Anthropology and Theology*. New York: Berg.

Descartes, René (1915). *Meditationen über die Grundlagen der Philosophie mit den sämtlichen Einwänden und Erwiderungen* (Hrsg. u. übers. v. Buchenau A.). Leipzig: Felix Meiner.

Douglas, Mary (1966). *Purity and Danger*. London: Routledge and Kegan Paul.

Derrida, Jacques (1989). *Of Spirit. Heidegger and the Question*. Chicago and London: University of Chicago Press.

Dreyfus, Hubert L. (1991). *Being-in-the World. A Commentary on Heidegger's "Being and Time"*. Cambridge: MIT Press.

Eribon, Didier (1991). *Michel Foucault*. Cambridge, Mass.: Harvard University Press.

Farías, Victor (1989). *Heidegger und der Nationalsozialismus*. Frankfurt am Main: S. Fischer.

Foucault, Michel (1976). *Überwachen und Strafen*. Frankfurt am Main: Suhrkamp.

Foucault, Michel (1977). *Sexualität und Wahrheit. Bd. 1, Der Wille zum Wissen*. Frankfurt am Main: Suhrkamp.

Foucault, Michel (1993). Wahrheit, Macht, Selbst. In: L. H. Martin, H. Gutman & P. H. Hutton (Hrsg.), *Technologien des Selbst*. Frankfurt am Main: S. Fischer.

Foucault, Michel (2004). *Hermeneutik des Subjekts. Vorlesung am Collège de France (1981/82)*. Frankfurt am Main: Suhrkamp.

Frank, Arthur (1991). *At the Will of the Body. Reflections on Illness*. Boston: Houghton Mifflin.

Frank, Arthur (1995). *The Wounded Story Teller*. Chicago: University of Chicago Press.

Gade, Anna (2004). *Perfection makes Practice. Learning, emotion and the recited Qur'an in Indonesia*. Honolulu: University of Hawai'i Press.

Gordon, Colin (Hrsg.) (1980). *Power/Knowledge. Selected Interviews and Other Writings 1972-77*. New York: Pantheon.

Gros, Frederic (2004). Situierung der Vorlesungen. In: M. Foucault, *Hermeneutik des Subjekts. Vorlesung am Collège de France (1981/82)*. Frankfurt am Main: Suhrkamp.

Guignon, Charles (Hrsg.) (1993). *The Cambridge Companion to Heidegger*. Cambridge: Cambridge University Press.

Habermas, Jürgen (1987). *The Philosophical Discourse of Modernity*. Cambridge, MA: MIT Press.

Heidegger, Martin (1957). *Sein und Zeit*, 8. Aufl. Tübingen: Max Niemeyer.

Heidegger, Martin (1989). *Der Begriff der Zeit*. Tübingen: Max Niemeyer.

Heidegger, Martin (1990). *Aufenthalte*. Frankfurt am Main: Vittorio Klostermann.

Heidegger, Martin (2009). *Vorträge und Aufsätze*, 11. Aufl. Stuttgart: Klett-Cotta.

Hoffman, Piotr (1993). Death, time and history: Division 11 of Being and Time. In: C. Guignon (Hrsg.), *The Cambridge Companion to Heidegger*. Cambridge: Cambridge University Press.

MacIntyre, Alasdair (1999). *Dependent Rational Animals. Why Human Beings Need the Virtues*. London: Duckworth Press.

Mahmood, Saba (2005). *Politics of Piety. The Islamic Revival and the Feminist Subject*. Princeton: Princeton University Press.

Marx, Karl & Engels, Friedrich (1953). *Die Deutsche Ideologie*. Stuttgart: Das neue Wort.

Mauss, Marcel (1979). *Sociology and Psychology.Essays*. London: Routledge and Kegan Paul.

Mulhall, Stephen (1996). *Heidegger and Being and Time*. London: Routledge.

Olafson, Frederick A. (1989). *Heidegger and the Philosophy of Mind*. New Haven, Con.: Yale University Press.

Olafson, Frederick A. (1995). *What is a Human Being? A Heideggerian View*. Cambridge: Cambridge University Press.

Rabinow, Paul (1994). Modern and counter-modern: ethos and epoch in Heidegger and Foucault. In: G. Gutting (Hrsg.), *The Cambridge Companion to Foucault*. Cambridge: Cambridge University Press.

Rabinow, Paul (2009). Foucault's Ultimate Struggle: Toward a Form of Spirituality. *Theory Culture & Society*, 26(6), 25-44.

Shilling. Chris (Hrsg.) (2007). *Embodying Sociology. Retrospect, Progress and Prospects*. Oxford: Blackwell.

Shusterman, Richard (1992). *Pragmatist Aesthetics. Living Beauty, Rethinking Art*. Oxford: Blackwell.

Shusterman, Richard (2000). *Performing Live. Aesthetic Alternatives for the Ends of Art*. Ithaca, NY: Cornell University Press.

Shusterman, Richard (2002). *Surface and Depth. Dialectics of Criticism and Culture*. Ithaca NY: Cornell University Press.

Shusterman, Richard (2008). *Body Consciousness. A Philosophy of Mindfulness and Somaesthetics*. Cambridge: Cambridge University Press.

Tong, Joy K.-C. & Turner, Bryan S. (2008). Women, Piety and Practice: a Study of Women and Religious Practice in Malaya. *Contemporary Islam*, 2, 41-59.

Turner, Bryan S. (1984). *The Body and Society*. London: Sage.

Turner, Bryan S. (1992). *Regulating Bodies. Essays in Medical Sociology*. London: Routledge.

Turner, Bryan S. & Wainwright, Steven P. (2003). Corps de Ballet: the case of the injured ballet dancer. *Sociology of Health & Illness*, 25(4), 269-288.

Wacquant, Loïc J. D. (1995). Pugs at work: bodily capital and bodily labour among professional boxers. *Body & Society*, 1, 65-93.

Wacquant, Loïc J. D. (2004). *Body & Soul. Notebooks of an Apprentice Boxer*. Oxford: Oxford University Press.

Wolin, Richard (1990). *The Politics of Being. The Political Thought of Martin Heidegger*. New York: Columbia University Press.

Wolin, Richard (Hrsg.) (1991). *The Heidegger Controversy*. Cambridge, Mass.: MIT Press.

Die Verkörperung der Religionssoziologie. Körperpädagogik und der religiöse Habitus

Chris Shilling / Philip A. Mellor

1. Einführung

Das globale Wiederaufleben der Religion hat die methodologische ‚Standardposition' vieler Soziologen herausgefordert, wonach Religion stets eine ‚abhängige Variable' im Verhältnis zu säkularen Phänomenen sei. Dies war auch die Position, die dem Einfluss der Säkularisierungsthese zugrunde lag (Bruce 2002; Martin 1991) und die weiterhin aktuelle Studien prägt, einschließlich Turners Erklärung des islamischen ‚Fundamentalismus' als einem Produkt von „social dislocations produced by the global economy" (Turner 2002, S. 117; 2006, S. 400f.). Die Vorrangstellung von ökonomischen und kulturellen gegenüber religiösen Faktoren ist noch weiter von konstruktivistischen Theoretikern vorangetrieben worden, die, von Autoren wie Michel Foucault und Edward Said beeinflusst, Religion als „analytisch irrelevant" oder als „mystifizierendes" ideologisches Mittel marginalisieren, das wichtigere Entwicklungen verschleiert (Fitzgerald 2000, S. 197; siehe auch Asad 1993, 2003; Dubuisson 2003; McCutcheon 1997).

Angesichts der Zentralität der Religion in aktuellen politischen Debatten erscheint jedoch die Skepsis vieler Religionswissenschaftler bezüglich dieser Standardposition zunehmend gerechtfertigt, und sie wird auch nach und nach von vielen Soziologen geteilt. Anerkannte Beschreibungen der Globalisierung gehen mittlerweile davon aus, dass Religion eine ‚globale Kategorie' von substanzieller Wichtigkeit ist (Beyer 1994; Robertson 1992; Robertson/Garrett 1991). Ähnlich verhält es sich mit der Kritik amerikanischer Soziologen an der Säkularisierungsthese (Berger 2001; Warner 1993), und auch die soziologische Skepsis hinsichtlich einer Säkularisierung in Europa nimmt zu (Davie 2000). Darüber hinaus scheint im Kontext der globalen Ausdehnung des Christentums und des Islam sowie den Debatten über einen „clash of civilisations" (Huntington 1996; Jenkins 2002; Nazir-Ali 2006) das herkömmliche soziologische Gedankengebäude über Religion verstärkt ins Wanken zu geraten (Archer et al. 2004).

In dieser Hinsicht ist insbesondere die von Beckford (2003, S. 1f., 214) vorgenommene Feststellung zweier Sachverhalte, die Einblick geben in die Religion
des 21. Jahrhunderts und den fortdauernden Nutzen einer Soziologie illustrieren,
einschlägig und hilfreich. Erstens merkt Beckford im Gegensatz zur Standardposition an, dass Religion in der heutigen Zeit soziologisch problematisch geworden
ist, weil ihre Beziehungen und Interdependenzen mit anderen sozialen, kulturellen und politischen Phänomenen zunehmend unvorhersehbarer und komplexer
werden. Zweitens weist er darauf hin, dass Religionen trotz dieser Entwicklungen, ihrer vielfältigen Arten und Formen, die sie annehmen können, *soziale* Phänomene sind, deren Existenz von *Menschen* abhängt. Diese Betonung bedeutet
nicht automatisch, dass ‚das Soziale' andere Aspekte des religiösen Lebens über-
lagert oder ersetzt. Es lenkt aber die Aufmerksamkeit auf die nicht nachlassende
Wichtigkeit *soziologischer* Fragen dahin gehend, was Religion ist, wie religiöse Identitäten vermittelt werden und welche Beziehung Religion zu anderen sozialen und kulturellen Entwicklungstendenzen hat; zugleich werden wir damit
auch an die verkörperten menschlichen Grundlagen dieser Phänomene erinnert.

Beckfords erster Aspekt macht deutlich, wieso neue Modelle zur Untersuchung von Religion nötig sind; der zweite legt die Grundlage nahe, auf der diese
entwickelt werden könnten. In diesem Zusammenhang haben wir bisher vernach-
lässigte Aspekte in Durkheims Arbeiten (Durkheim 1984; 2007) identifiziert, die
wir für wichtig erachten, weil sie klarstellen, wie die verschiedenen Ausdrucksformen von Religion in gemeinsamen menschlichen Potentialitäten gründen. Bezug nehmend darauf und auf Webersche Überlegungen zu den unterschiedlichen
Wirkungen von ‚außerweltlichen' religiösen Orientierungen auf ‚innerweltliche'
Realitäten, gehen wir davon aus, dass Religion eine soziale Tatsache konstituiert,
die über das Potential verfügt, kulturell sanktionierte *verkörperte Orientierungen*
bezüglich des Selbst und der Welt zu produzieren, und die durch eine *transzendente* Konfiguration *immanenter* sozialer Realitäten gekennzeichnet ist. Diese Deutung von Religion kann innerhalb eines Rahmens formuliert und systematisiert
werden, der das religiöse Leben als eine Form von *Körperpädagogik* begreift.[1]

Im Folgenden argumentieren wir, dass die Untersuchung von Körperpädagogiken über die Perspektive auf Religion als einer bloß abhängigen Variablen
hinausführt und zudem Abhilfe schafft bei der Erklärung von Ambiguitäten und
Konflikten, die Religionen heute umgeben. Dazu präsentieren wir zunächst einen
idealtypischen Vergleich zwischen Christentum und Islam. Obwohl diese Darstellung zwangsläufig die Komplexitäten vereinfacht, die bei der Übertragung und

---

1   Die Besonderheit religiöser Körperpädagogiken im Unterschied zu anderen Körperpädagogiken
     wird hier durch die Transzendenz/Immanenz-Komponente signalisiert.

der Entwicklung religiöser Kulturen am Werke sind, halten wir an ihr fest, da wir sie als einen robusten und produktiven theoretischen Rahmen zur Untersuchung von Religion erachten. Die körperpädagogische Herangehensweise bietet eine den Körper berücksichtigende Art und Weise, Zugang zu den zentralen Aspekten der Entwicklung sowie der Reproduktion religiöser Erfahrungen, Identitäten und kultureller Formen zu finden und verhilft so zu einem Verständnis ihrer globalen Bedeutung.

2. Externe und interne soziale Tatsachen

Durkheims (1984) Analyse sozialer Tatsachen ist von zentraler Bedeutung für die Soziologie. Indem er verschiedene Muster ‚des Sozialen', einschließlich ihrer religiösen Dimensionen, als *supraindividuelle* kausale Phänomene behandelt, definiert Durkheim soziale Tatsachen als den „eigentliche[n] Gegenstand der Soziologie" (Durkheim 1984, S. 118). Diese Definition ist komplexer, als sie zunächst wirkt. Dadurch, dass er soziale Tatsachen als ‚Dinge' charakterisiert, betont Durkheim, dass sie Realitäten sind, die von Individuen *extern* sind und einen äußerlichen *Zwang* auf sie ausüben (ebd., S. 113f.). Zugleich betont er aber auch, dass „die Gesellschaft nichts außer den Individuen enthält" (ebd., S. 93), und dass soziale Tatsachen ebenso in den körperlichen *Gefühlen, Erfahrungen, Gewohnheiten* und äußerlichen *Erscheinungen* der Individuen wie auch in Institutionen anzutreffen sind (ebd., S. 117f.). Soziale Tatsachen wirken sowohl *auf* als auch *innerhalb* von Individuen (Durkheim 1953, S. 57). Darüber hinaus weist Durkheim in einem Teil seines Werkes, der gemeinhin übersehen wird, darauf hin, dass soziale Tatsachen ihre generative *Quelle* in der verkörperten Basis der Kollektivität haben (Durkheim 2007, S. 186; Shilling 2005, S. 214). Die Verbote und Imperative, die das Aussehen, die Behandlung von sowie die Sorge um den Körper umgeben, zeigen, „der menschliche Organismus verbirgt in seinen Tiefen ein heiliges Prinzip" (Durkheim 2007, S. 206), das eine kreative Quelle sozialer Tatsache darstellt (vgl. ebd., S. 186, 345f.). Erst durch den „Ausdruck ihrer Gefühle", durch deren Externalisierung in Zeichen und Symbole bekommen Individuen ein Gespür für und nehmen die Existenz von Kollektivitäten in sich auf (Durkheim 1981, S. 377). Um das Phänomen Gesellschaft zu verstehen, müssen wir deshalb die externen, beobachtbaren Dimensionen sozialer Tatsachen erkunden *und* eruieren, wie diese innerhalb der körperlichen Dimensionen der Gesellschaftsmitglieder internalisiert und mit den generativen Fähigkeiten verkörperter Subjekte assoziiert werden.

Durkheim entwickelt seine Auseinandersetzung mit der Internalisierung sozialer Tatsachen im Rahmen seiner Religionsstudien fort. In deren Kontext betont
er erstens die Rolle von Emotionen und Leidenschaften, die in kollektiven religiösen Versammlungen heraufbeschworen werden und die die Erfahrungen und
Gedanken der Individuen restrukturieren (Durkheim 2007, S. 311-315). Zweitens
erörtert er die Wichtigkeit der Erziehung individueller Gedanken und Emotionen in Richtung kollektiv sanktionierter religiöser Seinsmodi (Durkheim 1961,
S. 109f., 1977, S. 29). Drittens beharrt er darauf, dass die Existenz und Macht der
Religion als sozialer Tatsache mit den Potentialitäten des menschlichen Körpers
verbunden ist (Durkheim 1981, 2007, S. 206; vgl. auch Shilling/Mellor 2011). In
den Augen Durkheims ist Religion ein fundamentaler Aspekt des menschlichen
Seins: Religiöse soziale Tatsachen werden bereitwillig internalisiert, weil unsere
Natur als *homo duplex* sich nicht nur durch unsere biologischen Bedürfnisse auszeichnet, sondern auch durch moralische Fähigkeiten, die uns dazu in die Lage
versetzen, eine Verbindung mit anderen einzugehen.

Die Bedeutung, die Durkheim dem Aspekt der Verkörperung zuschreibt,
ist von einflussreichen religionswissenschaftlichen Ansätzen übersehen worden,
etwa von jenen, die die (abnehmende) Bedeutung der Religion schlicht anhand
‚externer' Indikatoren wie den Kirchenbesuch oder den prozentualen Anteil von
Menschen, die in Meinungsumfragen eine Glaubenszugehörigkeit angeben, ablesen (Bruce 2002; Draulans und Halman 2005). Dasselbe gilt für Ansätze, die
primär *entweder* Emotionen (z.B. Maffesoli 1996) *oder* kognitive Faktoren (z.B.
Lukes 1973) betrachten, ohne zu erkennen, dass *beide* bei Durkheim wichtige
Dimensionen von Verkörperung darstellen. Religionen werden um Prozesse herum strukturiert, durch die Individuen in Gesellschaften integriert und dazu be-
fähigt werden, innerhalb dieser kreativ zu handeln, und zwar auf eine Weise, die
in ihren verkörperten Kognitionen *und* Emotionen gründet (Durkheim 2007, S.
60-69, 76, 206).

Diese Marginalisierung ist sogar in den Arbeiten von Autoren vorhanden,
an die zur Weiterentwicklung von Durkheims Arbeiten produktiv angeschlossen
werden kann. So schreibt zwar Berger (1967) der Verkörperung eine Bedeutung
zu, allerdings betrachtet er den Körper einseitig, indem er auf seine Brüchigkeit
fokussiert, psychologischen Faktoren den Vorrang gibt und nach kommunikativen
Tatsachen als Stabilisator der ‚existentiellen Brüchigkeit' des Menschen sucht. In
Bergers Beschreibung ist nichts über die *kreativen* verkörperten Potentialitäten
von Menschen oder die Bedeutung ihrer variablen emotionalen Orientierungen
in religiöser Hinsicht zu erfahren. Einen Bias weist ebenfalls Luhmanns Beschäftigung mit Religion auf. Obgleich er oft als Säkularisierungstheoretiker darge-

stellt wird, da er behauptet, dass Religion lediglich ein gesellschaftliches Sub-
system sei, spielt Religion de facto eine zentrale Rolle in Luhmanns Konzeption
der Entwicklung sozialer Systeme (vgl. Luhmann 1977, 1985, 1998, 2000; Laer-
mans/Verschraegen 2001). Die Kontingenz der interkorporalen Ego/Alter-Bezie-
hungen *erfordert* eine symbolische Kodifizierung einer jeweiligen Kultur, wenn
diese für die Individuen einen Sinn ergeben sollen: Die spezifische Bedeutung
von Religion besteht nicht einfach nur darin, dass sie eine mögliche Quelle einer
solchen Kodifizierung liefert, sondern darin, dass sie den Menschen eine kritische, kreative Distanz zu den bestehenden sozialen Realitäten ermöglicht (Luhmann 2000). Das ist jedoch eine beschränkte Auffassung, allen voran deshalb,
weil Luhmann durch die Betonung, dass die sozialen Systeme in symbolischen
Codes und Kommunikation *unabhängig von* körperlichen Dispositionen fundiert
sind, Soziologen dazu anstiftet, religiöse *Diskurse* zu untersuchen und die verkörperte Internalisierung und Genese sozialer Tatsachen zu übergehen (Laermans/
Verschraegen 2002, S. 16; Luhmann 1998, S. 137).

Trotz dieses kognitiven Fokus' ist Luhmanns Argument, dass Religion auf
der Unterscheidung von Immanenz und Transzendenz basiert, zielführend dahingehend, Durkheims Verständnis von Religion als sozialer Tatsache weiterzuent-
wickeln. Indem Luhmann postuliert, es sei für Religionen kennzeichnend, ausdifferenzierte und weltliche Phänomene (‚Immanenz‘) von einem Standpunkt aus zu
betrachten, der in einer unendlichen Ordnung gründet (‚Transzendenz‘), liefert er
eine Grundlage, auf der Religion in Relation zu anderen sozialen Phänomenen untersucht werden kann (vgl. Luhmann 2000, S. 77). Ähnlich kann Bergers Hinweis
auf die Differenzen, die die verschiedenen religiösen Orientierungen im Hinblick
auf Immanenz und Transzendenz aufweisen, trotz mancher Einseitigkeit Durkheims Ansatz ergänzen. Solche Ansätze gilt es zu remodellieren, um zum einen
auch verkörperte und in Erfahrung gründende Faktoren zu erfassen sowie onto-
logische und epistemologische Veränderungen zu berücksichtigen, die durch die
religiöse *Praxis* gefördert werden, und um zum anderen zu erkennen, dass es ein
distinktives Moment von Religion ist, Praktiken und Glaubensvorstellungen bezüglich *außerweltlicher* Phänomene zu bestärken (im Gegensatz zur von Durkheim ausgemachten Transzendenz, die er mit dem Prozess gleichsetzt, in dem das
Individuum ein Teil einer *innerweltlichen* Gesellschaft wird).

Dies ist die Grundlage, auf der wir nun unsere theoretische Beschreibung
entwickeln werden, wie Religion mittels bestimmter Techniken und über verschiedene Kontexte hinweg in den Körper eingeschrieben wird. Die Besonderheit der
Religion als sozialer Tatsache im Vergleich zu anderen Phänomenen kann durch
die Anerkennung ihrer Fähigkeit begründet werden, transzendentale Erfahrungen

in Relation zu immanenten sozialen Realitäten zu schaffen. Es ist genau dieses Merkmal in den Arbeiten von Berger und Luhmann, das u.e. in jede neue Herangehensweise an die Untersuchung von Religion integriert werden muss, wobei der Charakter und die gelebte Bedeutung dieser Erfahrungen von den körperpädagogischen Techniken, Ritualen und kulturellen Systemen abhängt, die ihre Emergenz erst ermöglichen.

3. Religiöse Körperpädagogiken

Die Untersuchung von Körperpädagogiken beinhaltet die Erforschung erstens der zentralen institutionellen *Mittel*, durch welche eine religiöse Kultur ihre primären verkörperten Techniken, Dispositionen und Glaubensvorstellungen zu vermitteln versucht, zweitens der *Erfahrungen*, die typischerweise mit dem Erwerb dieser Eigenschaften assoziiert werden, und drittens der verkörperten *Ergebnisse* dieses Prozesses (Shilling/Mellor 2007). So bewegt sich die Körperpädagogik von den *externen Manifestationen* religiöser sozialer Tatsachen zu der Art und Weise, wie verkörperte Subjekte diese Tatsachen erfahren, bis schließlich zu der Fokussierung ihrer *internen Dimensionen* mit der Untersuchung des Ausmaßes, in dem sie tatsächlich als eine Anzahl von Ergebnissen verkörpert werden, die als religiöser *Habitus* bezeichnet werden können.

Der Habitus (ein Konzept, das letztlich auf Aristoteles und Hl. Thomas v. Aquin zurückgeht) bezieht sich auf sozial strukturierte körperliche Dispositionen, welche die Sinne einer jeweiligen Generation in einer bestimmten Hierarchie organisieren, Menschen für gewisse Arten des Wissens und des Verhaltens prädisponieren und bestimmte Orientierungen zur Welt fördern. Es ist jedoch wichtig anzumerken, dass die Produktion eines spezifischen religiösen Habitus' nicht das *sichere* Ergebnis jeweiliger körperpädagogischer Mittel und ihrer damit assoziierten Erfahrungen ist: Die Dispositionen und Orientierungen von Menschen hängen zum einen von diversen sozialen Einflüssen und zum anderen davon ab, wie ihre körperlichen Fähigkeiten und Verwundbarkeiten auf religiöse Kräfte reagieren.[2] Das Ausmaß aber, in dem ein bestimmter Habitus tatsächlich

---

2   Durch die Identifizierung des religiösen Habitus' als *kontingentes Ergebnis* weicht unser Gebrauch des Begriffs von Bourdieus (1977, 1984) Habitus-Konzept im Sinne eines *Mediums* ab, das sowohl durch die Umwelt, in der der Habitus entsteht, produziert wird als auch diese Umwelt automatisch *reproduziert*. Anstatt zugleich Medium *und* Ergebnis der religiösen Vermittlung zu sein, ergibt sich der Habitus u.E. aus der Interaktion zwischen religiösen Phänomenen und den Erfahrungen sowie der Reaktionen von Menschen auf diese Phänomene. Dies stellt noch keine Garantie dar, dass es reproduktive Folgen geben wird.

als Ergebnis dieser Prozesse produziert *wird*, bleibt eine Schlüsselfrage im Hinblick auf die Lebendigkeit der jeweiligen Religion.

Wir haben bereits oben dargelegt, dass unser Ansatz auf Durkheims Beschäftigung mit den verkörperten Dimensionen sozialer Tatsachen aufbaut, ergänzt um Luhmanns und Bergers Auseinandersetzungen mit der Spezifizität von Religion. Es gibt außerdem eine gewisse Affinität mit, aber auch eine klare Abgrenzung von Mauss' (1950) „Körpertechniken" und Foucaults (1988) „Selbsttechnologien". Mauss geht von der Beobachtung aus, dass die ‚natürlichsten' Arten des Körperumgangs durch kulturelle und religiöse Traditionen geformt sind, während Foucault daran interessiert ist, wie Texte und andere Diskursformen die Versuche der Menschen formen, ihre Körper ethischen und religiösen Normen entsprechend zu disziplinieren. Das analytische Programm der Körperpädagogik fällt jedoch aufgrund der Betrachtung der Vermittlungsmedien und des Aspekts der Erfahrungen, die bei Mauss zu kurz kommen, sowie der in Erfahrung gründenden und den ontologischen Dimensionen der Verkörperung, die Foucault vernachlässigt, breiter als diese Ansätze aus. Mauss tendierte dazu, seinen Fokus auf das zu beschränken, was Körpertechniken sind und wie sie interkulturell variieren. Foucault wiederum konzentrierte sich darauf, wie Menschen Veränderungen in sich selbst anstreben (eine Idee, die in seinen früheren Arbeiten zu der Art und Weise, wie Machtregimes Subjekte konstituieren, bereits auftauchte), und interessierte sich nicht für Fragen, was der Körper ist oder wie Menschen ihr verkörpertes Selbst emotional und kognitiv erleben.

Ein weiteres kennzeichnendes Merkmal des körperpädagogischen Ansatzes ist sein *Realismus*. Dies stellt einen Kontrast zu der deskriptiven und klassifikatorischen Stoßrichtung in Mauss' Arbeiten und zu Foucaults diskursivem Reduktionismus' dar. Foucault nimmt an, dass die strukturellen „Disziplinarregimes" oder Formen von „Biomacht", die in einem bestimmten historischen Augenblick dominieren, die Fähigkeiten der Subjekte *determinieren*. Im Gegensatz zu dieser analytischen Verschmelzung beachtet eine durch den Realismus angeleitete Untersuchung von Körperpädagogiken die distinktiven ontologischen Eigenschaften von dem, was bei der angestrebten Vermittlung von Religion, in den Erfahrungen der Menschen und in den tatsächlichen verkörperten Ergebnissen dieses Prozesses am Werke ist. Der Fokus auf die kulturellen *Mittel* oder Aktivitäten einer Religion bedeutet also, dass sowohl die rituellen Techniken und die materiellen Affordanzen als auch die Glaubenssätze, die bei ihrer Organisation und Vermittlung eingesetzt werden, in den Vordergrund der Betrachtung treten. Die Beschäftigung mit *Erfahrungen* fokussiert die körperlichen Empfindungen und Emotionen der Menschen, während sie an diesen Aktivitäten teilnehmen, und die

daran anschließenden Selbstgespräche, die sie in Bezug auf ihre Reaktionen führen (vgl. Archer 2003); die Beschäftigung mit verkörperten *Ergebnissen* fokussiert die Frage, ob diese Mittel und Erfahrungen de facto die Werte, Fähigkeiten
und Dispositionen für Handlungen sowie jeden anderen Aspekt des Habitus' der
Menschen verändern. Durch die Anerkennung der charakteristischen Merkmale, welche die Körperpädagogik einer Religion beinhaltet, ermöglicht dieser Realismus die Analyse, wie Mittel, Erfahrungen und verkörperte Veränderungen
untereinander *interagieren* und über die Zeit hinweg *sich verändern*. Im Gegensatz dazu können die Arbeiten von Mauss, Foucault und anderen, die sich einseitig mit Körper und Religion auseinandersetzen, die kausalen Mechanismen sozialen Wandels nicht in den Blick nehmen bzw. erklären.

Der Nutzen der Analyse religiöser Körperpädagogiken kann anhand *idealtypischer* Vergleiche verschiedener Religionsformen illustriert werden; wir unternehmen dies in Bezug auf das Christentum und den Islam. Für viele Sozialkonst-
ruktivisten ist die Idee eines ,Religionsvergleichs' selbstverständlich dubios, weil
sie unterstellen, dass ,essenzialistisch' an die verschiedenen Religionsformen he-
rangegangen werde (vgl. Fitzgerald 2000; McCutcheon 1997). Wir aber machen
keine Annahmen über ,Essenzen' von Religionen, obwohl wir doch die kausalen
Kräfte identifizieren, die religiöse Identitäten auf eine bestimmte Art und Weise
formen. Wie Weber (1989, S. 118) bei seinem Gebrauch idealtypischer Vergleiche andeutete, nehmen diese unausweichlich eine größere Systematisierung in
einzelnen Religionen vor, „als sie (...) im Fluss der Entwicklung jemals" hatten,
wobei ihr Nutzen in der Möglichkeit liegt, die Schlüsselelemente einer Religion
zu identifizieren, „welche für die Gestaltung der *praktischen* Lebensführung (...)
die entscheidenden waren" (ebd., S. 119; vgl. auch Bendix 1960, S. 280).

3.1 Die körperpädagogischen Mittel

Verkörperung gehört zur expliziten Grundlage des Christentums und des Islam.
In den Augen von Christen ist Jesus Christus die Verkörperung Gottes; die Ver-
gebung unserer Sünden und das ewige Leben werden durch Sein Leiden und
Seinen wiederauferstandenen Körper ermöglicht, und Ihm folgend ist ihr höchstes soteriologisches Ziel die körperliche Wiederauferstehung (Mellor/Shilling
1997). Während der Körper im Christentum wichtig ist, nimmt er in der Praxis
und Kosmologie des Islam eine zentrale Stellung ein (Khuri 2001), was anhand
des Kniefalls beim Gebet, der rituellen Waschungen, des Fastens und auch des
rhythmischen Wippens muslimischer Lehrer und Schüler bei Lesungen des Korans deutlich wird (Bowen 1989; Starrett 1995, S. 954f.). Auch das sonstige Leben
der Muslime ist durchdrungen von Verkörperungen, was sich etwa im Bereich der

Gesundheit oder den Befürchtungen im Hinblick auf ‚Reinheit' und ‚Verunreinigung' bei Organtransplantationen zeigt (vgl. Alkawari et al. 2005). Wenn wir aber in Betracht ziehen, wie der Körper in diejenigen spezifischen Prozesse verwickelt ist, durch die Individuen Christen oder Muslime werden, nimmt der gemeinsame Fokus auf Verkörperung markant andere Formen an.

Der erste Schritt der Anwendung des körperpädagogischen Modells auf die Internalisierung von Religion als sozialer Tatsache ist die Identifizierung des primären Rituals und anderer Mechanismen, durch welche der Versuch der Hervorbringung eines bestimmten Habitus' gemacht wird.[3] Es sind solche Mittel, aufgrund derer religiöse Ideen, Konzepte und Symbole die Erfahrungen und Identitäten von Individuen neu zu formen beginnen können. Im Katholizismus wird die Initiation in die Kirche als eine Einverleibung in den ‚Leib Christi' definiert: Christ werden heißt, eine verkörperte Kommunion eingehen mit Gott und anderen Christen (Brown 1988; Miles 1992). Von daher könnte gesagt werden, dass die *Kommunion* das primäre körperpädagogische Mittel darstellt, durch welches das Christentum vermittelt wird, zuallererst durch die Einverleibung der Individuen im Ritus der Taufe, der ein durch und durch körperliches Phänomen darstellt. Dies war besonders klar im frühen Mittelalter zu erkennen, wo die Taufe im Sinne eines *Wiederaufbaus des Körpers* als Voraussetzung der Transformation des Glaubens angesehen wurde (Miles 1992, S. 37). Dieses Verständnis währt bis heute in der katholischen Kirche: Die Taufe prägt dem Individuum seine Zugehörigkeit zu Christus auf (Catechism 1994, S. 288). Die Natur dieser Einverleibung ist deutlich bei der späteren Teilnahme am kommunikativen Ritual der Eucharistie, ein Ritual, das den Verzehr des Leibes und des Blutes Christi in sakramentaler Form umfasst. In einem *dualen Muster der Inkorporierung* wird einerseits das Individuum in den Leib Christi einverleibt, während andererseits der Leib Christi in den Körper des Individuums in Form von Brot und Wein einverleibt wird. Dieses Ritual wird verstanden als die Teilnahme an der Inkarnation: Ebenso wie Christus menschgewordener Gott ist, wird Gott in den individuellen Körpern der Christen verkörpert (Catechism 1994, S. 276).

Obgleich der Islam auch durch eine pädagogische Neustrukturierung des Körpers internalisiert wird, geschieht dies doch anders als im Christentum. Beide be-

---

3   Offensichtlich gibt es ganz verschiedene Muster körperlicher Praktiken, die auf verschiedene Arten die Erfahrungen von Individuen neugestalten und sie in Kollektivitäten integrieren. Beispielsweise sind aus historischer Sicht Fasten und andere Formen der Askese innerhalb des Christentums und des Islam bedeutsam gewesen. Was uns aber hier interessiert, sind diejenigen rituellen Formen, die eine gewisse Zentralität bei jenen Prozessen besitzen, durch welche Individuen ihre religiöse Identität erwerben, seien diese Prozesse auch um andere Praktiken ergänzt oder durch sie ausgeschmückt.

tonen zwar Fügsamkeit gegenüber dem Willen Gottes, aber wo das Christentum die Wichtigkeit der *Einwilligung* (Catechism 1994, S. 11) und ihre Internalisierung über rituelles Essen betont, legt der Islam den Schwerpunkt auf *Unterwerfung*. Das Wort ‚Islam' bedeutet auf Arabisch ‚Unterwerfung', und die primären pädagogischen Mittel, durch welche der Islam vermittelt wird, sind Formen individueller Unterwerfung. Hervorzuheben ist im Besonderen das Ritual „*salat*", ein fünfmal am Tag auszuführendes Gebet, das über unterschiedliche geographische und historische Kontexte hinweg ein geteiltes sunnitisches muslimisches Ritual ist. *Salat* stellt eine ‚dramatische Geste der Unterwerfung' dar, angefangen bei dem stilisierten, gesungenen Gebetstext, den Körperwaschungen, der rituellen Raumnutzung (entweder eine Moschee oder ein Gebetsteppich), der Verschleierung von Frauen und dem Tragen von Gebetskappen bei den Männern, gefolgt von den unhörbar mit den Lippen geformten Worten bei der Rezitation der Verse des Korans während der Gebetszyklen, die mit einem tiefen Beugen des Körpers mit dem Gesicht zum Boden begleitet werden (Henkel 2005, S. 487; Starrett 1995, S. 492-494). Durch diese Handlungen internalisieren und drücken die unterworfenen Körper der Gläubigen den Islam aus.

So zielen die sichtbarsten körperpädagogischen Mittel dieser beiden Religionen auf die Initiierung von Prozessen, durch die Körper ‚christlich' oder ‚muslimisch' gemacht werden. Beim Christ-Sein geht es nicht um eine kognitiv-propositionale „Grammatik der Einwilligung" (Archer 2000, S. 186), sondern um ein verkörpertes Engagement der Person, das Substanz in den körperlichen Disziplinen des Gebets, der Pilgerfahrt sowie der Kontemplation und insbesondere in der körperlichen Aufnahme des Leibes Christi bei der Eucharistie findet. Muslim-Werden heißt nicht einfach, dass man kognitiv ‚den Willen und das Wort Allahs' akzeptiert, sondern bedeutet die Aufführung spezifischer körperlicher Rituale und Disziplinen. Angesichts der offensichtlichen Unterschiede bei diesen Ritualen der Inkorporierung zielt der zweite Schritt des körperpädagogischen Modells auf die Analyse der spezifischen Strukturierung der Erfahrungen, die sie herbeizuführen angestrebt sind.

3.2   Die körperpädagogischen Erfahrungen

Das Ritual bzw. andere Mittel, wodurch Menschen in Religionen inkorporiert werden, ist mit der Stimulierung und Strukturierung von Erfahrungen verbunden. Soziologen und Anthropologen ist die Wirksamkeit von Ritualen in dieser Beziehung längst bekannt (Collins 2004; Rappaport 1999). Das körperpädagogische Modell hat ein besonderes soziologisches Interesse daran zu theoretisieren, wie sie zur Restrukturierung derjenigen Erfahrungen beitragen, die Individuen von *sozialen Beziehungen* machen. Verschiedene Emotionen und Empfindungen mögen zwar durch religiöse Praktiken ausgelöst werden, aber der Erwerb einer neuen Erfahrungsweise des sozialen Lebens ist besonders interessant, zumal die verschiedenen Formen der Transzendenz und Immanenz, die mit Religion assoziiert sind, potentiell grundlegende Konsequenzen für die Orientierung von Menschen in einem sozialen System haben.

Im Christentum ist die Inkorporierung des Individuums in die Kirche mit der Transzendenz vorhandener Identitäten und Bindungen verbunden. Es gab verschiedene Ansichten in Bezug auf die Natur dieser Transzendenz (vgl. Brown 1988), aber von wesentlichem soziologischem Interesse ist die Internalisierung einer neuen Erfahrung des *individuellen Körpers* in Relation zu anderen. Dieses Muster der Transzendenz ist anders als die innerweltliche kollektive Inkorporierung des Individuums in eine Gesellschaft, die Durkheim vor Augen hatte. Im Christentum werden die „Keime des Individualismus" in seinen pädagogischen Mitteln sichtbar: Der individuelle Körper wird aufgrund des Zuteilwerdens von Erlösung durch den Leib Christi bei der Eucharistie „selbst zu einer Quelle von Erlösung", indem die höchste religiöse Bedeutung in das Individuum inkorporiert wird (Louth 1997, S. 126f.). Dies ermöglicht nicht nur die Überschneidung ,immanenter' ethnischer, ökonomischer oder kultureller Loyalitäten, wodurch ein interkorporaler Raum für Christen geschaffen wird, in dem sie diese erfahren und kritisch reflektieren können; sondern dies ermöglicht außerdem die Emergenz verschiedener Identitätskonzepte als einem einzigartigen persönlichen Phänomen. Das ist bspw. deutlich zu sehen bei der orthodoxen Betonung einer rational definierten, aber einmaligen Vorstellung vom Menschsein, die aus der Erfahrung der Kommunion mit Gott als Trinität von drei ,Personen', dem Vater, dem Sohn und dem Heiligen Geist (Zizioulas 1985) hervorgeht. Es ist ebenso klar erkennbar bei dem weiter entwickelten religiösen Individualismus des Calvinismus (vgl. Weber 1991) wie auch bei der breiteren Betonung, die das Christentum auf das individuelle Gewissen bei moralischen Handlungen legt (allerdings oft gemeinsam mit der Führung der Kirche). Diese Erfahrung des Menschseins lag auch hochgradig sozial engagierten Formen des Christentums zugrunde wie etwa dem mittelalterlichen „sozialen Wunder" (Bossy 1985), bei dem ein starker Fokus auf der Gemeinschaftsethik nebst einem weiteren rational definierten Modell der individuellen Identität liegt (vgl. Louth 1997, S. 127).

Im Falle des Islam kennzeichnet die Zentralität des gemeinsamen rituellen Musters der Unterwerfung gegenüber Allah als dem spezifischen pädagogischen Mittel der Inkorporierung eine *göttlich gewährleistete kollektive Identifizierung* mit anderen Muslimen als die körperpädagogische Schlüsselerfahrung. Hier ist die Anpassung des individuellen Körpers an das Kollektiv – im Gegensatz zur dualen Inkorporierung des Christentums – eine ‚Einbahnstraße'. Das heißt jedoch nicht, dass Individualität von muslimischer Erfahrung ausgeschlossen ist – eine gemeinsame Identifizierung bleibt von Individuen abhängig, die sich bemühen, als gute Muslime zu leben –, aber die Schwerpunktsetzung auf Kollektivität weist der Religion eine andere Betonung von Erfahrung zu. Als eine der ‚fünf Säulen' des Islam, welche das ‚Glaubensbekenntnis', die Abgabe von Almosen (*zala*), das Fasten während des Ramadan und die Pilgerfahrt nach Mekka umfassen, spiegelt die bei *salat* inszenierte verkörperte Bindung mit anderen Muslimen das Gewicht wider, das allgemein auf gemeinschaftliche Verpflichtungen gelegt wird (Henkel 2005, S. 489).[4] Maßgeblicher als für das Christentum im Sinne von Durkheims Fokus auf Religion als die Sublimation von Individuen in die Gruppe ist die koranische Betonung der Vorrangstellung intramuslimischer Bindungen gegenüber lokalen Kulturzusammenhängen, die als eine verkörperte Realitätserfahrung für das Individuum und als eine emergente soziologische Determinante von Intra- und Intergruppendynamiken gedacht ist (vgl. Anway 1996; McGinty 2006, S. 103).[5]

Das Christentum und der Islam sind zwar beide monotheistische Religionen, aber der körperpädagogische Ansatz ermöglicht die Identifizierung der kontrastierenden rituellen Mittel, über die sie vermittelt werden, und der unterschiedlichen Erfahrungen, die damit in Verbindung gebracht werden können. Diese Unterschiede expandieren verkörperte Subjekte über die topographische Grenze ihrer Häute hinaus und bewirken ein ‚supersizing' von verkörperter Erfahrung (Clark 2008). Diese statten die Subjekte mit neuen Ressourcen aus, um deren Sinne in der sozialen Welt zu ‚entfalten' sowie Sinn aus dieser als einer einmalig erfahrenen, gelebten Realität zu schöpfen und um identifizierbare kontrastierende und womöglich gegensätzliche Modi des In-der-Welt-Seins (Merleau-Ponty 1962) zu entwickeln. Diese Unterschiede werfen auch Fragen darüber auf, wie spezifische körperpädagogische Ergebnisse in spezifische Habitustypen einmünden.

---

4   Obwohl es keine genaue Entsprechung der „fünf Säulen" bei schiitischen Muslimen gibt, werden sie in „den zehn Pflichten" sowie „den fünf Grundsätzen des Glaubens" ungefähr widergespiegelt, die für den Glauben dieser Gruppe eine zentrale Rolle spielen.

5   Vergleichsweise starke sowie schwache Kollektivitätsformen tauchen über die Geschichte des Christentums auf. Durkheim und Weber etablierten einen starken Präzedenzfall dafür, als sie diesbezüglich zwischen Katholizismus und Protestantismus unterschieden. Im folgenden Abschnitt gehen wir weiter auf den vergleichsweise stärkeren Fokus des Islam auf Kollektivität und seine Folgen im Unterschied zum Christentum ein.

3.3 Körperpädagogische Ergebnisse

Weber machte kontrastierende religionsspezifische ‚direktionale Logiken' aus, denen eine Spannung zwischen den Erwartungen, die Religionen erwecken, und den Erfahrungen, die Individuen de facto im täglichen Leben machen, zugrunde liegt. Aus dieser Spannung resultierte die Wichtigkeit der Theodizee für die Religionsgeschichte (vgl. Campbell 2006, S. 19). Theodizeen sind jedoch im Wesentlichen philosophische Konstrukte, und in den Augen Webers sowie derjenigen, die ihm folgten, sind sie angesichts der Entwicklung modernen rationalen Wissens angreifbar. Aus dieser Perspektive hängt der schicksalhafte Verlauf einer Religion in der Moderne von ihrer Unfähigkeit ab, plausible Beschreibungen der Realität zu konstruieren angesichts konkurrierender Weltanschauungen, des unaufhaltsamen Vormarschs der Rationalisierung und der Unvorhersagbarkeit menschlicher Erfahrung (vgl. Berger 1967).

Das globale Wiederaufleben der Religion im späten 20. Jahrhundert legt jedoch nahe, dass der Graben zwischen Erwartungen und Erfahrungen nicht so weit auseinanderklafft, wie Weber es andeutete, und dass Weber und andere bei der Frage falsch gelegen haben könnten, worum es bei der Religion-Moderne-Beziehung hauptsächlich geht. Die Idee der Entwicklung eines unüberbrückbaren Grabens zwischen dem *kognitiven* Rahmen einer Religion und der *Erfahrung* der Moderne ist ein Missverständnis hinsichtlich der Funktionsweise von Religion: Religionen zielen nicht nur auf die Formung einer Rahmung des Denkens, sondern auch auf die Art und Weise, in der diese *in bestimmten Formen der Verkörperung fundiert sind, erfahren und durch sie unterstützt werden*. Was wir soziologisch postulieren ist, dass die ‚direktionale Logik' einer Religion mehr mit der von ihr erzeugten *verkörperten Orientierung* in Bezug auf soziale Realitäten zu tun hat denn mit der ‚Plausibilität' ihrer philosophischen Orientierungen. Es ist gerade in diesem Kontext, in dem die wichtigsten körperpädagogischen *Ergebnisse*, die aus den oben erläuterten Mitteln und Erfahrungen entstehen und die mit der versuchten Vermittlung eines spezifischen religiösen Habitus' zusammenhängen, stark an Bedeutung gewinnen. Sie verfügen über das Potential, die verkörperten Grundlagen zu formen, auf denen Menschen die Welt erfahren und Zugang zu ihr erhalten.

Aus dieser Sicht bieten entscheidende Passagen religiöser Texte nicht einfach kognitive Rahmen der Bedeutung, sondern sind an dem ehrgeizigeren Projekt der Konstruktion eines bestimmten Habitus' beteiligt. In Bezug auf ihre Körperpädagogik sind zwei der salientesten Merkmale christlicher Lehren die Ideen, dass Christen aus der Welt *herausgerufen* werden (Johannes 15:19) und dies eine *Veränderung ihrer Körper* beinhaltet, damit sie auf eine von ihrer früheren Existenz verschiedene Art gehen, reden, denken und fühlen (Philipper 3: 21; Epheser 4:22, 5:1). Die Einzelheiten, wie diese Transformation interpretiert und umgesetzt worden ist, variieren historisch (vgl. Brown 1988). Nichtsdestotrotz liefern die rituelle Einverleibung des Leibes Christi in den Körper der Individuen und ihre Implikationen für die Art und Weise, wie Individuen sich selbst in Relation zu anderen erfahren, den Hauptrahmen, um die ‚Wiedergeburt' zu verstehen, die das angestrebte *Ergebnis* christlicher Körperpädagogik und der verkörperten ‚direktionalen Logik' des Christentums als Ganzes darstellt.

Im Gegensatz also zum Judentum und zum Islam und dabei Körpererfahrungen widerspiegelnd, die „freed from space and time (...)" sind, „so that it [der Körper, A.d.Ü.] functions primarily as an index (...) of inward feeling" (Louth 1997, S. 126), etablierte das Christentum schnell eine Unterscheidung zwischen dem ‚spirituellen' Bereich der Kirche und dem ‚temporalen' Bereich der Gesellschaft (Black 1993, S. 59), die in der Folge in westliche Konzepte der individuellen Menschenrechte und Pflichten gegenüber ‚säkularen' Staatsgewalten mündete (vgl. Siedentop 2000). Diese direktionale Logik, deren Erklärung uns die körperpädagogische Analyse ermöglicht, liefert auch einen Hintergrund für die breite kulturelle Betonung der Idee, dass Fragen der Moral oder der Verantwortung letztlich dem Individuum obliegen und dass Gemeinschaften eine Verpflichtung haben, dies zu respektieren. Geschichtsdarstellungen westlicher Gefängnisse verweisen bspw. darauf, dass ein Einfluss des Christentums auf ihre Entwicklung darin bestand, die Isolationshaft als Mittel der Kanalisierung körperlicher Triebe zu fördern, „in order to set the individual on the path of righteousness" (Smith 2005, S. 201).

Untersuchungen der aktuellen Ausbreitung der Pfingstbewegung, die die „Rituale der Entrückung" hervorhebt, welche die Neukonfigurierung des individuellen Habitus' erstreben und tiefe Erfahrungen der Lebenstransformation auslösen (Martin 1990, S. 163; Robbins 2004, S. 128), zeigen die aktuelle soziale Lebendigkeit dieser direktionalen Logik. Im Unterschied zu Weber legen sie darüber hinaus nahe, dass sich das heutige christliche Leben nicht in einer Spannung befindet zwischen außerweltlichen Erwartungen und den Erfahrungen, die Individuen tatsächlich machen, sondern inmitten einer Spannung zwischen den Erwartungen *und* Erfahrungen immanenter sozialer Realitäten und denjenigen, die aus der religiösen Körperpädagogik resultieren. Im Falle des Christentums werden die Immanenz/Transzendenz-Spannungen primär im individuellen Körper verortet. Vor diesem Hintergrund kann die Welt bspw. rationaler werden, ohne dass dadurch ein *zwangsläufiger* Graben zwischen Christentum und individueller Erfahrung aufgemacht wird. Es gibt auch keine solche Zwangsläufigkeit in Bezug auf den Islam, obwohl der religiöse Habitus, der durch seine einzigartige Körperpädagogik entsteht, einen anderen Umgang mit immanenten soziokulturellen Realitäten darstellt.

Im Islam verweist die Anpassung des individuellen Körpers an die Kollektivität auf eine andere direktionale Logik und Orientierung bezüglich weltlicher Realitäten. Von seinen Ursprüngen her strebt der Islam danach, *kollektiv* zu versichern, dass immanente soziale Realitäten mit transzendenten religiösen Zielen übereinstimmen. Das Streben nach einer universellen Anwendung der *sharia*, verstanden als eine „zeitlose Manifestation des Willen Gottes" (Ruthven 1997, S. 73; Volpi/Turner 2007), ist eine Manifestation des breiteren kollektiven ‚Strebens' oder ‚Sich-Anstrengens' (*jihad*), das das *Ergebnis* islamischer Körperpädagogik ist. Das Sich-Anstrengen auf dem Pfad Gottes (*jihād fī sabīl allāh*) ist im Koran eine zentrale Anordnung für alle Muslime (z.B. sūra 2:186, 214; sūra 9:5; sūra 11:29; sūra 22:40) und im frühen, klassischen und modernen Islam ein definierendes Merkmal der Religion. Wie Firestone (1999, S. 5f.) anmerkt, umfasst das Konzept des Dschihads viele Orientierungen, Aktivitäten und Arenen menschlicher Interaktion. In einem weiten Sinne umfasst es jedoch zwei Hauptorientierungen: Das Streben *innerhalb* der islamischen Gemeinschaft, mit ‚Körper und Geist' in Unterwerfung gegenüber Gott zu leben, und das Bestreben *außerhalb* des Islams Hegemonie über Nicht-Muslime zu erlangen, was zwischen der kollektiven Verkörperung der Unterwerfung und den Ungläubigen gegenüber Allah unterscheidet (vgl. Heck 2004, S. 96f.).

So steht im Gegensatz zur christlichen Unterscheidung zwischen den ‚spirituellen' und den ‚temporalen' Bereichen der Gesellschaft die islamische Verpflichtung einer ‚totalen Gesellschaft' (vgl. Black 1993, S. 59). In Bezug auf die Kairoer Erklärung der Menschenrechte im Islam im Jahre 1990 wurde bspw. angemerkt, dass nur die *sharia* als Grundlage zur Prüfung ihrer Artikel herangezogen werden könne, und dass es keine Garantie für religiöse Freiheit gebe. Der Übertritt zu irgendeiner anderen Religion außer dem Islam wird extrem geächtet, und viele Aspekte der Menschrechte, die außerhalb des Islam anerkannt sind, werden für nichtig erklärt (vgl. Arjomand 2004, S. 25; Mayer 1994, S. 336, 327-350). Dieser Fokus auf *Gruppen*rechte, der beim Islam festzustellen ist, kontrastiert deutlich mit der Betonung von *individuellen* Rechten, die einen so prominenten Platz in christlichen Kulturen eingenommen haben (vgl. Siedentop 2000), was wiederum auf einen anderen religiösen Habitus verweist.

Diese Verpflichtung auf eine ‚totale Gesellschaft' hin ist ebenso relevant für die Einschätzung gewaltsamer Ausdrucksweisen des Dschihads, die Etappen islamischer Geschichte kennzeichnen und heute immer noch in hochgradig politi-

sierten islamischen Bewegungen deutlich werden (vgl. Kepel 2006). Die Gleich-
setzung von Dschihad mit ‚heiligem Krieg' ist reduktionistisch (vgl. Firestone
1999). Nichtsdestotrotz hat das Streben nach einer ‚totalen Gesellschaft' und der
Ausmerzung der Ungläubigen die islamische Teilung der Welt in die *umma*, mit
den Territorien der *dar al-Islam*, in denen islamisches Recht herrscht, und den
nicht-muslimischen *harbis*, die die *dar al-harb* oder die „Gebiete des Krieges"
(Bat Ye'or 1996, S. 251) bewohnen, seit jeher bestimmt; seinen Ausdruck findet
das ebenfalls in dem grundlegenden Bedürfnis, dass sich alle sozialen Realitäten
dem transzendenten Willen Allahs anzupassen haben, anstatt auf die Bekehrung
der Individuen zu fokussieren (vgl. Bonner 1992, 1996). Das ist der Kontext, in
dem das im Krieg gegen Nicht-Muslime erreichte Martyrium eine mächtige verkörperte Dramatisierung des Dschihads konstituiert und die Anziehungskraft
eines Allah unterworfenen Lebens verdeutlicht (vgl. Heck 2004, S. 100-101).[6]

Das Wiederaufleben des Islam in der Welt heute und die anhaltende Anziehungskraft von Konzepten wie dem des Dschihads (vgl. Kepel 2006) verweisen
auf die fortdauernde Kraft islamischer Körperpädagogik: Die moderne Welt mag
sich zwar verändern, aber der Prozess des Sich-Anstrengens, der den muslimischen Körperhabitus auszeichnet, ist nichts, das angesichts Neo-Weberscher Annahmen einer Plausibilitätskrise, die aus einer Kluft zwischen den von der Religion unangetasteten Erfahrungen des ‚Realen' und den religiösen Konzepten des
‚Idealen' resultiere, an lebenspraktischer Bedeutung verliert. Die Frage, inwiefern eine Religion von Dauer sein wird, muss vor dem Hintergrund beantwortet werden, wie sie die Betrachtung *und* die Erfahrungen der Welt, die die Menschen machen, *gestaltet.*

Der hier dargestellte idealtypische Umriss der primären körperpädagogischen
Mittel, Erfahrungen und Ergebnisse des Christentums sowie des Islam zeigt, dass
das ‚Christ'- oder ‚Muslim'-Sein nicht bloß eine Sache von „faiths" (Ruel 1982),
also des Glaubens ist. Vielmehr geht es darum, spezifische verkörperte Orientierungen, Erfahrungen sowie Ergebnisse zu besitzen. Aus der verkörperten Internalisierung des Christentums und des Islam, *sofern* sie stattfindet, resultieren

---

6 Das Martyrium ist auch ein etabliertes Merkmal christlicher Geschichte gewesen: Von seinem
Wesen her ist es recht ähnlich, insofern es als Wahrheitszeugnis angenommen wird. Es unterscheidet sich jedoch – zumindest in seiner idealisierten Form –, insofern es üblicherweise
mit einer Indifferenz gegenüber weltlicher Macht und Gewalt und nicht mit einem kollektiven
Kampf für diesseitige religiöse Vorherrschaft assoziiert wird (vgl. Brown 1988, S. 136f.; Catechism 1994, S. 527). Aus dieser Perspektive würde die Betrachtung der unterschiedlichen
Traditionen des Martyriums die verschiedenen körperpädagogischen Ergebnisse, die wir
hervorgehoben haben, noch mehr bestärken, obwohl selbstverständlich betont werden muss,
dass diese Traditionen des Martyriums nicht immer so klar in der Geschichte voneinander
abwichen, wie z.B. die Kreuzzüge deutlich machen (vgl. Ellul 1986, S. 98).

verschiedene Habitusformen. Es sind sehr viel mehr diese verkörperten Ergebnisse als die Spannungen zwischen religiösen Erwartungen und menschlichen Erfahrungen, die die voneinander abweichenden direktionalen Logiken der zwei Religionen über die Geschichte hindurch erklären. Wie oben angemerkt, bringen idealtypische Modelle jedoch gewisse Einschränkungen mit sich, und wir haben unsere Übereinstimmung mit Beckford (2003) betont, dass die Grundlage jedes hinreichenden Erklärungsmodells zur Untersuchung von Religion die Fähigkeit ist, die Komplexität ihrer Manifestationen sowie ihrer Interaktionen mit anderen soziokulturellen Formen zu erfassen. Indem wir uns nun mit potentiellen Kritiken an dem körperpädagogischen Ansatz auseinandersetzen, werden wir im Folgenden umreißen, wie der Ansatz ein Verständnis für die Interaktionen und Transformationen, die Religionen formen, schaffen kann.

4. Internalisierung und Kontingenz

Ein erster Kritikpunkt könnte lauten, dass die Beziehung zwischen den Mitteln, Erfahrungen und Ergebnissen und mithin die Internalisierung von Religion als sozialer Tatsache komplexer und variabler ist als in unserer Darstellung. Unsere Betonung der charakteristischen ontologischen Eigenschaften von Mitteln, Erfahrungen und Ergebnissen sowie unsere Betrachtung der ‚direktionalen Logik‘ jedes körperpädagogischen Ansatzes, hinter dem eben *keine* einfache Verkettung von Ursache und Wirkung steht, implizieren jedoch eine solche Variabilität. Alle drei Ebenen sind durch Kontingenz gekennzeichnet: Spezifische Erfahrungen müssen nicht unbedingt aus den Mitteln folgen und können unabhängig davon vorkommen, während die Ergebnisse als emergente Phänomene nicht unbedingt mit jenen übereinstimmen müssen, die von einer religiösen Körperpädagogik vorgesehen sind.

Ein zweiter Einwand könnte lauten, die intrareligiösen kulturellen Variationen seien so groß, dass die Anwendung unseres Ansatzes einem idealtypischen Modell gleichkomme, das mannigfaltige Einzelheiten übersieht, die das religiöse Leben weltweit ausmachen würden. In Bezug auf den Islam haben manche Wissenschaftler dessen interne Vielfalt betont und kritisieren damit ‚monolithische und unveränderliche‘ Darstellungen, bis sie schließlich das Konzept des ‚Islam‘ selbst insgesamt problematisieren (vgl. Bennett 2005; Horrie/Chippindale 2007; Mandaville 2007). Eine Schwäche dieser Perspektive ist jedoch, dass diese Dekonstruktion nicht viel mit aktuellen Realitäten zu tun hat. Beispielsweise tut sich Mandaville (2007) damit schwer, sein theoretisches Interesse an der Pluralität mit dem zunehmenden Fokus auf die von ihm beobachtete Entwicklung einer

‚weltweiten *umma*‘ unter den muslimischen Gruppen zu vereinbaren. Im Gegensatz dazu verweisen andere Autoren auf eine Einheit innerhalb der augenscheinlichen Vielfalt des Islam, die eine Erklärung dafür liefert, was es phänomenologisch heißt, innerhalb dieser Religion zu handeln (vgl. Zaidi 2007, S. 424; s. auch Arjomand 2004). Analog zu unserem körperpädagogischen Fokus wird der Islam hier als eine Religion angesehen, deren Widerständigkeit geschichtlich darauf beruht, dass ihre ‚Essenz als eine Lebensweise‘ in physischen Gewohnheiten und Praktiken anstatt eines kognitiven ‚Glaubenssystems‘ eingebettet ist (vgl. Asad 1993, 2003; Dialmy 2007; Ro’I 2000, S. 54f.). Auf eine ähnliche Weise können wir erst durch unseren Blick auf Körperpädagogiken Beckfords (2003, S. 207) Kritik gerecht werden, wonach Theorien noch erklären müssen, *wie* und *warum* spezifische Formen von Verkörperung „in virtually all of the culturally different regions of the world where charismatic Christianity is practised", vorkommen.

Ein dritter Einwand könnte sich auf die *historische* Kontingenz beziehen, die charakteristisch für die Entwicklung einer jeden Religion sei, womit impliziert ist, dass unser Ansatz zeitliche Veränderungen nicht erklären könne. Die Überlieferung von Religion durch Körperpädagogiken blickt auf zweitausend Jahre Geschichte im Falle des Christentums zurück, dreizehnhundert Jahre im Falle des Islam; so überrascht es kaum, dass die Körperpädagogiken der jeweiligen Religionen sich entwickelt haben. Das christliche Konzept des Lebens als eines, das sowohl in der Welt stattfindet als auch aus ihr heraus ‚gerufen‘ wird, ist zum einen als weltoffen, zum anderen als weltverneinend ausgelegt worden, während die starke Betonung der kollektiven Identifizierung unter Muslimen die Entwicklung der sunnitischen und schiitischen Formen, von Sufi-Brüderschaften und verschiedener Schulen der *sharia* nicht verhindern konnte. Als Antwort hierauf betonen wir, dass die Ergebnisse von Körperpädagogiken unweigerlich auf praktische Aktivität zurückwirken und so neue Formen von verkörperten Relationen sowie neue körperliche Praktiken herausbilden (vgl. Archer 2000, S. 186). Manchmal führen diese Ergebnisse zu signifikanten religiösen Entwicklungen, denen unser realistisches Modell mit der Analyse ihrer Natur und ihren Implikationen Rechnung trägt.

In Bezug auf das Christentum bspw. hat die Soziologie die Unterschiede zwischen Katholizismus und Protestantismus hervorgehoben (vgl. Durkheim 1973; Mellor/Shilling 1997; Weber 1991). Wie Jahrhunderte voller Konflikte nahelegen, sind dies echte Differenzen, aber der körperpädagogische Ansatz kann ihre Natur *und* ihre Grenzen erklären. Die von uns vorgeschlagene Perspektive weist darauf hin, dass das idealtypische Muster der christlichen Körperpädagogik, das oben skizziert wurde, für *beide* Formen des Christentums gilt (weshalb wir sie ja auch als Varianten derselben Religion erkennen können), wobei sich die historischen Ausprägungen der Mittel, Erfahrungen sowie Ergebnisse unterschiedlich entwickelt haben. In beiden Fällen kann das körperpädagogische *Mittel* als die *Kommunion* ausgemacht werden. Im Protestantismus kann die Kommunion jedoch angesehen werden als die Einverleibung des Wortes Gottes in den individuellen Körper anhand einer spezifischen Art der Auseinandersetzung mit der Bibel (vgl. Coleman 2000, S. 127-129). Demgegenüber hängt die Kommunion im Katholizismus von der wiederholten Nutzung eines kollektiven Rituals ab, der Eucharistie, währenddessen die Inkorporierung sakramental erfolgt. Vor dem Hintergrund, dass die Bibel auch im Katholizismus eine zentrale Stellung einnimmt – wobei dies ein Kontext ist, in dem der ‚Tradition‘ gleich viel Autorität zukommt –, überrascht es nicht, dass protestantische und katholische Mittel, Erfahrungen, und Ergebnisse vergleichbar bleiben. Aufgrund der relativen Dominanz der textualistischen, kognitiv strukturierten pädagogischen Mittel des Protestantismus liefert diese Variante des Christentums jedoch eine körperliche Basis für ihren größeren Hang zum religiösen Individualismus.

Ein vierter Kritikpunkt könnte mit den Interaktionen *über* religiöse Traditionen *hinweg* zu tun haben: Wie auch immer die Wichtigkeit von Körpertechniken und -prozessen innerhalb einer Religion ausfallen mag, sicherlich wird ihre Entwicklung doch durch externe Interaktionen bestimmt? Im Falle des Islam bedurften sowohl dessen religiöse Ressourcen, von denen dieser ursprünglich zehrte, als auch der soziologische Kontext seiner frühen Entwicklung einer Strukturierung bzw. Restrukturierung seiner Verhältnisse zum Judentum und zu christlichen Gemeinschaften. Im Koran selbst sind entsprechende Belege unterschiedlicher Entwicklungen zu finden, die zwischen der Förderung des friedlichen Zusammenlebens und Krieg alternieren – eine Ambivalenz, die heute immer noch in der islamischen Welt anzutreffen ist (vgl. Tabatabi'i 1987, S. 55). Aktuelle Darstellungen des globalen Wiederauflebens des Islam, die es als eine Reaktion auf den europäischen Kolonialismus deuten und die Effekte des Kalten Krieges auf islamische Gesellschaften analysieren, betonen auch diesen interaktiven Aspekt (vgl. Jalal al'Azm. 1981; Lewis 2002, S. 153; Said 1978, 1997).

Diese Kritik untergräbt jedoch nicht unser Modell, ist die Berücksichtigung von Interaktionen doch eines ihrer Schlüsselelemente. Religiöse Körperpädagogiken operieren niemals in Isolation. Nichtsdestotrotz kann die spezifische Form, die diese Interaktionen annehmen, erst durch das Verständnis des Kontextes und der dispositionalen Stoßrichtung der Körperpädagogiken in Relation zu ihrer Interaktion mit anderen Kräften eingeschätzt werden. In diesem Sinne kann auf Asads (2003, S. 219) Behauptung verwiesen werden, dass Muslime in der westlichen Welt spezifischen Erfahrungen der Entfremdung ausgesetzt sind: Muslime werden in ihrer Eigenschaft *als Muslime* aus dem öffentlichen Leben westlicher Gesellschaften ‚getilgt', weil von ihnen erwartet wird, dass sie mit anderen auf der Basis ‚säkularer' Annahmen interagieren, die vom Christentum stammen. Aus unserer Perspektive ermöglicht die körperpädagogische Analyse zu erkennen, wieso eine offenkundig pluralistische öffentliche Sphäre Probleme für die eine religiöse Gruppe verursachen kann, die bei einer anderen völlig fehlen. Für Muslime ist Interaktion auf dieser Basis dem von ihrer Religion verkörperten Habitus fremd (vgl. Keane 2000, S. 15; Lewis 2002, S. 153).

Ein fünfter Kritikpunkt könnte sein, dass es nicht eine Frage ist, ob die ‚säkulare Modernität' manchen Religionen Probleme bereite, sondern dass die technologisierte Gesellschaft *alle* religiösen Körperpädagogiken irrelevant mache. Weber (1991) und Heidegger (1993) sind Hauptvertreter dieser Sichtweise: Instrumentalisierung beinhaltet, dass die Natur als ‚Bestand gestellt' und so herausgefordert wird, ihre Eigenschaften in den Dienst effizienzbasierter Forderungen zu stellen, die ihr auferlegt werden. Ein wichtiger Punkt, den jedoch Weber betont, ist, dass eine technologische Kultur praktische, routinisierte Techniken enthält, durch die Körper so trainiert werden, dass „der psychophysische Apparat des Menschen völlig den Anforderungen, welche die Außenwelt, das Werkzeug, die Maschine (…) an ihn stellt, angepasst" wird (Weber 2005, S. 558; vgl. auch Weber 1968, S. 1156, 1975, S. 149; Maley 2004, S. 75, 79). Die technologische Kultur hat also ihre *eigenen* Körperpädagogiken. Das ermöglicht deren Vergleich mit jenen unterschiedlicher religiöser Formen wie auch die Einschätzung der Konsequenzen ihrer Interaktion (Shilling/Mellor 2007). Worin sich dieser Ansatz von Webers unterscheidet, ist, dass nicht angenommen wird, ein Modell müsse unbedingt dominieren. Menschen werden nicht in spezifische Subjektpositionen ‚herbeigerufen', sondern sind allenfalls dazu bereit, ihr Leben in Übereinstimmung mit gewissen Bündeln aus Praktiken, Ritualen und Prioritäten zu gestalten. Darüber hinaus werden Fragen eines relativen Primats unterschiedlicher Körperpädagogiken in der heutigen globalisierten Welt immer offener.

Der Effekt der Verbreitung von Nachrichten, Informationen und der Entwicklung des Internets auf den Islam wurde bspw. darin vermutet, dass sie womöglich die traditionelle „Somatik des Gebets und der korrekten körperlichen Praxis" redundant mache (Mandaville 2001, S. 175). An anderer Stelle wurde jedoch argumentiert, dass solche Entwicklungen das Gefühl einer globalen Gemeinschaft unter muslimischen Diasporas während rapiden sozialen Wandels begünstige (Arjomand 2004, S. 13; Khalid 2007). Wenn man die ähnlich ausgiebige Technologienutzung von Christen weltweit (vgl. Noll 2001) und die Anregung von Calhoun

(1998, S. 380) und May (2002, S. 85) bedenkt, dass neue Technologien von bereits vorhandenen Traditionen, Netzwerken und sozialen Solidaritäten abhängen, wird die genaue Natur heutiger Interaktionen zwischen Religionen und technologisierter Kultur zu einer strittigen Angelegenheit. In diesem Zusammenhang weisen wir darauf hin, dass die Analyse konkurrierender körperpädagogischer Modelle, die ihnen zugrunde liegen, eine vielversprechende Verfahrensweise bietet.

5. Schluss

Wir sind von dem Argument ausgegangen, dass das globale Wiederaufleben der Religion den Bedarf neuer soziologischer Theorien deutlich macht, und wir haben Durkheims Blick auf die verkörperte Basis des religiösen Lebens als eine Gelegenheit ausgemacht, seine Thematisierung der *Internalisierung* von Religion auszubauen. Auf der Grundlage einer Verknüpfung von Durkheims Fokus auf Internalisierung mit einer remodellierten Version von Luhmanns Auseinandersetzung mit den soziologischen Implikationen der transzendenten/immanenten Eigenschaften innerhalb religiöser Formen haben wir ein körperpädagogisches Modell vorgelegt, das die ‚direktionale Logik‘ von Religionen in Bezug auf die verkörperten Orientierungen im sozialen Leben, die sie in ihren Anhängern fördern, erhellen kann. Indem wir die verschiedenen körperpädagogischen Etappen identifizierten, demonstrierten wir die Nützlichkeit des Modells anhand einer idealtypischen Analyse von Christentum und Islam.

Manche Religionswissenschaftler mögen Anstoß an den hier umrissenen theoretischen Prinzipien nehmen – insbesondere diejenigen, die mit Neo-Foucaultschen Annahmen hinsichtlich des Primats von Diskursen gegenüber der materiellen Realität menschlicher Körper arbeiten. Nichtsdestotrotz glauben wir, dass die systematische Fokussierung verkörperter Gemeinsamkeiten und Unterschiede in religiösen Kontexten ein wichtiges Fundament bietet, um der neu aufgekommenen Bedeutung der Religion in einer globalisierten Welt, die durch komplexe Interaktionen zwischen verschiedenen kulturellen Formen gekennzeichnet ist, zu begegnen. Das gilt insbesondere vor dem Hintergrund der mancherorts getroffenen Diagnose eines sich anbahnenden „clash of civilisations" (Huntington 1996; vgl. Qureshi und Sells 2003). So trifft Robertson (2006, S. 426) bei seiner Bewertung allgemeiner Tendenzen, die mit der Globalisierung statt nur mit Interaktionen mit dem Islam zusammenhängen, die Feststellung, dass es im Falle eines Zusammenpralls der Zivilisationen in der heutigen Zeit um „nothing less than wars for the right to define the human condition" gehe. Sofern dem so ist, kann der körperpädagogische Ansatz klären, wie solche Definitionen versucht, wie sie internalisiert werden und wie sie sich als verkörperte Grundlagen auf der ganzen Welt manifestieren.

(Übersetzung aus dem Englischen: Robert Mitchell/Robert Gugutzer)

Literatur

Alkhawari, Fawzi S., Stimson, Gerry & Warrens, Anthony N. (2005). Attitudes Toward Transplantation in U.K. Muslim Indo-Asians in West London. *American Journal of Transplantation*, 5(6), 1326-1331.

Anway, Carol (1996). *Daughters of Another Path*, Lee's Summit. MO.: Yawna.

Archer, Margaret S. (2000). *Being Human*. Cambridge: Cambridge University Press.

Archer, Margaret S. (2003). *Structure, Agency and the Internal Conversation*. Cambridge: Cambridge University Press.

Archer, Margaret S., Collier, Andrew & Porporal, Douglas V. (2004). *Transcendence, Critical Realism and God*. London: Routledge.

Arjomand, Saïd A. (2004). Islam, Political Change and Globalisation. *Thesis Eleven*, 76, 9-28.

Asad, Talal (1993). *Genealogies of Religion*. Baltimore, PA: John Hopkins University Press.

Asad, Talal (2003). *Formations of the Secular*. Stanford: Stanford University Press.

Beckford, James A. (2003). *Social Theory and Religion*. Cambridge: Cambridge University Press.

Bellah, Robert et al., (1991). *Beyond Belief.* Berkeley: California University Press.

Bellah, Robert et al., (1995). *The Good Society*. New York: Vintage.

Bellah, Robert et al., (1996). *Habits of the Heart*. Berkeley: California University Press.

Bendix, Reinhard (1960). *Max Weber*. New York: Doubleday.

Bennett, Clinton (2005). *Muslims and Modernity*. London: Continuum.

Berger, Peter L. (1967). *The Sacred Canopy*. New York: Doubleday.

Berger, Peter L. (2001). Postscript. In: L. Woodhead mit P. Heelas und D. Martin (Hrsg.), *Peter L. Berger and the Study of Religion*. London: Routledge.

Beyer, Peter (1994). *Religion and Globalisation*. London: Sage.

Beyer, Peter (2003). Constitutional Privilege and Constituting Pluralism. *Journal for the Scientific Study of Religion*, 42(3), 333-339.

Black, Antony (1993). Classical Islam and medieval Europe. *Political Studies*, XLI, 58-69.

Bonner, Michael (1992). Some observations concerning the early development of Jihad along the Arab-Byzantine frontier. *Studia Islamica*, 75, 5-31.

Bonner, Michael (1996). *Aristocratic Violence and Holy War*. New Haven: American Oriental Society.

Bossy, John (1985). *Christianity in the West, 1400-1700*. Oxford: Oxford University Press.

Bourdieu, Pierre (1977). *Outline of a Theory of Practice*. Cambridge: Cambridge University Press.

Bourdieu, Pierre (1984). *Distinction: A Social Critique of the Judgement of Taste*. Cambridge, Mass.: Harvard University Press.

Bowen, John (1989). Salat in Indonesia. *Man*, 24(4), 600-619.

Brittain, Cristopher (2005). The 'Secular' as a Tragic Category. *Method and Theory in the Study of Religion*, 17, 149-165.

Brown, Peter (1988). *The Body and Society*. London: Faber and Faber.

Bruce, Steve (2002). *God is Dead*. Oxford: Blackwell.

Calhoun, Craig (1998). Community without Propinquity Revisited. *Sociological Inquiry*, 68 (3), 373-97.

Campbell, Colin (2006). Weber, Rationalisation, and Religious Evolution in the Modern Era. In: J.A. Beckford & J. Walliss (Hrsg.), *Theorising Religion*. Aldershot: Ashgate.

Castells, Manuel (1998). *End of Millennium*. Oxford: Blackwell.

Catechism of the Catholic Church (1994). London: Geoffrey Chapman.

Clark, Andy (2008). *Supersizing the Mind*. Oxford: Oxford University Press.

Coakley, Sarah (Hrsg.) (1997). *Religion and the Body*. Cambridge: Cambridge University Press.

Coleman, Simon (2000). *The Globalisation of Charismatic Christianity*. Cambridge: Cambridge University Press.

Collins, Randall (2004). *Interaction Ritual Chains*. Princeton, NJ: Princeton University Press.

Crockett, Alasdair & Voas, David (2006). Generations of Decline. *Journal for the Scientific Study of Religion*, 45(4), 551-565.

Davie, Grace (2000). *Religion in Modern Europe*. Oxford: Oxford University Press.

Dialmy, Abdessamad (2007). Belonging and Institution in Islam. *Social Compass*, 54(1), 63-75.

Draulans, Veerle & Halman, Loek (2005). Mapping Contemporary Europe's Moral and Religious Pluralistic Religious Landscape. *Journal of Contemporary Religion*, 20(2), 179-93.

Dubuisson, Daniel (2003). *The Western Construction of Religion*. Baltimore, MA: John Hopkins University Press.

Durkheim, Émile (1953). *Sociology and Philosophy*. London: Cohen and West.

Durkheim, Émile (1961). *Moral Education*. New York: Free Press.

Durkheim, Émile (1973). *Der Selbstmord*. Neuwied: Hermann Luchterhand Verlag.

Durkheim, Émile (1977). *The Evolution of Educational Thought*. London: R & KP.

Durkheim, Émile (1981). Der Dualismus der menschlichen Natur und seine sozialen Bedingungen. In: F. Jonas, *Geschichte der Soziologie. Von der Jahrhundertwende bis zur Gegenwart – Mit Quellentexten*, 2. Aufl. Opladen: Westdeutscher Verlag.

Durkheim, Émile (1984). *Die Regeln der soziologischen Methode*. Frankfurt am Main: Suhrkamp.

Durkheim, Émile (2007). *Die elementaren Formen des religiösen Lebens*. Berlin: Verlag der Weltreligionen.

Ellul, Jacques (1986). *The Subversion of Christianity*. Grand Rapids, Michigan: W.B. Eerdmans.

Engler, Steven (2004). Constructionism versus what? *Religion*, 34, 291-313.

Engler, Steven (2006). Agency, order and time in the human science of religion. *Religion*, 36, 120-131.

Esposito, John (1992). *The Islamic Threat: Myth or Reality*. New York: Oxford University Press.

Featherstone, Mike (1991). *Consumer Culture and Postmodernism*. London: Sage.

Firestone, Reuven (1999). *Jihad*. Oxford: Oxford University Press.

Fitzgerald, Timothy (2000). *The Ideology of Religious Studies*. Oxford: Oxford University Press.

Foucault, Michel (1988). The ethic of care for the self as a practice of freedom. In: J. Bernauer & D. Rasmussen (Hrsg.), *The Final Foucault*. Cambridge, MA.: MIT Press.

Heck, Paul L. (2004). Jihad Revisited. *Journal of Religious Ethics*, 32, 95-128.

Heidegger, Martin (1993). The Question Concerning Technology. In: D. F. Krell (Hrsg.), *Basic Writings*. San Francisco: HarperCollins.

Henkel, Heiko (2005). Between Belief and Unbelief Lies he performance of Salat. *Journal of the Royal Anthropological Institute*, 11, 487-507.

Hilal Desouki, Ali E. (Hrsg.) (1982). *Islamic Resurgence in the Arab World*. New York: Praeger.

Horrie, Chris & Chippindale, Peter (2007). *What is Islam?* London: Virgin.

Hunter, Shireen (ed.) (2002). *Islam*. Westport, CT.: Praeger.
Huntington, Samuel P. (1996). *The Clash of Civilisations and the Remaking of World Order*. New York: Simon and Schuster.
Jalal al'Azm, Sadik (1981). Orientalism and Orientalism in reverse. *Khamsim*, 8, 5-27.
Jenkins, Philip (2002). *The Next Christendom*. Oxford: Oxford University Press.
Keane, John (2000). Secularism? *The Political Quarterly*, 71(1), 5-19.
Kepel, Gilles (2006). *Jihad*. London: IBTaurus.
Khalid, Adeeb (2007). *Islam After Communism*. Berkeley: California University Press.
Khuri, Fuad (2001). *The Body in Islamic Culture*. London: Saqi Books.
Laermans, Rudi & Verschraegen, Gert (2001). The Late Niklas Luhmann on Religion. *Social Compass*, 48(1), 7-20.
Lewis, Bernard (2002). *What Went Wrong?* London: Weidenfeld and Nicolson.
Louth, Andrew (1997). The body in Western Catholic Christianity. In: S. Coakley (Hrsg.), *Religion and the Body*. Cambridge: Cambridge University Press.
Luhmann, Niklas (1977). *Funktion der Religion*. Frankfurt am Main: Suhrkamp.
Luhmann, Niklas (1985). Society, Meaning and Religion – Based on Self-Reference. *Sociological Analysis*, 46, 5-20.
Luhmann, Niklas (1998). Religion als Kommunikation. In: H. Tyrell, V. Krech & H. Knoblauch (Hrsg.), *Religion als Kommunikation*. Würzburg: Ergon.
Luhmann, Niklas (2000). *Die Religion der Gesellschaft*. Frankfurt am Main: Suhrkamp.
Lukes, Steven (1973). *Emile Durkheim*. London: Penguin.
Maffesoli, Michel (1996). *The Time of the Tribes*. London: Sage.
Maley, Terry (2004). Max Weber and the iron Cage of Technology. *Bulletin of Science, Technology and Society*, 24 (1), 69-86.
Mandaville, Peter (2001). Reimagining Islam in Diaspora. *International Communication Gazette*, 63 (2-3), 169-186.
Mandaville, Peter (2007). Globalization and the Politics of Religious Knowledge: Pluralizing Authority in the Muslim World. *Theory, Culture and Society*, 24(2), 101-115.
Martin, David (1990). *Tongues of Fire*. Oxford: Blackwell.
Martin, David (1991). The secularisation issue: prospect and retrospect. *British Journal of Sociology*, 42, 465-74.
Mauss, Marcel (1950). Les techniques du corps. *Sociologie et Anthropologie*. Paris: Presses Universitaires de France.
Mauss, Maercel (2003). *On Prayer*. Oxford: Berghahn.
May, Christopher (2002). *The Information Society*. Cambridge: Polity.
Mayer. Ann E. (1994). Universal versus Islamic Human Rights. *Michigan Journal of International Law*, 15(2), 308-402.
McCutcheon, Russell T. (1997). *Manufacturing Religion*. Oxford: Oxford University Press.
McGinty, Anna M. (2006). *Becoming Muslim: Western Women's Conversion to Islam*. New York: Palgrave MacMillan.
Mellor, Philip A. & Shilling, Chris (1997). *Re-forming the Body*. London: Sage.
Merleau-Ponty, Maurice (1962). *The Phenomenology of Perception*. London: Routledge.
Miles, Margaret (1992). *Carnal Knowing*. Boston, MA.: Beacon Press.
Mitchell, Joshua (2007). Religion Is Not a Preference. *The Journal of Politics*, 69(2), 351-362.
Nazir-Ali, Michael (2006). *Conviction and Conflict*. New York: Continuum.
Noll, Mark (2001). *American Evangelical Christianity*. Oxford: Blackwell.

Norris, Rebecca S. (2005). Examining the structure and role of emotion: Contributions of neurobiology to the study of embodied religious experience. *Zygon*, 40(1), 181-199.

Oberschall, Anthony (2004). Explaining Terrorism. *Sociological Theory*, 22(1), 26-37.

Qureshi, Emran & Sells, Michael A. (Hrsg.) (2003). *The New Crusades*. New York: Columbia University Press.

Rappaport, Roy (1999). *Ritual and Religion in the Making of Humanity*. Cambridge: Cambridge University Press.

Robbins, Joel (2004). The Globalisation of Pentecostal and Charismatic Christianity. *Annual Review of Anthropology*, 33, 117-143.

Robertson. Roland (1992). *Globalisation*. London: Sage.

Robertson, Roland (2006). Civilisationalism. *Theory, Culture and Society*, 23(2-3), 427-428.

Robertson, Roland & Garrett, William (1991). *Religion and Global Order*. New York: Paragon.

Ro'I, Yaacov (2000). *Islam in the Soviet Union*. London: Hurst & Co.

Roth, Guenther (1987). Rationalisation in Max Weber's Developmental History. In: S. Whimster & S. Lash (Hrsg.), *Max Weber*. London: Allen and Unwin.

Ruel, Malcolm (1982). Christians as Believers. In: J. Davis (Hrsg.), *Religious Organisation and Religious Experience*. London: London Academic Press.

Ruthven, Malise (1997). *Islam*. Oxford: Oxford University Press.

Said, Edward (1978). *Orientalism*. London: R & KP.

Said, Edward (1997). *Covering Islam*. London: Vintage.

Sayer, Andrew (1997). Essentialism, Social Constructionism and Beyond. *The Sociological Review*, 45(3), 453-487.

Shilling, Chris (2005). Embodiment, emotions and the foundations of social order. In: J. C. Alexander & P. Smith (Hrsg.), *The Cambridge Companion to Durkheim*. Cambridge: Cambridge University Press.

Shilling, Chris & Mellor, Philip A. (2001). *The Sociological Ambition*. London: Sage.

Shilling, Chris & Mellor, Philip A. (2007). Cultures of Embodied Experience: Technology, Religion and Body Pedagogics. *The Sociological Review*, 55(3), 531-549.

Shilling, Chris & Mellor, Philip A. (2011). Retheorising Emile Durkheim on society and religion: embodiment, inbtoxication and collective life. *The Sociological Review*, 59(1), 17-41.

Siedentop. Larry (2000). *Democracy in Europe*. London: Penguin.

Smith, Peter S. (2005). A religious technology of the self. *Punishment and Society*, 6(2), 195-220.

Spickard, James (2001). Tribes and Cities. *Social Compass*, 48(1), 103-116.

Starrett, Gregory (1995). The Hexis of Interpretation: Islam and the Body in the Egyptian Popular School. *American Ethnologist*, 22(4), 953-969.

Tabatabi'i, Muhammad H. (1987). *The Qur'an in Islam*. London: Zahra Publications.

Turner, Bryan S. (2002). Sovereignty and Emergency. *Theory, Culture and Society*, 19(4), 103-119.

Turner, Bryan S. (2006). Religion. *Theory, Culture and Society*, 23(2-3), 437-455.

Warner, Stephen R. (1993). Work in progress toward a new paradigm for the sociological study of religion in the United States. *American Journal of Sociology*, 98(5), 1044-93.

Volpi, Frederic & Turner, Bryan S. (Hrsg.) (2007). Authority and Islam. *Theory, Culture & Society*, 24(2), 1-240.

Weber, Max (1968). *Economy & Society, 2 Volumes*. Berkeley, CA.: California University Press.

Weber, Max (1975). Science as a vocation. In: H. Gerth & C. W. Mills (Hrsg.), *From Max Weber*. Oxford: Oxford University Press.

Weber, Max (1989). *Die Wirtschaftsethik der Weltreligionen Konfuzianismus und Taoismus. Schriften 1915-1920.* Tübingen: J. C. B. Mohr.

Weber, Max (1991). *The Protestant Ethic and the Spirit of Capitalism.* London: Harper Collins.

Weber, Max (2005). *Wirtschaft und Gesellschaft. Die Wirtschaft und die gesellschaftlichen Ordnungen und Mächte. Nachlaß.* Tübingen: J. C. B. Mohr.

Ye'or, Bat (1996). *The Decline of Eastern Christianity under Islam.* London: Associated University Presses.

Zaidi, Ali H. (2007). A critical misunderstanding. *International Sociology,* 22(4), 411-34.

Zizioulas, John D. (1985). *Being As Communion.* London: Darton, Longman and Todd.

II
Glauben, Tod und Trauer

Hirnstammwesen? Das Schweigen des Körpers und der Sprung in den Glauben an eine mittlere Transzendenz[1]

Ronald Hitzler

> *„Sie atmen spontan, sie liegen mit offenen Augen da und blicken ins Leere, d.h. sie fixieren nicht, sie verfügen über einen normalen Schlaf-Wachrhythmus. Die entscheidenden Definitionsmerkmale aber lauten: Es findet sich keine sinnvolle Reaktion auf Ansprache oder Berührung. Es findet sich keine eigene Kontaktaufnahme zur Umwelt."*
>
> (Andreas Zieger: Grenzbereiche der Wahrnehmung – Die ungewöhnliche Lebensform von Menschen im Koma und Wachkoma – http://home. arcor.de/sonjaackermann/WachkomaOnline/therapien_zieger2.htm).

1. Krankheitsbilder

Biomedizinisch gesehen resultiert der Zustand „Wachkoma" aus einer schweren Schädigung der Großhirnrinde und/oder ihrer Verbindungen zu den tiefer gelegenen Kerngebieten des Thalamus und/oder der Basalganglien infolge von äußeren Gewalteinwirkungen auf den Schädel und/oder durch eine anderweitig verursachte massive Unterversorgung des Gehirns mit Sauerstoff.[2] Hirnphysiologisch werden (Selbst-)Bewusstsein und Handlungsfähigkeit als ein komplexes Zusammenspiel zwischen Zellgruppen im Hirnstamm (ARAS: Aufsteigendes retikuläres aktivierendes System), Zwischenhirn (Thalamus) und verschiedenen Arealen des Großhirns gesehen. Dem gegenüber gelten alle intersubjektiv registrierbaren Vitalfunktionen eines Menschen im Zustand „Wachkoma" hirnphysiologisch überwiegend als rückenmarks- und hirnstammgesteuert. Als „Hirnstamm" werden das verlängerte Mark, die Brücke und das Mittelhirn bezeichnet). Anhaltend ist aber (auch in der Biomedizin) unklar, ob im Gehirn eines Menschen im Zu-

---

[1]   Das Thema dieses Beitrags ist mir ‚zugewachsen' über einen Fall, den ich nachgerade als Paradebeispiel dafür ansehe, wie eine Konstellation wechselseitigen Miteinanders nicht nur sich als zerbrechlich erweist (vgl. Honer/Meuser/Pfadenhauer 2010), sondern tatsächlich zerbricht: Ein Mitmensch ist ohne Vorankündigung herausgeschleudert worden aus der banalen Welt unseres alltäglichen, geschwätzigen Miteinanders (vgl. Knoblauch 1996).

[2]   Es gibt keine verlässlichen Daten über die Zahl der Menschen, die sich im Zustand „Wachkoma" befinden. Schätzung, die immer wieder zu lesen sind, liegen zwischen 4.000 und 10.000 Menschen, die sich in Deutschland derzeit im Zustand „Wachkoma" befinden sollen. – Dass das von Ernst Kretschmer erstmals beschriebene „apallische Syndrom" überhaupt *so* häufig vorkommt, ist „als Folge medizinischer Intensivmaßnahmen entstanden, wie sie am Anfang des vorigen Jahrhunderts entwickelt wurden. Menschen konnten seither durch entsprechende medizinische Interventionen vermehrt am Leben erhalten werden, obgleich ihr Gehirn schwer beschädigt war" (Klie/Student 2007, S. 158).

stand „Wachkoma" nur noch der Hirnstamm ‚funktioniert', oder ob Teile des Zwischenhirns auch noch funktionsfähig sind. Menschen in diesem Zustand werden in der Schul- bzw. Biomedizin zumeist als „apallisch" bzw. als in einem „persistent" bzw. in einem „permanent vegetative state (PVS)" oder allenfalls in einem „minimal consciousness state (MCS)" befindlich diagnostiziert.

Phänomenal (und das meint hier dementsprechend, wie man etwas sozusagen „auf den ersten Blick" wahrnimmt) entspricht diese biomedizinische Sicht auch weitgehend dem sogenannten „gesunden Menschenverstand": Die meisten Menschen empfinden, wenn sie zum ersten Mal einem Menschen im Zustand „Wachkoma" begegnen, diesen als (relativ) ‚leblos', weil sie durch sein ungewohntes und mithin befremdliches Gesamtbild – geschlossene oder ‚blicklose' Augen, starre Körperhaltung, spastische Verkrümmungen der Extremitäten, Automatismen in der Gesichtsmuskulatur, Fixierungen bei sitzender Position, oft auch Trachealkanüle, automatische Nahrungs- und Flüssigkeitszufuhr über eine Magensonde usw. – zumindest *zunächst einmal* so affiziert werden, dass auf Kleinigkeiten dessen, was vor sich geht, zu achten sie kaum in der Lage sind. Manche Menschen die sich *vor* ihrer ersten Begegnung mit einem Menschen im Zustand „Wachkoma" von diesem ein solches ‚lebloses' Bild bereits gemacht haben, erschrecken aber auch, wenn sie dann tatsächlich eben *nicht* auf einen Menschen im Koma (also im bewusstlosen *Schlaf*) treffen, sondern auf ein sich bewegendes, zuckendes, grimassierendes, röchelndes, hustendes und vor allem ein oft ‚irgendwie' – mitunter völlig ‚starr' – schauendes menschliches Wesen.[3]

2. Empfindungsfähigkeit

Vor diesem Hintergrund kritisiert – keineswegs nur, aber besonders prominent – der Beziehungsmediziner Andreas Zieger immer wieder und nachdrücklich alle Deutungskonzepte, die Menschen im Zustand „Wachkoma" auf die Seinsweise „empfindungsloser Hirnstammwesen" reduzieren.[4] Zieger hat damit m.E. insofern recht, als Menschen, die nicht reagieren und die Augen geschlossen halten, *nicht*, wie in der Medizin ebenso wie im Alltag oft angenommen wird, per defi-

---

3   Die Wahrnehmungen, die Menschen von einem Menschen im Zustand „Wachkoma" im Großen und Ganzen haben, lassen sich problemlos nicht nur in medizinischen und pflegewissenschaftlichen Fachzeitschriften und Praxisbüchern nachlesen, sondern ebenso auch in Tageszeitungen und selbstverständlich im Internet.

4   Interessant ist (am Rande) die ‚stellvertretende' Konstruktion von ‚Würde' bei einem Menschen im Zustand „Wachkoma" mittels eines moralischen „cordon sanitaire" durch das Pflegepersonal: Die Pflegekräfte schützen – augenscheinlich von der je eigenen Schamhaftigkeit geleitet – die Intimität des Bewohners, auch gegenüber dem mit diesem intim vertrauten Angehörigen.

nitionem bewusstlos und oder gar empfindungslos sind. Denn meinen (bescheidenen) Kenntnissen zufolge *stirbt* der Organismus bei einem Totalausfall des Gehirns (also auch seiner ‚archaischsten' Regionen). Bei einem nicht (nur) maschinell funktionsfähig gehaltenen Körper sind folglich noch Teile des Gehirns erhalten (zumindest der Hirnstamm). Anhaltend ist aber (auch in der Biomedizin) unklar, ob im Gehirn eines Menschen im Zustand „Wachkoma" nur noch der Hirnstamm ‚funktioniert', oder ob Teile des Zwischenhirns auch noch funktionsfähig sind. Wenn letzteres der Fall ist (wofür es immer wieder Hinweise gibt, von denen mir andere erzählen, wofür es vor allem aber Evidenzen gibt in *meinem* Umgang mit dem Menschen, um den mir zu tun ist), ist ein Mensch im Zustand „Wachkoma" eben auf jeden Fall (noch) ein *empfindungsfähiges* Wesen.[5]

Die immer wieder gebräuchliche Formel „Wo nicht reagiert wird, kann nichts wahrgenommen und nichts erlebt werden" ist demnach nicht nur ungenau, sondern falsch. Sie muss lauten „Wo nicht (so, wie der reaktionsevozierende Akteur es will) reagiert wird, kann *der Beobachter* nicht (verlässlich) wahrnehmen, ob oder gar was von dem nichtreagierenden Individuum wahrgenommen und erlebt wird".[6] Zumindest im Rahmen der in Gesellschaften wie der unseren gegebenen medizinisch-therapeutisch-pflegerischen Möglichkeiten sind Menschen im Zustand „Wachkoma" tatsächlich „weder ‚Hirntote' noch ‚Sterbende', sondern schwerstkranke, lebende und *empfindsame* Menschen" (Zieger 2004, S. 1).[7]

Allerdings folgt daraus gleichwohl *nicht*, dass sich für Ziegers eigene moralische Postulate mehr Erkenntnisanspruch geltend machen ließe als eben der, auf ein Credo zu verweisen: Zieger bekundet, dass Menschen im Koma und Wach-

---

5 Deshalb vermeide ich pathologische, Menschen auf nachweisbare bio-chemische Abläufe im Körper reduzierende Begriffe der Biomedizin so gut wie möglich. Aber ich vermeide so gut wie möglich eben auch Begriffe, die per se schon „Bewusstsein" implizieren oder gar metaphorisch explizieren. Die Gefahr entsprechender vorschneller Euphorisierung ist nämlich gerade dann nicht von der Hand zu weisen, wenn man sich hochgradig involviert in das jeweilige Forschungsfeld, denn ‚alternative' Deutungsmuster, die mit irgendwelchen Bewusstseinsmetaphern hantieren, bergen unzweifelhaft viel, allzu viel Tröstliches für den, der mit leidet mit dem „Betroffenen".

6 „Die einzige Gewissheit über Menschen, die sich im Wachkoma befinden, [ist] der hohe Grad an Ungewissheit (...), der mit diesem Krankheitsbild einhergeht. Diese Ungewissheit resultiert daraus, dass die Diagnose eines Wachkomas auf dem Nachweis von etwas Nichtnachweisbarem beruht – nämlich dem *Fehlen* von Bewusstsein,... Obwohl das Fehlen von wie auch immer gearteten bewussten und erkennbaren Reaktionen messbar ist, lässt dieses messbare Fehlen keinerlei valide Rückschlüsse auf das Fehlen des Bewusstseins insgesamt zu, denn allein das Fehlen eines Beweises kann nicht als Beweis des Fehlens geltend gemacht werden" (Grewe 2011).

7 Und ihr schlichtes Da-Sein stellt uns folglich vor die Frage: „Wie viel Gehirn braucht ein Mensch, um sich selbst zu empfinden, Schmerzen zu spüren, sich zu erleben und als empfindsamer Mensch von anderen wahrgenommen und anerkannt zu werden?" (Andreas Zieger: http://www.a-zieger.de/Dateien/Publikationen-Downloads/Statement_Erfurt_2004.pdf).

koma, „solange sie leben, *mit Leib und Seele* mit der Umgebung und *mit anderen Menschen verbunden* sind", und dass mithin „das Leben in der Gemeinschaft *mit* (ihnen – R.H.) wichtig und sinnvoll (ist). Voraussetzung ist eine Haltung, die sich von der *Rückbindung (Re-ligio) auf die Schwächsten*, die Letzten, die am Rande der Gesellschaft leben und in unsere Mitte gehören, positiv leiten lässt" (Zieger 2004, S. 23). Er konstatiert, dass und wie ein Mensch im Zustand „Wachkoma" sich „Zwängen" widersetzen kann und empfiehlt, jemand, der mit (einem) Menschen im Zustand „Wachkoma" zu tun hat, solle einen gelingenden, d.h. vor allem: einen zwangsfreien Dialog mit (dem) Menschen im Zustand „Wachkoma" aufbauen.

Das entspricht durchaus unseren bisherigen empirischen Befunden[8], wonach – entgegen typischerweise in der ‚Logik' der Biomedizin üblichen Diagnosen – Personen, die *mehr* als nur punktuell mit Menschen im Zustand „Wachkoma" zu tun haben, diesen in aller Regel nicht *nur* stereotype Appräsentationsautomatismen attestieren, sondern auch zumindest *situationsbezogene* individuelle Ausdrucksformen. Über deren jeweilige Unwillkürlichkeit oder Willkürlichkeit ist zu großen Teilen allerdings – auch von einschlägig erfahrenen Pflege- und Therapiekräften – schwer zu entscheiden, denn sehr oft beschränken diese Ausdrucksformen sich auf Variationen der Atmung, der Augenbewegungen, der Mimik, der Produktion von Lauten und der Körperhaltung, appräsentieren nicht- oder allenfalls quasi-bewusste akute Befindlichkeiten und sind vor allem in den meisten Fällen nicht mit intersubjektiv ‚zufriedenstellender' Verlässlichkeit evozier- bzw. abrufbar.

Bei aller gefühligen Sympathie mit dem im Denken Martin Bubers begründeten „dialogischen" Ansatz von Zieger geht die phänomenologische Analyse meiner Selbstwahrnehmung in Bezug auf diesen konkreten Anderen, um den mir zu tun ist, (bislang) folglich unabweisbar einher mit der Frage, ob ich beim Umgang mit dem Menschen im Zustand „Wachkoma" lediglich dem bei den mit ihm befassten Personen immer wieder explizierten, weitgehenden Konsens folge, dass ‚man' jenseits dessen, was unter medizinisch-therapeutisch-pflegerischen Gesichtspunkten als zugunsten des Betroffenen notwendig bzw. vordringlich erachtet wird, nichts tun sollte, was ‚man' nicht auch getan hätte, als der Mensch noch nicht erkrankt war – außer eben: behutsamer und „zugewandter" mit ihm umzugehen (vgl. Hitzler/Mücher 2012). Weil infolge der Erkrankung aber die alltägliche Gewissheit der „Reziprozität der Perspektiven" (Schütz 2010) zumindest erheblich irritiert ist, ist in erkenntnistheoretischer Hinsicht die Haltung des Skeptikers unabdingbar, der (sich) fragt, „woher weiß ich gerade bei einem Men-

---

8   Diese Befunde entstammen einem laufenden – zwischenzeitlich von der DFG geförderten – Projekt zum Thema „Deutungsmuster ‚Wachkoma'", das von Henny Annette Grewe (Fulda) und Ronald Hitzler (Dortmund) geleitet wird.

schen im Wachkoma, wie er sich befindet, was er sich wünscht?" (Klie/Student 2007, S. 161). Denn schon die basale epistemologische Frage, ob ich, wenn schon keine Evidenz, dann analytisch doch plausible Indizien dafür habe, dass ich in diesem Menschen *aktuell* einem anderen Subjekt begegne, das mich – im Sinne Sartres (1991, S. 457ff) – anblickt oder ob ich in *diesem* Verhältnis dazu verurteilt bin, ein „nie erblickter Erblickender" zu sein (Sartre 2005, S. 336), lässt sich qua dialogischer Empathie nur dann (scheinbar) positiv beantworten, wenn man sich *apriori* (aus ethischen, humanen, spirituellen Gründen) bereits für eine positive Antwort bzw. Setzung entschieden hat (vgl. dazu Zieger, z.b. 2006; vgl. auch z.b. Kief 2007).

Tut man das nicht, stellt sich anhaltend die Frage, ob man es beim direkten Umgang mit Menschen im Zustand „Wachkoma" mit Sozialität bzw. mit einer *sozialen* Situation zu tun hat. In Frage steht das deshalb, weil die *soziale* Situation (im mit Erving Goffman 1964 und 2009 verstandenen Sinne) mit „Wechselseitigkeit" einhergeht. Und in Frage steht, ob bzw. wie *Gewissheit* einer Wechselseitigkeit zu finden ist in *dieser* Situation, in der eben wenigstens zwei menschliche Individuen körperlich anwesend (d.h. gleichzeitig in einem Raum) sind, von denen sich zumindest eines in unmittelbarer Reichweite des anderen befindet. Ob diese beiden auf irgendeine intersubjektiv auch gegenüber dem Skeptiker plausibilisierbare Art interagieren, ist zweifelhaft. Unzweifelhaft hingegen ist, dass zumindest eines der beiden Individuen das andere *deuten* kann. Allerdings lässt sich die sinnverstehende Deutung und Interpretation von Äußerungen eines Menschen im Zustand „Wachkoma" typischerweise eben *nicht* interaktionsbegleitend „kommunikativ validieren" (wie wir das im ‚normalen', schwatzhaften Miteinander gewohnt sind). Diese sinnverstehende Deutung erscheint vielmehr als unabdingbar dem nicht-komatösen Individuum auferlegt, das das, was es zu erkennen vermeint, lediglich anhaltend beobachten und reflektieren und mit den Berichten anderer abgleichen kann, die es (auch) mit Menschen im Zustand „Wachkoma" zu tun haben.

3. Alter ego?

Selbstverständlich kann man sowohl naiv annehmen als auch weltanschauungsgestützt mit mehr oder weniger Gewissheit glauben, dass *da* jemand bzw. dass da „ein Jemand" ist. Man *muss* sich also selbstverständlich nicht die Frage stellen, *ob* der Mensch im Zustand „Wachkoma" ein zwar kranker, ansonsten aber ein Mensch „wie ich" ist. Aber wenn man sie sich stellt, und wenn man dergestalt die Gültigkeit seines emotionalen Vor-Einverständnisses heuristisch „bis auf weiteres" suspendiert bzw. methodisch einklammert, dann schleicht sich *in* alles, dann legt sich *über* alles Zweifel, denn kaum scheint man einer signifikanten Korrelation auf der Spur zu sein, schon erweist sie sich als nicht oder zumindest nicht auch nur einigermaßen *verlässlich* reproduzierbar. Kaum deutet man Wahrgenommenes als unwillkürliche Appräsentation unwillkürlicher ‚innerer' Vorgänge, schon konstituiert sich Evidenz für willkürliche Re-Aktivität – und das heißt: für basale Interaktionsfähigkeit – des bzw. mancher Menschen im Zustand „Wachkoma". Und so weiter. Daraus eben resultieren Zweifel – zunächst am Statthaben von Kommunikation und Interaktion, die sich fortsetzen im Zweifel am Gelingen von Intersubjektivität und an der Chance, hier einen Anderen zu finden. Das wiederum führt dann hinein in den Zweifel daran, es mit einer Person, mit einem Subjekt zu tun zu haben, das nicht nur Leib *ist*, sondern seinen Körper auch *hat* (vgl. Hitzler 2010). Und schließlich sieht man sich zweifeln daran, dass einem hier überhaupt mehr Begegnung widerfährt als die mit sich selber.

Selbstverständlich weisen weder die einschlägigen Ethnotheorien der Mediziner und der Neurobiologen und -psychologen, noch die der Therapeuten und der Pflegekräfte, weder die (Hilfs-)Konstrukte der Juristen, noch die der „Angehörigen" und der Betroffenen-Lobby aus dem Zweifel heraus, sondern nur auf all deren Ansichten hin. Und noch nicht einmal der Gang über die phänomenologischen Intersubjektivitätsansätze – von Husserl, Heidegger und Sartre, von Merleau-Ponty und Levinas, von Gurwitsch und Schütz, von Theunissen, Waldenfels und Srubar (um nur die mir präsentesten zu nennen) – mindert den Zweifel: Ihnen allen, wie unterschiedlich, ja teilweise konträr ihre „Theorien des alter ego" auch angelegt sind, ist gemeinsam, dass sie „*den*" (generalisierten) Anderen ‚sichern' wollen, dass sie klären wollen, wie „*der*" (generalisierte) Andere *als* anders denn alles andere (und damit als so etwas wie ich selbst) sich konstituiert. Denn *dass* „der" (generalisierte) Andere existiert, steht nicht nur für Jedermann, sondern – diesseits des Solipsismus – auch für Philosophen offenkundig außer Frage. Die Frage ist bei all dem mithin stets nur, *wie* wir vom anderen schlechthin wissen, *wie* wir seiner gewiss sein bzw. gewiss werden können.

Mein analytisches Problem aber ist ein (augenscheinlich fundamental) anderes: Ich weiß nicht, ob es *den* – konkreten – Anderen gibt, um den es mir zu tun ist. Und ich frage (mich), ob ich dieses analytische Problem *ohne* Glauben an etwelche Theorien und Gegentheorien, jenseits von medizinischen Statistiken, von Tests, von Messtechniken und bildgebenden Verfahren, jenseits von „Evidence Based Medicine", jenseits aber auch von alternativheilkundlichen Mystifizierungen, von gutmenschlichen Glaubensbekundungen und von etwelcher Betroffenheitslyrik lösen kann. Denn ich scheine es weniger mit dem Problem zu tun

zu haben, das gemeinhin unter dem Etikett „Intersubjektivität" verhandelt wird,
sondern weit eher in einer Situation zu sein wie ein Gläubiger, der sich fragt, ob
es nicht nur überhaupt so etwas wie einen, sondern ob es *seinen* Gott gibt. Vor
dieser Frage wird typischer Weise die Suche nach und das Deuten von Zeichen
im Sinne von Epiphanien, d.h. nach und von als solchen glaubhaften Verweisen
auf ‚radikal' Transzendentes zu einem virulenten, wenn nicht gar zu einem vi-
talen Anliegen. Nur fokussiert sich im Umgang mit dem Menschen im Zustand
„Wachkoma" die Sehnsucht nach Gewissheit nicht auf einen gegenüber jeglicher
alltagsverständlichen Wahrnehmung abwesenden Gott (vgl. Körtner 2000), sondern auf einen in situ anwesenden menschlichen Körper.

Damit stelle ich mir in zweiter Linie auch die Frage, ob die *Rituale* der
„mitmenschlichen Begegnung", die ich im Umgang mit Menschen im Zustand
„Wachkoma" registriere, strukturell womöglich den Ritualen entsprechen, die
gläubige Menschen an ihnen heiligen Stätten in Bezug auf ihren Gott verrichten[9]:
Beten und Singen etwa, um nur zwei einfache, relativ basale und zugleich fast re-
ligionsubiquitär vorfindliche Ritualhandlungen zu nennen (vgl. Luckmann 2007).

Als solch ein – sozusagen ‚Beten und Singen' evozierender – ‚Glaubensartikel' erscheint mir insbesondere jenes Deutungskonzept, wonach „Wachkoma" eine
besondere, eigen-sinnige Lebensform (am Rande zum Tode) sei. Diese Deutung
korrespondiert ja unübersehbar mit der – insbesondere in den sogenannten Disability Studies gängigen – Idee der „Eigenwertigkeit" bzw. des „Eigensinns" von
Behinderungen (vgl. Gugutzer/Schneider 2007; Dederich 2007) und der positiven
Aspekte der ‚anderen' Lebensweise Behinderter (vgl. Morris 1991; Waldschmidt
2007). Nicht das Impairment (d.h. die körperliche Schädigung) ist demnach das
virulente Lebensproblem des Behinderten, sondern eben seine qua gesellschaftlicher Benachteiligung und Unterdrückung produzierte Disability (d.h. die *soziale* Behinderung) (vgl. Oliver 1996). Allerdings bleibt, und deshalb sehe ich die
Idee als ‚Glaubensartikel' an, auch in diesen Studien – trotz einiger Versuche zu
phänomenologischen Analysen (vgl. z.B. Paterson 2001) – das subjektive Erle-

---

9   Der übergreifende Sinn von Ritualen besteht im wesentlichen darin, „dem nicht wirklich Prä-
    senten die eigentliche Präsenz in der Erfahrung zukommen" zu lassen (Soeffner 2010, S. 27).
    Rituale wiederum bestehen aus sinnhaften ‚Systemen' von festgelegten *Worten* bzw. *Texten*,
    die ausgesprochen, von vorgeschriebenen *Körperbewegungen* und *Gesten*, die ausgeführt,
    und von besonderten *Objekten*, die in ‚angemessener' Weise behandelt werden müssen – und
    disziplinieren dergestalt das Verhalten derer, die sie ausführen. Diese Bestimmung gilt für
    formalisierte Handlungsformen im ‚Verkehr' mit alltäglich unfassbaren Anderen (also z.B. mit
    einem heiligen Gegenüber). Sie gilt, wenn auch zumeist nicht so offenkundig, aber ebenso für
    formalisierte Handlungsweisen im alltäglichen Miteinander, die „Achtung vor dem eigenen
    Selbst, vor Mitmenschen, Dingen, Überzeugungen oder ‚der Welt'" anzeigen (Soeffner 2010,
    S. 40).

ben von Behinderung als verkörperter Differenz bzw. der Status von leibhaftiger Subjektivität ungeklärt und dergestalt auch der Widerspruch zwischen impairment und disability unaufgelöst (vgl. Hughes/Paterson 1997). Und dementsprechend radikal steht folglich beim Zustand „Wachkoma" anhaltend in Frage, *wie* sich in diesem angeblichen psychisch-physischen Eigensinn (vgl. Barkhaus 2001; Jäger 2004) eine (wie auch immer geartete) Welt- und Selbst-Erfahrung konstituieren können soll.

4. Fremde, Tote und Lebende

Auf der Suche nach einer gangbaren Problem-Lösung, in der Hoffnung auf nicht-metaphysische Ent-Zweiflung setze ich infolgedessen nochmals an bei der V. Cartesianischen Meditation von Edmund Husserl (1973, S. 121ff), in der dieser die Frage stellt, „wie das transzendentale Bewusstsein als letztes Fundament aller Sinngebung dazu kommt, den Sinn ‚anderer Mensch' zu konstituieren. Gezeigt wird dabei, wie jener Andere ... sich zunächst als ein reines Wahrnehmungsobjekt, als ein bloßer – also unbeseelter – Körper, wie ein Kiesel oder ein Sandhaufen gibt. (...) Infolgedessen ist das *alter ego*, das ebenfalls die Welt konstituiert, nicht gleichursprünglich mit meinem transzendentalen Bewusstsein, sondern primär ein Produkt meiner konstitutiven Vollzüge" (Bonnemann 2008, S. 200). Dieser Denk-Logik folgend, wende ich mich wieder der Frage nach den „Grenzen der Sozialwelt" zu, die Thomas Luckmann (1980a; kritisch dazu Lindemann 2002, S. 64-69) im Anschluss an die skizzierte Husserlsche Problemstellung ausgelotet und dabei unter anderem konstatiert hat, dass wir – qua universaler Projektion – selbst Süßkartoffeln als sozial relevante Andere wahrnehmen können, „sofern wir davon ausgehen, dass diese selbst sinnhaft handelnde Subjekte sind" (Knoblauch/Raab/Schnettler 2002, S. 16).

Spuren führen auch zurück zum Phänomen des „maximal Fremden", wie es von Michael Schetsche und anderen (2009; vgl. auch bereits Schetsche 2004) angegangen wird: Sie unterscheiden zunächst zwischen „*die* Fremde" (das mir nicht bekannte Territorium), „*das* Fremde" (die mir ungewohnten Dinge und Vorgänge) und „*der* Fremde" (der mir unvertraute Interaktionspartner), und dann beim letzteren zwischen a) dem sozial Fremden, also dem anderen Menschen, den ich nicht kenne, b) dem kulturell Fremden, also dem anderen Menschen, dessen Weltsicht ich nicht teile, c) dem maximal Fremden, d.h. dem nichtmenschlichen Anderen, dem ich gleichwohl Subjekt-Qualitäten attestiere, und d) dem schlechthin Fremden, d.h. dem nichtmenschlichen Objekt, das ich wahrnehme bzw. das ich als wahrnehmbar annehme, dem ich jedoch *keine* Subjekt-Qualitäten attestiere, weil ich nicht mit ihm kommunizieren bzw. interagieren kann.

Entscheidend für die Suche nach Antwort auf *meine* Frage ist nun, dass auch in dieser komplexen Bestimmung des Fremden dieser nur in der letzteren Variante *nicht* als Subjekt begriffen wird, und dass sich in dieser Konzeption nur von hier aus die Frage stellen lässt, ob ‚da' überhaupt ein Subjekt ist. Aber das schlechthin Fremde wird, wie der maximal Fremde, von Schetsche und seinen Ko-Autoren als „nonhuman" typisiert, während ich es im Deutungskontext „Wachkoma" unzweifelhaft mit einem anderen *Menschen* zu tun habe bzw. jedenfalls mit einem lebenden menschlichen Körper, mit einem Leib. Und selbst wenn das, womit ich zu tun habe, nichts anderes wäre als ein „Berg Fleisch, der atmet", so wäre es doch jedenfalls ein Berg „Menschenfleisch" (vgl. Klie/Student 2007, S. 159).

Führt mich meine Problemstellung also in die Diskussion über die ‚Logik' des Fremdverstehens? Muss ich diesen mir phänomenal vor-gegebenen Körper einfach *setzen* als Verkörperung dessen, was ich, mundanphänomenologisch gesehen (vgl. Schütz/Luckmann 2003, S. 602ff), als „mittlere Transzendenz" erfahre? – Führt der Versuch, zu klären, ob „das da" etwas ist wie ich, in die Anthropologie des Bewusstseins? Muss ich, wenn ich hier keine „vermittelte Unmittelbarkeit", keine „natürliche Künstlichkeit", keine „exzentrische Positionalität" zu erkennen vermag, Helmuth Plessner (1981) entgegen, „die Stufen des Organischen" sozusagen wieder hinuntersteigen? – Führt mich meine Suche in die feinen Verästelungen der Appräsentationstheorie hinein (vgl. Luckmann 1980b; auch Merle 2011)? Muss ich lernen, (solche) Mikroausdrücke und unauffälligen physiologischen Veränderungen zu entschlüsseln, die Paul Ekman (2003) zufolge bei *jedem* Menschen (also auch bei diesem) auf die gleichen „inneren" Vorgänge, auf die gleichen emotionalen Prozesse verweisen? – Führt mich meine Frage in die philosophische Kritik der Neurowissenschaften (vgl. Janich 2009)? Muss ich klären, was „Denken" kompensieren kann, wenn – metaphorisch ausgedrückt – die Voraussetzungen zum „aufrechten Gang" des Geistes abhanden gekommen sind (vgl. Bennett/Hacker 2010)? – Oder führt der Weg zur Klärung meines Problems womöglich doch in die Theologie? Muss ich eruieren, wie, auf welche Arten und Weisen nicht nur die Idee des wie auch immer gearteten Numinosen entsteht (vgl. Durkheim 1981), sondern die Glaubensgewissheit daran? Worin die Existenz eines Gottes sich zeigt (vgl. Riffel 1981)? Welche anschaulichen Erscheinungen auf das Wirken eines Gottes hinweisen (vgl. Soeffner 2010, v.a. S. 190-207)?

Wenn *dieses* Individuum, das ich als einen Menschen im Zustand „Wachkoma" begreife, in keiner intersubjektiv gültigen bzw. auch gegenüber Skeptikern plausibilisierbaren Weise kommunikativ oder interaktiv Subjekt-Qualitäten zeigt bzw. anzeigt, dann ähnelt die Frage, ob es dieses Individuum als – und sei es als unbegreifliches, als maximal oder als schlechthin fremdes – Subjekt trotzdem gibt, eben tatsächlich der Frage nach einem Gott: Wie führt der Glaubende das, was geschieht, auf dessen Wirken zurück? Gelingt ihm dies – vielleicht nicht (bzw. nur bei religiösen Virtuosen) der Selbstwahrnehmung nach, aber handlungstheoretisch gesehen – nur durch den berühmten Kierkegaardschen „Sprung in den Glauben"? Und braucht es, analog dazu, zur *Begegnung* mit dem Menschen im Zustand „Wachkoma" tatsächlich den Sprung in den *Glauben* an eine „mittlere Transzendenz" im Sinne von Alfred Schütz und Thomas Luckmann?

Nun, *theologisch* gesprochen öffnet Religion „eine Welt in dem Sinn, dass sie ‚eine-Welt-von-Sinn' öffnet". Denn die Objektivität der Offenbarung ist ein *Postulat* des theologischen Glaubens. Dementsprechend besteht, „der Sinn des religiösen Diskurses (darin), einen sinnlich nicht fassbaren Sinn dieser Welt und der menschlichen Existenz anzuzeigen" (Bartolomei 1999, S. 235f). Das impliziert, dass es sowohl in der großen Transzendenz (hier: des religiösen Glaubens) als auch in der mittleren Transzendenz (hier: der Erkennbarkeit des anderen) um das „Band [geht – R.H.] zwischen dem, was man sieht, und dem Unsichtbaren". D.h., es geht in beiden Fällen um ein „Erleben ‚jenseits' dessen, was unmittelbar den fünf Sinnen zugänglich ist" (Bartolomei 1999, S. 236).

Der Umgang mit einem Toten ist diesem Problem der mittleren Transzendenz gegenüber einfacher – jedenfalls dann, wenn es sich bei dem Körper um den eines toten Toten und nicht eines untoten bzw. wiedergängerischen Toten handelt: Auch der tote Tote ist zwar nicht nur irgendein Kadaver und muss dementsprechend würdewahrend behandelt werden. Aber er wird (in Teilen) weiter verwertet und/oder in irgendeiner Weise beseitigt („bestattet"), die kein lebender Mensch lebend überstehen würde. Der tote Tote ist, wenn er als tot deklariert ist (vgl. Lindemann 2002 und 2003; Nassehi/Weber 1989) eindeutig ein auf ein *einstiges* Subjekt verweisendes Objekt. Und alles, was er an Handlungen evoziert, evoziert er entweder im Verweis auf das einstige Subjekt, oder aber im Verweis darauf, dass das Subjekt nicht mehr an seinen einstigen Körper gebunden, sondern eben in irgendeiner Weise untot ist (unsterblich, verdammt, erlöst, gespenstisch, geisterhaft usw.).

Der Körper des Menschen im Zustand „Wachkoma" aber lebt.[10] Seine Vitalfunktionen sind – jedenfalls zum größten Teil – intakt: Die inneren Organe „arbeiten". Kreislauf und Stoffwechsel funktionieren. Zwar würde der Mensch

---

10 Auch wenn manche für einschlägige Entscheidungen zuständige Vormundschaftsrichter anscheinend (auch) heutzutage (noch) „Wachkoma" mit dem Hirntod verwechseln (vgl. Höfling/ Schäfer 2006).

im Zustand „Wachkoma" verhungern, würde er nicht ernährt (mit welcher Technik und/oder Technologie auch immer). Wird er aber ernährt, funktioniert auch der Verdauungsapparat (das ist bei einem Kleinkind prinzipiell nicht anders). In der Regel funktioniert auch die Eigenatmung. Was hingegen häufig nicht funktioniert, das ist der Schluckreflex. Die nach einem Luftröhrenschnitt gelegte Trachealkanüle ist aber nichts anderes als eine Prothese (vgl. Schneider 2005); eine Prothese allerdings, die verhindert, dass die Stimmbänder vibrieren können, die also mechanisch „stumm" macht). Die Muskulatur des Körpers eines Menschen im Zustand „Wachkoma" weist zumeist durch Spastiken verursachte starke Kontrakturen auf. Der Mensch im Zustand „Wachkoma" kann sich folglich nicht allein bewegen bzw. kann keine Muskelpartie *gezielt* bewegen. Manchmal scheint er zu schlafen, manchmal scheint er wach zu sein. Manchmal scheint er auf manche Geräusche zu reagieren und manchmal nicht. Seine Augen sind manchmal geschlossen und manchmal geöffnet. Manchmal scheinen die geöffneten Augen etwas zu fixieren, manchmal nicht. Und die Frage, ob der Mensch im Zustand „Wachkoma", um den mir zu tun ist, je Kontakt *sucht* zu mir, lässt sich eher selten nach anderen Kriterien beantworten als denen, mit der ich der Frage begegne, ob ein Gott mich anrührt.

5. Am Anfang

Mein Problem ist gleichsam das Gegenteil des Problems, das Sartre beschäftigt: Mein Problem ist *nicht*, dass ich erblickt werde, ohne meinerseits den anderen erfassen zu können (etwa den unsichtbaren Gott, der mich sieht, oder den generalisierten Anderen, dessen Beobachtung ich mich, ontologisch gesehen, nicht entziehen kann). Mein Problem ist die m.E. – bislang – nicht datengesichert entscheidbare Frage, ob es sich bei dem Individuum, um das es mir zu tun ist, um eine Id-Entität handelt, um einen konkreten Anderen, der mich erblickt bzw. überhaupt erblicken kann, oder eben um ,etwas', das *nicht* zurück blicken kann zu mir, das meinen also Blick *nicht* erwidert. Das Sartresche Problem der unabweisbaren Observanz verblasst hier folglich völlig gegenüber der Unsicherheit darüber, ob *ich selber* in diesem Verhältnis „unsichtbar" bin.[11] Gibt es in dieser Konstellation

---

11   Damit stellt sich ontologisch *und* empirisch die Frage, was wir eigentlich als grauenhafter erfahren: ständig unter Beobachtung zu stehen, oder überhaupt nicht wahr genommen zu werden, uns vor einem Gott nicht verbergen zu können oder von einem Gott verlassen zu sein, von anderen kujoniert zu werden oder von allen anderen ignoriert zu werden. Trutz von Trotha schrieb mir dazu in einer email (2011), das Nicht-Wahrgenommen-werden und von Gott verlassen zu sein sei unzweifelhaft die grauenhaftere Alternative. Und ich denke, dass ihm u.v.a. das Prinzip des Todeszaubers recht gibt (vgl. z.B. Stumpfe 1976).

also überhaupt etwas zu verstehen für mich? Und wenn ja, dann: was? – „Einen
Menschen, der ganz anders lebt, ganz anders empfindet, ... und dem dieses Leben trotzdem oder gerade deswegen wichtig und wertvoll ist" (Klie/Student 2007,
S. 169)? Einen „Schwebezustand zwischen Bewusstlosigkeit und Wachheit" bei
dem, um den mir zu tun ist (Klie/Student 2007, S. 159)? „Eine erworbene geistige Behinderung" dessen, um den mir zu tun ist? Das, was „der wachkomatöse
Mensch (mir) zu bieten hat" (Klie/Student 2007, S. 166f)? Oder doch vor allem:
dass es zumindest *mir* gut tut, dass es mir um ihn zu tun ist?

Solche Fragen lassen sich kaum abweisen im Erleben einer Welt, die, hat
man sie erst einmal betreten, neben unleugbaren Schrecknissen auch eine Vielzahl faszinierender Erfahrungen mit der Frage von und nach Sozialität ermöglicht. Diese Erfahrungen nicht nur *zufällig ‚einmal'* machen zu können, erfordert allerdings nicht nur sehr viel Zeit. Diese Erfahrungen zu machen, erfordert
in dieser vielen Zeit zudem ein hohes Maß an Zuwendung zu einem Menschen,
dessen Subjekthaftigkeit alles andere als gesichert oder gar evident ist. Und diese Erfahrungen zu machen, erfordert eine dauerhafte Konzentration auf Ereignisse, die in unserem normalen, schwatzhaften Miteinander in aller Regel keine
andere Bedeutung für uns haben als die von Beiläufigkeiten und Kleinigkeiten.
Eben diese gilt es erst einmal wahrzunehmen – und im weiteren dann *als* Wahrnehmungen zu bedenken.

Das jedenfalls ist der gegenwärtige ‚Stand der Dinge' meiner, im Rahmen
unserer gemeinsamen ethnographischen Explorationen stehenden, genuin phänomenologischen Beschäftigung mit „Wachkoma". Bei dieser Beschäftigung geht
es mir anhaltend darum, gesicherte (d.h. v.a. falsifizierbare) Erkenntnisse zu generieren und damit intersubjektiv plausibilisierbare Gründe zu haben dafür, nicht
(mehr) nur *glauben* zu müssen, es bei dem Individuum, um das mir zu tun ist, mit
einem *Anderen* – und eben nicht nur mit einem Berg von atmendem Menschenfleisch – zu tun zu haben.

Methodisch arbeite ich daran, meine Beobachtungen zu präzisieren, zu syste-
matisieren und zu reflektieren – also, informiert etwa durch die bereits genannten
Studien von Paul Ekman (2003), nicht nur kleine Veränderungen am Körper des
Menschen im Zustand „Wachkoma" wahrzunehmen, sondern auch meine kleinen
Wahrnehmungen, meine „petites perceptions" (vgl. Reichertz 2009, S. 68; Schütz
2004, S. 307; Eberle 2000, S. 149ff) und meine perceptions en passant, meine
beiläufigen Wahrnehmungen von möglichen „Mikro-Ausdrücken" und „Mikro-
Gesten" dieses Menschen[12] zu registrieren, zu beschreiben, zu typisieren und die

---

12   Solche beiläufigen Wahrnehmungen zu explorieren, zu explizieren, zu organisieren und zu
      systematisieren und dergestalt (universale) Mikro-Ausdrücke und (kulturell je spezifische bzw.

Korrelate des bei meinem Involviertsein stattgehabten subjektiven Erlebens (eidetisch) zu analysieren (vgl. Hitzler 2005). Aber damit deute ich eher einen Weg an, der mir analytisch gangbar erscheint, als dass ich von einer bereits getanen Arbeit berichten würde.

Literatur

Barkhaus, Annette (2001). Körper und Identität. Vorüberlegungen zu einer Phänomenologie des eigensinnigen Körpers. In: S. Karoß & L. Welzin (Hrsg.), *Tanz Politik Identität* (S. 27-49). Münster: Lit.

Bartolomei, Maria Cristina (1999). Die Religion als Hermeneutik. In: H. J. Adriaanse & R. Enskat (Hrsg.), *Fremdheit und Vertrautheit* (S. 233-242). Leuven: Peters.

Bennett, Maxwell R. & Hacker, Peter M.S. (2010). *Die philosophischen Grundlagen der Neurowissenschaft.* Darmstadt: Wissenschaftliche Buchgesellschaft.

Bonnemann, Jens (2008). Wege der Vermittlung zwischen Faktizität und Freiheit. In: J. Raab u.a. (Hrsg.), *Phänomenologie und Soziologie* (S. 199-209). Wiesbaden: VS.

Dederich, Markus (2007). *Körper, Kultur und Behinderung: Eine Einführung in die Disability Studies.* Bielefeld: transcript.

Durkheim, Emile (1981). *Die elementaren Formen des religiösen Lebens.* Frankfurt am Main: Suhrkamp.

Eberle, Thomas S. (2000). *Lebensweltanalyse und Handlungstheorie.* Konstanz: UVK.

je spezifisch überformte) Mikro-Gesten verlässlich ‚lesen' und als eindeutige Appräsentationen entschlüsseln zu können, ist der zentrale Anspruch von Ekman (und anderen „Körpersprache"-Analytikern). „Zeichen werden als solche intendiert, Anzeichen nicht. Wer das Gesicht verzieht, gibt vielleicht absichtlich ein Zeichen, vielleicht aber auch nur unabsichtlich ein Anzeichen der Missbilligung. Wie man leicht sieht, gelangt man erst mit dem Begriff des Anzeichens zu so etwas wie „vorsprachlicher Kommunikation" und „Körpersprache". Letzteres wäre nur eine metaphorische Redeweise, wenn man „Sprache" auf symbolvermittelte Kommunikation begrenzt. Die Beschränkung von Kommunikation auf das Geben, Nehmen (Verstehen) und Erwidern von Zeichen schließt unintendierte Körper"sprache" aus dem Begriff aus (obwohl Anzeichen wie spontanes, unintendiertes Lächeln, verschränkte Arme u.ä. selbstverständlich wahrgenommen und gedeutet werden, performative Effekte haben und zum Anlass/als Grund für Folgekommunikationen genommen werden können). Körpersprache, soweit sie nicht intendiert ist, besteht, so gesehen, aus Spuren (Anzeichen), nicht aus Zeichen. Wer unwillkürlich das Gesicht verzieht, verrät sich, aber er kommuniziert nicht – nicht im hier explizierten Sinn. Wenn wir „Taten sprechen lassen", mögen das (intendierte) Zeichen, vielleicht aber auch nur (unintendierte) Anzeichen sein. (...)Die Intentionen – hier durchaus im Sinne von Absichten – des Kundgebenden, um nur dies zu erwähnen, sind dem Kundnehmenden unzugänglich, er muss sie aus der Kundgabe deutend erschließen, dabei Kontexte beachten und Konventionen, Situationsdeutungen, Deutungsschemata und Typisierungen zu Hilfe und im Übrigen die Fiktion einer Wiederholbarkeit in Anspruch nehmen" (Orthmann 2010, FN 21).

Ekman, Paul (2003). *Gefühle lesen*. Heidelberg: Spektrum Akademischer Verlag.

Goffman, Erving (1964). The neglected situation. *American Anthropologist*, 66, 133-136.

Goffman, Erving (2009). *Interaktion im öffentlichen Raum*. Frankfurt am Main/New York: Campus.

Grewe, Henny Annette (2011). *Engagement und Distanz*. Vortrag bei den 3. Fuldaer Feldforschungstagen am 2. Juni 2011: Manuskript.

Gugutzer, Robert & Schneider, Werner (2007). Der ‚behinderte' Körper in den Disability Studies. In: A. Waldschmidt & W. Schneider (Hrsg.), *Disablitiy Studies, Kultursoziologie und Soziologie der Behinderung* (S. 31-54). Bielefeld: transcript.

Hitzler, Ronald (2005). Die Beschreibung der Struktur der Korrelate des Erlebens. In: U. Schimank & R. Greshoff (Hrsg.), *Was erklärt die Soziologie?* (S. 230-240). Berlin: LIT-Verlag.

Hitzler, Ronald (2010). Ist da jemand? Über Appräsentationen bei Menschen im Zustand „Wachkoma". In: R. Keller & M. Meuser (Hrsg.), *Körperwissen* (S. 69-84). Wiesbaden: VS.

Hitzler, Ronald & Mücher, Frank (2012). Die professionelle Konstruktion der Person. In: H.-G. Soeffner (Hrsg.), *Transnationale Vergesellschaftungen*. Verhandlungen des 35. Kongresses der DGS 2010 in Frankfurt am Main. Band 2: CD-Rom. Wiesbaden: VS – im Druck.

Höfling, Wolfram & Schäfer, Anne (2006). *Leben und Sterben in Richterhand*. Tübingen: Mohr/Siebeck.

Honer, Anne, Meuser, Michael & Pfadenhauer, Michaela (Hrsg.) (2010). *Fragile Sozialität*. Wiesbaden: VS.

Hughes, Bill & Paterson, Kevin (1997). The Social Model of Disability and the Disappearing Body. *Disability & Society*, 12(3), 325-340.

Husserl, Edmund (1973). *Cartesianische Meditationen und Pariser Vorträge*. The Hague: Nijhoff.

Jäger, Ulle (2004). *Der Körper, der Leib und die Soziologie*. Königstein im Taunus: Ulrike Helmer.

Janich, Peter (2009). *Kein neues Menschenbild*. Frankfurt am Main: Suhrkamp.

Kief, Michael (2007). Wie wach ist ein Mensch im „Wachkoma"? In: A. Napiwotzky & J.-C. Student (Hrsg.), *Was braucht der Mensch am Lebensende?* (S. 117-121). Stuttgart: Kreuz Verlag.

Klie, Thomas & Student, Johann-Christoph (2007). *Sterben in Würde*. Freiburg/Basel/Wien: Herder.

Knoblauch, Hubert (Hrsg.) (1996). *Kommunikative Lebenswelten*. Konstanz: UVK.

Knoblauch, Hubert, Raab, Jürgen & Schnettler, Bernt (2002). Wissen und Gesellschaft. In: T. Luckmann, *Wissen und Gesellschaft* (S. 9-39). Konstanz: UVK.

Körtner, Ulrich H.J. (2000). *Der verborgene Gott*. Neukirchen-Vluyn: Neukirchener Verlag.

Lindemann, Gesa (2002). *Die Grenzen des Sozialen*. München: Fink.

Lindemann, Gesa (2003). *Beunruhigende Sicherheiten*. Konstanz: UVK.

Luckmann, Thomas (1980a). Über die Grenzen der Sozialwelt. In: ders., *Lebenswelt und Gesellschaft* (S. 56-92). Paderborn: Schöningh.

Luckmann, Thomas (1980b). Aspekte einer Theorie der Sozialkommunikation. In: ders., *Lebenswelt und Gesellschaft* (S. 93-121). Paderborn: Schöningh.

Luckmann, Thomas (2007). Phänomenologische Überlegungen zu Ritual und Symbol. In: ders., *Lebenswelt, Identität und Gesellschaft* (S. 112-126). Konstanz: UVK.

Merle, Kristin (2011). *Alltagsrelevanz. Zur Frage nach dem Sinn in der Seelsorge*. Göttingen: Vandenhoeck & Ruprecht.

Morris, Jenny (1991). *Pride Against Prejudice. Transforming Attitudes to Disability*. London: The Women's Press.

Nassehi, Armin & Weber, Georg (1989). *Tod, Modernität und Gesellschaft*. Opladen: Westdeutscher Verlag.

Oliver, Michael (1996). *Understanding Disability*. Basingstoke/London: Macmillan.

Ortmann, Günther (2010). *Die Kommunikations- und die Exkommunikationsmacht der Organisationen unter besonderer Berücksichtigung der Macht zur Produktion von Identität*. Manuskript.

Paterson, Kevin (2001). Disability Studies and Phenomenology. In: S. Cunningham-Burles & K. Backett-Milburn (eds.), *Exploring the Body* (S. 81-97). Houndmills/New York: Palgrave.

Plessner, Helmuth (1981). *Die Stufen des Organischen und der Mensch*. Gesammelte Schriften IV. Frankfurt am Main: Suhrkamp.

Reichertz, Jo (2009). *Kommunikationsmacht*. Wiesbaden: VS.

Riffel, Herman (1981). *Die Stimme Gottes. Träume, Visionen, Gesichte, Offenbarungen und ihre Bedeutung*. Marburg an der Lahn: Francke-Buchhandlung.

Sartre, Jean-Paul (1991). *Das Sein und das Nichts*. Reinbek b. Hbg.: Rowohlt.

Sartre, Jean-Paul (2005). *Entwürfe für eine Moralphilosophie*. Reinbek b. Hbg.: Rowohlt.

Schetsche, Michael (Hrsg.) (2004). *Der maximal Fremde*. Würzburg: Ergon.

Schetsche, Michael, Gründer, René, Mayer, Gerhard & Schmid-Knittel, Ina (2009). Der maximal Fremde. *Berliner Journal für Soziologie*, 3, 469-491.

Schneider, Werner (2005). Die Prothesen-Körper als gesellschaftliches Grenzproblem. In: M. Schroer (Hrsg.), *Soziologie des Körpers* (S. 371- 397). Frankfurt am Main: Suhrkamp.

Schütz Alfred (2004). Paralipomena zu dem Aufsatz „Das Wählen zwischen Handlungsentwürfen". In: ders., *Relevanz und Handeln I, ASW VI.1* (S. 301-330). Konstanz: UVK.

Schütz, Alfred (2010). Wissenschaftliche Interpretation und Alltagsverständnis menschlichen Handelns. In: ders., *Zur Methodologie der Sozialwissenschaften, ASW IV* (S. 329-442). Konstanz: UVK.

Schütz, Alfred & Luckmann, Thomas (2003). *Strukturen der Lebenswelt*. Konstanz: UVK.

Soeffner, Hans-Georg (2010). *Symbolische Formung*. Weilerswist: Velbrück.

Stumpfe, Klaus-Dietrich (1976). Der psychogene Tod des Menschen als Folge eines Todeszaubers. *Anthropos*, 71, 525-532.

Waldschmidt, Anne (2007). Macht – Wissen – Körper. Anschlüsse an Michel Foucault in den Disability Studies. In: A. Waldschmidt & W. Schneider (Hrsg.), *Disability Studies, Kultursoziologie und Soziologie der Behinderung* (S. 55-77). Bielefeld: Transcript.

Zieger, Andreas (2004). *Informationen und Hinweise für Angehörige von Schädel-Hirn-Verletzten und Menschen im Koma und Wachkoma (sog. Apallisches Syndrom)*, 9. Auflage. Oldenburg: Eigenverlag.

Zieger, Andreas (2006). Koma, Wachkoma. In: J.-C. Student (Hrsg.), *Sterben Tod und Trauer* (S. 126-129). Freiburg: Herder.

Torjubel, Tod und Trauerrituale. Beobachtungen zur Sepulkral- und Memorialkultur von Fußballfans

Stefan Hebenstreit

Der Tod ist ein Themenfeld, das in der Sportsoziologie im Allgemeinen und der sozialwissenschaftlichen Fußball-Forschung im Besonderen bisweilen nur in geringem Maße Beachtung fand. Zweifelsohne ist das Sterben mit dem Fußballsport als Teil der Körperkultur nur inzident verbunden, gleichwohl lässt es sich bei der sozialwissenschaftlichen Untersuchung des Fußballs nicht vollends ausblenden. Das Prinzip des Todes ist im Sport prinzipiell allgegenwärtig und präsentiert sich als „imaginäre, d.h. spektakulär ausgelöste oder fast nekrophile Empfindung und als vermeidbare oder unumgänglich eintretende Realität" (Jacob 2000, S. 230). Manche Sportler begehren einen imaginären Tod (vgl. Gebauer 1986a; Aufmuth 1986; Kamper 1988), selbiger wird – z.b. in der im Alpinismus betriebenen Überwindung von Leib und Natur – zum verborgenen Gegner, den es zu bezwingen gilt. Derartige kulturwissenschaftliche bzw. sportphilosophische Interpretationen gelten zunächst für sogenannte Risiko- oder Extremsportarten, aber auch für den Publikums- bzw. Showsport, indem ein möglicher ‚Reiz der Todesgefahr' sowohl die Sportler als auch die Zuschauer bzw. Fans faszinieren kann (vgl. Müller 2008, 2011; Prosser 1996). Ferner kann der Tod auch in realer Form im Sport auftreten, wobei Gebauer (1986b, S. 277) entgegenhält, der reale Tod habe „im Sportgeschehen keinen Platz", sondern sei „ein Unfall, der das Sportgeschehen zerstört." Jedenfalls sind zahlreiche Todesfälle im Sport – und auch im Fußballsport – überliefert. Die Internet-Enzyklopädie *Wikipedia* nennt in einer *Liste von Todesfällen im Leistungssport* die Namen bekannter Sportler, „die während ihrer aktiven Karriere (oder danach im Alter bis 40 Jahren) an einer Ursache gestorben sind, die mit hoher Wahrscheinlichkeit mit ihrer sportlichen Betätigung ursächlich zusammenhängt." Der Eintrag listet in der Rubrik *Tödliche Unfälle* fünf, in der Rubrik *Herztod* fünfzehn Fußballer (Stand: 04.10.2011). Mit Blick auf das Beobachtungsfeld der Fußball-Fanszene sind zudem Todesfälle im Umfeld von Fußballspielen zu berücksichtigen. Unter dem Titel *Tod im Stadion – Die schlimmsten Katastrophen seit 1946* zählt *Spiegel Online* (13.04.2001) 39 Stadionunglücke mit Todesfolge auf. Nicht mitgezählt sind dabei Todesfälle wie der tragische Unfall eines Fans von Borussia Dortmund im Januar 2009, der sich bei einem Sturz im Westfalenstadion tödliche Verletzungen zuzog. Ungeachtet eines direkten Zusammenhangs von sportlichem Geschehen und Tod ist die Trauer als anthropologische Grundkonstante jedenfalls Teil des Sports, zwar nicht unbedingt des sportlichen Handelns selbst, zumindest aber Bestandteil der sozialen und kulturellen Kontexte. Dies gilt auch für die mit der Trauer und dem Totengedenken verbundenen Rituale. Bedenkt man, „dass der Sport in der Moderne zu einem alle Lebensbereiche umfassenden Phänomen aufgestiegen ist, dann sind Bezüge eben auch zu allen möglichen Kultursektoren zu erwarten, also auch zum Memorial- und Sepulkralwesen" (Herzog 2005, S. 183f.). Auch diesbezüglich gestaltet sich der sozialwissenschaftliche Forschungsstand überschaubar. In seinem Artikel über *Trauer- und Bestattungsrituale in der Fußballvereinskultur* beschritt Markwart Herzog (2005, S. 183) ein Terrain, „zu dem es bisher noch keine sport- oder kulturwissenschaftlichen Untersuchungen gibt". Zwischenzeitlich ist dieses Desiderat teilweise bearbeitet worden. Mit Zusammenhängen von Fußball- und Funeralkultur beschäftigen sich die Bände *Der letzte Pass. Fußballzauber in Friedhofswelten* (Cardorff/Böttger 2005) und *Die Gräber der Götter. Fußballhelden und ihre letzte Ruhestätte* (Wangen 2009). Eine im November 2010 an der Schwabenakademie Irsee veranstaltete Tagung hatte zum Ziel, erstmals die intergenerationale, gemeinschaftsbildende Integrationskraft des Vereinsfußballs anhand seiner Bezüge zur Memorial- und Sepulkralkultur darzustellen. Ein öffentliches Interesse am Themenfeld Tod im Sport – und damit womöglich die Basis für weitere Forschung – setzte nach dem Selbstmord von Nationaltorhüter Robert Enke im Herbst 2009 ein.[1] Während der Tod im Sport (und der Sportwissenschaft) weitestgehend tabuisiert wird (vgl. Müller 2011), ist er gleichzeitig – einschließlich der Reaktionen der Trauer – im Zuschauer- bzw. Showsport Teil der medialen Inszenierung, was u.a. die öffentliche Trauerfeier nach Enkes Freitod bewies, die über 45.000 Menschen ins Niedersachsenstadion führte und im Fernsehen und Hörfunk übertragen wurde.

1. Untersuchungsfeld Fußball-Fankultur

Generell erfreut sich der Zuschauersport Fußball, namentlich der Profi-Fußball der Männer, gegenwärtig massenhafter Beliebtheit. Seine kontinuierliche Medialisierung erweiterte das Stadionerlebnis am Spieltag in ein massenmedial vermitteltes Gesamtprodukt, das von sportbegeisterten Menschen jederzeit und an

---

1   Siehe dazu den Beitrag von Gärtner/Sammet in diesem Band.

fast jedem Ort konsumiert werden kann und dabei auch Menschen unabhängig von einer intensiven Fußball-Leidenschaft begeistert, wie das Beispiel des Public Viewings bei Welt- und Europameisterschaften beweist. Gleichzeitig extendierte das Spiel im Stadion zu einem populären Event, wobei einerseits mit dem Abbau preisgünstiger Stehplätze die traditionelle Zuschauerschaft verprellt, andererseits mit der Umgestaltung der Stadien in komfortable Arenen nebst Einrichtung von VIP-Lounges und „Familienblöcken" um neue Zielgruppen geworben wird. Insgesamt entledigte sich der Fußball seinem Ruf als ‚Proletensport' und begeistert heute als modernes Massenevent die Menschen ungeachtet ihrer sozialen Herkunft oder eines intensiven persönlichen Bezugs zum Sport an sich.

Vor diesem Hintergrund und aufgrund der Tatsache, dass mit dem Begriff *Fußballfans* grundsätzlich die äußerst heterogene Gruppe sämtlicher am Fußballsport interessierter Menschen bezeichnet werden kann, erscheint es zunächst notwendig, das Beobachtungsfeld näher zu definieren. Bei meinen im Folgenden illustrierten Beobachtungen zu Trauerritualen und Totengedenken von Fans beschränke ich mich in erster Linie auf jene im Fan-Soziolekt „aktive Fans" genannten Anhänger, sprich auf Fußballfans, die regelmäßig Heim- und auch Auswärtsspiele ihres Lieblingsvereins besuchen und im Allgemeinen auch in Fanclubs oder sonstigen Gruppierungen organisiert sind. Empirischer Ausgangspunkt der nachfolgend geschilderten Einblicke in die Sepulkral- und Memorialkultur von Fußballfans sind persönliche Beobachtungen bei unzähligen Heim- und Auswärtsspielen von Eintracht Frankfurt sowie Erfahrungen aus sozialwissenschaftlicher sowie ehrenamtlicher Arbeit im Feld des Fußballs und der Fußball-Fanszene. Aus persönlichem Interesse an der Thematik wurde die Beschäftigung mit den Trauerritualen von Fußballfans in den letzten Jahren intensiviert; sie bildet aber kein selbständiges Forschungsprojekt und folgt daher weithin einer nur gering systematischen Vorgehensweise. Für die Vorbereitung auf den Vortrag im Rahmen der Tagung *Körper, Kult und Konfession* (Frankfurt a.M. 2010), der diesem Beitrag zugrunde liegt, wurden mehrere explorative Gespräche mit vielen, dem Themenfeld gegenüber aufgeschlossenen Fans, insbesondere aus den Fanszenen von Eintracht Frankfurt und Wacker Innsbruck geführt und eine umfassende Recherche in subkulturellen Medien (Fanzines, Fanclub-Homepages etc.) vorgenommen.[2] Ziel der folgenden Ausführungen ist es, einzelne Ausprägungen der unter den Begriffen *Sepulkral- und Memorialkultur* zusammengefassten Trau-

---

2   Für die Ermunterung, meine Beschäftigung mit der Sepulkral- und Memorialkultur fortzuführen und zu intensivieren, bedanke ich mich namentlich bei Mathias Thoma, Leiter des Eintracht-Frankfurt-Museums, Dr. Markwart Herzog, Direktor der Schwabenakademie Irsee, und Werner Dernier, Obmann der Faninitiative Innsbruck – Verein zur Förderung der Fußball-Fankultur, denen ich auch wertvolle Hinweise verdanke.

er- und Gedenkrituale in der aktiven Fußball-Fanszene zu illustrieren und damit
an einen öffentlich und wissenschaftlich bislang kaum wahrgenommenen (vgl.
Hebenstreit 2011c) Aspekt der Fankultur heranzuführen. Dies geschieht vor dem
Hintergrund allgemeiner gegenwärtiger Entwicklungen im sozialen und kultu-
rellen Umfeld des Publikumssports Fußball, von denen Auswirkungen auf die im
Fußball evident vorhandenen, gemeinschaftsstiftenden Sinnfelder *Gedenken* und
Erinnern zu erwarten sind.

2. Fußball als Ort der Vergemeinschaftung und Erinnerungskultur unter dem Einfluss der Kommerzialisierung

Es ist richtig, dass gerade der Fußball als beliebter Vereins- bzw. Zuschauersport
mit seinem Gemeinschaftsleben die Möglichkeit bietet, bestimmte Erosionen traditioneller Milieus und religiöser Bindungen auszugleichen oder zu ersetzen (vgl.
Pyta 2004, S. 25ff.). Insbesondere die Fankultur bietet neue Perspektiven der Vergemeinschaftung. Es ist ebenso richtig, dass der Fußball einen Erinnerungsort im
Kontext einer gesellschaftlichen Erinnerungskultur bilden kann (vgl. Pfister 2005,
S. 51f.). Bestimmend sind hier soziale Mythenbildungen, die auf herausragenden
sportlichen Ereignissen bzw. auf Geschichte(n) oder Legenden, auf Symbolen
und Ritualen – gewissermaßen als die Handlungsform von Symbolen verstanden – basieren. Allerdings ist zu hinterfragen, inwieweit dieses gesellschaftliche
Potential des Fußballs in Anbetracht der fortschreitenden Kommerzialisierung
des Sports, das heißt vor dem Hintergrund, dass soziale Beziehungsgefüge zunehmend ökonomisiert werden, noch Gültigkeit hat.

Im Zuge der jüngeren Zeitgeschichte des Fußballs haben sich nicht nur der
Sport selbst, sondern auch die über den Fußball hinausgehenden kulturellen und
sozialen Kontexte – und damit auch die Fanszene – verändert (vgl. Hebenstreit
2011a). Mit Blick auf die gemeinschaftsstiftenden Sinnfelder *Gedenken* und *Erinnern* erscheint dabei eine besondere Entwicklung innerhalb der Fanszene von
Bedeutung, die vor dem Hintergrund der fortschreitenden Kommerzialisierung zu
betrachten ist: Gegenwärtig festzustellen ist eine totale Vermarktung des ‚Events
Profifußball'. Zu Kapitalgesellschaften transformierte Fußballvereine substituie-
ren den ursprünglich rein sportlichen Vereinszweck zunehmend durch ein ökonomisches Denken, nutzen zu Zwecken der Kapitalakkumulation vermehrt auch die
Möglichkeit, in außersportliche Geschäfts- bzw. Absatzfelder wie Merchandising,
Sponsoring oder Kooperationen mit Medien- oder Sporttourismus-Unternehmen
zu investieren. Selbst die Bedeutungszuschreibungen hinsichtlich der Vereinstradition unterliegen der Ökonomisierung und dienen den Vereinen als ein „aus

wirtschaftlichen Erwägungen heraus eingesetztes Instrument einer kommunikationspolitischen Corporate Identity im Rahmen des Marketing-Mix" (Christa 2006, S. 82); nicht ohne Grund setzen Fußballklubs auf „„erinnerungspolitische Strategien', d.h. auf lokale Traditionen, um Mythen zu schaffen und immer neuen Stoff für Erinnerungen zu liefern" (Pfister 2005, S. 54). Solche Entwicklungen beeinflussen selbstverständlich auch das soziale Umfeld eines Bundesligaklubs. Auswirkungen auf die Fanszene sind insbesondere dann festzustellen, wenn im Zuge der Ökonomisierung jene traditionellen Konstrukte der Vereinsidentität und -identifikation brüchig werden, die das sinnstiftende Fundament für die sozialen Beziehungen zwischen Fans und Verein, nicht zuletzt aber auch für die subkulturelle Gemeinschaft der Fanszene bilden. Ihre radikalste Manifestation findet diese Entwicklung in der Veräußerung von identitätsstiftenden Symbolen wie Vereinswappen und -farben sowie der Änderung von Vereinsnamen zu Gunsten eines zahlungskräftigen Sponsors. So geschehen beispielsweise beim österreichischen Bundesligisten Red Bull Salzburg, der sämtliche Vereinsinsignien des Vorgängervereins SV Austria Salzburg durch das Corporate Design des neuen Sponsors ersetzte, was kommerzialisierungskritische Gruppen der Fanszene letztlich dazu bewegte, die Neugründung eines Fußballvereins unter traditionellem Namen zu verwirklichen (vgl. Hebenstreit 2011a). Vorangehende Proteste waren durch die neue Klubführung mit dem Bekenntnis zu einer vereinshistorischen *Damnatio memoriae* zurückgewiesen worden: „Keine Kompromisse. Das ist ein neuer Klub. Es gibt keine Tradition, es gibt keine Geschichte, es gibt kein Archiv" (vgl. Neumann 2005; Austria Salzburg o.J.).

Um sich gegenüber solchen ‚Retortenklubs' positiv abzugrenzen, betonen die Anhänger sogenannter ‚Traditionsvereine' (vgl. Gömmel 2004, S. 176) verstärkt die eigene Vereinshistorie, und vertreten dabei oftmals bewusst ein romantisierendes Idealbild ihres Lieblingsvereins, wohl wissend, dass dessen Management letztlich nicht minder ökonomisch handelt und die eigene Vereinstradition weniger als handlungsleitendes Prinzip ansieht denn als Marketinginstrument einsetzt. Derartige Entwicklungen sind eine wesentliche Ursache für die Herausbildung eines historischen Bewusstseins in den Fanszenen, die seit den 1990er Jahren zu beobachten ist.

3. Memorialkultur von unten – Das historische Bewusstsein der Fans

Ein greifbares Indiz hierfür findet Matthias Thoma (2011), selbst Fußballfan und Leiter des Eintracht-Frankfurt-Museums, in seiner persönlichen Biographie, wenn er bemerkt, dass die Anstöße für die Einrichtung von Vereinsmuseen in Deutschland fast durchweg aus der Fanszene kamen und in Hamburg, Bremen, Schalke und Frankfurt einzelne Personen aus der Anhängerschaft maßgeblich an Museumsprojekten beteiligt waren und sind. Bekräftigt wird dieses Indiz durch die unzähligen privaten sporthistoriographischen Aktivitäten, bei denen Fans in ihrer Freizeit mit viel Liebe zum Detail und großem Erfahrungsreichtum Privatarchive einrichten oder Buchprojekte realisieren und damit oft äußerst anspruchsvolle Arbeiten hervorbringen.

Neben dieser *partizipativen* Restauration eines historischen Bewusstseins mit dem Ziel, die vermeintliche Geschichtslosigkeit des kommerzialisierten Profifußballs zu kompensieren, ist in der jüngeren Vergangenheit unter Fußballfans ferner eine *distinktive* Memorialkultur zu beobachten, die zwar auf dem Bedeutungsfeld ‚Vereinstradition' basiert, sich aber losgelöst von der gegenwärtigen Erscheinungsform des ‚Vereins' als Fußball-Unternehmen zu etablieren scheint.[3] Dabei spielt es eine Rolle, dass sich die Bedeutungszuschreibung des Begriffs ‚Verein' bei vielen Fans, insbesondere in der Ultra-Szene gewandelt hat. Eine Ursache hierfür liegt in der bereits erwähnten Umwandlung der Vereine in Kapitalgesellschaften (vgl. Hebenstreit 2011d). Am Beispiel Eintracht Frankfurt lässt sich feststellen, dass in der Fanszene gerade nach der Ausgliederung des Bundesligabetriebs vom Stammverein *Eintracht Frankfurt e.V.* in die *Eintracht Frankfurt Fußball AG* sowie nach der Umbenennung des neuen *Waldstadions* in *Commerzbank-Arena* eine starke Rückbesinnung auf die Vereinstradition festzustellen war. Eintracht-Fans karikieren einzelne Kommerzialisierungsprozesse mit Formen des *Culture Jamming* („Commerzkrank-Arena"), produzieren ihre eigenen Fanartikel mit historischen Vereinswappen oder den Konterfeis der Meistermannschaft von 1959 und planen in der *Initiative SG Eintracht Frankfurt*, die historische Bezeichnung ‚Sportgemeinde' per Satzungsänderung wieder in den Vereinsnamen des Hauptvereins zu ergänzen. In einem Fangesang der Ultras bekennen sich diese zur traditionellen Spielstätte im Stadtteil Frankfurt-Riederwald: „Bevor die Lie-

---

3   Initiatoren dieser Entwicklung finden sich insbesondere in der Ultra-Szene, deren subkulturelles Selbstverständnis beinhaltet, selbstbestimmt und unbeeinflusst vom Verein zu agieren. Während etwa die ab den 1980er Jahren zunächst in England gegründeten kommerzialisierungskritischen Faninitiativen sich zwar mit einer nachdenklichen, skeptischen und abwägenden Haltung zur konkreten Vereinspolitik und allgemeinen Prozessen der Kommerzialisierung positionierten, ansonsten aber auf Mitbestimmung bedacht waren, lehnten viele der ab Mitte der 1990er Jahre in Deutschland gegründeten Ultra-Gruppierungen gerade in der Anfangszeit eine allzu intensive Kommunikation mit dem Verein ab. Prägend für dieses Selbstverständnis war auch die deutsche Übersetzung eines Manifests einer Ultra-Gruppierung aus der Fanszene von AS Rom, wonach Ultras „jeden unnötigen Kontakt oder Hilfe durch die Vereine verweigern" sollten. Gegenwärtig zeigt sich die Einhaltung dieses Standpunkts ambivalent, nachdem viele Ultra-Gruppen dazu übergegangen sind, demokratische Partizipationsinstrumente innerhalb der Vereinsstruktur zu nutzen bzw. zu etablieren (vgl. hierzu u.a. Schwier 2005, S. 21ff.).

be zur Eintracht erlischt, / weil die AG mit Traditionen bricht, / erstrahlt sie neu und jetzt singt Jung und Alt: / Das Herz der Eintracht schlägt am Riederwald." Ihre äußerste Form findet dieses distinktive, gerade innerhalb der Ultra-Szene stark identitätsstiftende Traditionsbewusstsein in der Überzeugung vieler Fans, aus dem vorbehaltlosen Einsatz zur Bewahrung der Vereinstradition und -identität vor der kommerziellen Veräußerung die Rolle der einzigen authentischen Repräsentanten des Klubs abzuleiten. „Wir sind Eintracht Frankfurt" lautete eine Losung, die angesichts eines Konflikts zwischen Verein und Fans auf der Homepage der Ultras Frankfurt (www.uf97.de) zu lesen war; „Aber in Wirklichkeit sind wir der Milan, nicht die Spieler [...]" verkünden die Fans von AC Mailand in Nanni Balestrinis (1995, S. 55) Roman *I Furiosi* über die italienische Ultra-Szene. Eine Ursache dieser Verschiebung liegt unter anderem in den brüchigen sozialen Beziehungen von Fans zu Spielern und Vereinsfunktionären, die aus Sicht vieler Anhänger nur Arbeitnehmer mit ‚Söldnermentalität' sind und den Verein je nach Vertragsangebot wechseln. Die sich im Fan-Slogan „Spieler kommen und gehen, wir bleiben" äußernde Vereinstreue bildet eine wesentliche Grundlage für den Wechsel in der Bedeutungszuschreibung hinsichtlich des ‚Vereins' (vgl. Hebenstreit 2011d) und hat generell Auswirkungen auf Vergemeinschaftungsprozesse in der Fußballvereinskultur.

Insgesamt gründet das historische Bewusstsein von Fans auf der jeweiligen Vereinshistorie und den hieraus erwachsenden Bedeutungszuschreibungen, die durch „soziale Mythenbildung" (Lindner 1983, S. 32) bis in die Gegenwart reproduziert werden. Weil aber Vereinsgeschichte stets auch von Spielern, Trainern, Vereinspräsidenten – und Fans – gestaltete Personengeschichte ist, spielt auch der Umgang mit dem Tod, dem für Menschen wohl emotionalsten Anzeichen für Geschichtlichkeit, sowie das Gedenken an die Verstorbenen eine besondere Rolle. Plastisch formuliert: Vereinstradition zu pflegen heißt auch, das Versprechen „Wir werden unserem Ehrenspielführer … stets ein ehrendes Andenken bewahren" einzulösen.

4. Totenköpfe und Trauermärsche – Sepulkralsymbolik in der Fußball-Fankultur

Wer innerhalb der Fußball-Fanszene nach Spuren der Sepulkralkultur sucht, wird zunächst erstaunt feststellen, dass der Tod in den Fankurven allgegenwärtig ist, jedoch vornehmlich zum Lebendigen zum Vorschein kommt. Aus dem Sepulkralwesen entlehnt finden sich in der Fußball-Fankultur zahlreiche Sinnbilder, die teilweise abweichende Bedeutungszuschreibungen erfahren. So symbolisiert etwa

der Totenkopf, normalerweise als Zeichen für Lebensgefahr und Erinnerung an
die Vergänglichkeit menschlichen Lebens geläufig, beim FC St. Pauli offenkundig Vereinsidentität – und Merchandising par excellence.
Verschiedene Todessymboliken kommen in der Fankultur in ritualisierten
Handlungsformen zum Ausdruck. Auf eine besondere Symbolfunktion des Todes, aber auch des Sterbens bzw. Tötens in der Fankultur weist etwa Christian
Bromberger (1995, S. 263ff.) in seiner ethnologischen Studie über Verhaltensweisen von Fanclubs aus dem Umfeld von Olympique Marseille, SSC Neapel und
Juventus Turin hin: die symbolische Beisetzung sowie die symbolische Tötung
des Gegners. Allgemein pflegen Fußballfans verschiedene Symbolhandlungen,
die zum Ziel haben, den sportlichen Gegner und dessen Anhängerschaft begleitet von verbaler, gestischer und bildlicher Rhetorik zu beleidigen, zu erniedri-
gen und einzuschüchtern (vgl. Girtler 2003, S. 107). Zu derartigen Spottritualen
zählen auch gegen den Rivalen gerichtete Todesverwünschungen, die vor dem
Hintergrund des Schadenszaubers im sogenannten Volksaberglauben betrachtet
werden können (vgl. Herzog 2005, S. 207). Diese sind in Sprache und Symbolik
äußerst brutal und kriegerisch. Man wünscht beispielsweise der Mannschaft von
Spartak Moskau eine Wiederholung der Atomkatastrophe von Tschernobyl (ebd.)
oder den Fans des SSC Neapel einen Ausbruch des Vesuv. Geradezu arglos erscheint im Vergleich dazu der unter deutschen Fußballfans bekannte Frage-Ant-
wort-Schlachtruf „Wen woll'n wir lynchen? Bayern München! Wen woll'n wir
fressen? Rot-Weiß Essen! Wen woll'n wir verschmausen? Rot-Weiß Oberhausen!"
Etwas drastischer klingt es dagegen, wenn die Anhänger von Eintracht Frankfurt
den Lokalrivalen Offenbacher Kickers mit dem Fluch „Tod und Hass dem OFC!"
belegen. Ein Spottritual der Frankfurter Fanszene, das sich gegen die Anhänger
des 1. FC Kaiserslautern richtete, erlangte im Oktober 2010 massenmediale Aufmerksamkeit: Die Ultras stellten den auf ihrer Internetseite veröffentlichten Aufruf,
zahlreich zum Auswärtsspiel im Fritz-Walter-Stadion zu reisen, unter das Motto
„Pfalzüberfall 2010 – Schlachtfest in Kaiserslautern". In martialischer Aufma-
chung zeigte das dazugehörige Bild einen Metzger mit blutverschmierter Schür-
ze und Hackbeil, im Hintergrund ein geschlachtetes Schwein mit FCK-Emblem.
Während der Zugfahrt nach Kaiserslautern verteilten Fans an die Mitreisenden
Schals mit dem Aufdruck „Lauternschweine" und Schürzen aus Plastikfolie, die
mit dem Eintracht-Wappenadler bedruckt waren. Die Aktion wurde bereits im
Vorfeld des Spiels öffentlich stark diskutiert und seitens vieler Vertreter von Vereinen, DFB, Fan-Sozialarbeit und Polizei verurteilt; erwartete Ausschreitungen
blieben indes aus. Vermutlich muss man die gewaltverherrlichende Wirkung der-
artiger Verspottungen weitaus geringer einschätzen. Bereits Bromberger (1995,

S. 278ff.) relativiert die Tragweite der von ihm beschriebenen Spottrituale mit Todessymbolik; Herzog (2005, S. 207) unterstreicht:

> „Diese barbarisch erscheinenden Verhaltensweisen und Ausdrucksformen sind immer auch mit einer gehörigen Portion parodistischer Fantasie durchsetzt; ihr burlesker Unernst ist mit Händen zu greifen. Man könnte sie als *theatralische Performances* interpretieren und als einen besonderen Fall der weit gefassten anthropologischen Konzeption der ‚cultural performances' auffassen" (Herzog 2005, S. 207; H.i.O..; bzgl. der *cultural performances* vgl. Bromberger 1995, S. 186ff.).

Neben der symbolischen Tötung des Gegners findet man in der Fußball-Fankultur auch symbolische Beisetzungen, für die Fans auf einzelne Rituale des Totengedenkens sowie bekannte Bestattungsbräuche zurückgreifen. Bromberger (1995, S. 278ff.) beobachtet bei den Fanclubs in Marseille, Turin und Neapel unter anderem fingierte Todesanzeigen, die das Hinscheiden des Gegners, sprich dessen sportliche Niederlage, bereits im Vorfeld des Spiels ankündigen, oder die Inszenierung feierlicher Leichenzüge zum Stadion mitsamt dem symbolischen Aufbahren von Särgen in den Vereinsfarben des Gegners. Fans verunglimpfen den Gegner, indem sie im Stadion Transparente mit den Särgen und Grabmalen des Gegners zeigen. Mit Fangesängen und Sprechchören verspotten sie die Schwäche des Rivalen in der Sprachform einer Totenklage (ebd.). Auch in Deutschland sind beispielsweise fingierte Todesanzeigen bekannt, die etwa nach dem Abstieg des Lokalrivalen einen maliziösen Nachruf auf ebendiesen enthalten. Interessanterweise kommt es auch vor, dass Fans in Anbetracht des sportlichen Niedergangs der eigenen Mannschaft selbstironisch auf Rituale der Sepulkralkultur zurückgreifen (vgl. Hebenstreit 2011b): Mitglieder der Phoenix Sons, einer Ultra-Gruppierung aus der Fanszene des Karlsruher SC, trafen sich aus Anlass des Zweitligaabstiegs des KSC anno 2000 in der Stammkneipe des Fanclubs zum ‚Leichenschmaus', um gemeinsam mit anderen Fans in einem ‚Leichenzug' zum letzten Heimspiel zu ziehen. Den Ablauf dieser Inszenierung schildern die Karlsruher im Fanzine *Match Live* (Phoenix Sons 2000, S. 31f.):

> „Angeführt von einem Holzkreuz mit der Aufschrift ‚Karlsruher SC, *1894 †2000, Ruhe in Frieden' und dem mit einer blau-weißen Fahne bedeckten Sarg nebst Blumengebinde und Schleife (‚In ewiger Treue' bzw. Spruchband (‚In tiefer Trauer'), folgte die letztlich 400 Fans umfassende Trauergemeinde. Der Weg [...] führte von der Polizei eskortiert vorbei an erstaunten Passanten unter Trommelschlägen und von Trauergesängen begleitet zum Stadion. [...] Der Block 1 und die ‚Singing Area' der Ultras blieben – von schwarzen Planen und Grablichtern abgesehen – leer. Unter Applaus wurden Kreuz und Sarg inmitten von Kerzen abgestellt und das Transparent angebracht. In der Halbzeit eilte die Menge dann ins Stadion und [sic!] die ‚Trauerrequisiten' eilig aus dem Weg zu räumen, denn für die zweite Hälfte war die Wiederauferstehungsfeier angesagt."

Unverkennbar entstammen diese Verhaltensweisen und Ausdrucksformen der privaten und öffentlichen Trauer und dem Bestattungswesen; ihre Symbolsprache haben solche Fan-Rituale der allgemeinen Sepulkralkultur entlehnt. Diesen Eindruck bestätigt auch eine Beobachtung aus der Fanszene von Eintracht Frankfurt. Als der Bundesligist zum Ende der Saison 2000/01 zum zweiten Mal in der Vereinsgeschichte abstieg, riefen die Ultras innerhalb der Fanszene dazu auf, zum letzten Heimspiel gegen den VfB Stuttgart weiße Pappkreuze zu basteln und darauf die Namen derer zu schreiben, die nach eigenem Dafürhalten die Schuld an der sportlichen und wirtschaftlichen Misere tragen. Zahlreiche Fans beteiligten sich an dieser Aktion und verwirklichten so beim Einlaufen der Mannschaften eine höhnische *Choreografie* aus dutzenden Pappkreuzen mit verschiedenen Namen von Spielern und Vereinsfunktionären. Im Stehplatzbereich entrollten die Anhänger zwei Tapetenrollen solcherweise, dass ein überdimensionales weißes Kreuz zu sehen war. Auf ebenfalls entrollten Spruchbändern war unter anderem „Todesstrafe für Mord am Adler", „Schönen Tod noch" oder „Eine Stadt in Trauer – Ein Verein in Scherben" zu lesen. Eine Brisanz dieser Symbolsprache ergab sich aufgrund der Tatsache, dass einige Fans in den Wochen zuvor nach Niederlagen „Wenn ihr absteigt, schlagen wir euch tot!" skandiert hatten.[4] Doch auch in der 2. Bundesliga unterstützten die Initiatoren des oben beschriebenen Rituals den Frankfurter Traditionsverein bei Heim- und Auswärtsspielen und lösten damit ihren in zahlreichen Liedern besungenen Treueschwur ein: „[…] wir bleiben treu bis in den Tod" lautet die letzte Zeile eines beliebten Fangesangs, „Komm und sei doch kein Idiot, Schwarz-Weiß-Rot bis in den Tod" der Reim eines anderen. Ewige Vereinstreue bildet ein zentrales Thema der fankulturellen Identität und Selbstvergewisserung. Gerade in Fangesängen kommt dieses Bekenntnis einprägsam zum Ausdruck. Die Dauerhaftigkeit der persönlichen Bindung an den Verein und damit auch an die Fanszene bis in den Tod potenziert sich in einer gesanglich verkündeten Opferbereitschaft. Zur Melodie eines Popsongs singen die Eintracht-Fans „Für dich leben wir, nur dich lieben wir, für dich sterben wir – Eintracht Frankfurt." Auch in der Fanszene des FC Schalke 04 findet man derartige Rhetorik. „Geboren, um für Schalke zu sterben" ist ein bekannter Slogan (vgl. Noss 2006, S. 129); ein Fangesang lautet „Gelsenkirchen-Schalke Neunzehnhundertvier, / für deine Farben leben und sterben wir. / Du bist das, was uns am Leben hält". Hierin jedoch eine Bereitschaft, das eigene Leben für den Verein zu opfern, abzulesen, wäre sicherlich zu einfältig, auch wenn etwa die bewusste Aussetzung der Gefahr – schlimmstenfalls tödlicher – Verletzungen von Hooli-

---

4   Den gleichen Wortlaut sprühten Fans des zum Ende der Bundesligasaison 2010/11 abstiegsbedrohten 1. FC Köln an eine Mauer am Trainingsgelände des Vereins (vgl. Hebenstreit 2011a).

gans einen möglichen Ansatzpunkt für diesen Gedankengang bietet. Die fankulturelle Todesrhetorik hat im Allgemeinen rein symbolische Funktion.

5. Vergegenwärtigung des Todes

Die Lebhaftigkeit des Todes in der Fankultur endet jedoch, sobald er sich von bloßer Symbolik in schmerzliche Realität verwandelt. „Wenn du am Spieltag beerdigt wirst, kann ich leider nicht kommen". Mit diesem Ausspruch des ehemaligen Frankfurter Fanbeauftragten Anjo Scheel betitelt Christoph Biermann (2010) seine Einblicke in die Welt der Fußballfans. In einer darin abgedruckten Abhandlung bekennt Scheel gegenüber seiner Mutter: „Wenn du mal stirbst und wirst an einem Samstagnachmittag beerdigt, kann ich leider nicht dabei sein. Ich glaube, daran würde ich mich auch halten, obwohl mir das auch keinen Spaß bereiten würde" (Biermann 2010, S. 150).

Die Fanszene der Frankfurter Eintracht bewies beim Auswärtsspiel in Cottbus im Oktober 2008 aber auch, dass der Sport in Anbetracht eines Todesfalls wieder zur Nebensache wird: „Kurz nachdem Cottbus seine Führung erhöht hatte, kam eine Nachricht im Block an, die das Spiel völlig in den Hintergrund rückte. Eintracht-Fan Carsten, guter Freund und Bekannter vieler Leute unserer Szene und Vater einer kleinen Tochter, war in der Nacht zuvor erstochen worden." Mit diesen Worten beschrieben die Ultras in ihrem Infozine *Schwarz auf Weiß*, einem szeneinternen Mitteilungsblatt, jenen Moment, als im Gästeblock bekannt wurde, dass in der Nacht zuvor ein Mitglied der Szene ermordet worden war.

> „Fassungslosigkeit machte sich breit, die restlichen Fans wurden über die Umstände informiert und unsere Gruppe verließ geschlossen den Block. Nach kurzer Absprache wurde entschieden, die Heimreise anzutreten und nachdem der Rest des Blocks erneut informiert wurde, ging es wieder zurück Richtung Frankfurt, ein Fußballspiel wollte sich in dieser Situation einfach niemand mehr ansehen" (Ultras Frankfurt 2008, S. 2).

Eindrucksvoll beschreibt diese Schilderung den emotionalen Ausnahmezustand, der vor dem Hintergrund charakteristischer Trauerphasen kennzeichnend für die initiale, durch Verzweiflung und Gefühle der Betäubung geprägte Phase des Schocks ist. Das unmittelbare sportliche Handeln der Mannschaft ist angesichts einer Todesnachricht nebensächlich.

6. Das Stadion als Ort der Trauer – Abschiedsrituale der Fankultur

Ein wichtiger Einschnitt in der prozessualen Abfolge charakteristischer Trauerphasen (vgl. exemplarisch: Kast 2010) liegt im Ausbruch von Emotionen, wozu
auch der ritualisierte Abschied vom Verstorbenen beiträgt. So wie sich allgemein
im Fußball mit dem Abhalten einer Trauerminute vor Anpfiff eines Spiels oder
dem Tragen eines Trauerflors am Trikotärmel sportspezifische Formen der Ver-
abschiedung entwickelt haben (vgl. Cardorff/Böttger 2005), entstanden auch in
der Fanszene unverwechselbare Trauer- und Abschiedsrituale. Um den Tod eines Freundes zu vergegenwärtigen, fertigen trauernde Anhänger in der Regel für
das nächstfolgende Heimspiel Transparente mit einem Nachruf auf den Verstorbenen, manchmal auch Fahnen mit dessen Konterfei an. Nicht selten entstehen
hieraus ganze Choreografien.

Ein Beispiel aus der Anhängerschaft von Eintracht Frankfurt: Als 2003 in
der entscheidenden Phase des Aufstiegskampfs mit Wilmar „Gaff" Gawrisch ein
Urgestein der Fanszene im Alter von 47 Jahren seiner langjährigen Nierenerkran-
kung erlag, arrangierte die Fanszene zum entscheidenden Spiel am 34. Spieltag
gegen den SSV Reutlingen folgende Choreografie: Schwarze und weiße Pappkar-
tons, von den Zuschauern im Sitzplatzbereich der Nordwestkurve hochgehalten,
ergaben den Schriftzug GAFF, eine vom Oberrang heruntergelassene Überziehfahne zeigte sein Konterfei und ein Transparent verabschiedete ihn in Anlehnung
an ein bekanntes Country-Lied aus der Fankurve: „Flieg, alter Adler, hinaus in die
Freiheit", stand dort zu lesen, „Leb wohl, Wilmar – wir vermissen dich!". Keine
Kirche „brächte eine eindrucksvollere Trauerkundgebung zusammen", beschreibt
Peter Cardorff dieses „Requiem der Ränge" (Cardorff/Böttger 2005, S. 95ff.).
In der Tat sind derartige Choreografien in der Fußball-Fankultur die beeindru-
ckendste Reaktion auf eine Verlusterfahrung. Sie dienen gewissermaßen als medialer Verstärker: Auch Mitglieder der Fanszene, die den Verstorbenen persönlich nicht gekannt haben, und letztlich sämtliche Zuschauer im Stadion, werden
per Abschiedsritual informiert und können dadurch Anteil nehmen. Unterstützt
wird diese Funktion durch Todesanzeigen und Nachrufe in *Fanzines* oder *Infozi-
nes*, den Alternativmedienformaten der Fußball-Fanszene. Über die subkulturellen
Ausdrucksmöglichkeiten der Fankultur werden somit Formen der kollektiven und
öffentlichen Trauer inszeniert. Doch beschränken sich solche Abschiedschoreo-
grafien nicht auf Todesfälle innerhalb der Fanszene. Im Zuge der oben angespro-
chenen fankulturellen Restauration eines historischen Bewusstseins arrangieren
viele Fankurven gerade beim Tod verdienter, ehemaliger Spieler solche Choreografien. Beispielsweise hüllten die Ultras Frankfurt beim ersten Heimspiel nach
dem Ableben von Alfred Pfaff, Weltmeister von 1954 sowie Ehrenmitglied und

Ehrenspielführer von Eintracht Frankfurt, die Nordwestkurve in schwarze Papp-tafeln, entrollten eine Überziehfahne mit seinem Konterfei und ein Transparent mit der Inschrift „Wer mit dem Adler fliegt, der auch den Tod besiegt". Doch nicht nur spektakuläre Choreografien, auch kleine Gesten dienen als Abschiedsrituale: Oft lassen Fans den ehemaligen Stammplatz ihres verstorbenen Freundes im Stadion zum ersten Heimspiel nach seinem Hinscheiden leer, schmü-cken ihn mit persönlichen Utensilien, zum Beispiel einem Schal (vgl. Hebenstreit 2011c). Oder sie erfüllen ihm den letzten Wunsch, so wie die rund 2.000 Han-sa-Fans, die nach dem Tod des Fanbeauftragten Axel „Boulette" Klingbeil zum letzten Saisonspiel 2009/10 der Amateure kamen. Klingbeil war Fan der Ama-teurmannschaft und hatte sich zu Lebzeiten stets eine höhere Publikumszahl im Rostocker Volksstadion gewünscht. Joachim Fischer, 1. Vorsitzender des Vereins *Fanszene Rostock e.V.* startete daraufhin einen Aufruf, ihm diesen Wunsch zu erfüllen (vgl. Hansa Rostock 2010).

Bizarr erscheint dagegen ein Abschied, den im März 2011 Mitglieder von *Barra del Indio*, einer Ultra-Gruppe des kolumbianischen Erstligaklubs Cúcuta Deportivo zelebrierten. Nachdem sie den Sarg mit dem Leichnam ihres getöteten Freundes Christopher Jacome beim Bestattungsinstitut entwendet hatten, trugen Hunderte Fans, darunter auch die Mutter des Toten, ebendiesen in einem Leichen-zug ins Stadion (vgl. La Opinión, 28.03.2011), wo er beim Heimspiel gegen Envi-gado FC selbst Teil des *Tifo*, sprich der akustischen und optischen Inszenierung der Anfeuerung durch die Anhänger in der Fankurve, wurde. Ein Abgesang aus tausenden Kehlen. Auch aus Spanien und Mexiko ist bekannt, dass Fans Urnen mit der Asche eines verstorbenen Freundes oder Verwandten mit zum Spiel nah-men, um die sterblichen Überreste am Stadionbesuch teilhaben zu lassen (vgl. Dayan 2005; Sharpe 2001, S. 19f.).

Weitaus andächtiger sind dagegen die hierzulande üblichen Schweigeminu-ten. Weil das minutiös geplante Spieltagsprotokoll heutiger Fußball-Events nicht für jeden verstorbenen Fan eine offizielle Ehrbezeugung zulässt, schweigen die Fankurven in Eigenregie. Um anschließend *in honorem* des Verstorbenen umso lauter die Mannschaft anzufeuern. Erneut ein Beispiel aus der Fanszene von Ein-tracht Frankfurt: Nach dem Tod des oben genannten Eintracht-Fans Carsten ver-zichteten die Anhänger beim darauffolgenden Heimspiel gegen Bayern München auf das Schwenken oder Aufhängen von Fahnen. In der Nordwestkurve waren lediglich zwei Transparente zu sehen; eines zeigte das Konterfei des Verstorbe-nen, ein anderes enthielt die Trauerbekundung „Geblieben ist die Leere und der Platz neben mir".

Foto 1:   „Geblieben ist die Liebe und der Platz neben mir"

© S. Hebenstreit

Auch in diesem Fall war es nicht möglich, eine offizielle Schweigeminute zu arrangieren, erstmals konnte die Fanszene jedoch erreichen, dass vor der selbstor-
ganisierten Schweigeminute per Stadionlautsprecher das Lieblingslied des Verstorbenen erklang und sein Portrait auf dem Videowürfel des Stadions gezeigt
wurde. Im Vorfeld des Spiels hatten die Ultras Frankfurt das Abschiedsritual per
Infozine und Flugblatt kommuniziert und auch die mitgereisten Fans des FC Bayern gebeten, die Schweigeminute trotz aller Rivalität zu respektieren, was auch
geschah (vgl. auch Thoma 2011):

> „Um gemeinsam mit uns Abschied zu nehmen sind heute Carstens Frau, seine Tochter und sei-
> ne Eltern im Waldstadion. Eine offizielle Schweigeminute kann von der Eintracht leider nicht
> realisiert werden. Es liegt damit an uns, Carsten diese Ehre zuteil werden zu lassen. Wir bit-
> ten euch ab dem Anpfiff um 3 Minuten der Stille, Trauer und Andacht. Bitte respektiert diesen
> Wunsch vieler Trauernder und schließt euch an! Bitte erhebt euch alle ab dem Anpfiff von euren
> Plätzen. Bitte haltet die Stille für die ersten 3 Minuten des Spiels" (Ultras Frankfurt 2008, S. 4).

Anteil zu nehmen am Tod eines Fans, den Hinterbliebenen sein Mitgefühl auszudrücken, das Schweigen der Heimkurve auch im Gästesektor zu respektieren, darin liegt das Besondere dieses Abschiedsrituals. Als „höchstes Stadium der Mas-
senandacht" bezeichnete Peter Cardorff die Schweigeminute, der er bescheinigt,

dass sich dabei „eine echte Anteilnahme, ja solidarische Hinwendung zu den Toten" vollzöge (Cardorff/Böttger 2005, S. 67). Als Beispiel nennt er die Stille der Zuschauer beim Spiel Rapid Wien gegen VÖEST Linz am 31. Mai 1985, die der 39 Fans gedachten, welche zwei Tage zuvor beim Endspiel um den Europapokal der Landesmeister zwischen dem FC Liverpool und Juventus Turin im Brüsseler *Stade du Heysel* ums Leben kamen (ebd., S. 68). Vier Jahre später, am 15. April 1989, wurden während des Halbfinalspiels im englischen Pokalwettbewerb zwischen dem FC Liverpool und Nottingham Forest im Hillsborough Stadium in Sheffield 96 Menschen zu Tode gedrückt, was von vielen Seiten auf eine Fehlorganisation der Veranstalter und der Einsatzkräfte zurückgeführt wurde (vgl. Taylor 1991). Die daraus resultierende Trauerkundgebung zehntausender Fans und Bürger in Liverpool (vgl. Walter 1991, S. 608ff.) bezeichnet Cardorff als „die größte Prozession der europäischen Fußballgeschichte und eine der bedeutendsten Manifestationen der Volkstrauer der letzten Jahrzehnte" (Cardorff/Böttger 2005, S. 82). Freunde und Angehörige der Toten, Fußballfans, aber auch weniger fußballinteressierte Menschen legten im Stadion des FC Liverpool an der Anfield Road im Strafraum des Spielfeldes unzählige Blumen nieder. Ebenso Dinge, die Grabbeigaben gleichkamen: persönliche Gegenstände der Toten wie Kleidungsstücke, Vereinswimpel und Schals oder eigene Erinnerungsstücke an Fußballereignisse wie Stadionzeitungen oder Eintrittskarten. Kommunalpolitische Entscheidungsträger unterstützen die kollektive Trauer; Margaret Thatcher, Prinz Charles und Lady Diana besuchten die Örtlichkeiten. Zahlreiche Pubs und Geschäfte waren mit Trauerdekoration geschmückt. Laut Böttger „gelang hier für einen historischen Moment die Konstitution einer städtischen Gesellschaft als Bürgergemeinschaft mit der Fußballgemeinde als Kern" (ebd.). Auch Anhänger des Lokalrivalen FC Everton artikulierten öffentlich ihre Beileidsbezeugung.

Ein weiteres Beispiel für vereins- und fanszenenübergreifende Anteilnahme, diesmal außerhalb des Stadions, lieferte die *Schickeria München* im November 2010: Auf der Rückfahrt vom Champions-League-Spiel beim AS Rom brachte die Ultra-Gruppierung aus der Fanszene des deutschen Rekordmeisters FC Bayern München auf dem Autogrill *Badia al Pino Est* nahe der toskanischen Stadt Arezzo eine Gedenktafel für Gabriele Sandri an. Der Lazio-Fan war dort drei Jahre zuvor durch den Schuss aus einer Polizeiwaffe getötet worden. Italienische Ultras reagierten damals mit kollektiver Trauer und wütenden Protesten, Politik und Polizei mit verschärfter Repression. Da der Wunsch vieler Italiener, eine Gedenktafel anzubringen, verweigert wurde, handelten die Münchner Ultras in unbürokratischer Eigeninitiative – als „Geste der Menschlichkeit", wie damals auf der Homepage der Gruppe berichtet wurde (vgl. Hebenstreit 2011b, S. 54f.).

7. Zwischen subkultureller Originalität und Kommerzialisierung – Funeralkultur von Fußballfans

Beim intensivsten Abschiedsritual, der Beisetzung, orientiert sich die Subkultur der Fußballfans meist an tradierten Normierungen der bürgerlichen, oft kirchlich-geprägten Funeralkultur, nicht selten akzentuieren Fans die Totenfeier aber mit subkulturellem Beiwerk. Freunde erscheinen nicht in schwarzer Trauerkleidung, tragen anstatt dessen Fanclub-T-Shirts oder Trikots des Lieblingsvereins. Zuweilen erschallt die Vereinshymne aus dem Lautsprecher der Aussegnungshalle, manchmal singen die Fans am Grab selbst. Oft zieren Schals und Fahnen den Sarg oder die Grabstätte, womit sich der Liedtext eines in der Anhängerschaft von Eintracht Frankfurt bekannten Fangesangs realisiert: „Wenn ich einst gestorben bin, / so trägt man mich zum Friedhof hin. / Und auf meinem Grabe da soll man seh'n / eine schwarz-weiße Fahne im Winde weh'n."[5]

Derartige Artikulationsformen fankultureller Trauer sowie der augenfällige Wunsch nach postmortaler Identifikation mit dem Verein seitens einiger Fans wurden mittlerweile vom professionellen Bestattungswesen rezipiert. Auf dem Hauptfriedhof Hamburg-Altona wurde am 9. September 2008, am „Tag des Friedhofs", das *Grabfeld HSV* eröffnet. Dieses, verstorbenen Anhängern des Hamburger Sport-Vereins vorbehaltene Gräberfeld hat die Größe eines halben Fußballfeldes und ist in seiner Anlage einem Stadion bzw. einer Stehplatzkurve nachempfunden – mit einem aus Beton gegossenen Fußballtor am Eingang (zur Vermarktung siehe: Herzog 2011, S. 168-173). Eine gewisse Vorbildfunktion hatte hier sicherlich das *AJAX-verstrooiveld* auf dem Amsterdamer Friedhof *Westgaarde*, wo 1996 nach dem Abriss des alten Stadions von Ajax Amsterdam *De Meer* ein Stück von „het heilige Gras" angepflanzt worden war. Eine besondere Form der Totenbestattung stellt dagegen die in Großbritannien mögliche Ascheverstreuung auf dem Stadionrasen dar (vgl. ebd., S. 173-179).

In Deutschland sind mittlerweile Urnen oder Särge mit Wappen von Bundesligavereinen erhältlich und Bestattungsinstitute bieten Themenbestattungen für Fußballfans an. Bemerkenswerterweise untersagte die Rechtsabteilung der Eintracht Frankfurt Fußball AG 2009 einem lokalen Beerdigungsinstitut, Särge und Messing-Urnen mit Eintracht-Motiv anzubieten. Die Pietät, die mit dem Werbetext „Der letzte Weg: Ein wahres Fan-Leben hört mit dem Tod nicht auf" Themenbestattungen für Fans, auf Wunsch mit Rollrasen und Fußballschuhen, ange-

---

5   Erfreulicherweise ist kein Fall bekannt, in dem sich auf der letzten Ruhestätte eines Borussia-Dortmund-Anhängers folgendes Spottlied aus der Schalker Fanszene realisierte: „Und ist der Feind gestorben, / dann ist noch lang nicht Schluss, / die Grabstätte, die Grabstätte / geschändet werden muss!"

boten hatte, wollte auch in der offiziellen Stadionzeitung für ihre Dienstleistung werben (zit. nach: Bestatterzeitung 2010, Rhein-Main-Markt 2008; vgl. Der Bestatter 2009). Gleichzeitig wies der Pressesprecher der Eintracht Frankfurt Fußball AG 2009 darauf hin, dass der Klub keines dieser Produkte im vereinseigenen Merchandising anbieten werde: „Wir wollen weder Marketing noch Kommerz mit dem Tod machen", lautete die offizielle Stellungnahme (zit. nach: Leppert 2009; vgl. Thoma 2011). Dem Geschäftsmodell eines Dortmunder Bestattungsinstituts folgend, das bei Särgen zwar traditionsreiche Farbkombinationen verwendet, die offenkundig zwei namhaften Bundesligisten aus dem Ruhrgebiet zuzuordnen sind, jedoch keinerlei Vereinswappen oder -namen nutzt, bietet besagte Frankfurter Pietät auf der Internetseite weiterhin „Eintracht-Bestattungen" an.

8. „Für immer in unseren Herzen!" Gedenkturniere als Ausdruck der Memorialkultur von Fans

Um die Verstorbenen nicht in Vergessenheit geraten zu lassen, ihnen nicht nur auf dem Friedhof ein ehrendes Andenken zu bewahren, pflegen Fußball-Fans eine eigene Memorialkultur, die vor allem in Gedenkturnieren zum Ausdruck kommt. Weit verbreitet sind solche Fußballturniere in der italienischen Ultra-Szene, wo sie *Torneo in Memoria degli Amici Scomparsi*, sprich ‚Turnier in Gedenken an die vermissten Freunde' heißen. Gespielt in einem Modus mit mehreren Gruppenspielen, in denen die Finalisten ermittelt werden, dauern diese Turniere oft mehrere Monate. Die eigentliche Gedenkfeier findet am letzten Turniertag im Rahmen der Finalspiele statt, für die alle Angehörigen der Verstorbenen eine Einladung der Organisatoren erhalten. In Bergamo laden die Ultras der *Curva Nord* die Familien verstorbener Fans zur jährlichen Gedenkfeier ein. Begleitet von Schlachtrufen und Gesängen verlesen die Hinterbliebenen während einer Zeremonie vor Anpfiff des Endspiels die Namen der Verstorbenen und die Angehörigen bekommen auf einer Bühne Blumen überreicht. Eine im Anschluss an diese Zeremonie abgehaltene Trauerminute endet in dem Fangesang „Siamo sempre con voi!", (Wir sind immer mit euch). Die Emotionalität dieses Moments erhöht sich durch das Zünden bengalischer Fackeln, im Soziolekt *Bengalos* genannt.

Foto 2: „Bengalos"

© S. Hebenstreit

Etwas überschaubarer, aber nicht minder emotional verlaufen solche Gedenkturniere im deutschsprachigen Raum, wo Ultras von ihren italienischen Vorreitern –
wie manch anderes Fan-Ritual auch – gleichermaßen die Idee übernommen haben,
Gedenkturniere zu veranstalten. Ein Beispiel hierfür bietet das „Studi-Turnier"
in der Fanszene des österreichischen Bundesligisten FC Wacker Innsbruck, be-
nannt nach dem Fan Wolfgang „Studi" Studirach, der im September 1997 im Alter von 27 Jahren bei einem Autounfall sein Leben verlor (vgl. Hebenstreit 2011c).

Foto 3: Wolfgang „Studi" Studirach

© S. Hebenstreit

Seine Freunde des Fanclubs „Verrückte Köpfe 1991", einer der ältesten Ultra-Gruppierungen im deutschsprachigen Raum, sprühten damals einen Nachruf auf den Sockel der Flutlichtanlage im alten, mittlerweile abgerissenen Tivolistadion: „Veilchen verblühen, aber du lebst immer in unseren Herzen",[6] lautete die Inschrift mit Bezug auf die violetten Vereinsfarben des Regionalrivalen Austria Salzburg. Ein Epitaph aus weißem Acryllack mit gemeinschaftssinnstiftender Funktion. Um Studirach in der Erinnerung lebendig zu halten, entschlossen sich die Innsbrucker Ultras, fortan ein jährliches Turnier zu organisieren. 2011 fand dieses zum vierzehnten Mal statt, elf Mannschaften aus dem Umfeld der Fanszene liefen am Länderspiel-Wochenende im September in Erinnerung an Studirach auf (vgl. Hebenstreit 2011c). In seinem Ablauf ähnelt das Studi-Turnier den Gedenkturnieren italienischer Ultras. Höhepunkt der Erinnerung ist alljährlich die

---

6   Cardorff, der die symbolische Bedeutung von Vereinsfarben in der Funeralkultur thematisiert, liefert ein Beispiel für eine konträre Auffassung: „Veilchen blühen ewig", ist auf der Grabplatte eines auf dem Friedhof Wien-Inzersdorf beigesetzten Fans von Austria Wien eingemeißelt (Cardorff/Böttger 2005, S. 118).

zwischen Platzierungsspielen und Finale abgehaltene Trauerminute, zu der sich alle Teilnehmer und Besucher andächtig neben dem Spielfeld versammeln und *Bengalos* zünden. Die aufbrechende Emotionalität äußerst sich in gemeinschaftlichen „Studi"-Sprechchören und dem lautstark gesungenen Lied der Nordtribüne: „FC Wacker Innsbruck, wir würden sterben für euch. Und wenn wir auferstehen, dann singen und tanzen wir zugleich!"

Wolfgang Studirach ist am Turniertag allgegenwärtig. Bereits im Vorfeld des Gedenkturniers lassen die Organisatoren T-Shirts mit den Namen der teilnehmenden Mannschaften und dem Konterfei des Verstorbenen bedrucken, die alle Teilnehmer erhalten. Am selbst betriebenen Getränkestand stellen die Fanclubmitglieder Schautafeln mit Fotos des Verstorbenen auf. Auffallend an der Szenerie des Sportplatzes, auf dem das Gedenkturnier ausgetragen wird, sind zudem einzelne, an den Zäunen befestigte Transparente mit persönlichen Widmungen. Deren Inschriften lauten unter anderem „Studi, wir spielen für dich", „Studi – Für immer in unseren Herzen" oder „Deine Freunde im Leben und jetzt auch im Tod". Im Rahmen des Turniers kommt es zur intensiven gedanklichen Beschäftigung mit dem Verstorbenen. Bei Gesprächen während des Turniers oder des Beisammensein im Anschluss an das Finale erzählen ältere Fans den überwiegend jugendlichen Teilnehmern persönliche Anekdoten und Erinnerungen an ihren verstorbenen Weggefährten. Das Bemerkenswerte an diesem subkulturellen Memorial ist nämlich, dass die große Mehrheit der Teilnehmer und Gäste den Verstorbenen altersbedingt selbst nicht kannte. Neben der Bedeutung für eine intergenerationale Memorialkultur unter Fußballfans bergen derartige Gedenkturniere damit auch Potentiale für die Herausbildung einer subkultur-internen Solidarität innerhalb der Fanszene (vgl. Hebenstreit 2011b, S. 55). Dies bestätigt sich auch für die Fanszene in Frankfurt, wo ebenfalls Gedenkturniere sowie Konzerte als Benefizveranstaltungen für die Familie eines verstorbenen Fans durchgeführt wurden.

9. Diskussion und weiterführende Überlegungen

Ziel des vorliegenden Beitrages ist es, einzelne Einblicke in die Sepulkral- und Memorialkultur von Fußballfans zu bieten und damit an einen bislang kaum beachteten Aspekt des Fantums heranzuführen. Weitere, darauf aufbauende soziologische Forschungen könnten einzelne Trauer- und Gedenkrituale näher analysieren oder nach den sozialen Funktionen der fankulturellen Sepulkral- und Memorialkultur fragen. Die hier geschilderten Beobachtungen lassen die These zu, dass die Trauerrituale beim Erleben des Todes in der Gruppe subkulturelle Ordnungs- und Sinnstiftungsfaktoren darstellen und dabei gewissermaßen als

,Kontingenzbewältigungspraxis' eine Form des Handelns und der adaptiven Bewältigung in den prozessualen Phasen der Trauerarbeit ermöglichen. Die Interpretation Brombergers (1998, S. 283), wonach Fußball als Metapher für Brüche
und Negativ-Erlebnisse im Leben der Fans verstanden werden kann, ließe sich
möglicherweise auch auf den Tod, genauer gesagt das Erleben des Todesfalls innerhalb der Fanszene, erweitern. Zu untersuchen wäre, inwiefern einzelne Trauerrituale und Elemente der subkulturspezifischen Trauerarbeit angesichts eines
Todesfalls Orientierungen und Festigung bieten. Augenscheinlich ist die Trauer
Artikulation der Verlusterfahrung und Bewältigung derselben zugleich. Damit
verbundene Rituale lösen die Trauer indes nicht auf, sondern integrieren das Erleben eines Verlusts und die dazugehörige Trauer in die subkulturelle Lebenswelt der Fans. Die Rituale führen Fußballfans zur Realität des Todes ihrer Freunde, liefern ihnen Vertrauenshilfen und spenden Trost. Sie geben ihnen zugleich
Möglichkeiten und Grenzen an, Gefühlen Ausdruck zu verleihen. Gleichzeitig
eröffnet die Möglichkeit, der Trauer eine individuelle Form zu geben, auch kreative Freiräume, die den Trauerprozess vermutlich fördern. Prinzipiell ist anzunehmen, dass einzelne Trauer- und Gedenkrituale in der Regel nur innerhalb der
Subkultur einer Fanszene und ihrer Gruppen wirken. Hingegen sind gerade die
beschriebenen Choreografien in der Fankurve Ausdruck eines öffentlichen, demonstrativ wirkenden Trauerns bzw. Gedenkens. Zu sehen ist dies freilich vor dem
Hintergrund der festzustellenden Erosion traditioneller Todesriten in modernen
Gesellschaften, wo Trauerritualen eine deutlich geringere Bedeutung zukommt
als es in vorindustriellen Epochen der Fall war. Während sich allgemein eine Pri-
vatisierung und Anonymisierung sowie die einhergehende Entritualisierung von
Trauer konstatieren lässt, verbunden mit der Beobachtung, dass Tod und Sterben
oftmals tabuisiert werden und Trauer im modernen Westen „einsam, innen, psy-
chisch, privat und ohne Form" verläuft (Michaels 2007, S. 13), gestaltet sich die
Sepulkralkuktur von Fußballfans gemeinschaftlich, wirkt in einem bestimmten
Maße demonstrativ nach außen und wird zum Teil auch körperlich praktiziert.
Insgesamt hebt sich die Sepulkral- und Memorialkultur von Fußballfans in vielen Punkten von Trauer- und Gedenkritualen in anderen Kontexten ab, rekurriert
aber auch auf einzelne tradierte Rituale der Gesamtgesellschaft. Damit bestätigt
sich ein Eindruck, wonach (traditionelle) Rituale des Sepulkralwesens an Kraft
verlieren, sich auflösen, aber auch in neue „Patchworkrituale" (Fischer 2011, S.
15ff.) übernommen werden. Auch die Trauerrituale und das Totengedenken von
Fußballfans sind vielfältiger Ausdruck kombinierter Elemente der allgemeinen
und subkulturellen Funeral- bzw. Sepulkral- sowie Erinnerungskultur.

Grundlegende Fragestellungen einer sich als Antwort auf die Entflechtung sozialer Erfahrungsbereiche und Lebenszusammenhänge verstehenden Soziologie (z.b. Berger/Berger 1976, S. 19) müssen notwendigerweise auch Bruchstellen im sozialen und kulturellen Umfeld des Sports in Anschlag bringen, was sich entlang einer Einordnung des fankulturellen Sepulkralwesens in die allgemeine Erinnerungskultur und Vergemeinschaftungsleistung des Fußballsports umsetzen lässt. Es ist naheliegend, dass die in der Vereinsfußballkultur existenten sozialen Beziehungen zwischen Spielern, Vereinen und Fans infolge der Professionalisierung und Kommerzialisierung brüchig (vgl. Hebenstreit 2011a) und durch ein „illusionäres Wir-Gefühl" (Vinnai 2010, S. 145) ersetzt wurden. Lebenslange soziale Bindungen der Akteure an einen Verein und darauf gründende Vergemeinschaftungen scheinen im Profisport zunehmend zur Ausnahme zu werden, wenn Spieler und Funktionäre sich nur temporär per Arbeitsvertrag an einen Klub binden und sogenannte ‚Erfolgsfans' oder ‚fair-weather-fans' den sporadischen Stadionbesuch von der Attraktivität des Gegners und dem Wetterbericht abhängig machen oder gar die Frage nach dem Lieblingsverein je nach Tabellensituation variabel beantworten. Direkt wären davon die „transgenerationalen Gemeinschaften" (Herzog 2011, S. 164) der ‚Vereinsfamilien' betroffen, indirekt wohl auch die Memorial- und Sepulkralkultur im Fußball, der Umgang mit dem physischen Tod, aber etwa auch die Beeinflussung des postmortalen sozialen Sterbens von Menschen aus dem Umfeld eines Vereins und seiner Fanszene. Vor der Folie, dass der Fußball „nicht etwa tieferliegende soziale Werte, eine Art Verborgenes oder gesellschaftlich Unbewusstes" offenbart, sondern „ein Mittel, soziale Werte aktiv (...) auszudrücken", darstellt (Rolshoven 2004, S. 49), können die Trauerrituale auch als subkulturelle Reaktion auf die sich aus der Fluktuation aller Akteure ergebende soziale Desintegration und Anonymität auf der Mikroebene eines Vereins betrachtet werden. Die bewusste Symbolisierung und Ritualisierung der Trauer hätte dieser Interpretation zufolge eine Bedeutung über die Bewältigung der unmittelbar erlebten Verlusterfahrung hinaus, könnte hiernach neben einer Stärkung des Zusammenhalts bzw. der Zusammengehörigkeit als direkte Reaktion auf die temporär erfahrene Bedrohung durch den Tod auch ein Moment eines Vergemeinschaftungsprozesses gegen wahrgenommene soziale Erosionen im Erfahrungshorizont des Zuschauersports Fußball implizieren. Vielleicht bewahrheitet sich demgemäß letztlich doch der triviale Ausspruch des ehemaligen Präsidenten des FC Liverpool Bill Shankly, wonach Fußball keine Frage von Leben und Tod sei, sondern weitaus ernster.

Literatur

Aufmuth, Ulrich (1986). Risikosport und Identitätsbegehren. Überlegungen am Beispiel des Extrem-Alpinismus. In: G. Gebauer & G. Hortleder (Hrsg.), *Sport – Eros – Tod* (S. 188-215). Frankfurt am Main: Suhrkamp.

Austria Salzburg (o.J.). *Todesstoß mit anschließender Auferstehung.* http://www.austria-salzburg.at/geschichte/tod-und-wiederauferstehung/. Zugegriffen: 04.10.2011.

Balestrini, Nanni (1995). *I furiosi. Die Wütenden.* Aus dem Ital. von Dario Azzellini. Berlin/Amsterdam: Ed. ID-Archiv.

Berger, Peter L. & Berger, Brigitte (1976). *Wir und die Gesellschaft. Eine Einführung in die Soziologie – entwickelt an der Alltagserfahrung.* Reinbek: Rowohlt.

Bestatterzeitung (2010). *Zoff um Beerdigungsangebot für Eintracht-Fans – Fußballverein lehnt Geschäftsmodell ab.* http://www.bestatterzeitung.de/Zoff-um-Beerdigungsangebot-fuer-Eintracht-Fans---Fussballverein-lehnt-Geschaeftsmodell-ab-127964.htm. Zugegriffen: 05.10.2011.

Biermann, Christoph (2010). *Wenn Du am Spieltag beerdigt wirst, kann ich leider nicht kommen. Die Welt der Fußballfans,* 7. Aufl. Köln: Kiepenheuer & Witsch.

Bromberger, Christian (1998). Passions... pour le football. In: ders. (Hrsg.), *Passions ordinaire. Du match de football au concours de dictée* (S. 271-307). Paris: Bayard.

Bromberger, Christian (1995). *Le match de football. Ethnologie d'une passion partisane à Marseille, Naples et Turin.* Paris: Éd. de la Maison des Sciences de l'Homme.

Cardorff, Peter & Böttger, Conny (2005). *Der letzte Pass. Fußballzauber in Friedhofswelten.* Göttingen: Verl. Die Werkstatt.

Christa, Harald (2006). Zwischen Fankultur, Ballkunst und Kommerz – Betrachtungen zum Systemwechsel im professionellen Fußball. In: R. Evers, H. Brandes & H. Christa (Hrsg.), *Hauptsache Fußball. Sozialwissenschaftliche Einwürfe* (S. 71-94). Gießen: Psychosozial-Verl.

Dayan, Mariano (2005). Vereinstreue. Urne in der Stadionkurve. *Der Spiegel.* http://www.spiegel.de/sport/fussball/0,1518,364004,00.html. Zugegriffen: 05.10.2011.

Der Bestatter (2009). Fußball-Verein Eintracht Frankfurt sperrt sich. Keine offiziellen Eintracht-Bestattungen. *Der Bestatter,* 1, 17.

Fischer, Norbert (2011). *Inszenierte Gedächtnislandschaften: Perspektiven neuer Bestattungs- und Erinnerungskultur im 21. Jahrhundert.* Eine Studie im Auftrag von Aeternitas e.V. Königswinter: Aeternitas.

Gebauer, Gunter (1986a). Das Begehren des Athleten. In: ders. & G. Hortleder (Hrsg.), *Sport – Eros – Tod* (S. 167-187). Frankfurt am Main: Suhrkamp.

Gebauer, Gunter (1986b). Das Spiel gegen den Tod. Epilog. In: ders. & G. Hortleder (Hrsg.), *Sport – Eros – Tod* (S. 271-282). Frankfurt am Main: Suhrkamp.

Girtler, Roland (2003 [1995]). *Randkulturen. Theorie der Unanständigkeit,* 3. Aufl. Wien [u.a.]: Böhlau.

Gömmel, Rainer (2004). Der „Club" und sein Hinterland: der 1. FC Nürnberg als Faktor fränkischen Regionalbewusstseins. In: W. Pyta (Hrsg.), *Der lange Weg zur Bundesliga: Zum Siegeszug des Fußballs in Deutschland* (S. 171-181). Münster: Lit.

Hansa Rostock (2010). *Hansa-Fanbeauftragter Axel „Boulette" Klingbeil gestorben.* http://www.fc-hansa.de/index.php?id=154&oid=12209. Zugegriffen: 05.10.2011.

Hebenstreit, Stefan (2011a). Beziehungskiste Bundesliga. Über das gespannte Verhältnis zwischen Vereinen, Spielern und Fans im Profifußball. *360°. Das studentische Journal für Politik und Gesellschaft.*

Hebenstreit, Stefan (2011b). Nur wer vergessen wird, ist wirklich tot. *Ballesterer. Magazin zur offensiven Erweiterung des Fußballhorizonts*, 66, 52-55.

Hebenstreit, Stefan (2011c). Gedenkrituale. Ein bemerkenswerter Aspekt der Fankultur. *Tivoli. Das Stadionmagazin des FC Wacker Innsbruck*, 14-15.

Hebenstreit, Stefan (2011d). *Auswirkungen der Kommerzialisierung auf Vereinsidentität und -identifikation im Zuschauersport Fußball*. Unveröffentl. Vortragsmanuskript. Vortrag gehalten am 24.05.2011 am Fachbereich Gesellschaftswissenschaften der Universität Frankfurt am Main.

Herzog, Markwart (2011). „Wahre Leidenschaft kennt keinen Abpfiff": Postmortale Inszenierung, Memoralisierung und Verewigung in Fangemeinschaften des Vereinsfußball. In: D. Groß, B. Tag & C. Schweikhardt (Hrsg.), *Who wants to live forever? Postmoderne Formen des Weiterwirkens nach dem Tod* (S. 163-188), (Todesbilder: Studien zum gesellschaftlichen Umgang mit dem Tod, Bd. 5). Frankfurt am Main/New York: Campus.

Herzog, Markwart (2005). Trauer- und Bestattungsrituale der Fußball-Vereinskultur. Totenmemoria – Ahnenbiographien – Stadionbegräbnis – Performance. In: ders. & N. Fischer (Hrsg.), *Nekropolis. Der Friedhof als Ort der Toten und der Lebenden* (S. 181-210), (Irseer Dialoge; 10). Stuttgart: Kohlhammer.

Jacob, Stefan (2000). *Sport im 20. Jahrhundert. Werden, Wirklichkeit, Würdigung eines soziokulturellen Phänomens*. Marburg: Tectum.

Kamper, Dietmar (1988). Narzissmus und Sport. Einige Überlegungen zur Macht des imaginären Todes, nach Lacan. In: G. Gebauer (Hrsg.), *Körper- und Einbildungskraft. Inszenierungen des Helden im Sport* (S. 116-122). Berlin: Reimer.

Kast, Verena (2010). *Trauern. Phasen und Chancen des psychischen Prozesses*, 32. Aufl. Stuttgart: Kreuz.

La Opinión (2011). *Hinchas de la 'Barra del Indio' ingresaron féretro al estadio*. http://www.laopinion.com.co/noticias/index.php?option=com_content&task=view&id=370275&Itemid=114. Zugegriffen: 05.10.2011.

Leppert, Georg (2009). Adler auf der Gruft. *Frankfurter Rundschau*, 05.02.2009, S. 34.

Lindner, Rolf (1983). Von sportsmen und einfachen Leuten. Zur Sozialgeschichte des Fußballsports. In: ders. (Hrsg.), *Der Satz „Der Ball ist rund" hat eine gewisse philosophische Tiefe. Sport, Kultur. Zivilisation* (S. 22-36). Berlin: Transit-Verl.

Michaels, Axel (2007). Trauer und rituelle Trauer. In: J. Assmann, F. Maciejewski & A. Michaels (Hrsg.), *Der Abschied von den Toten. Trauerrituale im Kulturvergleich*, 2. überarb. Aufl. (S. 7-15). Göttingen: Wallstein.

Müller, Arno (2011). Das Thema Tod in der Sportphilosophie – historische Aspekte. In: J. Court, A. Müller & C. Wacker (Hrsg.), *Jahrbuch 2009 der Deutschen Gesellschaft für Geschichte der Sportwissenschaft e.V.* (S. 141-172), Studien zur Geschichte des Sports 11. Berlin: LIT.

Müller, Arno (2008). *Risikosport. Suizid oder Lebenskunst?* Hamburg: Merus.

Neumann, Fritz (2005). Red Bull Salzburg: Fronten verhärtet. *Der Standard*, Printausgabe vom 02.08.2005.

Noss, Peter (2006). „Geboren um für Schalke zu sterben." Fußballfans und ihr Bekenntnis. In: ders. (Hrsg.), *fußball ver-rückt: Gefühl, Vernunft und Religion. Annäherungen an eine besondere Welt*, 3. Aufl. (S. 125-132). Berlin: LIT.

Pfister, Gertrud (2005). Wem gehörte der Fußball? Wie ein englisches Spiel die Welt eroberte. In: M. Fanizadeh et al. (Hrsg.), *Global Players: Kultur, Ökonomie und Politik des Fußballs*, 2. Aufl. (S. 17-56), Historische Sozialkunde; 20 / Internationale Entwicklung, Journal für Entwicklungspolitik; Ergänzungsband 11. Frankfurt am Main: Brandes & Apsel.

Phoenix Sons (2000). Abschiedstour des Karlsruher Sportclubs. Ein Rückblick der Phoenix Sons. *Match Live*, 42, 31-32.

Prosser, Michael (1996). Der Reiz der Todesgefahr beim Sport. In: C. Daxelmüller (Hrsg.), *Tod und Gesellschaft – Tod im Wandel* (S. 141-148). Begleitband zur Ausstellung im Diözesanmuseum Obermünster Regensburg. Regensburg: Schnell und Steiner.

Pyta, Wolfram (2004). Der Beitrag des Fußballsports zur kulturellen Identitätsstiftung in Deutschland. In: ders. (Hrsg.), *Der lange Weg zur Bundesliga. Zum Siegeszug des Fußballs in Deutschland* (S. 1-30). Münster: LIT.

Rhein-Main-Markt 2008). Standesgemäße Bestattung für Eintracht-Fans. *Rhein-Main-Markt*, 30.08.2008.

Rolshoven, Johanna (2004). Fußball aus kulturwissenschaftlicher Sicht. In: B. Schmidt-Lauber (Hrsg.), *FC St. Pauli. Zur Ethnographie eines Vereins*, 2. akt., erg. u. erw. Aufl. (S. 34-50). Münster: LIT.

Ultras Frankfurt (2008). *Schwarz auf Weiß. Offizielles Organ der Ultras Frankfurt 1997*, Nr. 53, 28.10.2008.

Schickeria München (2010). *Gabbo Vive! „Wer vergisst, ist Komplize!“*. http://www.schickeria-muenchen.org/?id=222. Zugegriffen :26.11.2010.

Schwier, Jürgen (2005). Die Welt der Ultras. Eine neue Generation von Fußballfans. *Sport und Gesellschaft*, 1, 21-38.

Sharpe, Graham (2001). *The Final Whistle. Midfield farewells, sudden deaths and other strange true passings from football's history*. London: Robson.

Taylor, Ian (1991). Hillsborough, 15. April 1989. In: R. Horak & W. Reiter (Hrsg.), *Die Kanten des runden Leders* (S. 35-44), Beiträge zur europäischen Fußballkultur. Wien: Promedia.

Thoma, Matthias (2011). *„Wer mit dem Adler fliegt, der auch den Tod besiegt.“ Rituale des Totengedenkens bei Eintracht Frankfurt* (Arbeitstitel). Verschriftlichung des gleichnamigen Vortrags bei der Tagung „Die Memorial- und Sepulkralkultur des Fußballsports, 12.11.-14.11.2010, Schwabenakademie Irsee.

Vinnai, Gerd (2010). Schattenseiten der Fußballbegeisterung. In: B. Lederer (Hrsg.), *Teil-Nehmen und Teil-Haben. Fußball aus Sicht kritischer Fans und Gesellschaftswissenschaftler* (S. 143-169). Göttingen: Die Werkstatt.

Walter, Tony (1991). The mourning after Hillsborough. *The Sociological Review* 39(3), 599-625.

Wangen, Edgar (2009). *Die Gräber der Götter. Fußballhelden und ihre letzte Ruhestätte*. Göttingen: Die Werkstatt.

„You will never walk alone" – Kommunikative Bezugnahmen von Religion und Sport angesichts der Krise des Todes[1]

Kornelia Sammet / Christel Gärtner

When you walk through a storm
Hold your head up high
And don't be afraid of the dark.
At the end of the storm
There's a golden sky
And the sweet, silver song of a lark.
Walk on, through the wind,
Walk on, through the rain,
Though your dreams be tossed and blown.
Walk on, walk on with hope in your heart,
And you'll never walk alone,
You'll never walk alone
Walk on, walk on with hope in your heart,
And you'll never walk alone,
You'll never walk alone

Fußball wird häufig als eine Religion bezeichnet, bisweilen durch ein Attribut näher gekennzeichnet als „Diesseits"-, „Quasi"- oder Ersatzreligion. Als Beleg wird dann angeführt, dass er ein Ort „kollektiver Efferveszenz" sei oder dass er Mythen, Helden und Rituale hervorbringe. Dabei wird auch auf das oben zitierte Lied „You will never walk alone" verwiesen, das als Fußballhymne schlechthin gilt und auf das wir noch zu sprechen kommen werden. Als Ersatzreligion könne der Fußball außeralltägliche Vergemeinschaftungen konstituieren, die das alltagsweltliche Erleben transzendieren, und als funktionales Äquivalent von Religion immanent Sinn stiften. Der Beitrag will sich diesen Funktionszuschreibungen nicht anschließen, sondern vielmehr der Bedeutung der „großen Transzendenz" (Luckmann, 1985) nachgehen und erkunden, welche Bezugnahmen die Aktualisierung der „Krise des Todes" (Oevermann, 2001, S. 314-321) im Fußball hervorbringt. Dabei beziehen wir uns auf ein Ereignis, das im Herbst 2009 einen Schock nicht nur in der Öffentlichkeit des Fußballs ausgelöst und weitgehend Ratlosig-

---

1 Diesem Text liegt ein Vortrag im Rahmen der Jahrestagung der Sektion Sportsoziologie der Deutschen Vereinigung für Sportwissenschaft „Körper, Kult und Konfession. Religiöse Dimensionen des Sports und des Körperkults" zugrunde, die in Kooperation mit den DGS-Sektionen Soziologie des Körpers und des Sports sowie Religionssoziologie durchgeführt wurde. Wir danken den Teilnehmenden für zahlreiche anregende Diskussionsbeiträge.

keit hinterlassen hat: der Tod des Hannoveraner Torwarts Robert Enke, der sich
am 10. November 2009 das Leben nahm. Uns interessieren an diesem Ereignis die kommunikativen Bezugnahmen
von Religion und Fußball. Wir untersuchen, wie der Fußball in die Kirche und
die Religion bzw. die Kirche ins Stadion kamen. Dabei nehmen wir die Trauerfeiern in den Blick, die in der Zeit danach stattgefunden haben, und analysieren
die Predigt der damaligen Landesbischöfin Margot Käßmann in einer Kirche und
die Ansprache des DFB-Präsidenten Theo Zwanziger im Rahmen der Trauerfeier
im Stadion in Hannover. Die Analysen zielen einerseits darauf, wie im Sport auf
tradierte religiöse Praktiken, Rituale, Symbole und Semantiken zurückgegriffen
wird, um das Geschehene zu bewältigen. Andererseits soll herausgearbeitet werden, wie in der Kirche und insbesondere von der Bischöfin auf Symbole, Praktiken und Semantiken des Sports Bezug genommen wird. Es soll also um wechselseitige Anschlüsse, Rekurse und Anleihen gehen.

Unseren Analysen stellen wir zunächst einige theoretische Überlegungen
zum Verhältnis von Religion und Sport voran.

1. Zum Verhältnis von Religion und Sport: Ist der Fußball eine (Ersatz-) Religion?

1.1 Religion beim, im und am Fußball

Religion und Sport bzw. Fußball, auf den wir uns beschränken, betrachten wir
als zwei ausdifferenzierte Systeme, die aber gleichwohl miteinander kommunizieren (vgl. dazu Krech 2011) – und mitunter auch aufeinander verwiesen sind.
Religion und Fußball als getrennte Funktionssysteme zu betrachten ist keineswegs selbstverständlich; viel verbreiteter ist es, das Phänomen Fußball mittels
einer religiösen Metaphorik zu beschreiben oder gar mit Religion in eins zu setzen (z.B. Noss, 2004).

Ansätzen, die Parallelen zwischen Fußball und Religion konstatieren oder
Fußball als Religion betrachten, geht es oftmals gar nicht um das Fußballspiel als
solches, sondern um die sozialen Aktivitäten, die um den Fußball herum zu beobachten sind. Diese werden, wie Martínez ausführt, als „verdeckte Wiederbelebung religiöser Praktiken" (2002, S. 30) gedeutet. Vor allem das Fanverhalten
wird in die Nähe kultischer Handlungen gerückt und dem Fußball eine sinnstiftende Funktion für die Fans zugeschrieben. Dabei werden Begriffe wie Ritual,
Kult, kollektive Efferveszenz, Mythen, Symbole, auch magische Praktiken und
Aberglauben verwendet, die allesamt als universale religiöse Kommunikations-

formen betrachtet werden. Auch dann, wenn das Fußballspiel selbst als „säkulares" Ritual beschrieben wird, werden einige dazu gehörende Elemente gerne unter religiöse Kategorien subsumiert: Die Gesänge während des Spiels gelten als kultisch-liturgische Responsorien, Fußballer als besonders qualifizierte Personen, die sich mitunter als „inspirierte Medien" inszenieren – z.b. wenn religiöse Fußballspieler ihr Trikot nach einem Tor heben und darunter eine religiöse Botschaft sichtbar wird – oder sie werden gar als quasi „Heilige" verehrt; Schiedsrichter besorgten „priesterlich" die ordnungsgemäße Durchführung des Spiels, die FIFA legte „kirchenähnlich" die Regeln des Spiels fest, die Fans trügen „Kutten" und seien wie Gläubige in eine Gemeinschaft eingebunden (vgl. Martínez, 2002, S. 20, 30f.), die ins Stadion „pilgerten" oder „prozessierten". Die Liste der Analogiebildungen und strukturellen Affinitäten ließe sich beliebig erweitern.

Die Versuche des akademischen Feldes, Fußball als religiöses Phänomen zu interpretieren, sind vielfältig: Es ist von Ersatz-, Diesseits-, Quasi-, fragmentierter, impliziter oder Pseudoreligion die Rede. Die Deutungen schwanken zwischen der Auffassung, Fußball sei „die Religion des 20. Jahrhunderts" (Ziemann, 2009, S. 150f.), bis hin zu differenzierteren Bemühungen, die zwischen „eigentlicher" bzw. expliziter auf der einen und impliziter Religion oder auch „Zivilreligion", „Ersatzreligion" und „körperlich erlebter Religion" (wie z.B. Weis, 1995; vgl. Martínez, 2002, S. 31) auf der anderen Seite unterscheiden. Aber auch die Fußballszene selbst operiert mit religiösen Anspielungen und Semantiken: Die Zeitschrift der Schalker Fan-Initiative nennt sich „Schalke unser"[2] und bisweilen ist vom „Fußballgott" oder vom „heiligen Rasen" die Rede, aber: Sie verwenden in der Regel Anführungszeichen, was doch auf eine gewisse ironische Brechung hindeutet.

Einen Versuch der Systematisierung der Analyse der Verhältnisses von Fußball und Religion, der hier kurz referiert werden soll, haben Constantin Klein und Thomas Schmidt-Lux (2006) ausgehend von einer Sichtung vorliegender Studien über Fußball und Religion vorgelegt. Auch Klein und Schmidt-Lux unterscheiden zwischen expliziter und impliziter Religion, interessanter jedoch ist ihre Trennung von Religion „beim", „im" und „am Fußball". Zunächst weisen sie darauf hin, dass sich explizite Religion durchaus innerhalb der Fußballkultur beobachten lasse, zum einen als „Religion *beim* Fußball", nämlich „*im Kontext* des Fußballgeschehens", zum anderen als „Religion im Fußball", und zwar als „*unmittelbarer Bestandteil*" von expliziter Religion (Klein/Schmidt-Lux, 2006, S. 20, Hervorhebung im Original). Beispiele für „Religion beim Fußball" sind persönliche Frömmigkeitsgesten von Spielern wie das Bekreuzigen beim Betreten oder Verlassen des Platzes, das Verbeugen nach Mekka oder das Tragen von Wäsche

---

2   http://schalke-unser.de/. Zugegriffen: 14.09.2011.

mit christlichen Bekenntnissen unterm Trikot. Auch die Votivtafeln, die nach der Katastrophe im Heysel-Stadion im Jahr 1985 von überlebenden Fans von Juventus Turin in katholischen Pilgerorten in Piemont angebracht wurden, gehören dazu; der Eröffnungsgottesdienst vor der Weltmeisterschaft 2006 in Deutschland mit einer Predigt von Bischof Huber, der damals EKD-Vorsitzender war, kann ebenfalls dieser Rubrik zugeordnet werden.

Klein und Schmidt-Lux zeigen zudem, dass Religion in bestimmten kulturellen Kontexten explizit zum Bestandteil von Fußball werden kann. Diese „Religion *im* Fußball" lässt sich jedoch nur außerhalb des modernen Leistungssports beobachten. Zum einen lassen sich solche Formen in vormodernen, also funktional nicht differenzierten Gesellschaften oder vorachsenzeitlichen Religionen auffinden. Zum anderen beschreibt die Ethnologin Nathalie Luca auch ein aktuelles Beispiel, eine Kirche, die sich 1980 in Südkorea gründete („L' Eglise de la Providence"), in der der „Fußball als *Betätigung* ein konstitutives Element bei den sonntäglichen Versammlungen" (Luca, zitiert nach Herzog, 2002, S. 30, Hervorhebung im Original) bildet. Diese Sportkirche pflegt einerseits einen Bezug zur spirituellen Tradition der Ahnen, ist andererseits durch den Fußball zugleich der modernen Welt zugewandt (vgl. Herzog, 2002, S. 29 ff.)

Soweit lässt sich dem Vorschlag auch aus religionssoziologischer Perspektive folgen. In Bezug auf Europa und den modernen Leistungssport führen Klein und Schmidt-Lux jedoch das Konzept der „impliziten Religion" ein, das sie in ihrer Terminologie als „Religion *am* Fußball" fassen. Das Konzept ist an den Durkheimschen Religionsbegriff angelehnt und wertet Phänomene im Fußball als implizit religiös. Die Autoren systematisieren die eingangs beschriebenen Beispiele und fassen sie unter drei Kriterien zusammen. Von impliziter Religion bzw. „Religion am Fußball" sprechen sie 1. wenn Fußball mit Gemeinschaftserfahrung, also „kollektiver Efferveszenz" einhergeht, 2. wenn quasi „heiliges Wissen" damit verbunden ist – hier spielen sie auf Mythen, Zeichen und Gesänge von Vereinen an – und 3. wenn Rituale und magische Praktiken involviert sind.

Dieses Konzept der „impliziten Religion" wirft aber auch Probleme auf, die vor allem mit dem zugrunde gelegten Religionsbegriff und der damit verknüpften theoretischen Perspektive zusammenhängen. Wir schließen uns der geläufigen Kritik an einer auf Durkheim zurückgehenden rein funktionalen Religionsbestimmung an, nach der ein inflationär gebrauchter und unscharfer Religionsbegriff nichts mehr besagt, da zu viele soziale Erscheinungen der Religion zugerechnet werden können. Zudem stellt sich die grundsätzliche Frage, ob es erkenntnistheoretisch überhaupt sinnvoll ist, auf der Ebene von Parallelen, Äquivalenzen und Analogien zu operieren. Denn Analogiebildungen und metaphorische Transfers

zwischen Religion und Sport stoßen letztlich an eine Grenze, wenn es um den Bezug zur Transzendenz geht, der im System Fußball gänzlich fehlt. Umgekehrt ist
aber auch die Frage aufzuwerfen, ob man der Eigenlogik des Fußballs überhaupt
gerecht werden kann, wenn man ihn aus der Perspektive des religiösen Systems
beschreibt oder unter religiöse Begriffe subsumiert.
    Ein weiteres Problem des Konzepts der impliziten Religion und seiner An-
wendung auf den Sport bzw. Fußball ist, dass bestimmte Phänomene und Begriffe der Religion zugeordnet werden und ihre Beobachtung in anderen Zusammenhängen als Nachweis für einen religiösen Charakter angesehen werden. Dies
gilt zum Beispiel für außeralltägliche Gemeinschaftserfahrungen, für die Unterscheidung von Professionellen und Fans oder auch für Rituale. Wir gehen dagegen davon aus, dass Gemeinschaftserfahrungen nicht genuin als religiös zu ka-
tegorisieren sind, sondern ein soziales Phänomen darstellen. Zudem können in
verschiedenen Funktionssystemen Leistungs- und Publikumsrollen unterschieden
werden, die jeweils unterschiedlich ausgestaltet sind. Schließlich gehören Rituale
nicht nur und nicht per se zur Religion, sondern ebenso in andere gesellschaftliche Funktionssysteme, und sie sind auf unterschiedliche Systemebenen, d. h. in
Interaktionen ebenso wie in Organisationen vorzufinden. Entscheidender ist jedoch, dass das Geschehen im Sport mit dem Rückgriff auf Ritualtheorien unzu-
reichend erfasst wird, denn anders als beim religiösen Ritual ist der Sport (und
gerade auch der Fußball) durch die prinzipielle Offenheit des Spielverlaufs und
-ausgangs (vgl. Bette, 2010, S. 95) bestimmt, wovon bei einem religiösen Ritual
nicht die Rede sein kann – es lebt gerade von der Wiederholung des Immerglei-
chen. Zwar stehen im Fußballspiel der Rahmen und die Regeln fest, aber der Verlauf und das Ende sind offen. Gerade das macht die Faszination und Spannung
des Spiels aus (vgl. Martínez, 2002, S. 20).

1.2 Religion und Sport als ausdifferenzierte Funktionssysteme

Wir schlagen stattdessen ein systemtheoretisches Modell vor, das Religion und
Fußball bzw. Leistungssport als autonome, voneinander zu unterscheidende Systeme begreift, die aber durchaus miteinander kommunizieren und interagieren –
zum einen über Organisationen, zum anderen über die jeweiligen Akteure.
    In systemtheoretischer Perspektive wird das Bezugsproblem von Religion
in der Bearbeitung von Kontingenz gesehen (Luhmann, 1977; Pollack, 1995).
Mit „Kontingenz" wird die Eröffnung eines Möglichkeitsraums bezeichnet, d.
h. die Erkenntnis, dass etwas nicht notwendig so sein muss, wie es ist, sondern
auch anders sein könnte. Das bedeutet zum einen, dass Religion „die prinzipiell
unaufhebbare Ungesichertheit des Daseins thematisiert" (Pollack, 1995, S. 184),

und zwar mit Rückgriff auf eine spezifische Form der Codierung: mit der Unterscheidung von Immanenz und Transzendenz (vgl. Luhmann, 1987, S. 238; 2000, S. 77ff.; Pollack 1995). Zum anderen kommt der Religion die Funktion zu, Unbestimmbares in Bestimmtes zu überführen (vgl. Luhmann, 1977, S. 26; Krech, 2011, S. 33f.; Pollack, 1995, S. 186). Das heißt, von Religion im analytischen Sinne möchten wir in Anschluss an die systemtheoretische Bestimmung dann reden, wenn bei der Thematisierung von Kontingenz mit der Unterscheidung von Transzendenz und Immanenz operiert wird. Entsprechend sind Kontingenzthematisierungen ohne Transzendenzbezug als nicht religiös zu bezeichnen.

Ganz ähnlich argumentiert auch Alois Hahn. Ihm zufolge ist die Sinngebung des Daseins keine exklusive Funktion der Religion, jedoch könne es für die Lösung des Kontingenz-Problems außerhalb der Religion keine funktionalen Äquivalente mehr geben, wenn sich eine an der Unterscheidung von Immanenz und Transzendenz orientierte Kommunikation ausdifferenziert habe (Hahn, 2008, S. 265). Mit dieser Differenzierung wird nicht nur das Religiöse radikal zum Religiösen in der Moderne (Hahn, 2008, S. 270), sondern auch jedes andere System gewinnt seine Eigenlogik und Autonomie – Fußball ist dann also Fußball und nicht Ersatzreligion.

Die oben genannten Ansätze, die Fußball als religiöses Äquivalent fassen, operieren dagegen mit einem funktionalen Religionsbegriff, der Religion durch die Unterscheidung sakral/profan, die letztlich auf Durkheim zurückgeht, charakterisiert. In einer differenzierungstheoretischen Perspektive eignet sich die Differenz sakral/profan jedoch nicht zur Charakterisierung der Religion, wie Tyrell (2008) und Hahn (2008) im Anschluss an Weber betonen, für den „Sakralität" – anders als bei Durkheim – keine exklusiv für die religiöse Sphäre reservierte Form des Erlebens darstellt.

Der Vorteil der Weberschen Religionssoziologie gegenüber der Durkheimschen ist daher die Möglichkeit, Religion und Fußball bzw. Sport analytisch voneinander zu trennen, ohne dass damit der Bezug auf Sakralität und Heiligkeit als grundlegende Momente jeder, auch der säkularen Gesellschaft aufgegeben werden muss. Volkhard Krech hat kürzlich den Begriff der „immanenten Sakralisierung" vorgeschlagen. Damit bezeichnet er den Prozess, „in dem eine nichtreligiöse Kommunikation *von sich aus* auf religiöse Sinngehalte zurückgreift oder sie erzeugt und dadurch ‚profane' Sachverhalte mit einer religiösen Aura ausstattet" (Krech, 2011, S. 249, Hervorhebung im Original). Dabei handele es sich um eine „Fusion" von Religion mit Kommunikationen aus anderen Bereichen, die dabei aber jeweils Bestandteil dieser Bereiche blieben:

„Im Unterschied zu religiöser Kommunikation, die auf der Unterscheidung zwischen Immanenz und Transzendenz basiert und mittels dieser Unterscheidung die *gesamte* Realität verdop-
pelt, ‚auratisiert' und verfremdet die Sakralisierung etwas, was zugleich Gegenstand anderer
Kommunikation *bleibt*. Sie stattet konkrete, weil kommunikativ bereits bestimmte, Sachverhalte mit einem Geheimnis und der Weihe unhinterfragbarer Geltung aus. Sie ist eine Art der
Kontingenzbewältigung von Sachverhalten, die zugleich in anderen Schemata der Kontingenz-
verarbeitung verbleiben." (Krech, 2011, S. 249f., Hervorhebung im Original)

Sowenig Profanes durch seine Sakralisierung zu Religion wird, sowenig geschieht
dies – um einen weiteren zentralen Begriff Webers aufzugreifen – durch Charis-
matisierung. Auch im Fußball finden sich durchaus charismatische Helden; mehr
noch: Sie sind zentral für die Faszination des Fußballs. Aber dadurch wird der Fußball nicht religiös, da Charisma nicht per se religiös ist, sondern sich als Außeralltäglichkeit in allen gesellschaftlichen Teilsystemen (bzw. in den Begriffen Webers: in verschiedenen Wertsphären) findet, in der Politik ebenso wie in der Kunst.
    Mit Weber lassen sich die verschiedenen Funktionssysteme, auch der Sport,
in ihrer Eigenlogik fassen. Den Sport verstehen wir in differenzierungstheoreti-
scher Perspektive als einen eigenständigen gesellschaftlichen Teilbereich mit einer
selbständigen Funktionslogik, der sich im Verlauf des 19. Jahrhunderts ausdifferenziert hat (Schimank, 1988; Stichweh, 1995; Bette, 2010, S. 97-103). Stichweh
zufolge orientiert sich die sportliche Kommunikation primär an der Unterscheidung von Leisten/Nicht-Leisten als Leitdifferenz. Er argumentiert gegen die beispielsweise von Hahn vorgeschlagene Unterscheidung Sieg/Niederlage[3] als Leit-
unterscheidung bzw. Code des Fußballs, die zu eingeschränkt den Ausgang eines
Spiels bzw. Wettkampfs ins Auge fasse und sich so von anderen Funktionssystemen nicht genügend unterscheiden lasse (Stichweh, 1990; 1995). Zwar könne man
die grundsätzliche Geltung des Leistungsprinzips in den meisten Funktionssystemen feststellen, aber nur im System Sport gebe es darüber hinaus keinen weiteren Funktionszweck (vgl. Müller, 2009, 13). Dem entspricht, dass es im Sport
nicht um die Erbringung von Leistungen im Sinne einer Verwendbarkeit außerhalb des jeweiligen Systems geht, sondern „der Sport ist reines Leisten ohne externe Referenz, erschöpft sich darin, unaufhörlich Leistung zu notieren, sie zu
vergleichen und sie zu reproduzieren" (Stichweh, 1995, S. 26). Das Leistungsprinzip steht denn auch in Gegensatz zum Religionssystem, das sich – wie ausgeführt – an der Leitdifferenz von Transzendenz und Immanenz orientiert, während
der Sport auf „konsequenzenloses Diesseitserleben" (Bette, 2010, S. 117) zielt.
    Im Folgenden wollen wir die Trennung und Verwiesenheit beider Systeme
an der großen Transzendenz (Luckmann, 1985) bzw. der Krise des Todes (Oever-

---

3   Bette spricht von *überlegener* und *unterlegener Leistung* (2010, S. 90, Hervorhebung im
     Original).

mann, 2001) diskutieren. Der Tod markiert demnach eine Grenze, an der Religion über die Bewährungsfrage relevant wird, weil der Tod die Hinterbliebenen zwingt, mit dem Verlust umzugehen und den Toten aus der Gemeinschaft zu verabschieden. Der Tod wirft die Frage nach einem gelungen oder verfehlten Leben auf. Das trifft in besonderem Maße auf die Selbsttötung von Robert Enke zu.

Wir wollen nur in wenigen Worten andeuten, warum gerade dieser Tod so große Anteilnahme und viele Fragen hervorgerufen hat. Zunächst ist es ein relativ früher Tod, wie auch der Titel einer Biographie hervorhebt: „Ein allzu kurzes Leben" (Reng, 2010). Es war ein Leben, das von persönlichen Tragödien, wie dem Tod der Tochter, und von einigen beruflichen Rückschlägen geprägt war. Dass Enke an Depression erkrankt gewesen war, wurde von seiner Witwe Theresa am Tag nach seinem Tod während einer Aufsehen erregenden Pressekonferenz der Öffentlichkeit bekannt gemacht. Enkes sportliche Karriere hatte zunächst Erfolg versprechend begonnen, schien dann mehrfach aufgrund von Verletzungen und (wie sich nach seinem Suizid herausstellte) einer ersten depressiven Erkrankung vor dem Ende zu stehen, und hatte schließlich ins Tor der deutschen Fußballnationalmannschaft geführt. Die Fußballnationalmannschaft hatte immer schon eine hohe Bedeutung für die nationale Identität und Gefühlslage der Deutschen, was nach der WM 2006 noch zugenommen hatte. In dieser Mannschaft wiederum ist der Posten des Torhüters eine emotional hoch besetzte Frage, die medial in Duellen inszeniert wurde. Robert Enke war in dieser Position ein Gegenmodell zu seinen Vorgängern, quasi ein „Anti-Kahn", der zu verkörpern schien, dass sportliche Leistung und Erfolg auch mit verbaler Zurückhaltung verbunden sein kann.

Unsere These, dass es im System Fußball über die gemeinschaftliche Trauer hinaus keine tröstende, über die Immanenz hinausweisende Antwort auf die durch den Tod ausgelöste Krise geben kann, wollen wir am Umgang mit dem Tod Enkes und der Trauer um ihn diskutieren. Das Verhältnis von Sport und Religion untersuchen wir in zwei Richtungen: Unter der Überschrift „Sport in der Kirche" interpretieren wir die Predigt Margot Käßmanns während der Trauerandacht in einer Kirche in Hannover; als „Religion im Stadion" nehmen wir die Trauerfeier für Robert Enke im Stadion von Hannover 96 in den Blick. Die Ansprache von DFB-Präsident Theo Zwanziger haben wir ebenso wie die Ansprache Käßmanns mit sequenzanalytischen Methoden nach dem Verfahren der objektiven Hermeneutik rekonstruiert, um auf diese Weise ihren objektiven Sinn herauszuarbeiten (vgl. Wernet, 2000).[4]

---

4   Wir stellen im Folgenden jedoch nicht den Verlauf der Auswertung, sondern nur unsere Ergebnisse dar.

2. Sport in der Kirche: die Predigt Margot Käßmanns während der Trauer-Andacht für Robert Enke

Das Ereignis, das wir jetzt näher analysieren, hat im November 2009 die deutsche Öffentlichkeit aufgewühlt und beschäftigt bis heute vielfach die Medien, z.B. bei der Veröffentlichung der Biographie Enkes (Reng, 2010) und zuletzt, als der Verein Hannover 96 bekannt gab, dass sich der Ersatz-Torwart Markus Miller wegen „mentaler Erschöpfung" in stationäre Behandlung begeben habe.[5] Die öffentliche Trauer hat in Deutschland selten solche Ausmaße erlebt.

Nach dem Bekanntwerden des Todes von Robert Enke organisierten Fans seines Vereins Hannover 96 am nächsten Tag einen Trauermarsch durch die Innenstadt von Hannover. Davor fand in der Marktkirche eine Trauerandacht statt, an der neben Familienangehörigen auch Mannschaftskollegen aus Hannover und der Nationalmannschaft sowie Sportfunktionäre, Politiker und Fans, ausgestattet mit Fan-Schals von Hannover 96, teilnahmen. Bei dieser ökumenischen Andacht wirkten Margot Käßmann, die damalige hannoversche Landesbischöfin und Ratsvorsitzende der Evangelischen Kirche in Deutschland, sowie der katholische Pfarrer Heinrich Plochg mit. Margot Käßmann sprach einerseits als damals höchste Repräsentantin des deutschen Protestantismus und andererseits als Landesbischöfin und in Hannover ansässige Seelsorgerin. Auf ihren lokalen Bezug weist sie auch in einer am folgenden Tag veröffentlichten Presseerklärung der EKD hin: „Wir werden Robert Enke vermissen in Hannover".[6]

Wir wollen die Ansprache[7] Margot Käßmanns interpretieren, wobei uns vor allem interessiert, wie Käßmann religiös auf das Ereignis reagiert und in welcher Weise sie den Sport thematisiert bzw. auf Symbole, Rituale, Semantiken des Sports Bezug nimmt. Wie spricht also eine Vertreterin der Kirche in der Kirche über Sport, hier den Fußball?

Käßmann beginnt ihre Predigt mit der Anrede „Liebe Trauergemeinde". Sie nimmt damit eine traditionelle kirchliche Formel auf, mit der Predigten in der evangelischen Kirche eröffnet werden („Liebe Gemeinde") und spezifiziert sie

---

5   http://www.hannover96.de/CDA/aktuelles/alle-news/detailansicht.html?tx_ttnews[tt_news]=
      51515&cHash=e2530ac108d0400ea60e851f8ebf74e8. Zugegriffen: 14.09.2011.
6   In der Presseerklärung heißt es: „Über den plötzlichen Tode von Nationaltorwart Robert Enke
      zeigte sich die EKD-Ratsvorsitzende, Landesbischöfin Margot Käßmann, zutiefst erschüttert. Sie
      sagte, dass Enke ein großer Sympathieträger gewesen sei. ‚Wir werden Robert Enke vermissen
      in Hannover.' Käßmann sagte weiter, sie bete für die Familie, dass Gott ihr in dieser schweren
      Zeit Kraft geben möge. Enke habe durch sein Auftreten viele Herzen erreicht. Gestern Abend
      fand eine Andacht in der hannoverschen Marktkirche statt." http://www.ekd.de/aktuell_presse/
      vt_091112.html. Zugegriffen: 24.05.2011.
7   Die Ansprache ist immer noch im Internet zu finden unter http://www.ekd.de/predigten/
      kaessmann/091111_kaessmann_hannover.html. Zugegriffen: 24.5.2011.

in Hinblick auf den Anlass der Trauerandacht. Sie adressiert damit ein Kollektiv, das in der Trauer vereint ist. Dieser kollektiven folgt unmittelbar eine individuelle Ansprache in der 2. Person Singular:

> Wenn du durch einen Sturm gehst
> Geh erhobenen Hauptes
> Und habe keine Angst vor der Dunkelheit
> Am Ende des Sturms
> Gibt es einen goldenen Himmel
> Und das süße, silberhelle Lied einer Lerche
> Geh weiter, durch den Wind
> Geh weiter, durch den Regen
> Auch wenn sich alle Deine Träume in Luft auflösen
> Geh weiter, geh weiter, mit Hoffnung in deinem Herzen
> Du wirst niemals alleine gehen
> Geh weiter, geh weiter, mit Hoffnung in deinem Herzen
> Du wirst niemals alleine gehen.

In diesen Zeilen wird ein Appell formuliert, dessen Adressat zwar ungenannt bleibt; für die Fußballfans dürfte jedoch ziemlich schnell klar geworden sein, was hier – durch die deutsche Übersetzung verfremdet – zitiert wird. Der Text fordert zum Durchhalten auf, wenn man Naturgewalten (dem „Sturm") ausgeliefert ist. Der verlangte aufrechte Gang „erhobenen Hauptes" und ohne Angst kontrastiert mit der in religiösen Zusammenhängen häufig propagierten Demut. Stattdessen soll der Angesprochene unbeirrt weitergehen, was ein im Sport verbreitetes Ideal einer unerschütterlichen Stärke und eines „Immer weiter" auch nach Rückschlägen anklingen lässt. Die angesprochene „Dunkelheit" ist einerseits eine Metapher für Depression, andererseits ist sie Bestandteil des in evangelischen Predigten häufig zu beobachtenden „Tunnelprinzips", das durch eine Bewegung durch die Dunkelheit ins Licht (oder auch im übertragenen Sinn: durch das Jammertal ins Paradies) gekennzeichnet ist. Das Versprechen eines positiven Ausgangs findet sich auch hier, wenn vom „goldenen Himmel", dem „silberhellen Lied der Lerche" die Rede ist, vor allem aber im Versprechen: „Du wirst niemals alleine gehen". Hier, spätestes jedoch im nächsten Satz der Predigt, in der englischen Übersetzung, die das eigentliche Original ist,

> Ja, You'll never walk alone …

wird für alle Anwesenden deutlich, dass Käßmann nicht einen religiösen Text, nicht aus der Bibel zitiert hat, sondern das berühmte, in vielen Ländern gesungene Fußballlied „You will never walk alone": Dieses Lied ist seit den frühen 1960er Jahren die Fan-Hymne des FC Liverpool; später wurde die erste Zeile ins Liverpooler Vereinswappen aufgenommen.[8] Es steht für den Zusammenhalt zwischen den Fans und ihrem Verein bzw. ihrer Mannschaft (vgl. Bette, 2010, S. 111). Der Text des Liedes erinnert das Gegenüber daran, dass es Teil eines Kollektivs ist. Diese Versicherung steht in gewisser Spannung zur Realität des modernen Profifußballs, in dem Spieler zu „modernen Wanderarbeitern" (Reng 2010, S. 107) und zum millionenschweren Handelsobjekt in der Geschäftspolitik von profitorientierten Fußballclubs und Agenten geworden sind. Das Versprechen „You'll never walk alone" bezieht Käßmann im Weiteren auf Robert Enke:

> Doch Robert Enke ist seinen Weg alleine zu Ende gegangen. Ganz alleine in der Dunkelheit, die ihn umgab und die in ihm gewesen sein muss. Alle dachten, er ist wieder da, kehrt zurück zu seinem geliebten Sport, geht seinen Weg weiter gemeinsam mit der Mannschaft und den Fans von Hannover 96, weiter auch mit der Nationalmannschaft. Und dann kam gestern Abend die unfassbare Nachricht, dass er in diesem Leben nicht mehr weitergehen wollte.

In diesen Zeilen, die sprachlich nah am Liedtext bleiben, wird dessen Aussage widerlegt; zumindest werden die Grenzen des „never" aufgezeigt, denn Enke war in seiner Krankheit doch allein und ist alleine in den Tod gegangen. In der Gegenüberstellung des Liedes und des einsamen Todes wird deutlich, dass das Versprechen des Fan-Lieds nicht für fundamentale Lebenskrisen gilt, sondern nur für den Sport und den Zusammenhalt von Mannschaft und Fans in Sieg und Niederlage. Käßmann deutet hier jedoch schon eine religiöse Botschaft an: Wenn sie von „diesem Leben" spricht, unterstellt sie, dass es noch ein anderes gibt. Sie verweist also auf eine (große) Transzendenz.

Im weiteren Fortgang der Predigt, den wir hier nur zusammengefasst wiedergeben, folgt ein Appell, keine vorschnellen Erklärungen zu suchen und keine voreiligen Schlüsse zu ziehen, sondern sich die Zeit für Trauer zu nehmen. Daran anschließend kommt Käßmann zwei konstitutiven Aufgaben einer Traueransprache nach: Sie würdigt erstens den Verstorbenen als besonderen Menschen, als Person, deren Tod für den Sport, aber auch weit darüber hinaus einen Verlust bedeutet. Zweitens bringt sie ihr Mitgefühl mit den Hinterbliebenen zum Ausdruck, wobei sie verschiedene Gruppen adressiert: zunächst die Familie, dann die betroffenen Mannschaften (Hannover 96 und die Nationalmannschaft) und ihr jeweiliges Umfeld sowie – nicht mehr weiter unterschieden – die Fans, schließlich die Lokführer und Notfallkräfte an der Unfallstelle. Ihnen allen hat Enke mit seinem Suizid ein Leid zugemutet, daher sind sie alle Teil der Trauergemeinde und Adressat des Mitgefühls.

---

8   Siehe http://assets.lfcimages.com/welcome-to-liverpool-fc. Zugegriffen: 31.10.2011.

Durch die persönliche Würdigung und die Anteilnahme für die Hinterbliebenen wird der Verstorbene als Mensch erinnert, der in sozialen Beziehungen stand
und durch sein Engagement in Sport und Gesellschaft soziale Anerkennung gefunden hat. Daran anschließend formuliert Käßmann für die und im Namen der
Gemeinde eine Glaubensgewissheit:

> Wir vertrauen darauf: Du kannst nie tiefer fallen als in Gottes Hand!

Mit dieser Formulierung nimmt sie das „You will never walk alone" der Fußballhymne auf und wendet es auf spezifisch religiöse Weise, indem sie Gott als denjenigen benennt, der auffängt, wenn kein Mensch mehr da ist. Das kann sowohl
auf die zurückgelassenen Hinterbliebenen als auch auf den einsam in den Tod ge-
gangenen Verstorbenen bezogen werden. Nach dem gemeinsam und für die Gemeinde bezeugten Glauben, bei der die Pfarrerin Teil der Gemeinschaft der Glaubenden ist, stellt sie sich als Predigerin und Seelsorgerin wieder der Gemeinde
gegenüber[9] und richtet einen Appell an die trauernden Zuhörenden:

> Liebe Gemeinde, es ist gut, wenn Sie alle als Robert Enkes Fans, als seine Freunde, seine Kol-
> legen diesen Weg der Erinnerung und der Trauer nicht alleine gehen, sondern hier gemein-
> sam innehalten, still werden. Es ist gut, wenn auf diesem Weg der Trauer das Länderspiel für
> den nächsten Samstag abgesagt wird, weil auch im Leistungssport nicht der ununterbroche-
> ne Betrieb zählt. Der Tod eines Sportlers gebietet es besonders im Leistungssport, den Lauf
> anzuhalten, damit deutlich wird: Fußball allein ist nicht unser Leben, sondern Liebe zueinan-
> der, Gemeinschaft, sich gehalten wissen auch in allen Schwächen unseres Lebens, das zählt.

> Es ist gut, wenn wir uns auf diesem Weg der Trauer im Gebet versammeln. Unsere Kirchen
> sind Orte, an denen wir miteinander schweigen, weinen und trauern können. Wir werden gleich
> Stille halten und Kerzen anzünden – weil es manchmal keine Worte gibt, die das Leid aus-
> drücken können und die leisen Töne, das Schweigen angesagt sind. Stille kann heilsam sein.

Käßmann plädiert hier für ein Innehalten in der Trauer und damit für eine Unter-
brechung des Alltags und seiner Normalität. Sie macht darauf aufmerksam, dass
die „Krise des Todes" (Oevermann), die in den Alltag des Sports hereingebrochen
ist, dort nicht zu lösen ist. Dabei greift sie eine andere Fußballhymne, das „Fußball
ist unser Leben" von 1974, auf, von deren Aussage sie sich abgrenzt. Sie schränkt
die Gültigkeit des für den Sport zentralen Wertes „Leistung" ein und hält dem
andere Werte entgegen: Gemeinschaft, Liebe, Halt angesichts von Schwächen.

---

9   Dies entspricht der dem reformatorischen, insbesondere dem lutherischen Pfarramt inhärenten
     Spannung, für das konstitutiv ist, dass Pfarrerin und Pfarrer einerseits zur christlichen Ge-
     meinde gehören, deren Mitglieder in Hinblick auf die Verkündigung im Prinzip gleichgestellt
     sind (im Sinne des „Priestertums aller Gläubigen"), dass sie andererseits stellvertretend und
     damit als Gegenüber der Gemeinde die Funktion der Verkündigung hauptberuflich ausüben
     (vgl. Sammet, 2005, S. 194f.).

Zudem bietet sie die Kirchen als Orte der Trauer an, wo andere Logiken und
Werte als im Sport wirksam sind. Die Stille und das Schweigen in der Kirche stellen einen starken Kontrast zum Lärm im Stadion dar. Im gemeinsamen Schweigen während der Trauerandacht kann das Nicht-Verstehen zum Ausdruck gebracht
werden. Kirche ist demnach der Ort des Unverfügbaren. Käßmann fährt fort:

> Aber wir treten auch mit unseren Zweifeln vor Gott: Warum? Viele fragen auch: Wie kann
> Gott das zulassen, dass ein Mensch so verzweifelt und keinen anderen Ausweg mehr weiß?
> Ich bin zutiefst überzeugt, dass Gott kein Unglück in diese Welt schickt, sondern diese Welt
> liebt. Gott will nicht Leid über Menschen bringen, sondern sehnt sich danach, dass wir das
> Leben in Fülle haben, sagt die Bibel. Aber in dieser Welt gibt es Leiden, Schmerz, Krankheit,
> Ausweglosigkeit und Tod. Gott begleitet uns gerade in solchen Zeiten.

Gott ist aber auch der Adressat fundamentaler Zweifel, wie schon in der Klage
Hiobs. In ihrer Antwort auf die klagenden Fragen kommt die Predigerin implizit auf die Theodizee-Frage zu sprechen, verortet „Leiden, Schmerz, Krankheit,
Ausweglosigkeit und Tod" in „dieser Welt" und verweist – wie zu erwarten war –
auf den liebenden Gott als zuverlässigen Begleiter. Dies gilt insbesondere, wenn
die Krise des Todes unerwartet in den Alltag einbricht:

> Unser Herz erschrickt ja auch, weil wir an diesem entsetzlichen Tod von Robert Enke erkennen:
> unser Leben ist zutiefst zerbrechlich und gefährdet. Hinter Glück, Erfolg und Beliebtheit kön-
> nen abgrundtiefe Einsamkeit und Verzweiflung liegen, die Menschen an ihre Grenzen führen.
> Wie traurig ist es, dass jemand nicht wagt, über Depressionen und Krankheit zu sprechen, weil
> das als Schwäche angesehen wird. Oder weil es die Adoption der Tochter gefährden könnte.
> Krankheit und Leid gehören zum Leben! Dafür gibt es keine Pfiffe! Nein, das ist Empathie,
> Compassion, Mitleiden.

Käßmann stellt die in Sport und Medien zentralen Werte „Erfolg und Beliebtheit"
kritisch der Realität des Lebens gegenüber, das nicht sportlich zu messen ist. In
Abgrenzung dazu appelliert sie an Mitgefühl und Mitleiden als alternative Werte.

> Völlig unerwartet kann unser Leben zu Ende sein, ob wir nun jung sind oder alt. „Lehre uns
> bedenken, dass wir sterben müssen, auf dass wir klug werden", sagt der Psalmbeter. Wer den
> eigenen Tod im Leben mit bedenkt, hat eine tiefe Lebensklugheit. Wer Leiden kennt, weiß
> auch um die Tiefe des Lebens und kann anders leben als oberflächlich dahin.
> Wir werden Leid und Tod, Verzweiflung und Depression in dieser Welt nicht überwinden kön-
> nen. Das wird erst in Gottes Zukunft so sein, in der alle Tränen abgewischt sind. Ich glaube da-
> ran, dass auf der anderen Seite der Grenze des Lebens Gott unsere Toten in Empfang nimmt.
> Ich glaube an die Auferstehung und sie tröstet mich.

In ihren Antworten schöpft Käßmann aus der Bibel; mit ihr und insbesondere den
Psalmen begründet sie die zentralen religiösen Botschaften ihrer Ansprache: ih-

ren persönlichen Glauben an die Auferstehung und damit an ein jenseitiges Leben, der im Diesseits mit einem Memento Mori verbunden ist. Damit ist sie beim
zentralen Thema der Religion: der Unterscheidung von Immanenz und Transzendenz und ihrer Beziehung zueinander. In dieser Sequenz verortet Käßmann Gott
im Jenseits des Lebens: auf der anderen Seite, in der Zukunft nach dem Tod. Zugleich geht sie nicht von einer scharfen, prinzipiellen Trennung von Diesseits und
Jenseits aus, vielmehr ist Gott, die jenseitige Macht, auch im Diesseits präsent:

> So stehen wir vor Gott in dieser Spannung zwischen Aufschrei und Gottvertrauen. Gottver-
> trauen aber kann uns tragen, das habe ich immer wieder selbst so erlebt. Gott geht mit uns in
> den schwersten Stunden unseres Lebens. You'll never walk alone, das ist nicht nur Ihr Lied
> bei vielen Spielen, sondern es ist auch die große Zusage, die Gott uns gibt.

Käßmann schließt den Bogen zum Beginn der Ansprache, indem sie das Versprechen und das wechselseitige Sich-Zusprechen der Fans im „You'll never
walk alone" in die religiöse Botschaft des 23. Psalms („Der Herr ist mein Hirte
…") übersetzt, der zuvor in der Andacht schon gemeinsam gesprochen worden
war und den sie im Folgenden noch einmal auszugsweise rezitiert. Während in
der Fußballhymne der versprochene Begleiter ungenannt bleibt, weil es gerade
keine einzelne, bestimmte Person sein muss, wird in der Kirche die Begleitung
durch Gott verkündigt.

Die Zusage von Gemeinschaft und Begleitung wird im Weiteren auf die einzelnen Gruppen von Hinterbliebenen und in direkter Ansprache auf „Sie alle, seine Fans" bezogen:

> Das gilt zuallererst für Theresa Enke, die heute Mittag so mutig von der Liebe gesprochen
> hat, die sie und ihren Mann getragen hat. Sie muss nun mit dieser Liebe einen neuen Weg fin-
> den und mit Gottes Hilfe wird sie ihn finden. Für sich und für ihre kleine Tochter. Das gilt für
> die Familie von Robert Enke. Und es gilt für seine Mannschaftskameraden, die Verantwort-
> lichen im Fußballsport und für Sie alle, seine Fans. Bei Gott können wir zur Ruhe kommen
> in aller unserer Unruhe.

Schließlich warnt Käßmann im Namen des Verstorbenen ausdrücklich vor einer
Nachahmung des Suizids:

> Und alle Fans sollten das wissen: Robert Enke würde nicht wollen, dass ihm jemand auf die-
> sem Weg folgt! Er hat das Leben geliebt und wünschte sich Wege zum Leben.
>
> Werden wir daher stille. Bringen wir unser Mit-Leiden vor Gott, indem wir Lichter anzün-
> den, für Robert Enke, für seine Familie, für alle, die gestern Abend mit betroffen waren. Su-
> chen wir Wege zum Leben!
>
> Halten wir an der Zuneigung zu Robert Enke fest auch über seinen Tod hinaus, den wir so
> schwer verstehen. Über die Schwelle des Todes hinaus können wir ihn nicht begleiten. Aber

wir dürfen der Zusage vertrauen, dass Gott uns über diese Schwelle trägt und auch Robert Enke bei ihm geborgen ist. Sodass auch auf diesem letzten Weg gilt: You'll never walk alone.

Die Ansprache endet schließlich, indem die Spannung zwischen dem Nicht-Verstehen-Können des Geschehens und der durch den Tod gesetzten Grenze einerseits und der Glaubensgewissheit des Psalms 23 andererseits in der Hoffnung des „You'll never walk alone" zusammengeführt und auf das Diesseits wie das Überschreiten der Grenze zum Jenseits bezogen wird. „You'll never walk alone" kann in der religiösen Deutung versprochen werden, weil es sich in der Begleitung durch Gott erfüllt.

Käßmann schließt mit dem rituellen „Amen".

Als vorläufiges Fazit lässt sich festhalten, dass durch die Religion in verschiedener Hinsicht Kontrasthorizonte eröffnet werden. Religion stellt dem Sport andere Wertorientierungen entgegen: Statt Leistung sollen Liebe und Nachsicht gegenüber Schwächen zum Zuge kommen; der Verzweiflung und Einsamkeit in der Depression und Trauer wird das Versprechen des Aufgehobenseins in Gott entgegen gestellt; angesichts des Todes wird die Hoffnung auf bzw. der Glaube an ein jenseitiges Leben formuliert. Kirchen werden als Orte angeboten, in denen in der Trauer die Routinen des Alltags durchbrochen werden können und das Nicht-Verstehen artikuliert werden kann. Dabei wird auf Texte der religiösen Überlieferung zurückgegriffen, die mit Hymnen des Fußballs in Verbindung gesetzt werden und diese kritisieren oder religiös re-interpretieren. Es handelt sich also – was nicht erstaunen lässt – um religiöse Kommunikation (vgl. Krech, 2011, S. 243f.; Sammet 2006), die die Frage der Kontingenz thematisiert, die mit Bezug auf die Unterscheidung von Immanenz und Transzendenz beantwortet wird.

3. Religion im Stadion: die Trauerfeier im Stadion von Hannover 96

3.1 Kulisse, Choreographie und Dramaturgie

Am folgenden Sonntag, dem 15. November 2009, fand eine Trauerfeier im Stadion von Robert Enkes Verein, Hannover 96, statt, die der Deutsche Fußball-Bund als eine der „größten Trauerfeiern seit Bestehen der Bundesrepublik" bezeichnete und die von mehreren Fernsehsendern live übertragen wurde. In Anwesenheit von Familienangehörigen, der Fußballnationalmannschaft und von zehntausenden Fans wurde eine kirchliche Andacht durch den katholischen Pfarrer Plochg gehalten, der zum Abschluss das Vaterunser sprach. Während der Trauerfeier trug eine Schülerin zwei Lieder vor – „You will never walk alone" und das Lied von Hannover 96 –, die beide auf die Vergemeinschaftung von Fans, Verein und

Mannschaft zielen. Außerdem hielten mehrere Funktionsträger kurze Trauerreden: der Präsident von Hannover 96, Martin Kind, der DFB-Präsident Theo Zwanziger, Niedersachsens damaliger Ministerpräsident Christian Wulff und Hannovers Oberbürgermeister Stephan Weil.

Das Stadion wurde als Ort gewählt, da es einerseits groß genug für die erwarteten trauernden Fans war. Andererseits konnte so die Trauerfeier von der Bestattung abgetrennt werden, die dann in intimerem Rahmen abgehalten werden konnte. Zudem erscheint ein Stadion als der angemessene Ort für die Trauer um einen Fußballspieler. [10]

Für die Trauerfeier wurde das Stadion, der Arbeitsort von Robert Enke, zum Trauerort umgestaltet. Viele Fans hatten ihre Fanbekleidung, vor allem Schals, mitgebracht und das Stadion mit Transparenten dekoriert, auf denen sie ihre Trauer um den Torwart und die Person Enke zum Ausdruck brachten. Der Sarg Enkes – ein schlichter mit Blumen geschmückter Holzsarg – stand im Mittelkreis, genauer: auf dem Anstoßpunkt. Durch die Blockierung des Anstoßpunktes wurde markiert, dass der Spielbetrieb für die Trauer unterbrochen worden war. Auf diese Weise wurde mit Hilfe von Merkmalen des Ortes und den das Fußballspiel bestimmenden Symbolen, also mit fußballspezifischen Mitteln, die Trauer mitsamt ihren sozialen Folgen zum Ausdruck gebracht. Statt der Bandenwerbung war der Schriftzug: „Wir trauern um Robert Enke" mit Geburts- und Todesdatum zu lesen. Allerdings war weiter oben in den Zuschauerrängen die Werbung: „mehr Tore – mehr Siege – mehr netto! Ihr persönlicher Finanzoptimierer" zu sehen. Sie war nicht abgehängt worden, was einige Botschaften der Ansprachen (wie noch zu sehen sein wird) konterkarierte und zugleich kommentierte; diese Schriftzüge wurden jedoch zum Teil durch Transparente von Fans verdeckt. Während der Sportbetrieb für die Zeit der Trauerfeier ruhte, gilt das nicht für seine kommerzielle Seite. Das heißt: Die Logik des ökonomischen Systems und seine Nutzung des Sports für die eigenen Zwecke wurden nicht außer Kraft gesetzt.

Rund um den Sarg herum waren Blumensträuße, Kränze und Bouquets, viele in Weiß, angeordnet. Mannschaftskameraden, Funktionäre und schließlich auch die Redner, alle in schwarzer Winterkleidung, verneigten sich vor dem Sarg, bevor sie Platz nahmen bzw. ihre Rede begannen. Auf einem kleinen Podium am Rand des Spielfelds saßen Ehrengäste und Angehörige sowie die Musiker.

Beendet wurde die Trauerfeier vom katholischen Pfarrer mit einem gemeinsam gebeteten Vaterunser, d. h. mit expliziter religiöser Kommunikation. Hier

---

10   Nach dem Flugzeugabsturz, bei dem die gesamte Mannschaft und der Trainer des russischen Eishockey-Clubs Lokomotive Jaroslawl ums Leben kamen, fand am 10. September 2011 eine Trauerzeremonie mit den Fans, Freunden und Familienangehörigen im Eisstadion des Vereins statt, wobei Särge von Spielern auf der Eisfläche standen.

handelt es sich also um Religion im Stadion. Am Ende der Trauerfeier wurden auf der großen Stadionleinwand Bilder Robert Enkes gezeigt, während der Sarg von Mannschaftskameraden von Hannover 96 unter dem Applaus der Zuschauer[11] aus dem Stadion getragen wurde.

3.2 Die Ansprache Theo Zwanzigers

Auf die Ansprache von Theo Zwanziger[12] wollen wir ausführlicher eingehen, weil er zu dem Zeitpunkt der höchste Funktionär im deutschen Fußball war und daher den Fußball repräsentiert. Zudem nahm er in seiner Rede – wie gleich zu sehen sein wird – Motive der Predigt Margot Käßmanns auf.

Zwanziger sprach nicht nur die Trauergemeinde als ganze an, sondern zunächst Enkes Ehefrau Theresa und seine Familie.

> Liebe Frau Enke, liebe Familienangehörige, liebe Trauergemeinde! Liebe Fans von Hannover 96! Ich danke Euch, dass Ihr da seid.
>
> Wir sind gekommen, um Abschied zu nehmen von Robert Enke.

Separat von der „Trauergemeinde" adressiert Zwanziger die „Fans von Hannover 96", und zwar mit einem Dank. An dieser Stelle spricht er als oberster Repräsentant des deutschen Fußballs zur partikularen Gruppe der Fans von Enkes Verein, die stellvertretend für alle Fans dem Verstorbenen durch ihre Anwesenheit die Ehre erweisen und dadurch eine soziale Pflicht – gegenüber der Familie wie gegenüber dem Fußball – erfüllen. Zwanziger fährt fort:

> Die Bilder dieser Woche, dieser Tage stehen vor unseren Augen, vor Euren und auch vor meinen: Diese unfassbare Nachricht am Dienstagabend, noch nicht wissend, was ist passiert. Es nicht fassen können.
>
> Am nächsten Tag die Gespräche mit unseren Nationalspielern: Wie geht es weiter? Was können wir tun? – Jungs, ich bin stolz auf Euch.
>
> Es gibt die Zeit, die wir brauchen, der Trauer, um dies alles zu verkraften.
>
> Die Pressekonferenz am Nachmittag. Meinen großen Respekt, liebe Frau Enke, für das, was Sie glaubten, für Ihren Mann und, ich denke, auch für uns tun zu können.
>
> Die Bilder aus den Medien, die uns betroffen machten, von der Unfallstelle. Das Mitgefühl für alle, die unbeteiligt doch beteiligt waren: die Lokomotivführer, die Rettungskräfte, die Poli-

---

11   An diesem Handeln wird deutlich, dass sich hier zwei Logiken, die der Trauernden und die der Fußballfans überschneiden, denn der Applaus kann ja nur der sportlichen Leistung Enkes gelten, der aber nicht als Held vom Platz geht, sondern als Toter zu Grabe getragen wird; für letzteres ist ein Applaus – gemessen an der Tragik dieses spezifischen Todes – unangemessen.

12   Deutscher Fußball-Bund (2009). Zwanziger: „Fußball ist nicht alles". http://www.dfb.de/index.php?id=500014&tx_dfbnews_pi1[showUid]=20756&tx_dfbnews_pi4[cat]=56. Zugegriffen: 24.5.2011.

zei. Alle, die ihren Dienst leisten mussten. Und dann am Abend die Trauerfeier hier in Hannover. Die Spontaneität der Menschen in dieser Stadt, der Fans von Hannover 96, der Fans von Robert Enke. Danke an Euch!

Diese Bilder verändern sich. Sie werden mal stärker und verblassen. Die Zeit wird vergehen. Das Leben wird wieder seinen Anfang nehmen.

In diesen Zeilen lässt Zwanziger die vergangene Woche Revue passieren und bringt dabei eine Reihe von emotionalen Reaktionen zum Ausdruck: Fassungslosigkeit angesichts der Todesnachricht, Stolz auf die Reaktionen der Nationalspieler, Respekt gegenüber der Witwe, Mitgefühl mit denen, die mit den unmittelbaren Folgen des Suizids professionell umgehen mussten, und wiederum Dankbarkeit gegenüber den Fans. Dabei wechselt mehrmals die Adressierung seiner Rede. Die Witwe Theresa Enke und die Nationalspieler werden unmittelbar angesprochen, letztere in einem paternalistischen Gestus des sich väterlich gebenden Funktionärs, der ihnen von oben herab bescheinigt, dass ihre Art des Umgangs mit dem Ereignis vorbildhaft war. Damit wird ausgedrückt, dass sie ihrem Status als Nationalspieler nicht nur durch ihre Leistung, sondern auch allgemein-menschlich als Vorbild gerecht werden. Indem sie sich Zeit für die Trauer nehmen, für die Bewältigung des Nicht-Fassbaren den Alltag unterbrechen und so das nicht Funktionieren-Können eingestehen, bewähren sie sich als Menschen.

Den Rückblick auf die vergangenen Tage schließt Zwanziger mit einem Ausblick auf die Zukunft ab, in der die Normalität des Alltags wiederkehren wird. Gegen das antizipierte Verblassen der Erinnerung stellt er im Folgenden zwei Sätze, die ihm in der aktuellen Situation der Trauer und des Nicht-Begreifens bedeutsam erscheinen. Dabei rekurriert er explizit auf religiöse Autoritäten und hochrangige Vertreter der Organisation Kirche, nämlich auf zwei Bischöfe der evangelischen Kirche. Er erläutert:

> Aber vor mir und vor meinen Augen stehen auch zwei Sätze, gesprochen von Bischöfen der Evangelischen Kirche. Der eine, am Mittwochabend von Bischöfin Käßmann: „Fußball ist nicht alles."
>
> Fußball, meine Damen und Herren, liebe Trauergemeinde, darf nicht alles sein. Das Leben, das uns geschenkt ist, ist vielfältig. Es ist interessant. Es ist lebenswert. Wir können auch auf das, was wir tun, ein Stück stolz sein. Wir können etwas leisten. Aber wir erfüllen uns immer nur in der Vielfalt und in der Gemeinschaft.
>
> Fußball darf nicht alles sein, liebe Eltern, wenn Ihr daran denkt, ob Eure Kinder einmal Nationalspieler werden könnten. Denkt nicht nur an den Schein, an das, was sich dort zeigt, über die Medien verbreitet. Denkt auch an das, was im Menschen ist, an Zweifeln und an Schwächen. Fußball ist nicht alles.

Zunächst zitiert er Käßmann mit dem Satz: „Fußball ist nicht alles." Dieser Satz, der eine Beschreibung oder Behauptung sein kann, der in religiösem Kontext

Trost oder Versprechen bedeuten kann, wird von Zwanziger normativ gewendet und in einen Appell verwandelt: „Fußball (...) darf nicht alles sein." Statt eine Selbstbeschränkung des Fußballs konkret zu benennen oder einen Kontrasthorizont zu eröffnen, belässt es Zwanziger jedoch bei einem diffusen Rekurs auf „das Leben", das „vielfältig", „interessant" und „lebenswert" sei. Er greift damit zwar den Gedanken aus Käßmanns Predigt auf, dass „Leiden, Schmerz, Krankheit, Ausweglosigkeit und Tod" zum Leben gehörten, er wendet ihn jedoch positiv und macht die Vielfalt des Lebens dadurch inhaltlich beliebig. Und er bezieht sich unmittelbar anschließend affirmierend auf das Leistungsprinzip, das er in „Gemeinschaft" und „Vielfalt" einbettet und von diesen abhängig macht. Aus Käßmanns Formel leitet Zwanziger – nun an einen konkreten Adressaten, nämlich die Eltern von jugendlichen Fußballern, gerichtet – den Appell ab, das eigene Handeln zu überprüfen und dem Leistungsprinzip widersprechende Momente zu berücksichtigen, nämlich Zweifel und Schwächen. Er fährt fort:

> Aber, meine Damen und Herren, es gibt auch den anderen Satz. Vor dreieinhalb Jahren begann die Weltmeisterschaft mit einem Gottesdienst in München. Damals, die Sonne begann genauso wie hier den Nebel und den Regen zu verdrängen, sprach Bischof Huber: „Fußball ist ein starkes Stück Leben."

> Ja, Fußball kann ein starkes Stück Leben sein. Wenn wir nicht nur wie Besessene hinter Höchstleistungen herjagen. Wir dürfen uns anstrengen, ja, aber nicht um jeden Preis. Denn, so formulierte er damals, den wirklichen Siegerpreis werden wir auf Erden nicht empfangen. Wir müssen uns dieses Preises würdig erweisen.

> Ein wenig mehr – nach diesen schlimmen Tagen – an die Würde des Menschen zu denken, in seiner Vielfalt, nicht nur in seiner Stärke, sondern auch in seiner Schwäche, empfinde ich als Auftrag dieses an sich sinnlosen Sterbens.

> Wir alle sind dazu aufgerufen, liebe Trauergemeinde, unser Leben wieder zu gestalten, aber einen Sinn nicht nur in überbordendem Ehrgeiz zu finden. Maß, Balance, Werte wie Fairplay und Respekt sind gefragt. In allen Bereichen des Systems Fußball. Bei den Funktionären, beim DFB, bei den Verbänden, den Klubs, bei mir, aber auch bei Euch, liebe Fans.

> Ihr könnt unglaublich viel dazu tun, wenn Ihr bereit seid, aufzustehen gegen Böses, wenn Ihr bereit seid, Euch zu zeigen, wenn Unrecht geschieht, wenn Ihr bereit seid, das Kartell der Tabuisierer und Verschweiger einer Gesellschaft, die insoweit nicht menschlich sein kann, zu brechen.

> Ihr könnt mithelfen, mit Eurem ganz persönlichen Engagement.

> Ich denke, so wie ich Euch hier in Hannover kennen gelernt habe und viele Fans in den Bundesligastadien, aber auch auf den Plätzen des Amateurfußballs kenne:

Seinem Appell, sich zu besinnen, hält Zwanziger ein anderes Bischofszitat entgegen, das er Wolfgang Hubers Predigt[13] im Eröffnungsgottesdienst der Weltmeisterschaft 2006 entnommen hat. Hubers Botschaft „Fußball ist ein starkes Stück

---

13 Wolfgang Huber war zu diesem Zeitpunkt Bischof der Evangelischen Kirche Berlin-Brandenburg-schlesische Oberlausitz (EKBO) und Vorsitzender des Rats der EKD.

Leben", interpretiert der Fußballfunktionär dahingehend, dass der Fußball mit gewissem Recht den Anspruch erhebt, ein zentraler Bestandteil des Lebens zu sein, unter der Bedingung, dass man sich dabei Begrenzungen unterwirft. Diese geforderten Einschränkungen des Leistungsprinzips begründet Zwanziger zwar mit Bezug auf Religion, indem er wiederum Huber zitiert. Während Huber in seiner Predigt jedoch zum Ausdruck brachte, dass bei aller Anstrengung und Leistung der Sieg (wie auch der religiöse Glaube) nicht planbar ist, sondern unverfügbar bleibt,[14] wendet Zwanziger die Aussage moralisch. In der Ansprache folgt entsprechend eine ganze Reihe von Appellen, die sich auf das Denken, auf die Einstellung zum Leben und das Handeln beziehen. Er spricht ganz allgemein vom „Leben", das wieder gestaltet werden soll, und kommt dann über die Werte („Fairplay" und „Respekt") auf den Fußball zurück. Für das Handeln fordert er „persönliches Engagement", dem er eine weit über den Sport hinausreichende gesellschaftliche, politische und – als Kampf gegen „Böses" – religiöse Bedeutung verleiht. Trotz seiner Rekurse auf Bischofspredigten und der partiellen Aufnahme religiöser Semantik bleibt Zwanzigers Rede jedoch konsequent immanent, also Kommunikation über Religion (vgl. Sammet, 2006), und in seinen Appellen Moralkommunikation. Zudem lässt der Appellcharakter der Rede vermuten, dass über das Moment des Trauerns hinaus keine Konsequenzen für das System Fußball folgen werden.

Die Predigt ist zugänglich unter http://www.ekd.de/predigten/huber/060609_huber_muenchen. html. Zugegriffen: 24.5.2011.

14 Huber hatte formuliert: „Was bewirkt eigentlich den Unterschied zwischen einer guten Taktik und einem gewonnenen Spiel? Was liegt zwischen ausgeklügeltem Training und einem gelungenen Spielzug? Was unterscheidet viele noch so sensationelle Einzelspieler von einer siegreichen Mannschaft? Es ist die Differenz zwischen Machen und Gelingen, zwischen Bemühen und gutem Geist, zwischen Wollen und Vollbringen. Darin zeigt sich eine wichtige Einsicht des Glaubens. Der Apostel Paulus verdeutlicht sie ausgerechnet am Beispiel des Sports: ‚Nicht, dass ich's schon ergriffen habe oder vollkommen sei; ich jage ihm aber nach, ob ich's wohl ergreifen möchte, nachdem ich von Jesus Christus ergriffen bin. Meine Geschwister, ich schätze mich selbst noch nicht so ein, dass ich's schon ergriffen habe; eins aber sage ich: ich vergesse, was dahinten ist, und strecke mich aus nach dem, was da vorne ist, und jage nach dem vorgesteckten Ziel, nach dem Siegespreis der himmlischen Berufung Gottes in Christus Jesus.' Paulus kennt die Regeln des Spiels. Er weiß, dass keiner den Siegespreis von vornherein in der Hand hat. So sehr er sich anstrengt, weiß er doch, dass der kostbare Preis, die Berufung durch Jesus Christus, niemals ein sicherer Besitz ist. Niemand kann seine Berufung durch Gott in die Tasche stecken und mit nach Hause nehmen. Wohl kann sich jeder Glaubende danach ausstrecken; aber erzwingen kann er es nicht. Das Kleinod des Glaubens bleibt ein Geschenk aus Gottes Freiheit. (...) Der Schritt vom Vorbereiten zum Gelingen bleibt unverfügbar. (...) Man kann den Sieg nicht herbeizwingen; aber es geht darum, sich des Preises als würdig zu erweisen." http://www.ekd.de/predigten/2006/060609_huber_muenchen.html.;Zugegriffen: 24.5.2011.

Zwanziger beschließt seine Ansprache folgendermaßen:

> Ein Stück mehr Menschlichkeit, ein Stück mehr Zivilcourage, ein Stück mehr Bekenntnis zur
> Würde des Menschen, des Nächsten, des anderen, das wird Robert Enke gerecht.
> Ich bedanke mich für Eure Aufmerksamkeit.

Am Ende wiederholt er seine moralischen Appelle und schreibt sie als Vermächtnis Robert Enke zu. Hier formuliert wieder der Fußball-Funktionär. Seine Ansprache beendet er rituell mit einer Formel, die bei öffentlichen Reden gebräuchlich
ist, aber nicht in der Religion, wo man sich nicht für Aufmerksamkeit bedanken
muss, da nicht die eigene Botschaft, sondern die transzendenter Instanzen verkündigt wird. In einer Traueransprache wirkt diese rituelle Beendigung etwas depla-
ziert, da die Aufmerksamkeit nicht dem Redner, sondern dem Verstorbenen, den
er würdigt, gebührt. Entsprechend ist der Dank nicht auf die Aufmerksamkeit an
sich, sondern auf das Hören der moralischen und sportpolitischen Appelle bezogen.

4. Schluss

Uns ging es darum zu zeigen, dass der Fußball, auch wenn er religiöse Praktiken
und Semantiken aufgreift, dennoch nicht religiös wird. Theo Zwanziger trat in
seiner Ansprache als Sportfunktionär in Erscheinung; sein Hauptanliegen – das
zeigen unsere Analysen – war, dass der DFB, die Nationalmannschaft und die
Fans, also der gesamte deutsche Fußball, ein gutes Bild in der Öffentlichkeit ab-
geben. Deutlich wird, dass er zwar in Reaktion auf das Ereignis, das ihn offensichtlich erschüttert hat, die Kritik am Leistungsprinzip aufzunehmen versucht,
dass er als Sportfunktionär aber letztlich nicht davon abrücken kann. Entsprechend delegiert er eine Einschränkung des Leistungsgedankens in die Verantwortung der Familie.

Zwanziger könnte zwar auch als religiöser Mensch reden, also religiös kommunizieren, dazu bedürfte es jedoch einer kommunikativen Rahmung. Er könnte dies als Privatperson tun und würde dann seine Funktion im Sport von seinem
persönlichen Glauben abgrenzen.[15] Würde er als Sportfunktionär religiös kom-

---

15   Eine solche Abgrenzung lässt sich bei vielen religiösen Fußballprofis beobachten, die den
     Fußball gerade nicht zur Religion machen, sondern sich als Akteure im Fußball auf die Religion
     als Kontrasthorizont beziehen. Jürgen Klopp hat dies prägnant in seinem Vorwort zu einem
     Band mit den Porträts religiöser Spieler auf den Punkt gebracht: „Aber es braucht schon den
     Blick ‚nach oben', um aus der Mühle, in der wir oft leben, auszubrechen. Um sich über eine
     Kleinigkeit zu freuen, obwohl man gerade eine ätzende und unnötige Heimniederlage kassiert
     hat. Um zu kapieren, was im Leben wirklich ‚wertvoll' ist. (...) Es gibt zwar keinen Fußball-
     Gott, aber ich glaube, dass es einen Gott gibt, der uns Menschen liebt, genauso wie wir sind,

munizieren, hätte man es mit einer Entdifferenzierung (bzw. einer immanenten Sakralisierung) zu tun. Margot Käßmann hatte bei der Trauerandacht zugleich als Kirchenfunktionärin und als Seelsorgerin gesprochen. Sie konnte bei der Deutung des Geschehens sich nicht nur religiöser Sprache bedienen, sondern religiös kommunizieren und sich auf die Unterscheidung von Immanenz und Transzendenz beziehen. Sie sprach dabei nicht als Fan, d.h. es handelt sich nicht um ein Entgrenzungsphänomen, sondern um selbstreferentielle religiöse Kommunikation (vgl. Krech, 2011, S. 243f.; Sammet, 2006).

Wenn der Sportfunktionär vereinzelt auf religiöse Semantik rekurriert, indem er auf die Autorität von Bischofsworten verweist, wird die Unvereinbarkeit der jeweils spezifischen Logiken von Religion und Sport deutlich. Da Zwanziger ganz als Funktionär spricht und die Predigtzitate auf den Fußball bezieht, verlieren sie ihren transzendenten Bezug und werden zu moralischen Appellen.

Literatur

Bette, Karl-Heinrich (2010). *Sportsoziologie*. Bielefeld: transcript.
Hahn, Alois (2008). Religiöser Wandel in der deutschen Gegenwartsgesellschaft – Kontroversen um seine religionssoziologische Interpretation. In: M. Koenig & J.-P. Willaime (Hrsg.), *Religionskontroversen in Frankreich und Deutschland* (S. 239-270). Hamburg: Hamburger Edition.
Herzog, Markwart (2002). Von der ‚Fußlümmelei‘ zur ‚Kunst am Ball‘. Über die kulturgeschichtliche Karriere des Fußballsports. In: ders. (Hrsg.), *Fußball als Kulturphänomen. Kunst – Kult – Kommerz* (S. 11-43). Stuttgart: Kohlhammer.
Klein, Constantin & Schmidt-Lux, Thomas (2006). Ist Fußball Religion? Theoretische Perspektiven und Forschungsbefunde. In: E. Thaler (Hrsg.), *Fußball. Fremdsprachen. Forschung* (S. 18-35). Aachen: Shaker.
Klopp, Jürgen (2006). Vorwort. In: D. Kadel, *Fußball Gott* (S. 9). Asslar: Gerth Medien.
Krech, Volkhard (2011). *Wo bleibt die Religion? Zur Ambivalenz des Religiösen in der modernen Gesellschaft*. Bielefeld: transcript.
Luckmann, Thomas (1985). Über die Funktion der Religion. In: P. Koslowski (Hrsg.), *Die religiöse Dimension der Gesellschaft: Religion und ihre Theorie* (S. 26-41). Tübingen: Mohr.
Luhmann, Niklas (1977). *Funktion der Religion*. Frankfurt am Main: Suhrkamp.
Luhmann, Niklas (1987). Die Unterscheidung Gottes. In: ders., *Soziologische Aufklärung 4. Beiträge zur funktionalen Differenzierung* (S. 236-253). Opladen: Westdeutscher Verlag.

---

mit all unseren Macken, und deswegen glaube ich, dass er auch den Fußball liebt! Nur: Die Kiste müssen wir schon selber treffen." (Klopp, 2006, S. 9).

Luhmann, Niklas. (2000). *Die Religion der Gesellschaft.* Hrsg. von André Kieserling. Frankfurt am Main: Suhrkamp.

Martínez, Matías (2002). Warum Fußball? In: ders. (Hrsg.), *Warum Fußball? Kulturwissenschaftliche Beschreibungen eines Phänomens* (S. 7-35). Bielefeld: Aisthesis Verlag.

Müller, Marion (2009). *Fußball als Paradoxon der Moderne. Zur Bedeutung ethnischer, nationaler und geschlechtlicher Differenzen im Profifußball.* Wiesbaden: VS-Verlag.

Noss, Peter (Hrsg.) (2004). *Fußball ver-rückt: Gefühl, Vernunft und Religion im Fußball. Annäherungen an eine besondere Welt.* Bielefeld: transcript.

Oevermann, Ulrich (2001). Bewährungsdynamik und Jenseitskonzepte – Konstitutionsbedingungen von Lebenspraxis. In: W. Schweidler (Hrsg.), *Wiedergeburt und kulturelles Erbe. Reincarnation and Cultural Heritage* (S. 289-338). Sankt Augustin: Academia.

Pollack, Detlef (1995). Was ist Religion? Probleme der Definition. *Zeitschrift für Religionswissenschaft,* 3, 163-190.

Reng, Ronald (2010). *Robert Enke: Ein allzu kurzes Leben.* München: Piper.

Sammet, Kornelia (2005). *Frauen im Pfarramt: Berufliche Praxis und Geschlechterkonstruktion.* Würzburg: Ergon.

Sammet, Kornelia (2006). Religiöse Kommunikation und Kommunikation über Religion. Analysen der Gruppendiskussionen. In: J. Friedrich, W. Huber & P. Steinacker (Hrsg.), *Kirche in der Vielfalt der Lebensbezüge. Die vierte EKD-Erhebung über Kirchenmitgliedschaft* (S. 357-399). Gütersloh: Gütersloher Verlag.

Schimank, Uwe (1988). Die Entwicklung des Sports zum Gesellschaftlichen Teilsystem. In: R. Mayntz, B. Rosewitz, U. Schimank & R. Stichweh, *Differenzierung und Verselbständigung. Zur Entwicklung gesellschaftlicher Teilsysteme.* (Kapitel 4, S. 181-232). Frankfurt am Main/ New York: Campus.

Stichweh Rudolf (1990). Sport – Ausdifferenzierung, Funktion, Code. *Sportwissenschaft,* 4, 373-389.

Stichweh, Rudolf (1995). Sport und Moderne. In: J. Hinsching & F. Borkenhagen (Hrsg.), *Modernisierung und Sport. Schriften der Deutschen Vereinigung für Sportwissenschaft,* Bd. 67 (S. 13-27). Sankt Augustin: Academia Verlag.

Tyrell, Hartmann (2008). Kulturkämpfe in Frankreich und Deutschland und die Anfänge der Religionssoziologie. In: M. Koenig & J.-P. Willaime (Hrsg.), *Religionskontroversen in Frankreich und Deutschland* (S. 97-181). Hamburg: Hamburger Edition.

Weis, Kurt (1995). Sport und Religion. Sport als soziale Institution im Dreieck zwischen Zivilreligion, Ersatzreligion und körperlich erlebter Religion. In: J. Winkler & K. Weis (Hrsg.), *Soziologie des Sports. Theorieansätze, Forschungsergebnisse und Forschungsperspektiven* (S. 127-148). Opladen: Westdeutscher Verlag.

Wernet, Andreas (2000). *Einführung in die Interpretationstechnik der Objektiven Hermeneutik.* Opladen: Leske + Budrich.

Ziemann, Benjamin (2009). *Sozialgeschichte der Religion.* Frankfurt am Main: Campus.

III
Heilige Orte, Rituale und Gefühle

Sakrale Orte des Körperkults?
Stadionkapellen zwischen Kirchenreligion und Ersatzreligion

Stefanie Duttweiler

Ein ovaler Raum von 70qm mit indirekter Beleuchtung, seine Wände sind mit Blattgold ausgeschlagen und scheinen wie ein goldenes Band zwischen Decke und Boden zu schweben, das Gold grundiert Zeilen aus dem Alten und Neuen Testament sowie das Vaterunser, das in fünfzehn Sprachen zu lesen ist. Schwarzgraue Hocker betonen das Oval des Raumes und öffnen sich für ein Kreuz, ein Altar, eine Taufschale und ein Lesepult. Die scheinbar schwerelose Wand, die indirekte Beleuchtung, das Gold und dessen Kontrast zur übrigen Ausstattung erzeugen eine mystische Atmosphäre, passend für eine kleine Kapelle, in der man gerne heiratet oder sein Kind taufen lässt. Die Rede ist von der Kapelle im Olympiastadion in Berlin, die 2006 zur Fußball WM dort errichtet wurde.[1] Sie ist nicht die einzige Stadionkapelle in Deutschland, auch in der Veltins-Arena in Gelsenkirchen (2001) und in der Commerzbank-Arena in Frankfurt (2007) wurden im Zuge der Umbauten der alten Stadien christliche Kapellen eingebaut.[2]

Die Tatsache, dass zu Beginn des 21. Jahrhunderts in Stadion Kapellen gebaut werden, ist irritierend und erklärungsbedürftig. Auf den ersten Blick stellt es den Trend der Säkularisierung in Frage und irritiert das Verhältnis von Sport und Religion, präziser: von Fußball und institutionalisiertem Christentum. Ist das Errichten von Kapellen als Selbstbehauptung der Kirchenreligion gegenüber der Ersatzreligion des Sports zu deuten? Oder trägt die Inszenierung von Außeralltäglichkeit und Erhabenheit der Kapellen eher zur Sakralisierung des Sports und der Sportstätten bei?

Meines Erachtens lässt sich das Phänomen jedoch nicht auf Konkurrenz oder wechselseitige Instrumentalisierung reduzieren. Es gilt, die Verbindung der dif-

---

1   Eine Broschüre zur Kapelle wurde von der Kunsthistorikerin Katrin Wittmann-Englert (2006) verfasst, einen schnellen Einblick mit sprechenden Fotos findet sich unter http://www.kirchbautag.de/wos-brennt/architektur-flash/kapelle-im-olympiastadion.html. Zugegriffen: 05.06.2012.

2   In der Mainzer Coface-Arena ist eine Kapelle geplant, inwieweit diese tatsächlich umgesetzt wird, ist Ende 2011 noch nicht endgültig entschieden.

ferenten Funktionslogik mit der räumlichen Nähe ernst zu nehmen und sie zum Ausgangspunkt der Analyse zu machen. Denn, so meine These, es ist die *räumliche* Nähe, die Bedingungen schafft, die Gleichzeitigkeit von Gegensätzen zu ermöglichen, die auf den ersten Blick widersprüchlich erscheinen. Dabei spielt der Körper, respektive die Verbindung von Körpern und Räumen eine entscheidende Rolle, Fußballstadion und christliche Räume miteinander in Beziehung zu setzen.

Im Folgenden werde ich daher in einem ersten Schritt die Beziehung zwischen Fußball und Religion darstellen, in einem zweiten Schritt die Dimension des Raumes beleuchten und in einem Schlusskapitel die beiden Dimensionen zusammen denken.

1. Fußball als Religion?

Zwischen Fußball und Religion oder zwischen Stadion und Kultstätten einen Zusammenhang herzustellen, ist nicht besonders originell. Immer wieder liest man davon, „Gott ist rund" (Schümer 1996), von ‚Fußballgöttern', dem ‚heiligen Rasen' und wer „fleißig die Feuilletons liest und Architektenvorträge besucht, wer sich mit Stadtpolitikern, Sportfunktionären oder Immobilienspezialisten unterhält, der weiß: Die neuen Fußballstadien sind die Kathedralen unserer Zeit. Nicht umsonst werden sie im angelsächsischen Sprachraum ‚Dome' oder gar ‚Super-Dome' getauft" (Matzig 2005, S. 42). Doch neben dieser metaphorisch-ironischen Rede in den Medien setzen sich Sozial- und Geisteswissenschaftler ernsthaft mit der Frage auseinander, ob das Phänomen Fußball als Religion verstanden werden kann. Die Beantwortung dieser Frage ist dabei eng mit der Definition von Religion verknüpft. Gilt Religion als etwas, das auch implizit auftreten kann und das aufgrund seiner Funktionen und Eigenschaften beurteilt wird, so können auch Phänomene als religionsäquivalent dechiffriert werden, die sich selbst gerade nicht als Religion verstehen.[3] Die zahlreichen Analogien zwischen

---

3   In einem klärenden Überblick über die reichhaltige Literatur haben Constantin Klein und Thomas Schmidt-Lux (2006) diese Unterscheidung herangezogen, um drei Weisen, das Verhältnis von Religion und Fußball zu konfigurieren, zu beschreiben. Explizite Religion, also Phänomene, die sich selbst als Religion auffassen und sich selbst so benennen, können sie in zwei unterschiedlichen Konstellationen feststellen. Zum einen erscheint Religion *beim* Fußball, in der die explizite religiöse Äußerung in das Fußballgeschehen integriert wird. Beispiele hierfür sind die Frömmigkeitsgesten einzelner Spieler (Bekreuzigen beim Betreten des Platzes oder das Tragen eines Trikots mit einer christlichen Botschaft) oder das Begehen von Übergangsriten von Fans in Stadionkapellen (ebd., S. 21). Zum anderen zeigen sie an historischen und gegenwärtigen Beispielen, dass Fußball Teil von Religion sein kann. Diese Formen von expliziter Religion *im* Fußball finden sich in Europa allerdings weder in aktuellen noch im historischen Fußballgeschehen (ebd., S. 23). Ausdrucksformen impliziter Religion im

Fußball und Religion legen es nahe, vom Fußballgeschehen als „implizite Religion" (Bailey 1983) zu sprechen. So vollziehen sich im Ereignis eines Fußballspieles grundlegende Differenzierungen, die auch für Religion entscheidend sind: das *Abgrenzen von heiligen Zeiten und heiligen Orten*[4]. Die Unterscheidung von Spieltagen und Werktagen, Saison und Nicht-Saison, vor und nach dem Spiel rhythmisiert den Alltag und kann als Trennung zwischen heiliger und profaner Zeit gedeutet werden; eine Sakralisierung des Ortes ergibt sich durch die Trennung des ‚heiligen Rasens' vom übrigen Stadion sowie des Stadions von der Umgebung. „As in the religious space of the cathedral, the central place of the sacred is separated from its mundane surroundings; no profane man has the right to transgress this borderline" (Gebauer 2010, S. 255). Diese umgrenzten und beschränkten Zeiten und Orte der Stadien geben den Zuschauern das Gefühl einer privilegierten Teilnahme an etwas Außergewöhnlichem (Gaffney 2008, S. 3).

Darüber hinaus lassen sich vielfältige Praktiken ausmachen, die als *Riten* gefasst werden können: So kann der Weg ins Stadion, mit seinen Kontrollen und ersten Eindrücken als Übergangsritual (Sellmann 2006, S. 46)[5] oder der erste Stadionbesuch eines Jungen als Initiationsritus gedeutet werden. Vom Vater oder älteren Bruder geleitet, zieht er aus der Kindheit aus, weg von der mütterlichen Welt in die Brüderschaft der Fans, in der alle gleich sind (Gebauer 2010, S. 245). Spieler und Fans pflegen z.T. auch individuelle magische Rituale, wie das Anlegen bestimmter Kleidungsstücke, die den Sieg des Vereins hervorrufen sollen (Klein/Schmidt-Lux 2006, S. 29ff). Zudem lassen sich im Einzug ins Stadion (Pilgerweg) sowie des Spieles generell, in der festgelegten Abfolge der Fangesänge[6] oder den Laola-Wellen Anklänge an eine *liturgische Ordnung* ausmachen.

(Gründungs-)Mythen oder mythische Erzählungen über legendäre Spiele, Spieler und Vereine fungieren als ‚*heiliges Wissen*', „da sie unverhandelbares Wis-

---

Fußball fassen sie als Religion *am* Fußball zusammen. Sie kommen zu dem Schluss: „Fußball *ist* nicht Religion, aber mitunter ist er religions*fähig*" (Klein/Schmidt-Lux 2006, S. 35).

4   Zur religionskonstitutiven Bedeutung der Trennung von heiligen und profanen Zeiten und Räumen exemplarisch Durkheim (1994).

5   Diese Argumentation wird auch im Feuilleton bemüht: „Wenn der Basler sein ‚Joggeli' betritt, geht er nicht einfach in ein Fußballstadion … Der Basler überschreitet beim Gang ins Stadion eine Schwelle, welche die profane Welt für einige Stunden von der heiligen scharf abgrenzt. Er macht eine ähnliche Erfahrung durch wie der religiöse Mensch, wenn dieser in eine Kirche hineingeht. Das Passieren der Eingangstore versetzt den Basler in einen neuen Zustand, der stark kontrastiert mit jener Gefühlslage, welche durch die moderne, säkularisierte Welt geprägt wird" (NZZ 2002).

6   Die Musikwissenschaftler Reinhad Kopiez und Guido Brink (1998) präsentieren in ihrem Buch „Fussball-Fangesänge. Eine Fanomenologie" eine musikwissenschaftliche Analyse einzelner Lieder zu bestimmten Anlässen.

sen darstellen, das keiner weiteren Aufklärung oder Relativierung bedarf, und da die Kenntnis um diese Dinge (und wiederum der Glaube daran) eine Zugehörigkeit zur jeweiligen Fangruppe erst ermöglicht" (ebd., S. 27). In den Erzählungen werden Mythen gewoben, die keine Zeit kennen, alles ist zugleich Gegenwart (Gebauer 2010, S. 257) und für die Zukunft aufbewahrt: „Sporting events are not experienced only in terms of their sensual presence, but also from the perspective of their value for future memory. Tales of unforgettable games and great players immortalize important moments of fleeting events" (ebd., S. 259). Dementsprechend stiftet das Fußballgeschen *Sinn* und überhöht und transzendiert den Alltag. Zugleich wird der Alltag aufgegriffen: „Das Besondere und Einzigartige des Fußballspiels besteht eben darin, dass es letztlich eine ins Spielhafte übertragene, erhöhte und verdichtete Lebenswirklichkeit, eine Lebenswirklichkeit im Brennspiegel ist" (Rupp 2003, S. 130). Wie der Alltag entzieht sich auch das Ereignis Fußball der endgültigen Planung und völligen Berechnung; der Spielausgang ist ungewiss und führt so die Kontingenz der Welt vor Augen, bindet sie an Zufall und Glück mindestens ebenso wie an Anstrengung und Leistung. „Die Einheit von Berechenbarem und Inkalkulablem, von Hochmoral und Niedertracht, das ist die große Parallele, die der Fußball zum Leben hat" (Hansen 2010, S. 2). Fußball ist also mehr als ein Spiel, es ist ein Abbild der Welt, in der es ‚ums Ganze geht' und in der Sieg und Niederlage manchmal nur durch einen Zufall voneinander getrennt sind – und doch die Gnade der zweiten Chance kennt.

Die Sieger bzw. die Idole und Ikonen werden wie *Heilige* verehrt, dem Verein hält man die Treue und *bekennt* sich zu ihm in Farben, Fahnen und Festen. Dementsprechend kann man die Fans und ihre Kultur als *quasi-parochiale Vergemeinschaftung* interpretieren.[7] Wie in einer Kirchengemeinde sind auch die Fans nicht nur durch ein regelmäßig wiederkehrendes Ereignis miteinander verbunden, sondern auch durch die Gefühle der Gemeinsamkeit – zu den Spielern, zur Mannschaft, den Mit-Fans aus der Fan-Gemeinde (Noss 2006, S. 126) – und Zugehörigkeit, die nicht im Widerspruch zu einer Anonymität steht. Diese Verbindungen können sich als lebenslange Bindung an einen Verein ausdrücken, doch durch das konkrete Geschehen im Fußballstadion entstehen auch „flüchtige und unbeständige, mobile Gemeinschaften, die von dem Wunsch nach einem intensiven Erleben in Gemeinschaft getragen sind und sich an unmittelbare Bedürfnisbefriedigung aufrichten" (Klein/Meuser 2007, S. 12). Durch die relative Enge im Stadion entsteht eine außergewöhnliche Dichte sinnlicher Eindrücke und vielfältiger Emotionen (Alkemeyer 2006, S. 270), unzählige Menschen können

---

7   Auch die Unterscheidung zwischen ‚echten' und ‚pseudo' Fans (Bale 1993, S. 63) erinnert an
      die Unterscheidung zwischen ‚echten' und ‚Taufscheinchristen'.

sich gegenseitig sehen,[8] hören[9], riechen und fühlen. Diese außergewöhnlichen Intensitäten und starken Gefühle, die auch Gewalt nicht ausschließen,[10] werden im Alltag eher gemieden, im Stadion dagegen werden sie (bewusst) erzeugt, gesteigert und ausgelebt. Dabei scheinen die „Hemmungen und Distanzen des normalen gesellschaftlichen Verkehrs in einer gesellschaftlich legitimierten, raum-zeitlich begrenzten, reglementierten Form überwunden" (Alkemeyer 2006, S. 270). Die Körper der einzelnen Zuschauer verbinden sich untereinander und mit dem Spielgeschehen. Dies geschieht dabei nicht nur durch das Sehen und Hören der Anderen oder aufgrund der gemeinsamen Praktiken des Singens und Anfeu-erns, durch ‚kinästhetische Sympathie' (ebd., S. 277) schließen sich die Körper der Zuschauenden gewissermaßen unmittelbar an die Körper der Spieler an. Sie machen die Aktionen der Spieler „gleichsam *vor* oder zumindest doch *mit* – und sind dabei selbst ständig in Bewegung: Beine zucken, als würden sie selbst den Schuss ausführen wollen, Körper schnellen zum Kopfball hoch und lassen sich dann – viel zu oft – enttäuscht und erschöpft auf den Tribünensitz zurückfallen" (ebd., S. 278, H.i.O.).

Im „Resonanzraum der Stadionschüssel wachsen dann alle Beteiligten – Ak-tive und Zuschauer – über sich hinaus, finden mit Haut und Haaren in die Szene hinein, gehen in ihr auf" (ebd., S. 270). Unabdingbare Voraussetzung ist dabei die Kopräsenz in einem Raum. Ist dieser nach außen abgeschlossen und nach in-nen zentriert, steigert sich die Wirkung. Die räumliche Anlage des Stadions, so hat es Canetti formuliert, schließt die Masse zu einem Ring zusammen, der nach außen und innen geschlossen ist (vgl. Canetti 1981, S. 25f.). Die Fußballzuschauer als Masse zu klassifizieren, ruft denn auch die Topoi der Massenpsychologie auf: Die Masse verführt zum Verschmelzen, zum Verschwinden in der Masse und der Überschreitung oder dem Verlust des eigenen Subjektseins. Hierin liegt je nach

---

8   Schon Goethe bemerkt im Hinblick auf das Amphitheater in Verona die besondere Qualität, die die wechselseitige Sichtbarkeit der Menschen im Stadion ausmacht. „Eigentlich ist so ein Amphitheater recht gemacht, dem Volk mit sich selbst zu imponieren, das Volk mit sich selbst zum Besten zu haben. Wenn es sich so beisammen sah, musste es über sich selbst erstaunen, denn da es sonst nur gewohnt, sich durch einander laufen zu sehen, sich in einem Gewühle ohne Ordnung und sonderliche Zucht zu finden, so sieht das vielköpfige Tier sich zu einem edlen Körper vereinigt, zu einer Einheit bestimmt, in eine Masse verbunden und befestigt, als Eine Gestalt, von Einem Geiste belebt" (Goethe 1992, S. 42).

9   „Mit der Fesselung des Blicks verlieren Haut und Nase ihre Funktion der Distanzregulierung zu anderen Körpern: Akustische Phänomene erhalten dagegen wie in der Dunkelheit eine starke Eigenpräsenz, die sich zu einer mächtigen Klangestalt steigert, wenn das Fußballpublikum (...) sichtbare Bewegungen in Vibrationen der Stimme übersetzt" (Leo 2005, S. 156f.).

10 Gaffney macht in seinem Buch „Temples of the earthbound gods" immer wieder auf die Ritua-lisierung der Kämpfe, sowohl der gegnerischen Mannschaften als auch der Fans untereinander, aufmerksam.

Perspektive eine Gefahr oder eine Verlockung. Betont man letzteres, kann man mit Knut Ebeling die Frage stellen, ob wirklich das Spiel die Motivation für den Stadionbesuch darstellt oder ob nicht vielmehr das Ereignis des Spiels nur ein Anlass für die Massenversammlung im Stadion ist (Ebeling 2008, S. 128). Vor dem Fernsehgerät im eigenen Wohnzimmer fehlt diese Dimension des Fußballereignisses. Es ist das Stadion – auch das leere Stadion –, das ein „Erregungsversprechen" birgt (ebd., S. 136). Es ist somit „ein Ort, vielleicht der einzige öffentliche Ort, an dem sich dieses Begehren erfüllen kann, an dem die Sehnsucht nach Eruption und gemeinschaftlicher Ekstase wirklich wird: Das Stadion ermöglicht eine Erotik des sozialen Körpers" (Ebeling 2008, S. 124). Doch das ist nur die halbe Wahrheit, denn das Geschehen im Stadion ermöglicht nicht nur eine positive Besetzung des sozialen, sondern auch des eigenen Körpers und der eigenen Gefühle: „the football fan wants to feel: to feel his own body and his own strength. This desire pushes him to expend his strength, to sing, cheer, drink, defame the enemy" (Gebauer 2010, S. 252). Das Gemeinschaftsgefühl in der Masse ist somit keine Aufgehen des Selbst in der Masse, sondern eine neue Dimension, sich selbst zu erfahren, „a dimension that is unimaginable in everyday life" (ebd., S. 253).

Vor allem dieses Erleben der (flüchtigen) Gemeinschaft, seine Intensität und Kollektivität, Außeralltäglichkeit und Ritualisierung, ist es, die die Analogien zwischen Fußballgeschehen und Religion evoziert, lässt es sich doch als Gelegenheit für „verschämt religiöse-ekstatische Anteile" (Sellmann 2006, S. 45) interpretieren. Die Faszination vom Spiel verleiht den Zuschauenden „a kind of vitality, a joy, a degree of energy and excitement that typifies people in a state of euphoric abandonment" (Gebauer 2010, S. 247). In diesem Gefühl der mächtigen Energie, die sich aufbaut, entlädt und verschwendet wird, kann man „einer Kraft begegnen, die in ihrer Struktur und ihrer Wirkung dem vergleichbar ist, was die Religionswissenschaftler ‚das Heilige' nennen" (Sellmann 2006, S. 37). Dabei wird das Heilige als Kraft verstanden, „deren Wirkungsdynamik außen liegt" (ebd., S. 38) – obwohl sie aus dem Erlebnis der Masse selbst kommt.

Emile Durkheim hat diese wiederkehrenden, ritualisierten Feste einer Gemeinschaft, die die Teilnehmenden regelmäßig in Zustände höchster Erregung versetzt, als konstitutiv für die Entstehung von Religion hervorgehoben: In der Erfahrung der höchsten Erregung, der *effervescence collective*, entsteht eine Energie, die als außerhalb der profanen Welt erlebt wird. Der beteiligte Mensch wird „hingerissen von einer äußeren Macht, die ihn zwingt, anders als gewöhnlich zu denken und zu handeln" (Durkheim 1994, S. 300), er fühlt sich in eine fremde Welt versetzt, die sich radikal von seiner unterscheidet, die aber auf ihn selbst zurückwirkt: „Die erste ist die profane Welt, die zweite die Welt der heiligen Dinge" (ebd.). Diese ‚heilige' Welt wird in Zeichen symbolisiert, die dann selbst geheiligt werden, der Umgang mit ihnen unterliegt bestimmten Regeln (Tabus) und etabliert Verpflichtungen.

Die Parallelen zum Fußballspiel und zur Fankultur sind – will man sie herstellen – deutlich: „Die kollektive Verehrung einer Fußballmannschaft, deren ritualisierte und emotional aufgeladene Feier und ein stark reglementierter Umgang mit Symbolen des Vereins (oder auch der Nation) kann so im Anschluss an Durkheim als Religion bezeichnet werden. Große Ansammlungen von Fans in vollbesetzten Stadien sind Gelegenheiten *par excellence*, Situationen von kollektiver Efferveszenz entstehen zu lassen – und offenkundig geschieht dies immer wieder" (Klein/Schmidt-Lux 2006, S. 24f).

Der Raum des Stadions erfährt in dieser Parallelführung von Fußball und Religion dabei selten eigene Beachtung. Dabei ist er es, der die Bedingung der Möglichkeit für das temporäre Zusammentreffen und damit auch für die Ausbildung der impliziten Religion bereitstellt: Das Stadion ist das Ziel der sonntäglichen ‚Pilgerreise' und verobjektiviert die Trennung zwischen dem Profanen und Sakralen von Zeit und Raum, indem es zwischen Drinnen und Draußen klar unterscheidet und die Ein- und Ausgänge durch Kontrollen und Zutrittsbeschränkungen sichert. Ohne diese räumliche Grundstruktur wäre die leiblich-affektive Erfahrung der Schwelle weder für das regelmäßig wiederkehrende Ritual noch für die Initiations- und Übergangsriten möglich. Das gilt ebenso für die Erfahrung der kollektiven Erregung,[11] die sich der Möglichkeit verdankt, Menschen auf engem Raum so zu arrangieren, dass sie sich auf einen Mittelpunkt und ein Geschehen hin fokussieren. Denn wie kaum ein anderer Gebäudetyp in der Moderne ist das Stadion darauf ausgelegt, Menschen in möglichst großer Zahl zusammenzubringen und miteinander zu verschmelzen. Im Zusammenwirken der architektonischen Gestaltung, dem Geschehen inner- und außerhalb des Spielfeldes und der Masse entsteht eine Atmosphäre, die leiblich-affektiv ergreift und intersubjektiv verbindet. So fußt die Erfahrung der ekstatischen, vergemeinschaftenden Kollektivität, der Außeralltäglichkeit der Emotionen sowie der Auflösung und Steigerung der Ich-Erfahrung auf einer intensivierten Körpererfahrung, die ohne die Raumerfahrung nicht denkbar wäre. Körper- und Raumerfahrung bedingen sich wechselseitig – und schließen sich, je nach Definition von Religion, zu einer religiösen Erfahrung zusammen.

Es ist mithin kaum verwunderlich, dass Sportstadien (und in besonderer Weise die Fußballstadien) als „heilige Räume für eine säkularisierte Religion"

---

11 In Zeiten des *public viewing* muss dies allerdings relativiert werden: Nun können auch öffentliche Plätze oder große Hallen Erlebnisorte für die fußballzentrierte Massenerfahrung sein.

(Rupp 2003, S. 131) interpretiert werden (können). Erstaunlicherweise wird damit aber nicht nur die religiöse Dimension angesprochen, sondern vor allem auf die architektonische Dimension verwiesen. „Wollte man es an den Architekturen ablesen, dann wäre die Zeit der Kathedralen abgelöst durch die Wallfahrtsstätten des Sportkonsums" (Soosten 2004, S. 28). So betont der Sportgeograph John Bale die Identifikation der Fans mit dem Gebäude[12] sowie dessen Wert als Kulturgut. Stadien „can not only generate a love of place, a sense of place-loyality, place-bonding and other kinds of localism, but also how some stadia have become what amount to sacred places, worthy, perhaps, of future protection and preservation like other revered monuments and buildings of yesteryear" (Bale 1993, S. 6f).

Die Analogie zwischen Fußballstadion und Kirchen liegt dementsprechend auf der Hand; einige Autoren sprechen daher von Fußballstadien als ‚Kathedralen'.[13] Damit soll auch die spezifische sakralisierte Ästhetik und die veränderte Bedeutung für die Stadt auf den Begriff gebracht werden. Stadien have „supplanted the ancient cathedral as the most visible and recognizalbe structure in many communities" (Trumpbour 2007, S. 2f), sie gelten nun als neue Mittelpunkte städtischen Lebens, als Landmarken und Wahrzeichen der Städte. Darüber hinaus sind sie, insbesondere die WM-Stadien, auch Prestigeobjekte. Mit ihnen setzen sich die Städte international in Szene (Schroer 2008, S. 157) und lassen sich das – auch hierin ähneln sie den Kathedralen des Mittelalters – durchaus etwas kosten lassen.[14]

Wenn nun aber die *Tätigkeit* – der Sport, präziser: der Fußball – und die *Stätten* des Sports – die neuen Arenen und Stadien – religiösen Charakter angenommen haben, wie ist dann die Präsenz der traditionellen Volkskirchen in Stadien zu erklären? Wäre sie nicht überflüssig oder widersinnig, wenn der Fußball reli-

---

12   Bale zitiert einen Chester City Fan: „Sealand Road has been part of my life for 30 years; it's more than a football ground, it's a way of life not just to me but to thousands of people alive and dead whose life has revolved around a math at the Stadium. It's more than bricks and mortar, it's almost something spiritual" (Bale 1993, S. 65).

13   Nicht alle AutorInnnen, denen die Analogie zwischen Kathedrale und Stadien auffällt, teilen den Befund der impliziten Religion. So beharren Frank und Steets neben den Gemeinsamkeiten auf dem signifikanten Unterschied zwischen Kathedralen und Fußballstadien: „As architectures of mass assembly, cathedrals and stadia are buildings with an aural quality where the gaze of those present is directed towards a central point, which is either the altar, or the pitch. Both building types are extraordinary: They mark a clear structural boundary to the outside world and, here as there, communities are reinforced by means of ritual actions" (Frank/Steets 2010, S. 293). Doch während die Kathedrale den Blick der Masse auf etwas außerhalb ihrer selbst, ein höheres Wesen lenkt, richtet die Architektur des Stadiums die Aufmerksamkeit der Masse nicht nur „to their adored heroes, physically present on the pitch, and in the centre, but also to *themselves*. In this they can find both delight and danger" (ebd., H.i.O.).

14   Der Umbau des Olympiastadions in Berlin kostete 242 Mio. Euro, des Waldstadions (heute Commerzbank-Arena) in Frankfurt a.M. 125 Mio. Euro und AufSchalke (heute Veltins-Arena) in Gelsenkirchen 191 Mio. Euro (Stick 2005).

gionsäquivalente Funktionen annimmt? Behaupten hier die Volkskirchen – räumlich und metaphorisch – die begrenzte Reichweite der ‚Ersatzreligion' Fußball? Oder muss man im Gegenteil davon ausgehen, dass sich hier die Fußballreligion vollendet, indem sie nun auch Sakramente für Taufen und Hochzeiten der Fans anbietet? Um diese Fragen zu beantworten, gilt es zunächst, genauer zu klären, in welchen Stadien sich die Kapellen befinden.

Stadionkapellen sind ein relativ junges Phänomen; die erste Stadionkapelle in einem europäischen Stadion wurde 1957 im weltweit größten Vereinstadion und Europas größtem Stadion, dem Nou Camp in Barcelona, errichtet und Maria geweiht. In bewusster Anlehnung an dieses Vorbild – jedoch ökumenisch statt ausschließlich katholisch ausgerichtet – wurde 2001 in das neu errichtete Stadion „AufSchalke"[15] (seit 2005 Veltins-Arena) eine ökumenische Kapelle integriert. Zur Zeit seiner Errichtung war das Stadion eines der modernsten Stadien in Europa[16] sowie das erste Stadion in Deutschland, das ausschließlich privat finanziert wurde. Zur Fußballweltmeisterschaft 2006 erfolgte der Umbau des Berliner Olympiastadions und der Einbau der Kapelle, im Jahr 2007 wurde die Kapelle in das umgebaute Frankfurter Waldstadion, nun Commerzbank-Arena, eingeweiht. Im deutschsprachigen Raum ist das Phänomen der Kapellen in Fußballstadien also eines des beginnenden 21. Jahrhunderts und eines des Premiumsegmentes der modernsten und größten Stadien – alle Stadien sind laut FIFA-Richtlinien sogenannte 5-Sterne Stadien. Hieraus ergibt sich ein erster Befund: Der Einbau von Kapellen ist untrennbar mit dem Um- und Neubau, mithin der Modernisierung und Transformation der Stadien verknüpft.

Diese architektonischen Veränderungen sind untrennbar mit der Transformation der sozialen Ordnung verwoben. Wie der Architektursoziologe Anthony D. King betont, „the built environment, the material, physical and spatial forms of the city, is itself a representation of specific ideologies, of social, political, economic and cultural relations and practices, of hierachies and structures, which not only represent but also, inherently constitute these same relations and structures" (King 1996, S. 4). Das Gebaute ist mithin mehr als ein Abbild sozialer Ordnung, Architektur ist „Medium des Sozialen" (Delitz 2009), das durch ihre materielle und symbolische Form das Soziale mitproduziert. Die neuen Stadien sind also nicht nur Repräsentationen oder Effekte einer neuen sozialen Ordnung, diese wird auch konkret und praktisch durch die Gebäude der Stadien mit geschaffen, mit vollzogen und durch ihre unmittelbare Erfahrbarkeit plausibilisiert.

---

15 Das Stadion trägt durch Verkauf der Namensrechte an die Brauerei Veltins seit 2005 den Namen Veltins-Arena.

16 Es zeichnete sich durch das beste Soundsystem und den größten Videocube, auf dem man Spiel und Zuschauer im Detail mitverfolgen kann, aus (Zinangel 2010, S. 79).

2. Die Modernisierung der Stadien

In der Vorgeschichte des modernen Fußballs waren die Spielfelder offene Räume, die vom Fehlen standardisierter Regeln über Spielverlauf und Spielteilnehmer und damit einhergehend vom Fehlen einer räumlichen Regulierung und Abwesenheit territorialer Einschränkungen (Bale 2009, S. 151) bestimmt waren. Im Zuge der Standardisierung des Regelwerks sowie der Differenzierung und Kommerzialisierung von Raum und Zeit im Laufe des 18. und 19. Jahrhunderts wurde das Spielfeld begrenzt und es differenzierten sich Experten, d.h. Spieler und Zuschauer aus (ebd., S. 153).

Zu Beginn des 20. Jahrhunderts steht der moderne Stadionbau in engem Zusammenhang mit der neuzeitlichen olympischen Bewegung (Alkemeyer 1996), die einen breit betriebenen Sport „als sozialhygienisches Mittel der moralischen und physischen Optimierung nationaler Kollektive propagierte (Leo 2005, S. 153). Die meisten Anlagen waren Mehrzweckstadien für unterschiedliche Sportarten und sollten sich als „,Oasen in der Stadt' in die urbane Landschaft eingliedern" (ebd., S. 154). Nutzbar waren sie für Erziehungs- und Selbstdarstellungsansprüche des bürgerlich-nationalen Lagers ebenso wie für die sozialistische Arbeitersportbewegung und brachten in beiderlei Ausprägungen das Epochensignum „Existenzwillen, Integrationskraft und Leistungsbereitschaft" (ebd., S. 155) politischer Kollektive zum Ausdruck. In diesen charakteristischen „Orten der Moderne" (Geisthövel/Knoch 2005) entwickelten sich die Spezifika des modernen Sports: Leistung, Spezialisierung, Rationalisierung, Bürokratisierung, Quantifizierung, (beschränkte) Gleichheit können als Versuche gelten, Individuen einer strikten Disziplinierung zu unterwerfen (Guttmann 1979, S. 25ff). Darüber hinaus finden Effizienz, Beschleunigung, Kontrolle und Verregelung, das Vertrauen in natürliche (körperliche) Ressourcen, das Nebeneinander von Einzel- und Teamleistung (Marschik 2009, S. 27) ihren Ort im Stadion. „In a nutshell, the stadium is at one and the same time a prototypical and an extraordinary place for modern societies" (Frank/Steets 2010, S. 8).

In einer anderen Tradition standen die reinen Fußballstadien, die ausgehend von England zwischen 1880 und 1925 in allen europäischen Städten errichtet wurden. Als Spielstätten privater Fußballclubs waren sie in den Stadtteilen gelegen, in denen die Clubs ansässig waren und waren zunächst frei von volkspädagogischen und repräsentativen Ansprüchen. Der enge rechteckige Zuschnitt verlieh ihnen einen fast intimen Charakter und förderte die emotionale Bindung an Spieler und Ort (Leo 2005, S. 155).

Architektonisch sind beide Varianten des Stadions offene Gebäude: nicht überdacht, dimensioniert für eine Masse und einfach strukturiert. Jeder Stadionbau verhandelt dabei die Beziehung zwischen drei Räumen: dem Innenraum mit dem Spielfeld, dem Zuschauerraum sowie der nicht ganz ausgeschlossenen Umgebung (ebd., S. 152). Diese Aufteilung lässt großen Spielraum für die Verteilung der Körper, die noch nicht auf Sitzplätzen zur Immobilität gezwungen waren. „Was genau in einem Stadion passiert, ist daher eine Frage der Errichtung oder Verwischung, Achtung oder Verletzung von materiellen wie symbolischen Grenzen" (ebd.).

In den modernisierten Fußballstadien hat sich eine deutliche Verschiebung ergeben. So kam es in den frühen 1960er Jahren zu einer weiteren Segregierung des Stadion-Innenraumes, indem die gegnerischen Mannschaften separiert platziert wurden. Dadurch versuchte man erfolgreich, die zunehmenden Publikumsausschreitungen und den Imageverlust des Fußballs einzudämmen. Eine weitere Antwort auf beide Probleme wurde in der Bestuhlung der Stadien gefunden,[17] die zugleich Bequemlichkeit und Sicherheit bieten sollte. Das erhöhte die Attraktivität für neue Zuschauerschichten. Diese gestalterische Neuorganisation des Stadionraumes, die aus einer ungeordneten stehenden und sich bewegenden Masse buchstäblich festsitzende und damit auch lokalisierbare und kontrollierbare[18] vereinzelte Individuen machte, hatte einen enormen disziplinierenden und pazifizierenden Effekt – und brachte in der Folge auch Frauen und Familien ins Stadion.

Heute sind die modernen Stadien stark segregierte Räume. Unterschieden wird nicht nur zwischen dem Innen und Außen des Stadions, Spielern und Zuschauern, Heim- und Gastkurve, es gibt auch verschiedene Zuschauerpositionen:[19] VIP-Lounge, private Boxen, Corporate- and VIP-Areale mit eigenen Restaurations- und Rekreationsbereichen. Wie schon in der römischen Arena zeigt der Wechsel des Sitzplatzes über die Zeit die Statusbewegung eines Zuschauers an.[20] Dabei richtet sich die Verteilung im Raum nach der Nähe zum Spielfeld und zu

---

17 So wurden ab der WM 1990 in Italien die Stadien, in denen World Cups und European Championships ausgetragen wurden, sukzessiv zu All-Seater Stadion umgebaut (King 2010, S. 22).

18 Während des Spiels ist jeder einzelne Platz über eine Videokamera kontrollierbar und durch die Personalisierung der Eintrittskarten auch mit einer identifizierbaren Person verbunden.

19 Einer der Architekten des Umbaus des Berliner Olympiastadions, Volkwin Marg, identifiziert vier Zuschauergruppen: „1. Der Fan, der steht und anfeuert; zweitens das Normalpublikum; drittens der Business-Typ, der ein besonderes Stuhlpolster, einen eigenen Eingang und separates Restaurant benötigt; viertens der VIP, eine neureiche Erfindung, für den Sekt, Kellnerbedienung, eigener Foyer-Zugang etc. zur Verfügung steht" (Stick 2005, S. 31).

20 Knut Ebeling kommt dementsprechend zum Schluss: „Die Arena war also nicht nur eine Ordnung der Masse, sondern auch eine Ordnung des Wissens" (Ebeling 2008, S. 138). „Das Gesehenwerden hatte also nicht nur soziale Genussfunktion, es war auch Konstitutionsbedingung des Sozialen. (...) An diesem Ort wurde man sichtbar als Teil einer Ordnung, in die man in derselben Bewegung einsortiert wurde" (Ebeling 2008, S. 139).

den Spielern, nur die VIPs haben in der sogenannten *mixed zone* die Möglichkeit, mit den Spielern zusammentreffen.

Die Organisation des Stadionraumes spiegelt und zementiert mithin die Differenzen der Sozialstruktur außerhalb des Stadions und etabliert innerhalb des eigenen Gebäudekomplexes Strukturen des territorialen Ein- und Ausschlusses. Dabei sollen Fans gerade nicht aus den neuen Stadien vertrieben, vielmehr die Begegnung des klassischen mit dem neuen Publikum vermieden werden (Schroer 2008, S. 165). „Das Stadion wiederholt in gewisser Weise, was die Stadt immer ausgemacht hat: Die Konzentration des Heterogensten an einem Ort, die durch die Separierung in verschiedene Quartiere für die einzelnen Gruppen erträglich und lebbar gemacht werden soll" (ebd., S. 166). Auch wenn das Stadion kein öffentlicher Raum ist und der Zugang von der Zahlungsfähigkeit abhängst, so entsteht doch ein Ort verdichteter und geordneter Pluralität. „Along with a handful of other sites, the stadium is one of the places in the city where a full range of socioeconomic actors comes together at a given time: minimum-wag laborers, middle-class season ticket holders, CEOs, multimillionaire owners, and idolized superstars all have their proscribed places and roles" (Gaffney 2008, S. 38f).

Der Wandel moderner Stadien betrifft also *erstens* ihre räumliche Organisation, mit der *zweitens* auch der Wandel des Images einhergeht: Galt bis zum Anfang der 1990er Jahre der Fußball „vornehmlich als halbseidenes Vergnügen rauflustiger Jugendlicher und schnauzbärtiger Bietrinker, kurzum als Nische der Unterschicht" (Köster 2005, S. 7) und dementsprechend das Fußballstadion als Domäne des proletarischen oder kleinbürgerlichen Mannes, ist das Stadion nun eine Arena für die ganze Gesellschaft, die alle Milieus sowie Frauen und Familien einschließt. „It is becoming the arena of the new post-fordist familiy" (King 2010, S. 25). *Drittens* ändert sich die Funktion der Stadien: Auch Fußballstadien sind heute in der Regel Multifunktionsstadien. Das betrifft zum einen ihre konkrete Nutzung. In Stadion wie der Veltins-Arena finden nun neben Fußballspielen auch Autorennen, TV-Shows, Opernabende oder das ‚Oktoberfest der Volksmusik' statt und für die Ausrichtung des jährlichen ‚Veltins Biathlon World Team Challenge' überschreitet sie gar ihre baulichen Grenzen und bezieht die Umgebung des Stadions mit ein. „The Veltins Arena therefore perfectly illustrates the current transfer or stadia into junkspaces [Hybridisierung von Form und Funktion, S.D.] and cash machines that can be adopted to any demands of the contemporary cultural industry" (Zinangel 2010, S. 96). Der Funktionswandel zeigt sich zum anderen auch in der Medialisierung der dort stattfindenden Events. Die Veranstaltungen in den Stadien fungieren immer auch als Kulissen eines Medienereignisses. „The clubs accordingly see matches increasingly as theatre, dramatically staged to rise the stakes for broadcasting rights" (ebd, S. 85). Neben der TV-kompatiblen Inszenierung des Spiels gehört die Inszenierung einer authentischen Stadionatmosphäre unabdingbar dazu. „To this end it must demonstrate that the stadium is a safe place, where people have a good time. Stadium visitors therefore become part of the staged (advertising) scenario. As in TV ads, the joyful discovery of their own image on the huge video monitors prompts them to show their pleasure in clear view of all the other fans, at home or in the stands" (ebd., S. 86). Für Inszenierung und Vermarktung des Spiels werden die Gefühle der Zuschauenden produktiv gemacht. Man kann also *viertens* konstatieren, dass der architektonische Raum eines Stadions und dessen Atmosphäre wesentliche Momente der Kommerzialisierung des Fußballs darstellen. Die neuen Namen der Stadien verweisen auf einen *fünften* Wandel: Aus Stadien werden Arenen, die von privaten Sponsoren mit globalem Kapital finanziert werden. Wie Veltins-, Commerzbank- oder Allianz-Arena in Deutschland zeigen: „The stadia have become nodes in an emergent transnational order, representing the alliance of global capital, football clubs and consumers (King 2010, S. 33f). Die Stadien des 21. Jahrhunderts sind Wallfahrtsstätten für Konsum und Events und setzen durch ihre spektakuläre Architektur markante Zeichen in der städtischen Landschaft. Wie einst die Kathedralen des Mittelalters sind Stadien Ende des 20. Jahrhunderts – *sechstens* – *brand architecture*, d.h. repräsentative Gebäude, die als lokale Wahrzeichen gelten und damit als wesentliche Motoren für die urbane Entwicklung (Frank/Steets 2010, S. 5) fungieren.

Diese verschiedenen Dimensionen der Transformation modernisierter Stadien zeigen: Dem Fußball und seinen Stadien wird viel zugemutet. „Der Fußball muss es also richten, als gesellschaftliche Allzweckwaffe muss er alles auf einmal sein: hochklassiger Sport, kraftvoller Motor für die Konjunktur, Bühne für die Politik, Tummelfeld für die Werbung, Gaudi für die Massen" (Köster 2005, S. 8f). Sachlicher ausgedrückt: Die Architektur des Stadions und dessen Atmosphäre werden selbst zu Investitionsobjekten, zu Repräsentationsobjekten und zu Objekten des Konsums. Prozesse der Segregation, Flexibilisierung, Medialisierung, Inszenierung, Privatisierung, Kommerzialisierung und Repräsentation charakterisieren die modernen Stadien – mithin Prozesse, die für die Verfassung der Gesellschaft generell prägend sind. Waren Stadien bisher ein „Archetpyus der Moderne" (Bale 2009, S. 161), so sind sie heute Materialisierungen der postmodernen und postfordistischen Gegenwart.

Das bislang Dargestellte kann die Konstellation ‚Kapellen in Stadien' nun präziser fassen. Es zeigt sich: Auch wenn zwischen Fußball und Religion durchaus Analogien bestehen, korrespondieren die Kapellen in Fußballstadien weniger mit den Charakteristika des Sports und damit auch weniger mit den spezifischen religiösen Aspekten des Sports, sondern mit der architektonischen und sozialen Ordnung der neuen Stadien, denn in keinem der alten Stadien befindet sich eine Kapelle. Die Frage lautet also nicht: Warum befinden sich Kapellen im Kontext der Ersatzreligion? sondern: Warum gibt es Kapellen in postmodernen Stadien? Neben der Frage des Verhältnisses von Fußball und Religion tritt daher die Analyse der konkreten räumlichen und sozialen Konstellation von Stadien und Kapellen.

3. Die Stadionkapellen

Die Untersuchung der Kapellen in Fußballstadien ist Teil eines umfangreichen Forschungsprojektes,[21] das die Motive, Akzeptabilitätsbedingungen und Effekte der Verschränkung von religiösen und nicht-religiösen Räumen analysiert. Diese neuartige räumlichen Konstellation ist, so die These, zugleich Ausdruck und Motor eines Gestaltwandels des Religiösen sowie eines veränderten Verhältnisses von Religion und Gesellschaft und ihren Teilsystemen in der Gegenwart. Um die Konstellationen zwischen Stadien und Kapellen zu untersuchen, wurden verschiedene methodische Ansätze miteinander kombiniert. Die Räume wurden begangen und fotografiert, Experteninterviews mit den jeweiligen Seelsorgern durchgeführt sowie der Diskurs über den je spezifischen Raum analysiert. Die ‚dichten Beschreibungen‘, die die Ergebnisse dieser Einzelschritte zusammenfassen, werden im Folgenden stark verkürzt und im Hinblick auf einzelne Gesichtspunkte vorgestellt.

Allein die Tatsache, dass es in deutschen Fußballstadien christliche Kapellen gibt, ist ein erster interessanter Befund. Durch die *Einbettung in den Gebäudekomplex* der Stadien wird eine räumliche Nähe geschaffen, die weder zufällig noch selbstverständlich ist. Die Kapellen sind bewusst intendierte, integrale Bestandteile des gesamten Gebäudekomplexes, man muss also davon ausgehen, dass – zumindest zum Zeitpunkt ihrer Einrichtung – gute Gründe vorlagen, diese Kapellen zu bauen respektive zuzulassen.

Ihre *Entstehung* geht – entgegen der soziologischen Intuition – dabei *nicht* auf einen seelsorgerischen Bedarf oder die Initiative der Kirchen zurück. So war es der Vorstand des FC Schalke 04, der im Zuge der Planungen für den Umbau des Gelsenkirchner Stadions explizit den Wunsch nach einer christlichen Kapelle äußerte. Er hatte zuvor die Kapelle im Stadion Camp Nou in Barcelona gesehen

---

21   Ich möchte mich an dieser Stelle beim Schweizer Nationalfonds bedanken, der das Projekt unter dem Titel „Zum Gestaltwandel des Religiösen und seiner Räume" in der Abteilung Grundlagenforschung großzügig fördert.

und wollte so etwas auch in Gelsenkirchen installieren. Damit wurde auch den vereinzelten Bitten von Fans entsprochen, im Stadion die Gelegenheit zu Taufe und Hochzeit anzubieten. Doch die Idee einer Kapelle stieß bei den Kirchen anfänglich „auf Erstaunen, insbesondere bei der evangelischen Kirche, die diesen weltlichen Dingen eher skeptisch gegenübersteht" (Interview Filthaus).[22] Auch im Frankfurter Stadion kam die Initiative für den Einbau der Kapelle aus Vereinskreisen und ging auf Besuche in Barcelona und Gelsenkirchen zurück. Im Berliner Olympiastadion war es ein Sportreporter, der gemeinsam mit Pfarrer Felmberg in Eigenregie die Idee einer Kapelle profilierte. Zunächst hat „keiner Geld gegeben, also die Kirche hat nicht gesagt, oh endlich mal einer, der auf die Idee kommt, sondern wir mussten uns das Geld erarbeiten, erbetteln" (Felmberg in Selig 2010, S. 51).[23] Gemeinsam ist mithin allen Fällen die Bezugnahme auf andere prestigeträchtige Stadien. Wesentliches Motiv zur Errichtung dieser Kapellen ist ein Konglomerat aus Nachahmung, Nachziehen oder Konkurrenz. Wie die Experteninterviews aufzeigen, sind andere Motive wie die Dienstleistung für die Fans (Gelsenkirchen) oder ein seelsorgerisches Angebot für Spieler (Berlin) diesem Motivkomplex eindeutig nachgeordnet.

Gemeinsam ist allen Kapellen auch ihre konkrete Verortung innerhalb des Gebäudekomplexes. In allen Stadien befindet sich die Kapelle unterhalb der Haupttribüne im VIP-Bereich und in direkter Nähe zum Spielfeld. Im Berliner Olympiastadion, d.h. im umgebauten Stadion der Olympiade von 1936, ist das ein Ort mit geschichtsträchtigen Resonanzen. Die Kapelle liegt im vierten Untergeschoß direkt unterhalb der Ehrentribüne und der vormaligen Führerloge von Adolf Hitler. Diese Resonanz zur Vergangenheit zeigt sich zwar nicht in der Gestalt der Kapelle, wird aber von der Stadionführerin ebenso erwähnt wie vom Pfarrer der Kapelle. Wäre es überinterpretiert, hier Resonanzen zu erkennen, die den Raum der Kapelle mit dem *tremendum et fascinosum* gegenüber einer sakralisierten Führergestalt verbinden?

Eher mundane Resonanzen entstehen zwischen dem VIP-Bereich und der Kapelle, wenn sie sich wechselseitig in ihrer *Exklusivität und Exklusionsfunktion* bestärken. Sowohl die Kapellen als auch die VIP-Bereiche sind durch ihre kostspielige Ausstattung und ihre ambitionierte und großzügige innenarchitektoni-

---

22 Pfarrer Filthaus betont: „Wir haben uns hier nicht reingedrängt, das ist ganz wichtig. Denn bei aller Nähe – Anbiederung würde mir nicht gefallen. Wir sind gefragt worden, dann haben wir gesagt, gut wir machen es".

23 Der führende Architekt des Stadionumbaus und der Kapelle, Volkwin Marg, gibt dagegen an, sein Architekturbüro gmp sei es gewesen, das „anstelle des zentralen Versammlungsraumes für Linien- und Schiedsrichter den Einbau der Stadionkapelle vorgeschlagen" (Marg 2011, S. 110) habe.

sche Gestaltung deutlich vom übrigen Stadion unterschieden. Dadurch ergibt sich
nicht nur eine atmosphärische Kontrastwirkung, durch die *beschränkte Zugangs-
möglichkeit* zu diesem Bereich symbolisiert und materialisiert er soziale Differenzen. Den Widersprüchen, die sich dadurch zum Anspruch der Kirchen, für
alle offen zu sein, ergeben, wird unterschiedlich begegnet. So ist die Kapelle in
der Commerzbank-Arena in Frankfurt – obwohl auch sie Teil des VIP-Bereichs
ist – außerhalb der Spielzeiten für alle frei zugänglich und so für Besucher des
Stadions und des Waldparks zur individuellen Besichtigung und privaten Andacht nutzbar. Um den Betrieb im VIP-Bereich, der außerhalb der Spielzeiten
auch für zahlreiche repräsentative Veranstaltungen genutzt wird, nicht zu stö-
ren, finden keine regelmäßigen Gottesdienste oder Andachten statt. Im Berliner
Olympiastadion ist die Kapelle nicht von außen zugänglich und kann so nicht als
offener Andachtsraum genutzt werden. Auch sie ist an Spieltagen für die Spieler und VIPs geöffnet, außerdem findet vor den Heimspielen des Bundesligisten
Hertha BSC eine kurze Andacht statt. Die interessierten christlichen Fans beider
Mannschaften werden dafür von Ehrenamtlichen aus der Fankurve in die Kapelle und zurück geleitet. Die bedingte Zugänglichkeit steht dabei im Widerspruch
zur großen Aufmerksamkeit, die die Kapelle während der Stadionführungen und
in der Presse genießt. Die Kapelle in der Veltins-Arena ist für die Öffentlichkeit
nie zugänglich, auch bei Stadionführungen kann man nur einen Blick durch die
Glastüren werfen. Lediglich an Spieltagen kann sie von Spielern und Mitarbei-
tern genutzt werden, sonst ist sie nur für Taufen,[24] Hochzeiten und religionsdidaktische Führungen geöffnet.

Entsprechend der Zugänglichkeit unterscheidet sich der *Adressatenkreis* der
Kapellen. Während sich der ehrenamtlich tätige Berliner Stadionpfarrer vorwiegend der Seelsorge der Spieler und Trainer widmet,[25] stehen in Frankfurt und Gelsenkirchen ausschließlich die Fans im Mittelpunkt. Die seelsorgerische Hauptauf-
gabe der Pfarrer besteht laut eigenem Bekunden denn auch hauptsächlich darin,
die vielen Taufen und Hochzeiten gut zu gestalten und damit ein generelles Interesse an der Kirche zu wecken. Beliebt seien sie, so betonen die Pfarrer überein-

---

24   Im ‚Heimatstadion' des FC Schalke 04 geht die Zahl der Taufen weit über die einer normalen
      Gemeinde hinaus. Sie übersteigen fast die Kapazität des evangelischen Pfarrers Norbert Filt-
      haus: „Aber es ist auch anstrengend, nach 4 Taufen am Tag, kann ich nicht mehr papp sagen."
      Dabei sind sie selbst von dieser Entwicklung überrascht: „Man konnte damals nicht unbedingt
      wissen, wie das rezipiert wurde. Der Raum war da, das war ein schwebendes Angebot" (ebd.).
25   Bernhard Felmberg betont, dass es Zeit, Vertrauen und missionarisches Geschick bedurfte,
      bis sich Spieler und Trainer auf ein solches seelsorgerisches Angebot eingelassen haben. Das
      Angebot deckt also einen Bedarf, der zunächst geweckt werden musste.

stimmend, da die Fans damit die Möglichkeit erhalten, an dem Ort, der ihre Heimat darstellt, auch die Übergänge in ihrer Biographie rituell zu feiern.[26]

Überraschend sind auch die *ausschließlich christliche Ausrichtung und Ausstattung* dieser Räume sowie die finanzielle, ideelle und z.T. personelle Trägerschaft durch die beiden Volkskirchen. Nicht-christlichen Spielern oder Fans steht kein religiöses oder seelsorgerisches Angebot zur Verfügung. Während beispielsweise in Flughäfen, Krankenhäusern oder Universitäten dezidiert multireligiöse Räume entstehen,[27] war dies in keinem Stadion eine Option. „Wieso sollte sich auch ein evangelischer Pastor dafür einsetzen? Die anderen religiösen Gemeinschaften sind ja auch nicht auf die Idee gekommen, hier etwas zu bauen" (Interview Felmberg). Zwar würde den Muslimen nirgends verweigert, einen Gebetsteppich auszurollen, geschehen ist dies in keiner der Kapellen. Denn die Räume sind weitgehend unzugänglich und zudem durch ihre christliche Ausstattung für Muslime gerade nicht einladend ausgestaltet. Diese räumlich inszenierte Ausrichtung an der christlichen Religion muss als dezidierte Selbstbehauptung der christlichen Kirche interpretiert werden. Ist das Phänomen darüber hinaus auch als Zeichen zu lesen, dass die Stadienbetreiber die abendländische Tradition und christliche Werte in ihren Gebäuden repräsentiert sehen wollen?[28]

Gemeinsam ist allen Kapellen auch ihre durchdachte *architektonische Gestaltung*. Das betrifft zum einen die Ausgestaltung durch renommierte Künstler bzw. Architekten. Im Unterschied zu vielen multireligiösen Räumen wurde hier in allen Fällen eine künstlerisch ambitionierte Ausstattung gewünscht. „Das war mit Sicherheit von Anfang an der Anspruch, zu sagen, wenn wir ein fünf Sterne Stadion haben, dann bauen wir eine fünf Sterne Kapelle und nicht irgend so einen churching Kram, ein Kreuz in der Mitte und ein bisschen [pfh], das geht nicht" (Felmberg in Selig 2010, S. 52). Die Kapellen sollen das Gesamtbild des Stadions, seine hohe architektonische Qualität und sein Image weder unterlaufen noch irritieren, vielmehr die Wirkung als *brand architecture* gezielt steigern. So berichtet Pfarrer Felmberg, dass ‚seine' Kapelle im Olympiastadion nach anfänglicher Skepsis nun auch von Betreiberseite als „Schmuckkästchen" des Stadions betrachtet wird. Zum anderen sind die Kapellen so gestaltet, dass ihre Ausstattungen und ihr Kontrast zum Stadion eine *sakrale Atmosphäre* nahelegen. Für die in den Kapellen stattfindenden Taufen und Trauungen spielt diese stimmungsvolle

---

26   Für die Dienstleistung, im Fußballstadion heiraten zu können, braucht es neuerdings keine christliche Kapelle mehr, in der Mercedes Benz Arena in Stuttgart kann seit Mitte 2011 auch standesamtlich geheiratet werden.

27   Für einen informativen Über- und Einblick in die Thematik der multireligiöser Räume vgl. den Band „Multireligiöse Gebetsräume" der Zeitschrift Kunst und Kirche 2/2010.

28   Zu Repräsentationswert christlicher Gebäude für die europäische Stadt vgl. Duttweiler (2011).

Atmosphäre eine wichtige Rolle, sie unterstreicht die christliche Bedeutung der Handlung und gibt dem Akt ein feierliches Gepräge. Ähnlich wie in Fußballstadien im Allgemeinen, dient hier die Atmosphäre als wesentliches Moment der Inszenierung, die beispielsweise aus dem Ereignis der Taufe ein außergewöhnliches Erlebnis macht. Darüber hinaus machen der Raum und seine Atmosphäre den Kontrast zwischen der Sphäre der Immanenz und der Transzendenz anschaulich und leiblich erfahrbar und beglaubigen so diese grundlegende, religionskonstitutive Unterscheidung von Immanenz und Transzendenz[29]. Dass Räume „leibliche Resonanzen" (Schmitz 1994) erzeugen, ist dabei besonders sinnfällig, denn die leibliche Erfahrung lässt sich theologisch auslegen: Die Möglichkeit, Freiraum jenseits des unmittelbaren Nutzens geschenkt zu bekommen[30] sowie die Ergriffenheit von der sakralen Atmosphäre lassen sich als Gotteserfahrung deuten. Diese Grundlagen der christlichen Religion werden aber auch ganz gezielt thematisiert und religionsdidaktisch vermittelt. Anhand der Ausstattungsgegenstände der Kapellen, ihrer Lage und Funktion erläutern die zuständigen Pfarrer in adressatenorientierten Gruppenführungen die Grundprinzipien des Christentums. Sie lassen die Ausstattungsgegenstände ‚sprechen' und stellen sie in einen sportnahen Kontext, der auch kirchenfernen Jugendlichen und Fans vertraut ist. Veranschaulichten vormals Bilder und Skulpturen religiöses Wissen für den nicht-literaten Teil der Bevölkerung, versinnbildlichen hier Räumlichkeit und Ausstattung der Kapellen den religiös Ungebildeten religiöses Wissen.

Auf Neugierige (in Stadion- und Gruppenführungen) und viele Fans üben die Kapellen eine *besondere Faszination* aus – nicht zuletzt weil die Räume nicht ohne weiteres zugänglich und ausschließlich Spiel- und Festtagen vorbehalten sind. Das unterstreicht, neben der Lage im VIP-Bereich und der exklusiven, stimmungsevozierenden Ausstattung, ihren außeralltäglichen Charakter. Zwar wird der

---

29 Diese Unterscheidung ist, das lehrt nicht zuletzt die Religionssoziologie von Niklas Luhmann, nicht per se, sondern als Effekt sozialer Kommunikation gegeben. „Unsere These ist, dass dies nicht über eine bestimmte Sprachregulierung erreicht werden kann, sondern nur über die binäre Codierung der Religion im Schema von Immanenz und Transzendenz. Das Schema hat ja einerseits Platz für das Alltägliche, in dem die Wahrnehmung Vertrautes wiedererkennt, und andererseits Sinn für das Unvertraute im Vertrauten. Es kann die Grenze markieren und damit den Hinweis geben, dass es auf etwas anderes ankommt. Das Bewusstsein mag sich dann durch das Heilige, durch Schrecken und Ehrfurcht fasziniert finden und an nichts anderes denken. Aber möglich ist das nur, wenn die soziale Kommunikation den Unterschied als Unterschied reproduziert" (Luhmann 2002, S. 114). Ähnliche Funktionen erfüllen eigens dafür bereitgestellte Objekte, Plätze, Zeiten, Inszenierungen (ebd., S. 113).

30 So konstatiert beispielsweise der Hamburger Theologie Wolfgang Grünberg: „Die Raumfülle der Kirche kann ein Symbol sein für das Geschehen, dass Gott uns Raum schafft, Luft zum Atmen, Mut zum Weinen wie zum Lachen schenkt, kurz: das Leben erneuert gegen alle Bedrohungen von innen und außen" (Grünberg 2006).

Anspruch der Kirchen, von einer ‚Komm-her' zu einer ‚Geh-hin' Kirche zu werden, mithin dort zu sein, ‚wo die Menschen sind'[31], durch die extrem beschränkte Zugänglichkeit nicht vollständig eingelöst, trotzdem betonen die interviewten Pfarrer übereinstimmend, es sei wichtig, dass es den Raum gibt. Er spreche insbesondere Kirchenferne an, die aus Interesse am Verein oder am Stadion auf den Raum der Kapelle aufmerksam werden. Gäbe es diesen Raum nicht, so hätten sich viele nie für eine Taufe an eine traditionelle Kirchengemeinde gewandt. *Er* ist es, nicht das Angebot, das darin stattfindet, das der eine „missionarische Gelegenheit" (Interview Felmberg) darstellt. Der Berliner Stadionpfarrer erklärt sich den Erfolg der Kirche „vor allem im ‚Verkehrtsein' der Kirche, sie ist da, wo man sie nicht erwartet. Die Kirche lebt vom Kontrast, es gibt einen Kontrapunkt zum übrigen Geschehen im Olympiastadion" (ebd.). Stadionpfarrer Norbert Filthaus, der vor allem Taufen spendet, sieht den Erfolg eher über die Vereinsbindung gegeben:

> „Das ist eine gewisse Offenheit: der andere Ort, die Verfremdung und auch erst einmal diese Sympathie. Die läuft ja nicht über die schwierige Sache des Glaubens, sondern sie läuft über Schalke. Das ist zwar ein bisschen irre, aber dadurch ist bei vielen eine andere Offenheit da. Dann hört man ein bisschen anders hin" (Interview Filthaus).

Vereinsbindung und kirchliche Bindung gehen so eine Verbindung ein, die im Einzelfall diffus bleiben kann; Fußballreligion und christliche Religion können ineinander aufgehen. Die symbolische und konkrete Verortung des Taufortes im Stadion befördert dabei diese Unbestimmtheit.

Unabhängig davon, wie man den Erfolg dieser Kapellen für die Kirchen erklärt und einschätzt, erstaunlich ist, dass er weit über deren kirchliche Bedeutung hinausgeht. Es ergibt sich ein ausgesprochen *guter „Output"* (Interview Felmberg) für die Öffentlichkeit und für das Image des Stadions. Alle Kapellen werden als ‚Schmuckkästchen' des Stadions betrachtet – auch wenn sich beispielsweise die Hoffnung der Betreiber des Olympiastadions, Geld über Hochzeitsfeiern zu verdienen, nicht erfüllt hat. Der Imagegewinn scheint beträchtlich und den monetären zu überwiegen. Pfarrer Filthaus aus Gelsenkirchen spricht so auch von einer „win-win-win Situation", von der Fans, die Kirche als auch die Stadionbetreiber profitieren.

---

31   Der immer wieder zitierte Leitsatz: ‚Kirche muss da sein, wo die Menschen sind', verdichtet die religionssoziologischen Schlagworte wie Entkirchlichung, Sinn- und Orientierungssuche, Privatisierung, Subjektivierung, Kasualienfrömmigkeit oder Eventisierung zu pastoraltheologischem Wissen. Außerdem – das haben die Experteninterviews gezeigt – wissen die kirchlichen Institutionen, dass sie sich mit dem Unterhalt solcher Räume als dienstleistungsorientiert, zeitgemäß, aufgeschlossen und am Menschen interessiert beglaubigen können.

4. Gleichzeitigkeit durch räumliches Nebeneinander

Die dreifache Win-Situation erstaunt. Zwar ist die Diffusion des unternehmeri-
schen Vokabulars in sämtliche Funktionsbereiche der Gesellschaft selbstverständlich geworden,[32] dennoch scheinen hier in besonderem Maße Bereiche verbunden
zu werden, deren Logiken offenkundig widersprüchlich sind. Mit der win-win-
win-Situation ist ein Begriff gefunden, der das Charakteristikum dieser Konstellation präzise beschreibt: Differenzen werden bewusst aufgespannt, treten ‚in
Verhandlung' und werden zugleich miteinander versöhnt. Abschließend möchte
ich das bislang Gesagte unter diesem Gesichtspunkt zusammenführen und aufzeigen, inwieweit die räumliche Konstellation des Nebeneinanders die Gleichzeitigkeit der Gegensätze ermöglicht.

Auf den ersten Blick erscheinen die Phänomene Fußball und Religion selbst
gegensätzlich, da sie einer vollständig anderen Logik folgen. Während beispielsweise im Fußball Leistungs- und Wettbewerbsorientierung klar zwischen Siegern
und Verlieren geschieden wird, gelten mit dem Liebesgebot und der Ausrichtung
auf die gottgefällige Lebensführung in der Religion deutlich andere Werte und
Orientierungen. Die Stadionkapellen akzentuieren diesen Gegensatz, da sie irritieren und dazu zur Auseinandersetzung mit der Beziehung von Fußball und Religion anregen. Betrachtet man allerdings nicht die Werte, sondern die Praktiken
des Fußballs, verwischen die Gegensätze. Wird Fußball als ‚implizite' Religion
gefasst, weißt er Charakteristika auf, die als religionsäquivalent interpretiert werden können. Fußball und Religion scheinen dann ähnliche Funktionen zu erfüllen und erweisen sich gerade nicht (mehr) als Gegenspieler.

Betrachtet man die Weisen des Zugangs und die konkrete Nutzung der Kapellen, zeigt sich ähnliches: Die Kapellen befinden sich buchstäblich mitten in
den Stadien – nahe des ‚heiligen Rasens.' So ist der Zugang nur in Verbindung
mit einem Stadionbesuch möglich und auch die Praktiken (Stadionbesichtigung,
religionsdidaktische Führung zum Verhältnis von Sport und Religion, Taufe
und Hochzeiten von Fans) sind ausdrücklich an das Stadion gebunden. Die Beschränkung auf die Kasualien legt nahe, dass vor allem die Vereinsbindung gestärkt werden soll. Pointiert könnte man daher von einer ‚Sakramentalisierung
der Vereinsbindung' sprechen. ‚Fußballreligion' und kirchliche Religion sind so
eher Ergänzungen als Gegensätze. Es ergibt sich mithin eine widersprüchliche
Gleichzeitigkeit von Nähe und Distanz zwischen Fußball und Religion, die auf
der räumlichen Anordnung beruht: Die deutliche Grenze zwischen Stadion und
Kapelle, die kontrastierenden Atmosphären und die Differenz zwischen einem

---

32   Für eine luzide Auseinandersetzung der Transformation der Institution Kirche durch die
      unternehmerische Anrufung vgl. Klostermeier (2011).

Massenereignis und der Feier individueller Übergangsrituale akzentuieren den Gegensatz zwischen Fußball und Religion, während die räumliche Einbettung in das Stadion, seine Lage im VIP-Bereich und die Dienstleistung für die Fans die Nähe zwischen Fußball und Religion betonen. In der Verortung wird diese Gleichzeitigkeit verräumlicht.

Auch wenn man die Entstehungsgeschichte der Stadionkapellen und ihre dezidiert christliche Ausrichtung und Ausgestaltung gegenüberstellt, ergibt sich ein Spannungsfeld: Im Hinblick auf die Entstehungsmotive der Nachahmung und des Prestigegewinns, die 5-Sterne-Ausstattung und die mediale Inszenierung erweisen sich die Kapellen als Teil der *brand architecture* und somit als ein Moment der Ausrichtung der Stadionbetreiber am globalen Wettbewerb und Kapitalertrag. Zum anderen scheint es, als seien die Kapellen sichtbare Zeichen für Tradition und Kultur des christlichen Abendlandes und ‚zementierten‘ deren selbstverständliche Geltung. Mehr noch, in der Bewertung der Kapellen als ‚Schmuckkästchen‘ zeigt sich (unbewusst?) der Wunsch der Stadionbetreiber nach Überhöhung:

> „Wenn man jetzt mal das andersrum sieht. Das ist zwar lange weg, aber unbewusst mag das ja so sein: Es ist ja auch eine gewisse Veredelung, wenn jetzt *sogar* Kirche hier ist. Schon im Unterbewusstsein, das ist eine andere Dimension, was Heiliges. Beim alten Verständnis, ist es das Höchste. Gott als die höchste Instanz ist *sogar* hier. Wir sind also nicht so was Beiläufiges, wo nur Kommerz ist. Man ist ja in einem hochkommerziellen Umfeld, also manche kritische Fragen wird man schon stellen müssen, wenn man sich überlegt, wie viel Geld im Spiel ist. (…) Das mag ein Feigenblatt oder ein Alibi sein, aber ein bisschen was edles ist da noch dran (…)" (Interview Filthaus).

Die Anwesenheit einer Kapelle, mehr noch: des ‚Höchsten‘ veredelt, so der Tenor von Filthaus, das Stadion. Ein Anspruch, der auch durch die sakralisierte Ästhetik von Stadion und Kapelle zum Ausdruck kommt.

Dabei soll die Kapelle die Ausschließlichkeit der Kommerzialisierung und damit die Beiläufigkeit (sprich: Bedeutungslosigkeit) des Stadions bannen. Veredelung heißt zugleich Transformation; der reine Tauschwert wird in einen höheren Wert verwandelt. Oder anders ausgedrückt: Durch die räumliche Integration eines religiösen Raumes in einen nicht-religiösen Kontext wird der Wettbewerbslogik des Sports und der Logik des Marktes nicht nur etwas entgegengesetzt, sie wird durch den Verweis auf ‚etwas Höheres‘ aufgebrochen und überschritten.

Ob das als „Alibi" oder „Feigenblatt" gedacht ist, ist letztlich unerheblich, fokussiert man die Wirkung des religiösen Raumes. Dass da „ein bisschen was Edles" (Filthaus) noch dran ist, ist nicht zuletzt seiner sakralen Atmosphäre zuzuschreiben. In den Kapellen wird *bewusst* ein religiöses Raumerlebnis geschaffen, didaktisch aufbereitet und gezielt vermittelt. Doch auch schon durch die räumliche (und symbolisch ausgedeutete) Abgrenzung zum Stadion und die so entstehende starke Kontrastwirkung werden Zeichen von etwas Anderem/Höherem sichtbar und kognitiv und leiblich-affektiv erlebbar. Diese Nutzung als stimmungsevozierender und didaktisierbarer Raum beruht dabei auf dessen *spezifischer* Zeichenhaftigkeit: Er fungiert als materialisiertes Zeichen, dessen Verweisungscharakter ,ganzheitlich' erlebbar ist. Die schlichte Präsenz des religiösen Raumes sowie die Erfahrung der konkreten Räumlichkeit suggerieren Realität, Ganzheitlichkeit, Unmittelbarkeit und Selbstevidenz von etwas ,Anderem'. Unabhängig davon, ob diese Raumerfahrung als Kontrasterfahrung oder als religiöse Erfahrung gedeutet wird, erweist sich der Raum so als materialisierte Beglaubigung einer religiöser Grundüberzeugungen: Man kann es sehen und fühlen – es gibt etwas Anderes als Sport und Konsum. Und zugleich – so lässt sich das Argument verlängern – ist es nicht zu übersehen und zu übergehen, dass sich Fußball und Religion unmittelbar aneinander anschließen, dass Religion buchstäblich im Zentrum des Sports seinen Platz hat. Das räumliche Neben- respektive Ineinander von Stadion und Kapelle lässt die Beziehung offen; es materialisieren sich zugleich Nähe und Distanz. Dabei ist die Beziehung gerade nicht rein zeichenhaft oder abstrakt, vielmehr sind Abgrenzung und Nähe, Außeralltäglichkeit und Sakralität leiblich-affektiv erfahrbar.

Diese Spannungsfelder erzeugen eine merkwürdige Gleichzeitigkeit: Das räumliche Ineinander von Kapelle und Stadion soll das Stadion aufwerten, die Kapelle soll das Stadion veredeln und aus der kommerzialisierten Logik herausheben. Doch zugleich lässt sich genau diese Inszenierung von Außeralltäglichkeit und Bedeutsamkeit als Kommerzialisierungsstrategie entziffern. So verbinden sich – ähnlich dem unbestimmten Verhältnis von Fußballreligion und kirchlicher Religion – auch Kommerzialisierung und Sakralisierung miteinander. Das Verhältnis von Sport, Konsum und Religion wird mithin ambivalent, diffus und mehrdeutig – je nach Sichtweise profitieren sowohl Stadionbetreiber, Konsumentinnen als auch religiöse Institutionen von der Verbindung. Wesentliche Grundlage für diese Gleichzeitigkeit ist der Körper und seine Empfänglichkeit für Atmosphären und Erlebnisse: Sei es die ekstatische Vergemeinschaftserfahrung zwischen Zuschauenden und Spielern, die Selbsterfahrung im tätigen Mitgehen oder die Kontrasterfahrung eines religiösen Raumes – immer ist der Körper als ein Etwas im Spiel, das in spürender und tätiger Verbindung zu etwas Anderem steht. Dass sich an dieser Erlebnisfähigkeit auch seine Kapitalisierung anschließt, ist eine der Paradoxien des entwickelten Kapitalismus.

Literatur

Alkemeyer, Thomas (1996). *Körper, Kult und Politik. Von der „Muskelreligion" Pierre de Coubertins zur Inszenierung von Macht in den Olympischen Spielen von 1936.* Frankfurt am Main: Campus Verlag.

Alkemeyer, Thomas (2006). Rhythmen, Resonanzen und Missklänge. Über die Körperlichkeit der Produktion des Sozialen im Spiel. In: R. Gugutzer (Hrsg.), *body turn. Perspektiven der Soziologie des Körpers und des Sports* (S. 265-296). Bielefeld: transcript.

Bale, John (2009). Raum und Sport. Die topographische Entwicklung des modernen Stadions. In: M. Marschik et al. (Hrsg.), *Sport Studies* (S. 149-161). Wien: facultas Verlag.

Bailey, Edward I. (1983). The implicit Religion of contemporary society. An orientation and pea for its study. *Religion*, 13, 69-83.

Brink, Guido & Kopiez, Reinhard (1998). *Fussball-Fangesänge. Eine Fanomenologie.* Würzburg: Königshausen und Neumann.

Canetti, Elias (1981 [1960]). *Masse und Macht*, 2. Aufl. Frankfurt am Main: Fischer.

Delitz, Heike (2009). *Architektursoziologie.* Bielefeld: transcript.

Durkheim, Emile (1994). *Die elementaren Formen des religiösen Lebens.* Frankfurt am Main: Suhrkamp.

Duttweiler, Stefanie (2011). Umnutzung von Kirchenräumen. Räume zwischen Religion und Politik. In: A. Nollert et al. (Hrsg.), *Kirchenbauten in der Gegenwart. Architektur zwischen Sakralität und sozialer Wirklichkeit* (S. 190-197). Regensburg: Pustet.

Ebeling, Knut (2008). Die Flut des Raums. Eine Archäologie der Masse. In: K. Ebeling & K. Schiemenz (Hrsg.), *Stadien. Eine künstlerisch-wissenschaftliche Raumforschung* (S. 107-159). Berlin: Kulturverlag Kadmos.

Ebeling, Knut & Schiemenz, Kai (Hrsg.) (2008). *Stadien. Eine künstlerisch-wissenschaftliche Raumforschung.* Berlin: Kulturverlag Kadmos.

Frank, Sybille & Steets, Silke (ed.) (2010). *Stadium Worlds. Football, space and the built environment.* London/New York: Routledge.

Gaffney, Christopher Thomas (2008). *Temples of the Earthbound Gods. Stadiums in the Cultural Landscapes of Rio de Janeiro and Buenos Aires.* Austin: University of Texas Press.

Gebauer, Gunter (2010). Heroes, Myths and Magic Moments: Religious Elements on the Sacred Ground. In: S. Frank & S. Steets (ed.). *Stadium Worlds. Football, space and the built environment* (S. 245-260). London/New York: Routledge.

Geisthövel, Alexa & Habbo Knoch (Hrsg.) (2005). *Orte der Moderne. Erfahrungswelten des 19. und 20. Jahrhunderts.* Frankfurt am Main/New York: Campus.

Grünberg, Wolfgang (2006). Der Raum schaffende Gott – „Deus in minimis maximus". *theomag. Magazin für Theologie und Ästhetik*, 42. http://www.theomag.de/42/wog2.htm. Zugegriffen: 05.06.2012.

Goethe, Johann Wolfgang (1992). *Italienische Reise*, hrsg. von Andreas Beyer und Norbert Miller. München: Carl Hanser Verlag.

Guttmann, Allen (1979). *Vom Ritual zum Rekord. Das Wesen des modernen Sports.* Schorndorf: Hofmann.

Hansen, Klaus (2010). *Fußball ist das ganze Leben in 90 Minuten*, Gasteditorial in: http://www.socialnet.de/newsletter/social_news_2010_06.pdf. Zugegriffen: 05.06.2012.

King, Anthony (2010). The New European Stadium. In: S. Frank & S. Steets, *Stadium Worlds. Football, space and the built environment* (S. 19-35). London/New York: Routledge.

King, Anthony D. (1996). Introduction: Cities, Text and paradigm. In: ders. (ed.), *Re-Presenting the City: Ethnicity, Capital and Culture in the 21st Centuries Metropolis* (S. 1-20). Basingstoke: Macmilian.

Klein, Constantin & Schmidt-Lux, Thomas (2006). Ist Fußball Religion? Theoretische Perspektiven und Forschungsbefund. In: E. Thaler (Hrsg.), *Fußball. Fremdsprachen. Forschung* (S. 18-35). Aachen: Shaker Verlag.

Klein, Gabriele & Meuser, Michael (2008). Fußball, Politik, Vergemeinschaftung. Zur Einführung. In: G. Klein & M. Meuser (Hrsg.), *Ernste Spiele. Zur politischen Soziologie des Fußballs* (S. 7-16). Bielefeld: transcript.

Klostermeier, Birgit (2011). *Das unternehmerische Selbst der Kirche. Eine Diskursanalyse*. Berlin/Boston: De Gruyter.

Kölbl, Alois & Stückelberger, Johannes (Hrsg.) (2010). Multireligiöse Gebetsräume. *Kunst und Kirche*, 2. Wien/New York: Springer.

Köster, Philipp (2005). Neue Heimat Fußball? In: G. Stick, *Stadien der Fußballweltmeisterschaft 2006* (S. 6-9). Basel: Birkhäuser Verlag für Architektur.

Leo, Per (2005). Das Stadion. In: A. Geisthövel & H. Knoch (Hrsg.), *Orte der Moderne. Erfahrungswelten des 19. und 20. Jahrhunderts* (S. 151-160). Frankfurt am Main/New York: Campus.

Luhmann, Niklas (2002). *Die Religion der Gesellschaft*. Frankfurt am Main: Suhrkamp.

Marschik, Matthias (2009). Moderne und Sport. Transformation der Bewegungskultur. In: ders. et al. (Hrsg.), *Sport Studies* (S. 23-34). Wien: facultas Verlag.

Matzig, Gerhard (2005). WM-Stadien. Diva mit Plastikhaut. In: M. Weigold (Hrsg.), *Spielfelder – Lebensfelder* (S. 38–61). Cloppenburg: OSB.

Marg, Volkwin (2011). Kapelle im Olympiastadion. In: A. Nollert et al. (Hrsg.), *Kirchenbauten in der Gegenwart. Architektur zwischen Sakralität und sozialer Wirklichkeit* (S. 110-111). Regensburg: Pustet.

Noss, Peter (2006). ‚Geboren, um für Schalke zu sterben'. Fußballfans und ihr Bekenntnis. In: P. Noss (Hrsg.), *Fußball ver-rückt. Gefühl, Vernunft und Religion im Fußball. Annäherungen an eine besondere Welt* (S. 125-132). Berlin: Lit Verlag.

Neue Zürcher Zeitung (2002). *Der Basler im Stadion*. 13.11.2002, Nr. 264, S. 50.

Rupp, Hartmut (2003). Sportstadien als heilige Räume. In: H.-G. Ulrichs et al. (Hrsg.), *Körper, Sport und Religion – interdisziplinäre Beiträge* (S. 121-132). Idstein: Schulz-Kirchner Verlag.

Schmitz, Hermann (1994). Situationen oder Sinnesdaten – was wird wahrgenommen? *Allgemeine Zeitschrift für Philosophie*, 19(2), 1-21.

Schroer, Markus (2008). Vom „Bolzplatz" zum „Fußballtempel". Was sagt die Architektur der neuen Fußballstadien über die Gesellschaft der Gegenwart aus? In: G. Klein & M. Meuser (Hrsg.), *Ernste Spiele. Zur politischen Soziologie des Fußballs* (S. 155-173). Bielefeld: transcript.

Schümer, Dirk (1996). *Gott ist rund. Die Kultur des Fußball*. Berlin: Berlin Verlag.

Selig, Bernhard (2010). *Christliche Gebetsräume in deutschen Fußballstadien*, Masterarbeit im Fach Religionswissenschaft an der Universität Bayreuth.

Sellmann, Matthias (2006). Die Gruppe – Der Ball – Das Fest. Die Erfahrung des Heiligen im Fußballsport. In: P. Noss (Hrsg.), *Fußball ver-rückt. Gefühl, Vernunft und Religion im Fußball. Annäherungen an eine besondere Welt* (S. 35–58). Berlin: Lit Verlag.

Soosten, Joachim von (2006). Kraftfelder des Begehrens. Religiosität – Arenakult – Religion, In: P. Noss (Hrsg.), *Fußball ver-rückt. Gefühl, Vernunft und Religion im Fußball. Annäherungen an eine besondere Welt* (S. 21–34). Berlin: Lit Verlag.

Stick, Gernot (2005). *Stadien der Fußballweltmeisterschaft 2006*. Basel: Birkhäuser Verlag für Architektur.

Trumpbour, Robert C. (2007). *The new Cathedrals. Politics and Media in the History of Stadium Construction*. New York: Syracuse University Press.

Wittmann-Englert (2006). *Die Kirche im Olympiastadion Berlin*. Lindenberg: Kunstverlag Josef Fink.

Zinangel, Michael (2010). The Stadium as Cash Machine. In: S. Frank & S. Steets (ed.), *Stadium Worlds. Football, space and the built environment* (S. 77-97). London/New York: Routledge.

„Ich bin dann mal weg" –
Über ‚kleine' Transzendenzen in sportiven Praktiken

Maud Hietzge

> *„Wer Wissenschaft und Kunst besitzt, hat auch Religion,*
> *wer jene beiden nicht besitzt, der habe Religion."*
> (Goethe, Maximen und Reflexionen)

Der folgende Artikel beschäftigt sich mit Körperpraktiken der (Selbst-)Versicherung und (Selbst-)Überschreitung auf der Grundlage der Körperlichkeit ritueller Praktiken und des Körperbezugs von Religion. Zur Grundlegung wird zunächst auf die Beziehung von Praktiken und dem Sprechen über sie in Diskursen eingegangen (vgl. Bell 1990; Burkert 1990), die in rituellen Kontexten unter dem Generalverdacht stehen, gesellschaftliche Ordnungen ‚natürlich' erscheinen zu lassen. Ausgehend vom aktuellen Beispiel des modernen *Als-ob-Pilgerns* werden Phänomene der Transzendenz (lat. *transzendere* = übersteigen) aufgegriffen und anschließend am Beispiel des Parkour untersucht, ob und gegebenenfalls wie sie in Verbindung mit sportiven Praktiken auftauchen können. Die Rolle des Körpers wird dabei als zentral eingeschätzt und abschließend in den Kontext ritualtheoretischer Überlegungen gestellt.

1. Muster der Rückbindung in diskursiven Praktiken

Vorauszuschicken ist, dass Praktiken und *Diskurse*[1] hier nicht als sich ausschließend aufgefasst werden (vgl. Bührmann/Schneider 2007), z. B. als Verhalten gegenüber sprachlichen Manifestationen; Praktiken lassen sich vielmehr als auf Dauer gestellte Handlungen explizieren, die in Abhängigkeit von Diskursen stattfinden, und umgekehrt weisen Diskurse in pragmatischer Hinsicht Handlungscharakter auf. Praktiken und Diskurse sind also beide historisch und sozial verortet und nicht nur im Handeln von autonom gedachten Subjekten; vielmehr *subjekti-*

---

[1]   Die Begriffe *Praktik* und *Diskurs* sind verschiedenen Theorien verpflichtet (Bourdieu bzw. Foucault); sie werden in jüngster Zeit vermehrt in Bezug auf ihre Überschneidungen thematisiert, vgl. die Ringvorlesung „Diskurse als Praktiken der Subjektivierung" des Graduiertenkollegs Selbstbildungen an der Universität Oldenburg im WS 2011/12 oder die Tagung „Bilder in historischen Diskursen" der Universität Wien 2011, die danach fragt, ob Bilder Schnittstellen zwischen diskursiven und sozialen Praktiken herstellen können. Zum Körper als diskursivem Akteur vgl. Berthelot (1995).

vieren sich Individuen durch den Vollzug von Praktiken, indem sie vorhandene Muster nachahmen und verändern, und sie beziehen sich dabei auf Diskurse, anhand derer sie ihr Handeln restrukturieren und mit Sinn versehen können. Praktiken, Diskurse und Subjekte sind aufeinander bezogen, sie geraten überhaupt nicht unabhängig voneinander in Existenz, sondern konstituieren eng verflochten Wirklichkeit (vgl. Foucault 1978). Individuen sind auf Interaktionen und diskursive Praktiken angewiesen, um in der Rückspiegelung ihrer Wirkung *durch andere* auf sich selbst (Mead 1973) ihre Identität erst aufzubauen, die also nicht ursprünglich gegeben ist.

> „Dass ‚Ich' (I) tritt nicht in das Rampenlicht; wir sprechen zu uns selbst, aber wir sehen uns nicht selbst. Das ‚Ich (I) reagiert auf die Identität, die sich durch die Übernahme der Haltungen anderer entwickelt. Indem wir diese Haltungen übernehmen, führen wir das ‚ICH' (me) ein und reagieren darauf als ein ‚Ich' (I)" (Mead 1973, S. 217) (engl. Originalbezeichungen M. H.).

Damit sagt Mead nicht mehr und nicht weniger, als dass Individuen sich zum Objekt werden müssen, um Subjekt zu sein (vgl. ebd., S. 270). So erwerben Kinder im Spiel allmählich die Fähigkeit, die Haltungen der sie umgebenden Personen einzunehmen (ebd., S. 196), ihre Egozentrik zu relativieren und damit die Fähigkeit zu Rollenverhalten. Dass man den Körper dabei immer dabei hat, egal, wohin man geht, dieser also unmittelbar mit der Selbstwahrnehmung von Identität verknüpft ist, hat Goffman (1994) deutlich gemacht. Initiationsriten bekräftigen zusätzlich den Prozess der Identitätskonstitution in sozial formalisierten Performanzen (z. B. Prüfungen); hinzu getreten ist der Einfluss medialer Diskurse (Spektakularisierung, vgl. Cheska 1979) mit anonym bleibenden, imaginären Anderen, mit denen Körperideale vermittelt, interiorisiert und dem eigenen (ungenügenden) Körper gegenüber gestellt werden – sehr zur Freude der Schönheitschirurgie (vgl. Viehöver 2012).

In expliziten religiösen *Einsetzungsriten* (Bourdieu 1990) hingegen wird performativ genutzt, dass auch Religiosität körperliche Vermittlungsdimensionen hat bzw. körperliche Praktiken religiös überdeterminiert sein können, was über die Konstitution von Idealbildern hinaus geht. Die symbolischen Bezüge auf Außeralltägliches werden in Initiationsprozessen also sowohl praktisch angeeignet wie auch diskursiv vermittelt. Transzendenz meint zunächst die Überschreitung des alltäglich Wahrnehmbaren und impliziert damit Unbegrenztheit; erst in abgeleitetem Sinn wird dies mit ‚übersinnlich' oder ‚jenseitig' assoziiert (Klaus & Buhr 1975, S. 1232). Die Gedoppeltheit von Transzendenz-*Erfahrung* und Transzendenz-*Zuschreibung*, die bevorzugte Wege der (Selbst-)Überschreitung vorzeichnet, zielt dann auf die ‚Naturalisierung gesellschaftlicher Handlungs- und Deutungsstrukturen, die wechselseitig aufeinander bestätigend verweisen. Dies bewirkt zunächst subjektive Sicherheit, die soziale Wirklichkeit adäquat und akzeptabel aufzufassen.

So lässt Musil seinen „Mann ohne Eigenschaften", Ulrich, den Körper als an säkularen mystischen Erfahrungen beteiligt wahrnehmen; ihm erscheint der Sport als zeitgenössischer Ersatz für ewige Bedürfnisse nach „Durchbrechung der bewussten Person" (vgl. Smerilli 2009, S. 177). Es stellt sich die Frage, ob dies nur Element fiktionaler Darstellung ist oder einen relevanten Aspekt zeitgenössischer Subjekt- und Realitätskonstruktion erfasst, die relativierten Sinnbezügen und Wertsystemen ausgesetzt ist. In unterschiedlichen populären medialen Bezügen wurde schon mehrfach der Frage nachgegangen, ob Spitzensportler auch in der Realität, z. B. durch eine Art Selbstkasteiung, Transzendenzerfahrungen machen können[2], ob Marathonlaufen eine religiöse Betätigung („Marathon statt Prozession")[3] oder Transzendenz erkletterbar sein könne[4] – dass *Gott für rund* erklärt wird, wundert seit der Fußball-WM 2006 schon nicht mehr, da es wiederholt suggeriert wurde[5]. Andere relativieren die Analogie und begrenzen sie auf körperlich fundierte Gemeinschaftsstiftung (Hütig 2008), medial inszenierte Suche nach Transzendenz (Noss 2004) oder die physiologisch erklärbare *peak experience* beim Laufen (Lynch 1987). Handelt es sich bei sakralen Impressionen im Umkreis des Sports um reine Diskursartefakte oder beschränkt sich das zugrunde liegende Erleben auf die Faszination an der eigenen körperlichen Leistungsfähigkeit?

Wacquant (2005) sieht die Leistung des Boxens explizit in prädiskursiven soziokulturellen Fähigkeiten, die nur durch aktive körperliche Teilnahme nachvollziehbar werden („carnal connections", ebd., S. 450), und eröffnet damit eine Perspektive, der ich mich hier nur annähern kann: Will man körperliche Erfahrungen nachvollziehen, müsste man den Sozialisationsprozess körperlich nachvollziehen, also Boxen oder Parkour betreiben, aber dann ist noch immer unklar, welchen Stellenwert die körperlichen Erfahrungen genau haben, wie sie enkorporiert werden und ob es wie auch immer geartete außerweltliche Bezüge gibt. Auch hier gehen die Diskurse immer schon mit ein: Die Gefahr besteht zumindest, dass ein *carnal sociologist* – von geringerer reflexiver Involviertheit als Wacquant – die Erfahrungen macht, die er erwartet. Zumindest ist schwer zu be-

---

2   http://www.sendungen.sf.tv/sternstunden/Sendungen/Sternstunden/Archiv/Sendung-vom-08.06.2008. Zugegriffen: 21.10.2011.

3   http://religion.orf.at/projekt03/tvradio/kreuz/kq080325_sport_fr.htm. Zugegriffen: 21.10.2011.

4   In Christoph Ransmayers Roman „Der Fliegende Berg", Frankfurt a.M.: Fischer (2006).

5   Vgl. Die Google-Suche nach der Stichwortkombination „Fußball" + „heilig" bringt noch immer einige Ergebnisse, vgl. http://www.spiegel.de/unispiegel/wunderbar/0,1518,421664,00.html. Zugegriffen: 21.10.2011.

legen, dass man dort nicht auch andere Erfahrungen hätte machen können. Im Folgenden kann also nur versucht werden, den Phänomenen mutmaßlicher Transzendenzerfahrungen auf die Spur zu kommen. Für eine hochgradig an Leistungskonkurrenz orientierte Gesellschaft (Koppetsch 2011; Neckel 2008; Lyotard 1994) ist der Komplex des Mediensports (Schwier/Schauerte 2008; Schwier 2000) eine ideale diskursive Plattform, Körperwahrnehmung und ihre Deutungsmuster kongruent zu symbolisieren, nämlich über das homologe Symbolsystem des Leistungssports (Eichberg 1978), das in Trendsportarten abgelehnt, verändert oder gespiegelt werden kann. Das rationale Leistungsprinzip in seiner ursprünglichen, ans aufkommende Bürgertum gebundenen Form erodiert, sodass Leistung als *Virtuosität* demgegenüber ein fruchtbares Feld für Subjektivierungsprozesse sein kann, während aktuell Erfolge auf den Medien- und Finanzmärkten zumindest teilweise von tatsächlichen Leistungen abgekoppelt errungen werden. Dies wirft auch ein zusätzliches Licht auf die ernsthafte Faszination an extremen sportiven Praktiken mit hohem Risiko, denen eine Ich-stabilisierende Funktion zugeschrieben wird (vgl. Aufmuth 1983; Bette 2004; Le Breton 2000), insofern Rückmeldungen über die Folgen des eigenen Handelns zeitnah und spürbar erfolgen, während die Arbeitswelt eventuell den Eindruck des ‚Unechten' hinterlässt, die eigene Person als nichtiges Rädchen im Getriebe erscheinen mag.

Die Beantwortung der Frage, ob durch das Individuum eine *leistungsbezogene* Überschreitung der üblichen (Selbst-)Wahrnehmung (bzw. Transzendenz) durch sportive Praktiken angestrebt oder erreicht werden kann, ist auch abhängig davon, was unter Transzendenz genau verstanden wird. Ging es in vormodernen städtischen Gemeinschaften um die „Erwartung einer systematischen Botschaft (…), die dem Leben einen einheitlichen Sinn zu verleihen vermag" (Weber [1980] in Bourdieu 2000, S. 18), geht es in spätmodernen Gesellschaften um individualisierte Sinnsetzungen in posttraditionalen, flüchtigen Gemeinschaften. Modernen säkularen Ritualen wurde Transzendenz zunächst abgesprochen (Moore/Myerhoff 1977), andererseits haben Erlebnisse der Selbstüberschreitung vielleicht eine ähnliche leibliche Qualität wie transzendente religiöse Empfindungen. Der Körper ist dabei, prinzipiell auch in logozentrischen westlichen Religionen, zusätzlich immer auch Ziel von Unterscheidungen gewesen; Taufe und Abendmahl definieren Grade der Zugehörigkeit zu einer Gemeinschaft praktisch. Durch bestimmte Körperpraktiken (Mauss 1989; Douglas 1981) werden dann über alltägliche Erfahrungen hinaus gehende Bewusstseinszustände angestrebt (Sufi, Trance-Techniken, Meditation etc.).

Transzendenz meint zunächst allgemein alles, „was die unmittelbare Evidenz lebensweltlicher Erfahrung überschreitet" (Knoblauch 1991). Menschen, so wird unterstellt, sehnen sich nach etwas, „das größer ist als sie selbst, als der triste Alltag".[6] Dass dies ein „Überstieg von einer Sphäre in die nächste" sein müsse, hält Hörisch (2003) ohnehin für einen Kategorienfehler. Was dies aber in körperlicher Hinsicht im Sport genau bedeuten kann, ist zu klären. Da zwar Trancezustände durch Sport erreichbar sind (z. B. ‚runner's high'), diese aber eines übergeordneten, verbindlichen religiösen Systems entbehren, ist ein Bezug auf eine außerweltliche Dimension beim Sport aber nur bedingt gegeben. Eventuell auftretende Erfahrungen von *Weite* und *Aufgehobensein* (vgl. Gugutzer 2002b) belegen also Transzendenz hinlänglich und können Individuen die Wahrnehmung von *religio* – als sinnvolle Geborgenheit – verschaffen. Das sollte aber nicht darüber hinweg täuschen, dass die gemachten Erfahrungen keine im *strengen* Sinne religiösen sind. Sinnbezogene Rückversicherung und Transzendenz sind also insgesamt die zu berücksichtigenden Aspekte, auch ohne geschlossenes Glaubenssystem.[7]

Im Folgenden widme ich mich zunächst *An- und Abwesenheiten* des Körpers, An- und Abwesenheiten von Religion sowie dem zu explizierenden Bezug von *Körperlichkeit und Religion* in spätmodernen Gesellschaften. Dieser Bezug wird über die Theorie und Ethnographie von *Ritualen* hergestellt. Innovative sportive Praktiken am Beispiel des *Parkour* können dann daraufhin überprüft werden, ob sie eine wie auch immer geartete Grenzüberschreitung bzw. Selbsttranszendenz bewirken können, worin diese gegebenenfalls besteht und wie eine wertbezogene Rückversicherung beschaffen ist. Unter dieser Perspektive wäre Körperlichkeit ein spätmoderner Anker von Rückbindung: Wer keine Religion besitzt, der habe *body*.[8]

---

6   Claudia Keller, Gottes langer Marsch, Badische Zeitung, 19.11.2010, S. 3. In China entsteht übrigens zurzeit ein Boom von Religiosität: 23 Mill. Protestanten, 6 Mill. Katholiken unter stetigem Zuwachs.

7   Dass Sport mit Religion gleich gesetzt werden kann, wage ich zu bezweifeln, zumindest scheint die historische Entwicklung dieser Ansicht zu widersprechen (Guttman 1979; vgl. zur Diskussion Hietzge 2002) oder muss zumindest unter der Perspektive einer Entdifferenzierung (Knoblauch 2002) gesehen werden, die Erlösung (Beendigung von Aneignungsmimesis; vgl. Girard 1983) innerweltlich anstrebt.

8   Der phänomenologischen Aufteilung in *Leib* und *Körper* (Plessner 1982; Waldenfels 2000; Gugutzer 2002a) wird hier der prinzipiell ungeteilte Körperbegriff der *body sociology* vorgezogen (z. B. Turner 1984; Shilling 1993; Synnott 1989; diese Autoren erwähnen allerdings Plessners Unterscheidung), der Lesbarkeit wegen aber als *Körper* bezeichnet (*Leib* bezieht sich auf den Aspekt der Selbstwahrnehmung [assoziiert mit *Sein*], *Körper* auf Instrumentalität [*Haben*]).

2. Kreuzwege, Jakobswege, Holzwege

„Ich bin dann mal weg" ist der leger-einprägsame Titel eines Buches von Hape Kerkeling (2006), das sich in eine ganze Serie von Titeln zum Kurzzeit-Aussteigen durch Jakobsweg-Gehen einreiht; von Shirley MacLaine bis Paulo Coelho waren offenbar alle schon auf dem nordspanischen *Camino* nach Santiago de Compostela unterwegs, also weg von Erfolgsdruck, Medienrummel, Autobahnstau, Entfremdung und anderen Alltagsbelastungen und haben sich auf die Suche nach – ja wonach eigentlich? gemacht, um anschließend medial *Be-Deutsames* über die *authentischen* Erfahrungen veröffentlicht zu haben, was den Wiedereinstieg nachvollziehbar erleichtert. Einfach nur Trecken zu gehen, erscheint demgegenüber geradezu banal.

Die moderne Praktik seit den 1970er und 80er Jahren, sich auf die historischen Pilgerpfade des 11. und 12. Jahrhunderts zu begeben[9], erfasst mittlerweile in normalen Jahren zwischen 60.000 und 70.000 Personen, in Festjahren über doppelt so viele. *Pilgern* allerdings wird hier nur mehr praktisch zitiert; in der Tat läuft man zwar ein Stück (mindestens die letzten 100 km, um das Gepilgertsein quittiert zu bekommen), die Beschwerlichkeit hingegen lässt sich kontrollieren: Hotels liegen am Weg, Compede-Pflaster und Hightech-Outdoor-Bekleidung zieren den Packzettel, die Police der Auslandsreise-Krankenversicherung steckt griffbereit im Rucksack: *Wandern* auf bedeutungsschwangerem Weg, von Selbstgeißelung und Kreuztragen keine Spur. Die Gefahr ist keine mehr, das Unvorhergesehene minimiert, Abenteuer findet man anders, umfassende Absolution wird dem Touristen am Ende nicht erteilt. Zurückgekehrt, vielleicht nicht ganz als der/dieselbe, kann man aber, erfrischt und geläutert, auch wieder ganz ‚da' sein, seine Karriere ungerührt weiter verfolgen, und noch dazu das Image mit nach Hause nehmen, von nun an irgendwie spirituell angehaucht zu sein, ein ernsthafter Mensch mit Drang nach Höherem, der einer Alternative zumindest gewahr geworden ist. Pilgern ist heute keine Gefahr für die Gesundheit, sondern eher Therapie, auch im Fall Kerkeling: Hörsturz und eine OP waren vorausgegangen, nicht Selbstaufgabe, sondern Selbstfindung ist das Thema.

Was im Fall von Kerkeling offensichtlich auch *Konsensklamauk* ist (ter Molen 2009, S. 9), das bieten riskante Bergtouren, Weltumseglungen durch Teenager, Wüstenmarathons und Arktisexpeditionen mit tatsächlichen Gefahren für Leib und Leben, die für Akteure in körperlich übersicherten, teilweise aber bio-

---

9 Im galizischen Santiago wird das Grab des Heiligen Jakobus vermutet, was in mehreren Wellen seit dem Hochmittelalter Pilgerfahrten auslöste, die sich vor allem durch Spanien und Frankreich, in ihren Ausläufern durch ganz Mitteleuropa ziehen; die aktuelle Welle führte 1993 zur Anerkennung als Unesco-Weltkulturerbe.

graphisch unsicheren, *flexiblen* bzw. *riskanten* Arbeitsverhältnissen leben (Beck 1986), in doppelter Attraktivität an: zugleich praktische Kompensation *und* emotionale Angleichung in genau dieser Kombination, und zusätzlich eine Möglichkeit ‚den Kopf frei zu bekommen' und damit eventuell Inspiration für eigene Wegentscheidungen mitnehmen zu können. Die Involviertheit in extreme sportive Praktiken kann sich dabei als Holzweg[10] erweisen, die Träume intensiver Selbstwahrnehmung und kosmischer Gefühle enden im Hochgebirge hin und wieder in Vermisstmeldungen. „Weg" sind nach dieser Lesart einige Menschen meist nur eine Weile und erfahren Berührungen mit Sakralitätserfahrungen nicht unbedingt da, wo sie in kirchlicher Tradition verortet sind.

Abbildung 1: Thomas Plassmann: „Brief"

Quelle: vgl. Fn.11

---

10   Hier nicht gemeint im Sinne des gleichnamigen Buches von Martin Heidegger, das gleichwohl
      zum Thema beitragen könnte, hier aber aus verschiedenen Gründen keine Berücksichtigung
      erfährt.

In der Karikatur von Thomas Plassman[11] hingegen hat sich *Gottes Sohn* selbst aus der Kirche verabschiedet, was verschiedenste Deutungen offen lässt. Blasphemie? Kommentar zum Anstieg von Kirchenaustritten[12] in Deutschland oder der Auseinandersetzung um Kreuze mit Gekreuzigtem in Bayerns Schulen? Überdruss der Götter vor dem Treiben der Menschen wie in Dennis Kelly's Drama „Die Götter weinen" (Kelly 2010)? Gottes Sohn hat in dieser Karikatur jedenfalls die grauenvolle Position und die Institution verlassen, die zu seiner Verehrung errichtet wurde, und lässt das Verehrungspersonal ratlos zurück. Weg sind nicht nur alle, die sich aus einem belastenden Alltag in irgendwelche anderen Erfahrungen flüchten wie Hape Kerkeling, der sich auf den revidierbaren Ausstieg auf den Jakobsweg begeben hat, an dessen Reisebeschreibung das ein oder andere nur scheinbar war[13], weg sind zwischenzeitlich auch die tausende anderen Transzendenz-Touristen, gemeinsam einsam in der Masse. *Abwesend* ist insgesamt die Verbindlichkeit eines einigenden religiösen Systems (Luhmann 1990), ersetzt durch Wahloptionen für begrenzte *re-ligio*.

Vielfältige Praktiken am Rande einer nur partiell rationalisierten Lebenswelt sprechen dafür, dass die Sehnsucht nach Aufgehobensein in einer durch transzendente Bezüge von Sinnverlust entlasteten Lebenswelt noch immer besteht – Turner (1989a) bezeichnet diesen Zustand als *communitas* –, aber nur noch brüchig gestillt werden kann. Weder Schamanismus noch Engelsglauben, weder Astrologie noch Bungeejumping sind in der Lage, ein insgesamt stimmiges, allgemein verbindliches mythologisches System zu ihren rituellen Praktiken zu stiften. Dass heute viele Geschichten nebeneinander existieren können, bedeutet zugleich, dass in spätmodernen säkularen Gesellschaften keine den Status der alten Weltreligionen erlangen kann; eine verbindliche globale Religion hingegen könnte den Charakter eines totalitären Monstrums tragen (das gilt auch für den Sport). – Transzendenz ist eine rare Erfahrung geworden und in die Hände der Individuen gelegt.

---

11 http://www.thomasplassmann.de, Serie Fromme Bilder, „Brief".Zugegriffen: 27.10.2011.

12 In Deutschland verzeichnen die großen Kirchen sinkende Mitgliedschaftszahlen durch Tod und Austritt, ca. 200.000 p.a. je Kirche, demgegenüber erlebt China einen Boom der protestantischen Kirche auf dem Land, des Buddhismus in den Städten (Keller 2010). Vereinsmitgliedschaftszahlen des DOSB verzeichnen einen Zuwachs trotz sinkender Bevölkerungsraten bei Jugendlichen und jungen Erwachsenen) zwischen 1993 und 2000 von 30,5 auf 32,5% der Bevölkerung.

13 Anhand einer eigenen Reise auf dem Pilgerpfad von St. Jean-Pied-de-Port nach Santiago de Compostela vom 23.5.2007 bis 1.7.2007 hat ter Molen die Richtigkeit und Authentizität des Bestsellers von Kerkeling überprüft und kommt zu vernichtenden Urteilen. Zukünftige Pilger, die sich an Kerkeling orientieren, dürften also Fehler machen und z. B. am Cruz de Ferro vorbeilaufen, weil sie es hinter Manjarin suchen, obwohl es bei Fondebadón steht, und sich über den erbarmungslosen Camino duro quälen, weil Kerkeling die viel bequemere Alternativroute als puren Horror schildert (ter Molen 2009).

Der Anti-Ritualismus der 1960er Jahre, der im Gegenzug gegen die Ritualisierungen des NS-Regimes rituelle Traditionen jeglicher Art generalisiert ablehnte, hatte aus verständlichen Gründen übersehen, welche alltagsmächtige Kraft Rituale auch in säkularen Gesellschaften haben und dass dies nicht nur *Opium fürs Volk* ist, sondern sich vermutlich gar nicht vermeiden lässt, weil der Körper beteiligt und der bewussten Reflexion nicht gleichermaßen zugänglich ist, dadurch aber auch Anker für (noch) nicht symbolisierte Erfahrungsräume werden kann. Hans-Georg Soeffner konstatiert dennoch warnend:

> „Wir leben in hochgradig ritualisierten Gesellschaften, bemerken dies jedoch kaum und liefern uns dementsprechend einem im Antiritualismus verborgenen, unbewussten Ritualismus aus" (Soeffner 2000, S. 148).

Inzwischen hat die Erforschung traditioneller und moderner Rituale Eingang in die DFG-Förderung gefunden, wobei auch Alltagspraktiken unter der Perspektive ritueller Strukturen untersucht werden, so der SFB 447 „Kulturen des Performativen" der FU Berlin sowie der SFB 619 „Ritualdynamik" der Universität Heidelberg, was als Indiz gewertet werden kann, dass der Gegenstand als forschungswürdig und relevant eingeschätzt wird. Rituale werden wieder belebt, neu erfunden oder importiert. Säkularisierung und Rationalisierung wirken sich feldspezifisch aus und sind nicht deckungsgleich; wer an *religio* interessiert ist, mag aufatmen, wer an *ratio*, verzweifeln. Mythische spätmoderne Körperdiskurse wählen den Körper als letzten Sinnanker; der Diskurs der Anorexie, in dem die Kontrolle des eigenen Gewichts alles andere überdeckt[14] und sich an massiven Körperschema-Störungen nicht stört, gehört zu den eindrücklichsten Beispielen, aber auch Gesundheitspraktiken und -diskurse, die Konstitution von Schönheitskonkurrenzen, die Choreographien von Ultra-Gruppierungen in Fußballstadien, die eine besondere Form von *communitas* bereit halten, lassen sich hier anführen (vgl. Tagsold 2008; Morris 1981; Maffesoli 1988).

Das religiöse Sinnsystem hält nicht mehr als Klammer der Sozialität, aber die körperliche *unio mystica* des auf kulturelle Einbindung angewiesenen homo sapiens ist damit nicht abgeschafft (Dücker 2012), sondern erhält neue Relevanz und verändert sich dabei. Religionen verbinden Individuen mit sie überschreitenden Wirklichkeit(skonstruktion)en (vgl. Berger/Luckmann 1969) und bannen damit Todes- bzw. Lebensangst; es sind aber religiöse Erfahrungen möglich, die nicht auf gemeinschaftliche Modelle rekurrieren (vgl. Luckmann 1991, S. 108-116). So beschreibt James (1997, S. 107) das religiöse Empfinden generell als ernsthaft,

---

14   Vgl. Internetseiten zur Unterstützung von Anorexie: http://www.proanaonline.com, http://www.prettythin.com/thinspiration.htm u. a. Zugegriffen: 16.05.2011.

feierlich und mit Selbstaufgabe verbunden – als wäre es der ursprüngliche Zustand eines Säuglings, ungetrennt von der Mutter, wie er aufgrund der noch fehlenden Körpergrenzerfahrung in der Psychoanalyse als *l'hommelette*-Zustand beschrieben wird (Wallon 1942). Meiner Ansicht nach erzeugt die Vermischung der Ebene der Empfindung mit der des religiösen Systems aber eine entdifferenzierte Sicht auf Transzendenzphänomene.

Helden dichtet man sicherlich anderes an als Selbstdiffusion. Der 25-jährige Goethe lässt Prometheus an Zeus zweifeln:

> „(…) Ich kenne nichts Ärmeres/Unter der Sonn als euch, Götter/Ihr nähret kümmerlich/Von Opfersteuern/Und Gebetshauch/Eure Majestät/Und darbtet, wären/Nicht Kinder und Bettler/ Hoffnungsvolle Toren./Da ich ein Kind war,/Nicht wußte,/wo aus noch ein,/Kehrt ich mein verirrtes Auge/Zur Sonne, als wenn drüber wär/Ein Ohr, zu hören meine Klage/ (…) Hast du nicht alles selbst vollendet,/ heilig glühend Herz? (…) Ich dich ehren? Wofür? (…)" (Goethe 1988: „Prometheus").

Schon beim jungen Goethe, nicht erst beim alternden, der das Ende des klassischen harmonischen Lebensgefühl kommen sieht, ist die Körpererfahrung des geschundenen Prometheus Ausgangspunkt der Selbstbesinnung und Rebellion gegen den Götterhimmel, er selbst Ursprung der Selbstsakralisierung als „heilig glühend Herz" – Transzendenz in offener Opposition zum antiken Götterhimmel.

Dass Selbstbesinnung – entgegen der popularisiert verkürzten Lesart der Beckschen Individualisierungsthese, die kontrollierende Reintegrationsphänomene durchaus kennt (Beck 1986) – in der Spätmoderne dabei auf Formen der Vergemeinschaftung angewiesen sein kann, macht Lyotard verständlich; es wäre zu ergänzen, dass auch in der Gegenwart der Körper im Spiel ist:

> „Das Selbst ist wenig, aber es ist nicht isoliert, es ist in einem Gefüge von Relationen gefangen, das noch nie so komplex und beweglich war. Jung oder alt, Mann oder Frau, reich oder arm, ist es immer auf ‚Knoten' des Kommunikationskreislaufes gesetzt, seien sie auch noch so unbedeutend (…). Schon vor seiner Geburt ist das Kind – und sei es nur durch den ihm gegebenen Namen – als Referent der von seiner Umwelt erzählten Geschichte gesetzt, zu der es sich später ein neues Verhältnis wird schaffen müssen" (Lyotard 1994, S. 55ff.).

Nach dem Verlust religiöser Verbindlichkeit verspricht das Erleben von Gemeinschaft und körperlicher Selbstüberschreitung Entgrenzung und Rückbindung in einem, da körperliche Transzendenzerfahrungen mit spezifischem kulturellen und sozialen Sinn ausgestattet werden.

3. Der Körper als Gedächtnisstütze

Insbesondere Bourdieu (1972) hat in Anlehnung an Mauss (1989) herausgestellt, wie subtil und umfassend der Körper zum Träger und (Re-)Produzenten gesellschaftlicher Differenzierungen wird. Körpertechniken des Alltags und Körpertechnologien leisten Überzeugungsarbeit, bevor Reflexion stattfinden kann und bestimmen damit ein Stück weit, was überhaupt als Gegenstand reflexiver Aufmerksamkeit wahrgenommen wird. Bourdieu ist dahingehend kritisiert worden, dass er einen Zirkel zwischen konstruierter Realität und vorausgesetztem Habitus aufbaue (de Certeau 1988, S. 125), wobei dogmatische Lehren und Normen der Praxis ineinander greifen. Auf eine verkürzte, aber einprägsame Formel gebracht, ist in der postmodernen Lebenswelt *dogma deminished* und *doxa increased*: Der Körper wird wie eine Gedächtnisstütze (Bourdieu 1979) über das unumgängliche Maß hinaus als *semantischer Akku* (vgl. Hietzge 2002, S. 224) gesellschaftlicher Ein-, Um-, Unterordnungen genutzt[15], indem körperliche Prozesse und Eigenschaften mit Sinn aufgeladen werden, der ihnen zunächst nicht inne wohnt. Zugespitzt formuliert, erlaubt die Entlastung von instrumentellem Gebrauch (vgl. Gugutzer 2004, S. 34) gerade das intensive symbolische ‚Recycling' des Körpers zu anderem Gebrauch, nämlich zur Präsentation sozialer Ordnung (Hitzler 2002) und – teilweise käuflichen – Sakralisierungszwecken.

Die adoleszenten Männer der Hamar sprangen über die Rinder (Strecker 1976), um sozial den Status als volles Mitglied ihrer viehzüchtenden Stammesgesellschaft zu erhalten; moderne Praktiken der Selbstinitiation werden genutzt, um in unterschiedlichen Feldern begrenzte Zugänge, Stilisierungsgewinne und Selbstwirksamkeitserfahrungen zu akkumulieren, die sich vorzugsweise an körperliche Sensationen binden. So ist der erste *Bungee Jump* ein Ereignis, um das herum komplexe Diskurse von Angstüberwindung, Überlebthaben und Zugewinn von Selbstvertrauen geführt werden, die schon deshalb wirken, weil es so kommuniziert und diese Kommunikation an eine intensive Körpererfahrung gebunden wird.[16]

Bei rituellen Praktiken im Sport ist zwischen bloßen Ritualisierungen (Maskottchen), alltagsnaher Überhöhung (Erfahrungsqualität beim Berglauf) und über ihre Prozessstruktur definierten zeremoniellen Ritualen (Olympiade; vgl. MacAloon 1984, 1996) zu unterscheiden (vgl. van Gennep 1981; Turner 1989a).

---

15 Demgegenüber betont Assmann (2000) neben dem kommunikativen und kollektiven Gedächtnis das kulturelle Bildungsgedächtnis in Gestalt der Schrift – dessen Existenz hier nicht bezweifelt wird.

16 Beobachtungen und Gespräche während der Wartezeit auf den Sprung meines Sohnes am *Taupo Bungy,* Waikato River, Neuseeland März 2008.

Sind *Ritualisierungen* nicht mit Sakralität, sondern nur mit der Etablierung von Gewohnheitsmustern befasst, verfügen die alltagsnahen rituellen Praktiken über keine definierte Struktur, aber symbolische *Appräsentation* im Vorsprachlichen (auf Basis von Husserl und Schütz, vgl. Soeffner 2000), d. h. auf noch nicht reflexiver, allenfalls vorbewusster Ebene werden Sinneswahrnehmungen zu Erfahrungen konstituiert, die kulturell nicht neutral sind. Die ersten Schritte kultureller Deutungen unterlaufen damit jede Reflexionsmöglichkeit.

Der Körper als Gedächtnisstütze (Bourdieu 1979) vorangegangener Erfahrungskonstitutionen ist also an der Strukturierung, Bewertung und emotionalen Färbung von neuen Erfahrungen beteiligt. Voreingenommene Urteile über die soziologische Blindheit der Kognitionswissenschaften sind hier in toto nicht mehr gerechtfertigt, im Gegenteil sind soziale Interaktionen und die Verknüpfung mit Spracherwerbs- und Emotionsforschung zum genuinen Gegenstand kognitionswissenschaftlicher Ansätze geworden (vgl. Nöe 2004; Johnson/Rohrer 2007), die eine Verschränkung von Habitustheorie mit Embodiment-Konzepten nicht mehr ganz illusorisch erscheinen lassen. An dieser Stelle sei nur kurz angedeutet, dass sich ein neues entmystifiziertes Verständnis für geistige Prozesse auftut, das sich ganz im Körperlichen bewegt. Kognitionswissenschaft ist in diesem Sinne Körperwissenschaft, und in dieser Eigenschaft wieder in sozialwissenschaftliche Ansätze rückzuübersetzen. So lässt sich das Phänomen der *Appräsentation* oder Mitvergegenwärtigung (Schütz 2004), für das auch Befunde der Erforschung nonverbaler Kommunikation sprechen (*imagery-language dialectic concept*, McNeill 2005), im Blick der Philosophie der Kognition bedeutend klarer fassen und steht nicht länger in Widerspruch zu naturwissenschaftlichen Denkansätzen.[17]

Ich möchte im Folgenden die Frage aufwerfen, welche Erfahrungen Traceure konstituieren, was ihr Körper an Sinn speichert und wie sie diese Erfahrungen und ihr Tun deuten. Als *Traceure* werden Menschen, in den allermeisten Fällen junge Männer[18], bezeichnet, die die Praxis des Parkour ausüben. Parkour ist eine Trendsportart, die initial auf David Belle zurückgeht. Belle, Kind eines Vietnamveteranen und für seine verantwortliche Handlungsweise geehrten Pariser Feuerwehrmanns, wurde von seinem Vater in die *méthode naturelle*[19] einge-

---

17   Die Polarisierung der wissenschaftlichen Welt in *Sciences and Humanities* könnte auf diesem Feld ihr Ende finden, was sich über den „enactive approach to perception" evtl. leisten lässt (Nöe, 2004).

18   Die Dominanz von Männern im Trendsport ist eine eigene Analyse wert, die hier nicht geleistet werden kann; dies wäre aber unabdingbar, um über die Zugänglichkeit und Notwendigkeit trendsportlicher Körpererfahrung für Genderkonstruktionen in diesem Bereich eine Aussage machen zu können, was hier nicht Thema ist.

19   Militärische Ausbildungslehre von Georges Hébert (1875-1957). Als französischer Marineoffizier war Hébert in Martinique stationiert, als ein Vulkanausbruch die Stadt St. Pierre bedrohte,

führt, die den naturnahen Körperübungen des französischen Militärs zugrunde
gelegen hat. Die Kennzeichen der Bewegungsweise der ersten Generation sind
vor allem an Effektivität orientiert; sie bezieht ihre Faszination nicht primär aus
den militärischen Anklängen, sondern aus der Transformation aus den Wäldern
in die Banlieus der Städte. *Quer* gedeutete naturnahe Fortbewegungsformen werden im kontrastierenden Bezug auf urbane Begrenzung von Bewegungsmöglich-
keiten als eine Möglichkeit der Artikulation von Eigensinn rekontextualisiert.
    Dieser Deutung liegt die körperliche Erfahrung der geschmeidigen Über-
windung von Hindernissen zugrunde, ohne den Lauf zu stoppen: die Flanke über
den bezäunten Mittelstreifen (*passement*), der Sprung an die Regenrinne der Ga-
rage gegenüber (*saut de bras*), der mit einem Griff gelingt wie bei einem Gib-
bon, der Abdruck von einer Wand zur anderen (*tic-tac*) – katzengleiche kraftvol-
le Geschmeidigkeit, die sich die motorische Geschicklichkeit der Tierwelt so weit
wie möglich aneignet und sie verwendet, um einer spätmodernen urbanen Umwelt eine Differenzsetzung abzutrotzen, die alltagsnah überhöhende Erfahrungen ermöglicht: „kleiner Grenzverkehr" (Soeffner 2000, s. u.). Diese Perspektive
ergänzt die in der Szeneforschung fokussierten Stilisierungsgewinne in posttraditionalen Gemeinschaften (Hitzler/Bucher/Niederbacher 2005; Schmidt 2002)
um die körperliche Qualität der appräsentierten Erfahrungen, nämlich an etwas
zu partizipieren, das größer ist als man selbst, aber doch ganz in diesem Leben.
    Videoinszenierungen – diese wie andere Trendsportarten sind mit Präsen-
tationen auf Videoplattformen im Internet unmittelbar verbunden – suggerieren visuell, dass Traceure über die Dächer springen und *keine Grenzen* kennen,
während die Normalbevölkerung unten im Smog an der geregelten roten Ampel
steht und auf das Gehendürfen wartet oder aus dem geschlossenen Büro draußen
die Traceure vorbei toben sieht. Aufgrund ihrer Athletik stilisieren sich Traceure
also als diejenigen Stadtbewohner, die sich die Stadt wieder aneignen, gegen den
Strich bürsten, Beschränkungen der Lokomotion nicht auf sich beziehen müssen.
Auf der Ebene der Körpererfahrungen ist zentral, bei zweifellos gegebenen individuellen und szenebezogenen Unterschieden, dass die Kunst der Fortbewegung
selbst angeeignet wird und in Verantwortung für die eigene Unversehrtheit allmählich und auf unterschiedlichen Wegen erworben wird, wobei zwar Vorbilder
bestehen, aber keine Lehrwege standardisiert werden (sollten). In Verbindung mit
expliziten Diskursen wird die Sinn-Apotheose produziert:

---

brachte 700 Menschen in Sicherheit, was ihn von der Wichtigkeit athletischer Ausbildung
überzeugte. Das zentrale Prinzip, „Être fort pour être utile" ging in den Effektivitätsgedanken
des ursprünglichen Parkour auf dem Weg über David Belles Vater, den Vietnam-Veteranen
Raymond Belle, ein.

„Se déplacer dans la nature et dans la rue, utiliser des surfaces naturelles et artificielles pour évoluer avec aisance et style sans sécurité, elle est la culture de la confiance en soi. Elle est aussi la capacité d'adaptation à toutes les situations (...). Volonté, perseverance et humilité" (Belle 2005).[20]

Natürlichkeit spielt auch unter Bedingungen von Urbanität eine wesentliche Rolle, tägliches Training ist dafür nötig. Selbstvertrauen, Leichtigkeit, Flexibilität, Wille, Ausdauer und Demut sampeln Eigenschaften unterschiedlichster semiotischer Herkunftsgeschichte. Verbunden werden militärisch anschlussfähige (Demut, Wille, Ausdauer) mit trendigen Akzenten (Flexibilität, Leichtigkeit, Stil), die auf die Entwicklung des Individuums gerichtet werden (Selbstvertrauen) und hier ein anspruchsvolles Selbstversicherungsangebot machen.

Inzwischen hat sich die Szene stark ausdifferenziert (Freerunning, Parcouring, Tricking), unterschiedliche Stile werden gepflegt, es finden Wettkämpfe statt, die von Sportartikelherstellern gesponsert werden[21], die Institutionalisierung ist weit fortgeschritten[22], Traceure bieten Kurse in Schulen an, didaktische Aufbereitungen für den schulischen Sportunterricht gibt es massenweise (vgl. Becker 2010). Die Faszination erzeugt Nachahmungen, die sich in relevanten Kriterien unterscheiden, die Kontextualisierung und situative Einbettung völlig verändern: Vorgefertigte Bausätze für die Halle haben nicht dieselbe sinnliche Qualität wie Bäume, Mauern, Hochhaussiedlungen, Schrottplätze usw. Im Sinne des Trendsportzyklus (Lamprecht/Stamm 1998) befindet sich Parkour in der Phase der Entfaltung an der Schwelle zur Diffusion[23]. Sponsoren haben längst den Markt entdeckt, der nicht über die Zahl der aktiven Traceure lukrativ ist, sondern über den indirekten Imagegewinn von Sportartikelfirmen und Trendlabels wie Red Bull und Handy-Anbietern sowie solcher käuflicher Produkte, die Parkour am Körper zu zitieren erlauben – ohne den landläufigen Städter dazu in die Lage zu versetzen, mehr als die Parkeinfriedung zu überspringen. Die Eventisierung findet in der Parkour-Szene allerdings alles andere als nur Freunde:

---

20   http://kyzr.free.fr/davidbelle. Zugegriffen:28.10.2011. Die düstere Ästhetik der persönlichen Website von David Belle (2005), die von Cyril Raffaelli designed wurde, wäre eine eigene Analyse wert, der Klick auf das Forum erzeugt übrigens ein „not found".

21   Es ist kaum möglich, einen Überblick über die Vielzahl lokal gesponserter Events zu erhalten. Die World Freerun Championship besteht seit 2008 und gehört mit der Red Bull Art of Motion zu den wichtigsten Events, die in europäischen Großstädten ausgetragen werden. Großbritannien ist das Land mit den mit großem Abstand meisten registrierten Gruppen, gefolgt von Deutschland, Russland, Frankreich/Schweden (Waschke, 2011, S. 60).

22   Parkour Worldwide Association (PAWA) mit Landessektionen, in Deutschland ist die Präsidentin Sandra Hess.

23   Invention, Innovation, Entfaltung, Diffusion, Sättigung (Lamprecht/ Stamm 2003), vgl. z. B. http://www.munichtracers.de/parkour-in-muenchen/geschichte. Zugegriffen: 27.10.2011.

„Was ich davon mitbekommen habe? – Nervige PAWA-Member/Führer, die sich im Forum angemeldet haben, nur um Werbung für das World-Meeting zu spammen => kurz darauf eine Diskussion per E-Mail, dass sie dies unterlassen sollen – Mich interessiert keine Werbe-Veranstaltung mit Eintritt, künstlichen Hindernissen und Schlange stehen... Ich betreibe Parkour so wie es gedacht ist und nicht mit Leuten, die daraus etwas Wettkampfartiges (und somit medienfreundlich) bauen wollen." [24]

Belle vermarktet sich zwar z. B. durch Filmverträge und Workshops durchaus selbst, widersetzt sich aber der kompetitiven und kommerziellen Vereinnahmung, wobei Eigeninteresse und Selbsttreue sich vermutlich die Waage halten; er ist der Held des Anfangszaubers. Bereits seine ehemalige Trainingsgruppe hat sich als *Yamakasi – Samurai der Moderne*[25] präsentiert und eine ästhetisierte, koordinativ anspruchsvolle, mit Tricks aufgeladene Version entwickelt, die eine Vielzahl berauschender Videos auf YouTube nach sich gezogen hat. Da diese Videos nicht streng nach Dogma[26] gefilmt sind, sondern einfache Bearbeitungsspuren wie Schnitte, Überblendungen, Musik usw. nutzen, bestehen zwei Ebenen der Ästhetisierung, die analytisch getrennt werden müssen: die Aktion vor der Kamera als Qualität der Bewegung und die filmische Reinszenierung. Die Vermarktung ist, wo sie für Belle als Verrat an der eigentlichen Idee erscheinen mag, für die multiplen Szenen und ihre Akteure ein Feld für Existenzsicherung, Ausbau der Szene, Generierung von Möglichkeiten. Hier soll kein Urteil über Institutionalisierungs- und Anpassungsprozesse in sportlichen Szenen gefällt werden, sondern im Fokus steht die Frage nach der Qualität der Grenzüberschreitung, die mit der Körperaktivität auf Basis gemachter sinnlicher Erfahrungen verbunden wird. Diese könnte primär darin liegen, dass durch Training Bewegungen möglich werden, die zunächst nicht im Bereich des Denkbaren lagen – das geschieht auch im Leistungssport; weiterhin werden die Begrenzungen in urbanen Räumen übertreten, und dies wird sowohl erfahren als auch interpretiert. Drittens wird auf übergeordneter Ebene damit eine Lebenseinstellung im Körper verankert, die dann auch medial vermittelt wird und Vorbilder für Habitus und Gesten liefert (Hörisch 2003).

Im Parkour Net Forum finden sich beispielhafte sinnkonstituierende Deutungen, die an sinnliche Erfahrungen angekoppelt werden und diese (re)kontextualisieren: Interaktion mit der physischen Umwelt „instead of being sheltered" wird erwähnt, die Möglichkeit physische Hindernisse ohne Rivalität effektiv und ohne

---

24   http://www.parkourvienna.at/forum/viewtopic.php?t=361. Zugegriffen: 28.10.2011
25   Die Yamakasi sind die ehemalige Trainingsgruppe von David Belle (Châu Belle Dinh, Williams Belle, Malik Diouf, Yann Hnautra, Guylain N'Guba-Boyeke, Charles Perrière, Laurent Piemontesi, Sébastien Foucan).
26   Dogmafilme sind eine bewusste Reaktion auf die Hollywood-Industrie (Lars von Trier, Thomas Vinterberg u.a.), die in unterschiedlichen Stufen des Produktionsprozesses re-manualisieren, im Extremfall bis hin zum Verzicht auf Schnitt: Konzentration auf die *bare essentials*.

technische Hilfsmittel[27] zu überwinden und als zusätzliche Dimension ein altruistischer Zugang zur Selbstentwicklung[28]. – „And a new sport will be spread (...), but that won't hold its philosophical essence anymore", wenn er sich verbreitet.[29] Letztlich ohne allumfassenden Bruch mit dem gesellschaftlich akzeptierten und aufgrund seiner Knappheit (Balla 2005) begehrten Körperkapital wird ein agierter Meta-Kommentar auf urbane Lebensverhältnisse präsentiert, der sich in den Rahmenbedingungen globalisierter, medialer, ökonomischer Bezüge bewegt und ohne sie eine marginale Erscheinung bliebe. Die Etablierung verbreitet auch die Philosophie, kostet den Trend aber in letzter Konsequenz das Trendige: „exit through the giftshop" (Banksy 2005). Parkour-bezogene Computerspiele verletzen den Grundsatz der Gewaltlosigkeit (Kunkel 2011, S. 42). Die ehemalige Informations- und Kontaktplattform *Urban Freeflow*, die seit 2003 besteht, hat ihr Erscheinungsbild mittlerweile völlig geändert und verfügt vor allem über Reiter zu Produkten, WebShop, Service, Magazinen, Ernährungsratgebern, Interviews mit Stars der globalen Szene usw.[30] Dass mit der Etablierung der Kern der Philosophie des Anfangs zu verblassen droht, wird von den Traceuren (s. o.) teilweise selbst gesehen, Proteste gegen Parcouring als konkurrenz- und marktorientierte Verballhornung des ursprünglichen Parkour werden gepostet, Parkour kenne nur den Kampf gegen sich selbst[31], der eigentlich ein Kampf um sich selbst ist, der am Körper ausgetragen wird. – Die blasphemische Antwort auf die Frage, wohin die Transzendenz entschwindet, wenn Parkour-Kleidung (braucht man das?) in jedem Kaufhaus erstehen kann, könnte hier lauten: Einkaufen gegangen. Banksy setzt diesen Mechanismus in gewohnt respektloser Wahrhaftigkeit ins Bild:

---

27   http://parkour-vienna.at/ueber_parkour.html. Zugegriffen: 25.03.2011.
28   http://parkourfreiburg.ovver-blog.de/3-categorie-11093869.html. Zugegriffen: 08.04.2011.
29   http://parkour.net; die Plattform musste nach einer Intervention Belles 2008 schließen und verlor beim Relaunch 2009 den interaktiven Charakter. Sie steht aktuell zum Verkauf, was dem Trendsportzyklus eine Dimension gesteigerter Flüchtigkeit der Kommunikation hinzufügt. Zugegriffen: 28.10.2011.
30   http://www.urbanfreeflow.com. Zugegriffen: 28.10.2011.
31   http://parkourfreiburg.over-blog.de/categorie-11093898.html. Zugegriffen: 28.10.2011.

Abbildung 2: Banksy (2005)

Für eine Massenpraxis sind *Parkour*, seine ästhetisierte Variante *L'art du déplacement* bzw. *Freerunning* ohnehin koordinativ und konditionell zu anspruchsvoll, im Diskurs aber nutzbar für Imagearbeit. Worin besteht aber die habituelle körperliche Anziehungskraft, ohne die die Szene nicht möglich wäre? John MacAloon hat – im interkulturellen Kontext anlässlich der Olympiade in Seoul 1988 – dafür eine metaphorische, wie er selbst sagt „fremdartige Redewendung" gefunden: „(...) vielleicht ist der Körper das *intervallum*, der Raum zwischen den semiotischen Schutzwällen" (1996, S. 163), der sie sowohl trägt wie *tacit* zu unterlaufen vermag.

Für Oevermann ist das bleibende Kennzeichen von Religiositätsrelikten in säkularen Gesellschaften die Notwendigkeit für die Individuen, über die (Re-) Konstruktion ihrer Biographien ihren persönlichen Bewährungsmythos zu kreieren (Oevermann nach Wohlrab-Sahr 2003, 430), wofür sich der Körper anbietet. Begrenzte Bewegungsrepertoires werden erweitert, sozialräumlich agiert und als Metapher für die eigene Lebensführung eingesetzt. Der Körper der Traceure bleibt nicht der alte, sondern wird Gedächtnisstütze für Wertekanon und Lebensstil – und das Verlassen der begrenzten Welt der Banlieus.

4. Wiederaneignung urbaner Räume durch Körpertechniken

Am Beispiel einiger Stills aus dem Evolution-Video sollen die Bewegungsformen in einigen Aspekten in ihrer Qualität und Figuriertheit exemplarisch aufgeschlossen werden.

Abbildung 3:   Stills aus YouTube-Download „Evolution"32, Szene 23, 00:51:18: und 00:53:26

---

32   http://www.youtube.com/watch?v=IjQxIRWZu0c. Zugegriffen: 28.10.2011.

Deutlich wird in Abb.3, dass nicht die Wege genutzt, sondern flüchtige Pfade über Hindernisse gezeichnet werden, die keine Spuren hinterlassen. Von unterschiedlichen Akteuren werden unterschiedliche Lösungen gefunden. Ein möglichst fließender Fortgang des Bewegungsablaufs beim Zusammentreffen mit baulichen Begrenzungen und stilistische Sicherheit sind wichtig. Aus dem Kontrast zur alltäglichen Nutzung von automobilen[33] Maschinen der Fortbewegung werden Begrenzungen und Hindernisse als Anlass der quer zu vorgesehenen Trassen verlaufenden Bewegungsrichtung praktisch gedeutet, der geographische Raum wird umkonstruiert (Appropriation des städtischen Raums, vgl. Lauschke 2010). Die YouTube-Präsentation dieser wiederholten praktischen Umdeutung durch nur visuell partizipierende Betrachter vervielfältigt die Erfahrung, auch wenn nicht alle Betrachter dazu in der Lage wären, derart anspruchsvolle *moves*[34] selbst nachzuvollziehen.

Abbildung 4: ebd., Szene Wall Back Flipping (diese Seite)
ebd., Jump über entgegen fahrendes Auto (folgende Seite)

---

33 „auto mobil" heißt zunächst das sich selbst Bewegende. Es handelt sich natürlich um eine Fehlberufung, da Energiezufuhr erforderlich ist, jemand die Maschine z. B. durch den Stau steuern muss und die besitzende Person sich gerade nicht selbst bewegt – etwaige Freiheitsassoziationen relativieren sich bei genauer Betrachtung gewaltig.
34 http://www.crackajack.de/2010/10/31/parkour-basic-training (zugegriffen: 28.10.2011) erklärt im Video einige zentrale (indexikalische) Begriff, die sich maximal von Turnsprache unterscheiden.

An Abb. 4 wird deutlich, dass es sich hier nicht mehr um vorwiegend der Effektivität geschuldete Bewegungsmuster handelt, sondern ästhetische Komponenten ansteigend eine Rolle spielen, was mit der Virtuositätsorientierung als einem der Kennzeichen von Trendsport übereinstimmt (Schwier 2003). Die Grenzen werden als Überwindungsanlässe praktisch reinterpretiert und städtisches Gelände auf nicht alltägliche Weise angeeignet, dessen Begrenzungen nicht aus der Welt geschafft, sondern als Anlass für „subversive Choreographien" (Lauschke 2010) verwendet werden. Im Rahmen der gegebenen Anforderungstrukturen der Umwelt gelingt ein körperlicher[35] Akt der kreativen Differenzsetzung, der nicht die Welt ändert, aber das persönliche Erleben. Die Aktivitäten werden zwar bewusst organisiert, die Qualität des Erlebens selbst ist zunächst vorreflexiv und wird experimentell erschlossen. Zur Lippe hat bereits den Spannungsbogen von Nachahmung von Bekanntem zu einem schöpferischen *lived body* erfasst:

> „In jedem Falle sammelt sich in den Erfahrungen so viel Substanz und Stoff für ein schöpferisches Leben an, wie unser Bewusstsein die Wechselwirkungen, die wir wahrnehmen, uns verhaltend und wirkend erlebt haben, prüft und zu Instrumenten bewußterer, intensiverer späterer Erfahrungen mit prägt" (Zur Lippe 1983, S. 121).

Im Vorgriff auf noch nicht Gekonntes und in der Übertragung auf ein unerschlossenes Feld der Bewegungskultur unterscheidet sich Parkour sowohl von Alltagsbewegungen als auch vom Sportsystem, trotz stattfindender Trainingsprozesse und

---

35   In phänomenologischen Ansätzen würde dies begründet als „leibliche Erfahrung" bezeichnet werden (vgl. Gugutzer, 2002a).

der koordinativen und konditionellen Bezüge zu Leichtathletik und Turnen. Parkour erzeugt durch die Rekombination von Bewegungen im urbanen Setting und dem explizit gestifteten Wertbezug eine symbolische Verschiebung. Es kann daher als *meta-aktionale* Aktivität bezeichnet werden, die sich zunächst auf Handlungsebene distanziert – gelegentliches ‚Hopsen vom Balkon' wäre aber nicht meta-aktional im Sinne eines vor-reflexiven *Zeigens*[36] von Differenz. Parkour und Freerunning kommt im Unterschied zu der versportlichten Indoor- und Event-Variante Parcouring *liminoide* Bedeutung zu (Turner 1989b)[37], da eben nicht nur nachgeahmt und Vorgegebenes geübt wird, sondern ein Versuch gemacht wird, einen *way of living* zu etablieren, der dominante Lebensweltstrukturen zur Disposition stellt, also eine Schwelle (lat. limen) übertritt, die jedoch nicht wie in traditionalen Kulten in eine übersinnliche Welt der Ahnen oder Götter führt. Das Erleben wird erst im zweiten Schritt mit anderen geteilt und verbreitet.

Beim Jump über ein entgegenkommendes Auto (Abb. 4) ist dabei das Risiko etwas höher, aber aufgrund der geringen Geschwindigkeit und der flachen Kühlerhaube absolut kalkulierbar und präsentiert die Souveränität des Akteurs statt des Aktanten Auto, die YouTube-Videos sind dann essentieller Bestandteil der Lebenswelt der Traceure, die die eher seltene Aktivität einer Jugendkultur sichtbar machen und ihren Sinn einer breiteren Öffentlichkeit kommunizieren, was sie von versteckteren Szenen (Schmidt 2002) oder sportiven Subkulturen (Donelly 1993) unterscheidet. Beweglichkeit und Freiheit werden mit der körperlichen Aktivität assoziiert, das KfZ wird hier be- und getreten. Der Körper selbst ist das begehrte Objekt und Subjekt zugleich, die Grenzen dessen, was *man* tun kann, werden hinausgeschoben.

Sakralisierung im Feld des Sports ist ein spezifisch modernes Phänomen, was nicht für Körpertechniken generell gilt; die Diagnose Guttmans (1979), der Sport habe sich vom Ritual zum Rekord bewegt, verkennt, dass der Rekord im Hochleistungssport gerade den rituellen Bezug spätkapitalistischer Gesellschaften herstellt, und missdeutet den Wandel daher trotz historischer Stimmigkeit. Für Pasolini war Fußball die letzte heilige Handlung, die in der Moderne noch geblieben ist, Coubertin hat den Olympismus als Quasi-Religion und Gesellschaftstherapie konzipiert (Alkemeyer 1996). Diese Hypostasierungen übersehen den Unterschied, den Turner (1979b) durch die Bezeichnung ‚liminoid' markiert – und MacAloon als ‚neo-liminal' zunächst sehr euphorisch begrüßt hatte

---

36 Der spannende Sammelband „Zeigen. Dimensionen einer Grundtätigkeit" geht deiktischen und performativen Phänomenen en detail nach (Schmidt/Stock/Volbers 2011).

37 Dies bedeutet nicht, dass neoliminale Erfahrung innerhalb des Sportsystems individuell unmöglich wäre, was sowohl die Aktiven als auch die Zuschauer betreffen kann (z. B. Ultra St.Pauli).

(1984). Turner bezieht die Loslösung von religiös verbindlichen Rahmungen ein, ohne den analytischen Rahmen aufgeben zu müssen. Den Umkehrschluss, jegliche entgrenzende Körperpraktik wäre schon religiös, halte ich für ähnlich überzogen wie die völlige Verleugnung der praktischen Überschreitung des Hier und Jetzt – re-ligio funktioniert in der Moderne auch ohne geschlossenes religiöses Deutungssystem, aber vielleicht nicht ohne Körperlichkeit.

Traceure jedenfalls sind nicht „weg", sie setzen sich dem urbanen Raum, den Verhältnissen in den Suburbs, den hohen athletischen Anforderungen an sich selbst aus – wenn hier eine extreme Praktik vorliegt, dann mit erheblicher Differenz zu narzissmustheoretischen Erklärungsmustern für Risikosport, sondern alltagsnah: Ziel ist es, „jeden Tag an Grenzen zu stoßen und sie zu überwinden".[38] Der Körper und seine Fähigkeit der Grenzüberschreitung in buchstäblichem und auf Transzendenz bezogenem Sinn ist hierbei zentral: „(...) the body is the most potent metaphor of society (...)" (Turner 1996, S. 125)[39], die Auseinandersetzungen um Inkorporationschancen sind alles andere als marginal. Körperpraktiken stellen transformatorische Äquivalente gerade in der Adoleszenz zur Verarbeitung gesellschaftlicher Umbruchprozesse bereit (Wohlrab-Sahr 2003, S. 442). 66% der Interessenten an den einschlägigen Parkour-Internetseiten waren 2010 zwischen 8 und 24 Jahren mit einem weiblichen Anteil von nur 13% (Waschke 2011, S. 57).[40] Die Szene wächst, und ihre Körperinszenierung unterscheidet sich im Impuls von der des Leistungssports, weil sie an Wettkampf desinteressiert ist – was nicht mehr für die gesponserten Events gilt, die die Ordnung der Hierarchisierung wieder einführen.

5. Der kleine Grenzverkehr. Liminoide Rituale, Körper und Entgrenzungspraktiken

Im Folgenden sollen Implikationen für Theorie und Methode erörtert und zusammengefasst werden, die die Rolle des Körpers in der Spätmoderne für Prozesse der Selbstüberschreitung betreffen. Luckmann gliedert die Erfahrungsräume in der Lebenswelt in „Alltägliches und seine Grenzen, die Grenzen des Alltäglichen und deren Überschreitungen im Außeralltäglichen" (Luckmann 1991, S.

---

38   http://parkourfreiburg.over-blog.de. Zugegriffen: 28.10.2011
39   Turner (2003) widmet sich dieser Thematik noch einmal explizierter, vgl. auch Johnson (2007).
40   Frauen sind in Trendsportarten generell unterrepräsentiert. Auf die Bedeutung für gender-Konstruktion möchte ich an dieser Stelle bewusst noch nicht eingehen, da dies nicht der einzige Indikator für Emanzipationsprozesse sein kann, aber doch auf heteronormative Körperkonstruktionen ausgerechnet in avantgardistischen sozialen Feldern verweist, deren Tragweite sich erst allmählich erschließen oder relativieren wird.

167) und unterscheidet zwischen kleinen, mittleren und großen Transzendenzen, wobei erstere z. B. raum-zeitliche Überschreitungen *in* unserer Erfahrungswelt meinen, mittlere dann Erfahrungen, die nur mittelbar zugänglich sind, und letztere solche, die auf *Außeralltägliches,* nicht Erfahrbares verweisen[41]. Bereits kleine Transzendenzen werden dabei als „ganz und gar nicht belanglos" eingeschätzt (ebd., S. 168), wobei Appräsentation die Verbindung von Erfahrbarem mit Nicht-Erfahrbarem stiftet. Die Erfahrung eines Traceurs ist zunächst in erster Linie ein innerweltlicher kleiner Grenzverkehr, extreme körperliche Erfahrungen können aber auch die Ebene mittlerer Transzendenz erreichen, indem Einordnung in übergeordnete Sinnbezüge wie z. B. Altruismus mit den Praktiken deutend verbunden und gelebt wird, wie es im Selbstverständnis der Yamakasi[42] anklingt (vgl. Besson/Zeitun 2002), während individuelle Appräsentationen von außerweltlichen Bezügen im Einzelfall empirisch geklärt werden müssten.

Spielte der Körper schon immer eine Rolle bei religiösen Erfahrungen, greifen Praxen und Diskurse bei *allen* Varianten von ‚Grenzverkehr' notwendig ineinander und erzeugen ein Sinngeflecht, dessen Attraktivität auch in der Überwindung von Nichtigkeitserfahrungen und der Stiftung von Wertorientierungen liegt. Im Prozess der Subjektivierung[43] können diese zum Bestandteil von Identität werden. Der Einschätzung Luckmanns (1991), (neo-liminale) Transzendenz-Praxen wären „unsichtbar" und privatisiert, kann ich mich im Falle von Parkour aufgrund der Nutzung von Internetplattformen nicht anschließen, sondern individualistische und gemeinschaftliche Performanzen werden gleichermaßen global zugänglich gemacht. YouTube und andere Videoplattformen nutzen dabei die sinnliche Überzeugungskraft des visuellen Mediums, das hohe motivationale Kraft hat, durch den medialen Auftritt aber die Ästhetisierung über die Effizienz und Philosophie der Bewegung dominieren lässt (vgl. Waschke 2011). Der Körper erfährt insgesamt eine Aufwertung als Medium symbolischer Konstruktion („redemption of physical reality", Hörisch 2003).

Für die Realisierung kreativer Bewegungskulturen mit einem solchen Potenzial von Selbstversicherung und Selbstüberschreitung ist die Möglichkeit von Heranwachsenden wesentlich, an experimentellen Situationen zu partizipieren. Der Ort, der institutionell für körperliche Grundbildung verantwortlich ist, die Schule, ist aber vor allem durch angeleitete Bewegungserfahrungen gekennzeichnet. Der Bereich informeller Bewegungspraxen könnte ein wichtiges Feld sowohl

---

41 Vgl. dazu den Beitrag von Gugutzer in diesem Band.

42 *Yamakasi* (Lingala) = "strong spirit, strong body, strong man, endurance", vgl. http://en.wikipedia. org/wiki/Parkour. Zugegriffen: 23.04.2010.

43 Die Theorie der Subjektivierung kann hier nur gestreift werden, zum Überblick vgl. Reckwitz (2010) sowie Rieger-Ladich (2004) in Hinsicht auf Überschreitung.

des Sportunterrichts als des Schullebens generell sein, da die angestrebte Persönlichkeitsentwicklung, die den Minimalkonsens aller Lehrpläne darstellt, sonst auf Leistungssozialisation beschränkt zu bleiben droht. Das gängige Lamento über den Verlust der Straßenkindheit ist angesichts urbaner Verkehrssituationen ernst zu nehmen, übersieht hier aber das Potenzial von Nebenstraßen und Brachen als Orten von Grenzerfahrung und Erfahrung mit Grenzen (Podlich/Kleine 2003, S. 41). In den Trendsportarten selbst wird der Charme des Anfangs, den Code von Sieg und Niederlage zu unterlaufen, im Marketingzyklus strukturell bedingt rasch aufgesogen. Die Stilisierung kleiner Grenzverkehre zu käuflichen Kulten mit selbst gebastelten Göttern kann kaum verhindert werden, wird jedoch ebenso permanent durch erneuerbare Phänomene der Distanzierung konterkariert.

Es sollte deutlich geworden sein, dass sportive Erfahrungen nicht einfach mit religiösen kurz geschlossen werden können, aber über körperpraktische Symbolwelten ein Überschneidungsfeld konstituiert wird, dass körperliche Transzendenzerfahrungen nutzt, stützt und möglicherweise essenzialisiert. Wie reflexiv die Spätmoderne angesichts ihrer Körperpraxen einzuschätzen ist, bleibt dabei fraglich, jedoch ist es möglich, in der Entwicklung von alternativen Körper- und Bewegungskulturen ein Einleben in noch nicht normierte Qualitäten mimetisch zu agieren (vgl. Gebauer/Wulf 1998).

Praktiken kreativer Subjektkonstitution, die Alternativen im biographischen Prozess habitualisieren (Bührmann/Schneider 2007, Abs. 42), können zumindest als Vorgriffe für reflexive Auseinandersetzungen fungieren. Subjekte werden in Existenz gebracht durch „incorporation of bodies into discursive pratices" (Schatzky 1996, S. 47). Traceure setzen den „Strategien der Disziplinierung" im urbanen Raum „Taktiken der Aneignung" entgegen (de Certeau 1988, S. 91), darin besteht die gesellschaftliche Relevanz zahlenmäßig überschaubarer Gruppen und ihrer innovativen Akte. Manning (1973) hat in einer schönen Ethnografie schwarzer Cricket-Clubs auf Bermuda gezeigt, wie diese sowohl praktisch als auch symbolisch der Selbstversicherung möglichen gesellschaftlichen Aufstiegs eingesetzt und auf diese Weise politisch relevant wurden. Kreative Subjektkonstitutionen, die Bewegungspraxen und damit den Körper als Gedächtnisstütze nutzen, sind also nicht auf Parkour beschränkt.

Dass sich *re-ligio* in postmoderner und medialer Vielfalt in unterschiedlichsten Feldern diesseitig manifestieren kann und auch ohne geschlossene religiöse Sinnsysteme individuell oder in signifikanten Gruppierungen gesucht werden kann, hat sich seit den zukunftsweisenden Übertragungen der Prozessstrukturanalyse von Ritualen durch Turner (1974, 1989a, 1992) auf moderne Gesellschaften mittlerweile als wissenschaftlich fruchtbare Perspektive durchgesetzt (Luck

mann 1991; Honer/Kurt/Reichertz 1999; Wulf/Macha/Liebau 2004; Wulf et. al.
2010). Rückbindung ist dabei nicht losgelöst von Bedürfnissen nach sinnbezo-
gener Problemlösung und emotionaler Stabilität. Für Turner (1974), der rituelle
Bezüge ethnographisch erarbeitet hat, ist es klar, dass rituelle Dramatisierungen
nicht zyklisch ins Gegebene zurücklaufen müssen:

> „Yesterday's liminal becomes today's stabilized, today's peripheral becomes tomorrow's cen-
> tered (...) the 'serious' genres of symbolic action (...) are deeply implicated in the cyclical re-
> petitive views of social process, while those genres which have flourished since the Industri-
> al Revolution (...) have had greater potential for changing the ways (...)" (Turner 1974, S. 16).

Im System des Leistungssports ist trotz der Ambivalenz von relativer Zweckbe-
freiung und Normkonkordanz eine fundamental neue Sinnbesetzung des Körpers
unwahrscheinlich, da der Code[44] von Sieg und Niederlage ein in sich geschlossenes
System der Reproduktion von Hierarchien und ein (scheinbar) offenes zur Erzeugung von Rekorden, also der Leistungssteigerung ad infinitum, bereit stellt (vgl.
Beckers 1995, S. 213). Die Dominanz dieses agonalen Vergesellschaftungsmusters
ist einer der Gründe für Gewalt im und anlässlich des Sports (Engelhardt 2003).
    Traceure ändern ganz buchstäblich den Weg – wie viel Einfluss die Bewe-
gung auf urbane Raumaneignungsmuster insgesamt haben wird, bleibt abzuwarten
und ist abhängig davon, wie gut die Balance von Sponsoring und Eventisierung
auf der einen Seite, die Fähigkeit zu meta-aktionalen Kommentaren andererseits
gelingt, und wie das Phänomen zu expliziter (Körper-)Wissensgenerierung genutzt werden kann.[45] Das gesellschaftliche Potenzial von Parkour als funktiona-
lem Äquivalent für religiöse Rückbindung ist hoch einzuschätzen, da Parkour
nicht bei der Somatisierung von Transzendenz aufhört, sondern damit nur einsetzt – und dies medial vermittelt.
    Das letzte „Wort" soll dennoch einem der konsequentesten Künstler der Ge-
genwart gehören, der mit seinen Spray-Arbeiten die aktuelle Welthauptstadt des
Parkour, London, überzogen hat und auch ihr Charisma und das der Medien relativiert.

---

44 Während der Codebegriff auf Grammatik abhebt, geht es bei *codification* um das Einleben in
    eine gemeinsam geregelte Praxis, die intuitives Verständnis ermöglicht (vgl. Bourdieu 1986).
45 Auch die Diskussion um *Embodiment*, die hier nur kurz anklingen konnte, muss die soziale
    Seite der Sinnkonstitution berücksichtigen, was in jüngster Zeit eine neue Perspektive der
    Kognitionswissenschaft ausmacht (vgl. Nöe 2004; Johnson/Rohrer 2007).

Abbildung 5: Banksy (2005)

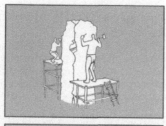

Literatur

Alkemeyer,Thomas (1996). *Körper, Kult und Politik.* Frankfurt am Main/New York: Campus.
Alkemeyer, Thomas, Bürmmer, Kristina, Kodalle, Rea & Pille, Thomas (Hrsg.) (2009). *Ordnung in Bewegung.* Bielefeld: transcript.
Assman, Jan (2000). Körper und Schrift als Gedächtnisspeicher. In: M. Csáky & P. Stachel (Hrsg.), *Speicher des Gedächtnisses,* Bd. 1 (S. 199-213). Wien: Passagen.

Aufmuth, Ulrich (1983). Risikosport und Identitätsproblematik. *Sportwissenschaft*, 3, 249-270.

Balla, Bálint (2005). *Knappheit als Ursprung sozialen Handelns*. Hamburg: Krämer.

Banksy, Robin (2005). *Wall and Piece*. London: The Random House.

Beck, Ulrich (1986). *Risikogesellschaft*. Frankfurt am Main: Suhrkamp.

Becker, Michael (2010). Entwurf im Rahmen der Lehrprobe zum 2. Staatsexamen, Meckenbeuren.

Beckers, Edgar (1997). *Der Körper zwischen Religion und Muskelkraft*. St. Augustin: Academia.

Bell, Catherine (1990). *Ritual Theory, Ritual Practice*. New York Oxford: Oxford Univ. Press.

Berger, Peter & Luckmann, Thomas (1969). *Die gesellschaftliche Konstruktion der Wirklichkeit*. Frankfurt am Main: Fischer.

Berthelot, Jean-Michel (1995). The Body as Discoursive Operator. *Body & Society*, 1(1), 13-23.

Besson, Luc & Zeitoun, Ariel (2002). *Yamakasi. Die Samurai der Moderne* (DVD).

Bette, Karl-Heinrich (2004). *X-treme: Zur Soziologie des Abenteuer- und Risikosports*. Bielefeld: transcript.

Bourdieu, Pierre (1990). Einsetzungsriten. In: ders., *Was heißt Sprechen* (S. 84-93). Wien: Braumüller.

Bourdieu, Pierre (1972). *Entwurf einer Theorie der Praxis*. Frankfurt am Main: Suhrkamp.

Bourdieu, Pierre (1979). *Die feinen Unterschiede*. Frankfurt am Main: Suhrkamp.

Bourdieu, Pierre (1986). Habitus, Code et Codification. *Actes de la recherche en science sociales*, 64, 40-44.

Bourdieu, Pierre (2000). *Das religiöse Feld*. Konstanz: UVK.

Burkert, Walter (1990). *Wilder Ursprung. Opferritual und Mythos bei den Griechen*. Berlin: Wagenbach.

Bührmann, Andrea & Schneider, Werner (2007). Mehr als nur diskursive Praxis? – Konzeptionelle Grundlagen und methodische Aspekte der Dispositivanalyse [51 Absätze]. *Forum Qualitative Sozialforschung*, 8(2), Art. 28. http://nbn-resolving.de/urn:nbn:de:0114-fqs0702281.

Cheska, Alyce T. (1979). Sport Spectacular: Ritual Model of Power. *International Review of Sport Sociology*, 14(2), 51-72.

De Certeau, Michel (1988). *Kunst des Handelns*. Berlin: Merve.

Donnelly, Peter (1993). Subcultures in Sport: Resilience and Transformation. In: A. Ingham & J. Loy (eds.). *Sport in Social Development* (S. 119-146). Champaign: HKP.

Douglas, Mary (1981). *Ritual, Tabu und Körpersymbolik*. Frankfurt am Main: Suhrkamp.

Dücker, Burckhard (2012). Rituale. *Erwägen-Wissen-Ethik* (Vorabdruck, forthcoming).

Engelhardt, Thilo (2003). Sport und Gewalt – Über die religiösen Spuren im Fußballhooliganismus. In: H. Ulrichs, T. Engelhardt & G. Treutlein (Hrsg.), *Körper, Sport und Religion* (S. 133-142). Idstein: Schulz-Kirchner.

Eichberg, Henning (1978). *Leistung, Spannung, Geschwindigkeit*. Stuttgart: Klett-Cotta.

Foucault, Michel (1978). *Dispositive der Macht*. Berlin: Merve.

Gebauer, Gunter & Wulf, Christoph (1998). *Spiel – Ritual – Geste. Mimetisches Handeln in der sozialen Welt*. Reinbek b. H.: Rowohlt.

Gennep, Arnold van (1981). *Übergangsriten*. Frankfurt am Main/New York: Campus.

Girard, René (1983). *Das Ende der Gewalt*. Freiburg: Herder.

Goethe, Johann W. v. (1988). *Gedichte*. Berlin/Tübingen: Aufbau.

Goffman, Erving (1994). *Interaktion und Geschlecht*. Frankfurt am Main/New York: Campus.

Gugutzer, Robert (2002a). *Leib, Körper und Identität*. Wiesbaden: Westdeutscher Verlag.

Gugutzer, Robert (2002b). Der Leib, die Nonne und der Mönch. Zur leiblich-affektiven Konstruktion religiöser Wirklichkeit. In: K. Hahn & M. Meuser (Hrsg.), *Körperrepräsentationen* (S. 137-163). Konstanz: UVK..

Gugutzer, Robert (2004). *Soziologie des Körpers*. Bielefeld: transcript.

Guttmann, Allen (1979). *Vom Ritual zum Rekord*. Schorndorf: Hofmann.

Hietzge, Maud (2002). *Kaleidoskope des Körpers*. Opladen: Leske & Budrich.

Hitzler, Ronald (2002). Der Körper als Gegenstand der Gestaltung. In: K. Hahn & M. Meuser (Hrsg.). *Körperrepräsentationen. Die Ordnung des Sozialen und der Körper* (S. 71-85). Konstanz: UVK.

Hitzler, Ronald, Bucher, Thomas & Niederbacher, Arne (Hrsg.) (2005). *Leben in Szenen. Formen jugendlicher Vergemeinschaftung* (2. Akt. Ausgabe). Wiesbaden: VS.

Hörisch, Jochen im Gespräch mit Jörg Hermann (2003). Transparenz statt Transzendenz. Über Fernsehen und Religion. *Magazin für Theologie und Ästhetik*, 22. http://www.theomag.de/22/jh5. htm. Zugegriffen: 27.10.2011.

Honer, Anne, Kurt, Ronald & Reichertz, Jo (1999). *Diesseits-Religion*. Konstanz: UVK.

Hütig, Andreas (2008). Bewegte Körper, berührte Seelen. Versuch über Transzendenz und Gemeinsinn im Fußball. In: G. Klein & M. Meuser, *Ernste Spiele. Zur politischen Soziologie des Fußballs* (S. 251-269). Bielefeld: transcript.

James, William (1997). *Die Vielfalt religiöser Erfahrung*. Frankfurt am Main/Leipzig: Insel.

Johnson, Mark (2007). *The Meaning of the Body*. Chicago London: Chicago Univ. Press.

Johnson, Mark & Rohrer, Tim (2007). We are live creatures: Embodiment, American Pragmatism and the cognitive organism. In: T. Ziemke, J. Zlatev & R. Frank (eds.), *Body, Language and Mind, Vol. I Embodiment* (S. 17-54). Berlin New York: Mouton de Gruyter.

Keller, Claudia (2010). Gottes langer Marsch. *Badische Zeitung*, 19.11.2010.

Kelly, Dennis (2010). *Die Götter weinen*. Reinbek b. H.: Rowohlt Theater.

Kerkeling, Hans-Peter (2006). *Ich bin dann mal weg. Meine Reise auf dem Jakobsweg*. München Zürich: Piper.

Klaus, Georg & Buhr, Klaus (1975). *Philosophisches Wörterbuch Bd. 2* (Nachdruck der 10. bear. Aufl.). Berlin: Verlag das europäische Buch.

Knoblauch, Hubert (1991). *Vorwort zu Thomas Luckmann, Die unsichtbare Religion*. Frankfurt am Main: Suhrkamp.

Knoblauch, Hubert (2002). Ganzheitliche Bewegungen, Transzendenzerfahrung und die Entdifferenzierung von Kultur und Religion in Europa. *Berliner Journal für Soziologie*, 12(3), 295-307.

Koppetsch, Claudia (2011). *Nachrichten aus den Innenwelten des Kapitalismus. Zur Transformation moderner Subjektivität*. Wiesbaden: VS.

Kunkel, Lars (2011). *Medien des Parkour – Parkour als medialer Trendsport*. Wissenschaftliche Hausarbeit für das Erste Staatsexamens, Justus-Liebig-Universität Gießen.

Lamprecht, Markus & Stamm, Hanspeter (1998). Vom avantgardistischen Lebensstil zur Massenfreizeit. Eine Analyse der Entwicklungsmuster von Trendsportarten. *Sportwissenschaft*, 28(3-4), 370-387.

Lauschke, Andreas (2010). *Parkour. Subversive Choreographien des Urbanen*. Marburg: Tectum.

Le Breton, David (2000). *Lust am Risiko*. Frankfurt am Main: dipa.

Luckmann, Thomas (1991). *Die unsichtbare Religion*. Frankfurt am Main: Suhrkamp.

Luhmann, Niklas (1990). *Funktion der Religion*. Frankfurt am Main: Suhrkamp.

Lynch, Jerry (1987). *The total runner: A complete mind-body guide to optimal performance*. New Haven: Prentice-Hall.

Lyotard, Jean Francois (1994 [1979]). *Das postmoderne Wissen*. Wien: Passagen.

MacAloon, John (1984). Olympic Games and the Theory of Spectacle in Modern Societies. In: ders. (Hrsg.), *Rite, Drama, Festival, Spectacle in Modern Societies* (S. 241-280). Philadelphia: Inst. Study Human Issues.

MacAloon, John (1996). Intervalltraining. Haben die Olympischen Spiele universale Bedeutung? In: G. Gebauer (Hrsg.), *Olympische Spiele* (S. 157-193). Frankfurt am Main: Suhrkamp.

Maffesoli, Michel (1988). *Le temps des tribus*. Paris: Meridiens Klinksieck.

Manning, Frank (1973). *Black Clubs in Bermuda*. Ithaca/London: Cornell Univ. Press.

Mauss, Marcel (1989 [1938]). Techniken des Körpers. In: ders., *Soziologie und Anthropologie Bd.2*, (S. 199-220). Frankfurt am Main: Fischer.

McNeill, David (2005). *Gesture and Thought*. Chicago: Chicago Univ. Press.

Mead, George H. (1973 [1934]). *Geist, Identität und Gesellschaft*. Frankfurt am Main: Suhrkamp ().

Molen, Wilhelm ter (2009). *Da blieb die Wahrheit dann mal weg. Die Lügen des Herrn Kerkeling*. Norderstedt: Books on Demand.

Moore, Sally & Myerhoff, Barbara (eds.) (1977). *Secular Ritual*. Assen/Amsterdam: Van Gorcum.

Morris, Desmond (1981). *The Soccer Tribe*. London: Jonathan Cape.

Neckel, Sighard (2008): *Flucht nach vorn. Die Erfolgskultur der Marktgesellschaft*. Frankfurt am Main/New York: Campus.

Nöe, Alva (2004). *Action in Perception*. Cambridge: MIT Press.

Noss, Peter (2004) (Hrsg.). *Fußballverrückt: Gefühl, Vernunft und Religion im Fußball*. Münster: Lit.

Plessner, Helmut (1982). Lachen und Weinen. In: ders., *Gesammelte Schriften Bd. 7* (S. 201-387). Frankfurt am Main: Suhrkamp.

Podlich, Carola & Kleine, Wilhelm (Hrsg.) (2003). *Kinder auf der Straße. Bewegung zwischen Begeisterung und Bedrohung*. Köln: Deutsche Sporthochschule.

Reckwitz, Andreas (2010), *Subjekt*, 2. Aufl. Bielefeld: transcript.

Rieger-Ladich, M. (2004). Unterwerfung und Überschreitung. Michel Foucaults Theorie der Subjektivierung. In: N. Ricken & M. Rieger-Ladich (Hrsg.), *Michel Foucault: pädagogische Lektüren* (S. 203-223). Wiesbaden: VS.

Smerilli, Filippo (2009). *Moderne – Sprache – Körper. Analysen zum Verhältnis von Körpererfahrung und Sprachkritik in den erzählenden Texten Robert Musils*. Göttingen: Vandenhoeck & Ruprecht.

Schulze, Gerhard (1992). *Die Erlebnisgesellschaft: Kultursoziologie der Gegenwart*. Frankfurt am Main: Campus.

Schütz, Alfred (2004 [1932]). *Der sinnhafte Aufbau der sozialen Welt. Eine Einleitung in die verstehende Soziologie*. Konstanz: UVK.

Schatzky, Theodore (1996). *Social practices*. Cambridge: Univ. Press.

Schmidt, Robert (2002). *Pop – Sport – Kultur. Praxisformen körperlicher Aufführungen*. Konstanz: UVK.

Schmidt, Robert; Stock, Wiebke-Marie & Volbers, Jörg (Hrsg.) (2011). *Zeigen. Dimensionen einer Grundtätigkeit*. Weilerswist: Velbrück.

Schnabel, Ulrich (2005). Warum Menschen glauben. *Die Zeit*, Nr. 20, 11. Mai 2005.

Schwier, Jürgen (2000). *Sport als populäre Kultur*. Hamburg: Czwalina.

Schwier, Jürgen (2003). Was ist Trendsport? In: C. Breuer & H. Michels (Hrsg.), *Trendsport. Modelle Orientierungen und Konsequenzen* (S. 18-31). Aachen: Meyer & Meyer.

Schwier, Jürgen & Schauerte, Thorsten (2008). *Soziologie des Mediensports*. Köln: Strauß.

Shilling, Chris (1993). *The Body and Social Theory*. London: Sage.

Soeffner, Hans-Georg (2000). *Gesellschaft ohne Baldachin*. Weilerswist: Verlag.

Strecker, Ivo (1976). *Der Sprung über die Rinder – Ein Initiationsritus der Hamar*. Göttingen: IWF.

Synnott, Anthony (1989). *The Body Social*. London New York: Routledge.

Tagsold, Christian (2008). *Spiel-Feld. Ethnografie der Fußball-WM 2006*. Konstanz: UVK.

Turner, Bryan St. (1996). *The Body and Society*, 2. Aufl. London: Sage.

Turner, Bryan St. (2003). Social Fluids: Metaphors and Meanings of Society. *Body & Society*, 9(1), 1-10.

Turner, Victor W. (1974). *Dramas, Fields, and Metaphors*. Ithaca/London: Cornell Univ. Press.

Turner, Victor W. (1992). *Blazing the Trail*. Tucson London: Univ. of Arizona Press.

Turner, Victor W. (1989a). *Das Ritual. Struktur und Anti-Struktur*. Frankfurt am Main/New York: Campus.

Turner, Victor W. (1989b). *Vom Ritual zum Theater*. Frankfurt am Main/New York: Qumran.

Ulrichs, Hans-Georg, Engelhardt, Thilo & Treutlein, Gerhard (Hrsg.) (2003). *Körper, Sport und Religion*. Idstein i. T.: Schulz-Kirchner.

Zur Lippe, Rudolf (1984). *Am eigenen Leibe*, 3. überarb. Aufl. Frankfurt am Main: Syndikat.

Viehöver, Willi (2012). Narrative Diskurse, personale Identitäten und die ästhetisch-plastische Chirurgie. In: R. Keller, W. Schneider & W. Viehöver (Hrsg.), *Diskurs – Macht – Subjekt. Theorie und Empirie von Subjektivierung in der Diskursforschung* (S. 191-227). Wiesbaden: VS.

Wacquant, Loic (2005). Carnal Connections: On Embodiment, Apprenticeship, and Membership. *Qualitative Sociology*, 28(4), 445-474.

Waldenfels, Bernhard (2000). *Das leibliche Selbst*. Frankfurt am Main: Suhrkamp.

Wallon, Henry (1942). *De l'acte à la pensée*. Paris: Flammarion.

Waschke, Kathrin (2011). *Die Entwicklung des Parkour in Europa*. Wissenschaftliche Hausarbeit für das Erste Staatsexamen, Justus-Liebig-Universität Gießen.

Weber, Max (1980). *Wirtschaft und Gesellschaft*, 5. rev. Aufl. Tübingen: Mohr.

Weis, Kurt (1997). Die Priester der Muskelkraft. In: V. Caysa (Hrsg.), *Sportphilosophie* (S. 318-326). Leipzig: Reclam.

Wolrab-Saar, Monika (2003). „Luckmann 1960" und die Folgen. Neuere Entwicklungen in der deutschsprachigen Religionssoziologie. In: B. Orth, T. Schwietring & J. Weiß (Hrsg.), *Soziologische Forschung: Stand und Perspektiven* (S. 427-448). Opladen: Leske & Budrich.

Wulf, Christopf, Macha, Hildegard & Liebau, Eckart (Hrsg.) (2004). *Formen des Religiösen*. Weinheim Basel: Beltz.

Wulf, Christoph, Althans, Birgit, Audehm, Karin et. al. (2010). *Ritual and Identity. The Staging and Performing of Rituals in the Lives of Young People*. London: The Tufnell.

Internetquellen

Belle, David (2005). *David Belle*. http://kyzr.free.fr/davidbelle. Zugegriffen: 28.10.2011.

Plassmann, Thomas (o. D.). *Serie Fromme Bilder, „Brief"*. http://www.thomasplassmann.de. Zugegriffen: 27.10.2011.

http://parkour.net. Zugegriffen: 28.10.2011.

http://www.urbanfreeflow.com. Zugegriffen: 28.10.2011.

http://www.youtube.com/watch?v=IjQxIRWZu0c. Zugegriffen: 28.10.2011.

Die olympische Neuverzauberung der Moderne.
Über verkörperte Formen kollektiver Sinnstiftung

Thomas Alkemeyer

„Krisen stärken die Gemeinden", so war in der *Süddeutschen Zeitung* vom 3. November 2010 zu lesen. Anlass des Berichts war eine Tagung über „Potentiale zwischen Kirche und Theater", welche die Evangelische Akademie Tutzing in Berlin veranstaltet hatte. Obwohl nicht leibhaftig, sei der Regisseur Thomas Kabel doch in fast allen Vorträgen zumindest ideell präsent gewesen. Kabel vertreibt seit längerem zahlreiche Bücher und DVDs, deren Mission es ist, den protestantischen Gottesdienst endlich wieder mitreißend zu gestalten. Er meint, dem Schwinden der Kirchenbesucher mit einer Entfaltung seiner dramaturgischen Potentiale Einhalt gebieten zu können. Und so schielt er auf die Theaterpraxis, um von ihr zu lernen und den Glauben mit der Bühnenkunst zu *einer* Erfahrung zu verschmelzen. In Zeiten ökonomischer und politischer Verunsicherungen sieht er einen besonders günstigen Nährboden für eine solche Synthese von Religion und Kunst. Da andere Konzepte moderner Sinnstiftung scheiterten, liefen Kunst und Religion in der gesellschaftlichen Krise erst zu wahrer Form auf.

Mit den Stichworten Krise und Sinnstiftung, Verunsicherung, Religion und Ästhetik ist ein semantisches Feld umrissen, das jenem ähnelt, in dem sich im letzten Drittel des 19. Jahrhunderts in Europa auch der moderne Wettkampfsport entfalten konnte. Dieses, durch die formalen Prinzipien der Chancengleichheit, Konkurrenz, Überbietung und Vergleichbarkeit messbarer Leistungen geprägte und von sozialdistinktiven Werten des Amateurismus und des Fair Play durchdrungene Sportmodell[1] erlangte in diesem Zeitraum eine Hegemonie über konkurrierende Formen der Bewegungskultur, wie die Gymnastik der Philanthropen, das Deutsche Turnen, die Schwedische Gymnastik und die englische Spielbewegung. Es strukturierte diese Formen allmählich nach seinem Muster um und setzte sich in nur wenigen Jahrzehnten über nationale, kulturelle und soziale Grenzen hinweg durch. Seinen prägnantesten Ausdruck fand dieses Sportmodell in den

---

1   Bekanntlich wurde der zunächst in England sich etablierende Wettkampfsport hauptsächlich von der sozialen Klasse der Gentlemen getragen, die mit dieser Form des Zeitvertreibs ihren Wertekosmos zugleich darstellte, konstituierte und befestigte (vgl. Eisenberg 1999).

Olympischen Spielen. Seine historische Genese und internationale Verbreitung ist deshalb eng mit dem Namen des französischen Barons Pierre de Coubertin verknüpft: *er* gilt als der von zahlreichen Verklärungen umrankte Begründer dieses längst zu einem globalen Spektakel avancierten Sportereignisses.

Im Folgenden werde ich zunächst auf die, von seiner Person sich allmählich ablösenden, Vorstellungen dieses ‚Gründervaters' der olympischen Bewegung eingehen. Coubertin verstand den olympischen Sport als eine zivilreligiöse Antwort auf typische Krisenerfahrungen des Fin de Siècle, die nahezu zeitgleich auch in der Positiven Soziologie ihren Niederschlag fanden: *Wie* eine Religion sollte dieser Sport einen Sinn des Lebens zeigen und die Menschen an diesen Sinn binden, indem er ihnen eine spürbare Verschmelzung mit ihm anbot, das heißt die Transzendenz in die Immanenz der Erfahrung holte. Dies konnte den Olympischen Spielen, so die These, nur gelingen, weil ihre Inszenierungen an die Erfahrungswirklichkeit vieler Menschen am Ende des Jahrhunderts anknüpften und von ihnen als negativ wahrgenommene Auswüchse der kapitalistischen Moderne – ihren Materialismus, ihre unübersichtliche Vielfalt und Zerrissenheit – zugleich ästhetisch bekämpften und romantisch zu überwinden suchten.[2] In einem knappen Ausblick wird schließlich auf die Frage nach der Relevanz der von Coubertin vom olympischen Wettkampfsport erhofften quasi-religiösen Gemeinschaftserfahrungen für die moderne Gesellschaft der Gegenwart eingegangen.

1. Die Olympischen Spiele als charismatische Unternehmung

Die Idee einer Wiederbegründung der Olympischen Spiele hatte bereits etliche, allerdings eher unbedeutende historische Vorläufer. Erst das Vorhaben Coubertins gewann charismatischen Charakter. Bevor es in eine solide organisatorische Struktur mit dem Internationalen Olympischen Komitee (IOC) an der Spitze überführt werden konnte und damit die Voraussetzungen für seine internationale Verbreitung geschaffen waren, war es in hohem Maße das Projekt einer ebenso rührigen wie geschickt agierenden Einzelperson. Mit diesem Hinweis soll freilich keine erneute Geschichtsschreibung ‚großer Männer' betrieben werden. Vielmehr interessiert mich Coubertin als ein Seismograph *und* Artikulator diffuser gesellschaftlicher Atmosphären und Bewegungen im Fin de Siècle: Er brachte analytisch nur schwer zu fassende Stimmungslagen in eine plakative, allgemeinverständliche Sprache, nutzte sie für seine Zwecke aus und wirkte auf diese Weise in die Gesellschaft zurück. Max Weber hat darauf hingewiesen, dass auch Charis-

---

2   Vgl. dazu ausführlicher Alkemeyer (1996).

matiker keine frei schwebenden Akteure, sondern ‚Marker' sind, die auf gesellschaftliche Problemlagen reagieren oder auf die Herausbildung neuer Strukturen und kultureller Codes hinweisen (vgl. Illouz 2009, S. 48). Ebenfalls seit Max Weber ist in der Soziologie darüber hinaus bekannt, dass charismatische Führungsgestalten dann besonders einflussreich werden, wenn sie in die Rolle von Heilsfiguren schlüpfen, wenn sie also in den Augen anderer Menschen um deren Heil besorgt sind und kulturelle Strategien im Angebot haben, von denen ansehnliche Teile der Öffentlichkeit glauben, sie seien in der Lage, ein kollektiv anerkanntes Leid zu lindern. Entscheidend ist schlussendlich, dass charismatische Führer oder Unternehmungen (denn auch Unternehmungen können charismatisch sein) auf Tuchfühlung mit Aspekten der sozialen Welt gehen, die von denen, die in dieser Welt leben, für wesentlich gehalten werden (vgl. Illouz 2009, S. 50f.).

Coubertin gelang es offenbar, an zumindest in Europa in der zweiten Hälfte des 19. Jahrhunderts verbreitete kollektive Erfahrungen (z.B. der Unsicherheit) und Wirklichkeitsdeutungen (z.B. des gesellschaftlichen Niedergangs) anzuknüpfen und mit den Olympischen Spielen eine kulturelle Institution zu schaffen, die diese Erfahrungen nicht nur zum Ausdruck brachte, sondern auch ‚lindernd' auf sie reagierte, indem sie eine eigene symbolische Welt etablierte, in der Unsicherheit abgemildert und Alltagstheorien des Niedergangs mit Bildern des Aufstiegs und der ‚Gesundung' beantwortet wurden. Wenn Charisma eine Eigenschaft ist, die Personen, Objekten oder Zuständen des täglichen Lebens einen höheren Sinn verleiht,[3] dann war nicht nur die Person ‚Coubertin' eine charismatische Figur, sondern dann waren auch die Olympischen Spiele in dem Sinne ein charismatisches Unternehmen, dass sie Gewöhnliches mit einem Reich ‚jenseitiger' Symbole verknüpften und moderne Leitbilder (z.B. des Fortschritts) und Handlungsordnungen (z.B. der Konkurrenz) mit einer imaginierten, romantisch verklärten Vergangenheit verschränkten.

Der Aufstieg der Olympischen Spiele verlief aber nicht nur deswegen relativ steil und rasch, weil sie zentrale Fragen, Probleme und Sehnsüchte moderner Gesellschaften berührten, sondern auch deshalb, weil sie sich einer vieldeutigen und damit breit interpretierbaren Symbolik bedienten.[4] Tradition wurde mit Fortschrittsdenken, populäre Gegenwartsmythologie mit Legitimität verheißender Antike-Symbolik, Nationalismus mit Internationalismus verknüpft. Vor allem die körpergebundene, bildhafte Symbolik des Sports eignete sich als Projektionsfläche für vielfältige Vorstellungen, Phantasien und Wünsche. Zwar ist eine positive inhaltliche Bestimmung des hybriden olympischen Unternehmens kaum

---

3   So fasst Illouz (2009, S. 51) Überlegungen des Soziologen Talcott Parsons zusammen.
4   Auf die Vieldeutigkeit der Olympischen Idee hat bereits Hans Lenk (1964) aufmerksam gemacht.

möglich; durch seine Vielstimmigkeit hindurch wird jedoch dann ein sinnstiften-
der Zusammenhang erkennbar, wenn man es als eine Antwort auf als drängend
wahrgenommene gesellschaftliche, kulturelle und politische Probleme der europäischen Industriegesellschaften am Ende des 19. Jahrhunderts betrachtet. Nur
wenn die Wirklichkeitsbezüge der sogenannten Olympischen Idee analytisch erschlossen und diese Idee in einem diskursiven Feld politisch-ideologischer Auseinandersetzungen um Fragen der Erziehung und der Sozialpolitik verortet wird,
können Person und Werk aus jenem sakralen Dämmerlicht herausgelöst werden,
das sie in Teilen der Sportgeschichtsschreibung bis heute umgibt.

2. Krisenszenarien

In der Rolle eines Heilers bot Coubertin den – wie viele meinten – erkrankten Gegenwartsgesellschaften eine angeblich besonders wirksame Arznei an: den Sport.
Sport nahm in seinen Darstellungen Züge einer (Volks-)Erlösungsreligion an. Erlösungsreligionen treffen nur dann auf Resonanz, wenn ein Großteil der Menschen davon überzeugt ist, in einer Krisenzeit zu leben. Derartige Überzeugungen entstehen nicht unabhängig von Krisenkommunikationen, die in aller Regel
an Alltagserfahrungen anschließen, um diese zuzuspitzen und zu verdichten. An
solchen Krisenkommunikationen herrschte im Fin de Siècle kein Mangel. Längst
hatten Liberalismus und Fortschrittsdenken erheblich an Macht, Einfluss und
Prestige eingebüßt. In Übereinstimmung mit – politisch rechts wie links verbreiteten – Krisenvorstellungen sah auch Coubertin die moderne Gesellschaft in einem Strudel von Erschütterungen untergehen: Er beklagte ihre durch den „Geist
der Gewinnsucht" und eine „gefährliche Spezialisierung" bedingte Desintegration ebenso wie ihre durch den modernen „Rausch der Geschwindigkeit" hervor-
gerufene „moralische Unordnung". Vor allem aber beschäftigte ihn die „ständige
Zerrüttung" und „lächerliche Unsicherheit" seines „Vaterlandes" Frankreich, die
ihn – wie er schrieb – in seinem „nationalen Stolz" auch persönlich tief verletz-
ten (vgl. Coubertin 1974). Offenbar war sein eigenes Selbstbild eng mit der kollektiven Identität der Nation verklammert.
    Seit der Mitte des 19. Jahrhunderts hatten französische Intellektuelle und
Wissenschaftler den vermeintlichen Abstieg der Grande Nation gern in biologischen und medizinischen Termini interpretiert. Im Vergleich mit anderen europäischen Nationen konstatierten sie für Frankreich einen Mangel an Gesundheit,
Willenskraft und Vitalität. Dieser Mangel war in ihren Augen einer der Haupt-
gründe für die ‚Dekadenz' und ‚Degeneration' Frankreichs, für seine koloniale

Ohnmacht ebenso wie für seine ökonomische und kulturelle Rückständigkeit.[5] Umgekehrt blickten französische Patrioten besonders nach der militärischen Niederlage Frankreichs gegen Preußen 1871 bei Sedan mit einem „Gemisch aus Aversion und Faszination" (Reichel 1985, S. 150) auf den rechtsrheinischen Nachbarn: Bis weit ins 20. Jahrhundert hinein existierte beiderseits des Rheins die Vorstellung „von Frankreich als einem statischen, friedlichen und von Deutschland als einem dynamischen, angriffslüsternen und vor allem jungen und starken Land" (ebd.).

Kontext für derartige Deutungen waren der Durchbruch der biologischen Wissenschaften und ihr prägender Einfluss auch auf die Sozialwissenschaften, der zu einer Art von politischem „Paradigmenwechsel vom Sozialen zum Biologischen hin" (ebd., S. 152) führte. Biologisch-medizinische Modelle kultureller Krisenhaftigkeit erlangten seit ca. 1850 innerhalb und außerhalb Frankreichs den Status eines einflussreichen, kollektiv verfügbaren interpretativen Rahmens zur Deutung und Bewertung, zur Rechtfertigung und Kritik gesellschaftlicher Entwicklungen. Dazu trug nicht zuletzt das von Benedict August Morel 1857 publizierte Werk *Traité des dégénérescences physiques, intellectuelles et morales de l'epèce humaine et de ses causes qui produisent ces variétés maladives* bei. Rasch verwob sich Morels Degenerationslehre mit dem zeitgenössischen Sozialdarwinismus, der Darwins Idee vom *Survival of the Fittest* im *Struggle for Existence* in eine Biologie der bürgerlichen Gesellschaft umdeutete (vgl. Haug 1987), sowie später mit der um die Jahrhundertwende wiederentdeckten und auf den Menschen übertragenen Vererbungslehre Gregor Mendels.[6] Auf dem Boden dieses Ideologiegemischs, das zu einem kollektiv verfügbaren politischen Deutungsmuster mit Weltbildfunktion avancierte, erhielten die durch den gesellschaftlichen Strukturwandel des 19. Jahrhunderts, durch Industrialisierung, kapitalistische Ausbeutung und katastrophale Wohnverhältnisse in den städtischen Ballungsräumen bewirkten gesellschaftlichen Probleme das Gewicht von Degenerationssymptomen: Sie wurden als Folge einer Degeneration des Erbguts insbesondere in den unteren, kinderreichen, sozialen Klassen interpretiert.

Coubertin benutzte den Begriff ‚Degeneration' nur selten explizit, implizit spielte er jedoch häufig auf einzelne, in dieser Niedergangsvorstellung syndromartig miteinander verwobene Elemente an. So zählte er diverse „Pathologien" auf, denen sich Frankreich, aber auch andere Industrienationen, um die Jahrhundertwende konfrontiert gesehen hätten, darunter den Alkoholismus, die Tuberkulose, eine zu Passivität verurteilende „gekünstelte Mentalität" und „krankhafte"

---

5 Zur ideologischen Bedeutung des Degenerationsparadigmas im Frankreich der *Belle Epoque* vgl. Nye (1982).

6 Diese besagte, dass ein Organismus aus einzelnen genetischen Merkmalen zusammengesetzt ist, die durch Vererbung weiter gegeben werden können.

Grübelei, Resignation und Verweichlichung von Körper und Geist, Neurasthenie und Nervosität, die Überflutung einer kleinen Elite durch die zahlenmäßig weitaus größeren proletarischen Massen, schließlich auch das „Frauenrechtlertum", das wie eine Naturkatastrophe die Ordnung der Gesellschaft bedrohe: Es stelle, so Coubertin, einen „Vulkan" dar, den man „vorbeirauschen" lassen müsse.[7]

Dieses biologistisch-medizinische Krisenszenario bereitete jedoch nicht nur den semantischen Nährboden für die Vorstellung einer großen gesellschaftlichen ‚Degeneration', sondern auch für Konzepte und Strategien einer ‚therapeutischen' Erneuerung der Gesellschaft. Denn wenn eine Gesellschaft erkranken kann, dann kann sie – so die Hoffnung – auch geheilt werden.

3. Sport als Medizin für den ‚erkrankten' Körper der Gesellschaft

Coubertins Klagen über den biologisch-moralischen Verfall der modernen Gesellschaft hallten in einer Zivilisationskritik wider, die in Frankreich und Deutschland ihre markantesten theoretischen Ausformulierungen erhalten hatte. Wenn überhaupt etwas originell an Coubertins Initiativen war, dann dies, dass er eine auf den modernen Sport gegründete Pädagogik als Instrument der Krisenlösung propagierte. Im impliziten Gegensatz zu Karl Marxens „Kritik der politischen Ökonomie" vertrat er die Ansicht, die „Zukunft der Zivilisation" beruhe „weder auf politischen noch auf ökonomischen Grundlagen", sondern einzig und allein auf erzieherischen (Coubertin 1966, S. 115). In dieser Erziehungsutopie bildeten die politischen und ökonomischen Verhältnisse ein nicht selbst zur Disposition stehendes Dispositiv (im Sinne einer gesellschaftlichen Anordnung), dem die Menschen körperlich, geistig und seelisch – also ‚ganzheitlich' – eingepasst werden sollten.

Auch diese Idee einer pädagogischen Re-Vitalisierung der ermatteten Gegenwartsgesellschaft war alles andere als voraussetzungslos. Als Reaktion auf die Untergangsvisionen des Fin de Siècle waren bereits vielfältige Theorien und Strategien entwickelt worden, die versprachen, dem ‚Niedergang' wirkungsvoll zu begegnen. Dazu gehörten einerseits jene staatlich gesteuerten Sozialtechnologien, die Michel Foucault als „Bio-Politik der Bevölkerung" (Foucault 1977, S. 166) untersucht hat, andererseits vielfältige Bewegungen sozialer und kultureller Erneuerung ‚von unten', die in Deutschland unter dem Sammelbegriff „Lebensreform" firmierten. In diesem Geflecht mannigfaltiger, nicht selten widersprüchlicher, Strategien gesellschaftlicher Erneuerung spielte die pädagogische Sorge um den Körper eine prominente Rolle. Neben der von ihm ausdrücklich erwähnten

---

7   Die Belege für diese, verschiedenen Schriften Coubertins entnommenen Zitate finden sich in Alkemeyer (1996, S. 63).

Medizin, Ethik und Eugenik (vgl. Coubertin 1974, S. 163; 1986, S. 59ff.)[8] bezeichnete so auch Coubertin die Körperpädagogik als ein ausgezeichnetes „Gegengift" gegen alle, die ‚Gesundheit' der Gesellschaft bedrohenden Fehlentwicklungen: sie sei, wie er formulierte, eine ausgezeichnete „Schöpferin moralischer und nationaler Stärke" (Coubertin 1966, S. 68).

Dabei trat Coubertin allerdings nur für eine bestimmte Form der Körpererziehung ein, die er von anderen Formen scharf abgrenzte, nämlich für eine auf Eigenleistung und Wettkampf gegründete *Pädagogik des Sports* nach englischem Vorbild.[9] Er setzte dieses Sportmodell positiv insbesondere vom paramilitärisch organisierten Deutschen Turnen sowie von der rationell betriebenen Schwedischen Gymnastik ab, die in Frankreich seinerzeit an den staatlichen Schulen favorisiert wurde. Seine Argumentation ist von einem klaren symbolischen Kontrastmuster geprägt. Darin steht den abgewerteten Kollektivübungen positiv der auf die individuelle, im Wettkampf mit Anderen erbrachte, Leistung gegründete Wettkampfsport gegenüber: Korrespondieren die Kollektivübungen des Turnens und der Gymnastik mit Unterdrückung, Zwang und staatlicher Fremdbestimmung, so wird der Wettkampfsport hingegen mit Selbstbestimmung, Eigeninitiative und individueller Beweglichkeit gleichgesetzt. Dreh- und Angelpunkt dieses Kontrastmusters ist der Gegensatz zwischen der *Statik* und *Verkrustung* vormoderner gesellschaftlicher Zustände auf der einen und der *Dynamik* und *Mobilität* der Moderne auf der anderen Seite: Repräsentieren Turnen und Gymnastik die individuelle Leistungsfähigkeit hemmende Disziplinen, so exemplifiziert Sport demgegenüber eine „produktive Pädagogik" (Coubertin 1966, S. 115), die „den Bedingungen der Moderne" weitaus besser „gerecht" werde (ebd., S. 55).

Der Grund: Coubertin hielt den sportlichen Wettkampf für *strukturell homolog* und *psychologisch gleichwertig* mit den Konkurrenzen in anderen Bereichen der modernen Gesellschaft, wie dem Markt und dem Krieg. Sportliche Auseinandersetzungen waren für ihn eine überaus wirkungsvolle ‚Grundschule der Konkurrenz', da die in ihnen zu erlernende Ökonomie des Handelns genau jener Handlungsökonomie entspräche, mit der sich die Männer – Frauen schloss er prinzipiell von der Wettkampfteilnahme aus – auch in anderen Kämpfen selbst behaupten und durchsetzen könnten. In einem Vortrag von 1889 betonte er dementsprechend:

---

8   Eugenik war in diesem Programm also nicht bloß die ‚dunkle Kehrseite' eines Programms der Moderne, sondern Teil eines Gesundungsprogramms, das allen Menschen zugute kommen sollte. Für ähnliche Vorstellungen in Schweden vgl. auch Etzemüller (2010, S. 100).
9   Coubertin hatte dieses Modell anlässlich von Englandbesuchen persönlich studiert.

> "We want free-minded self-governing men, who will not look upon the State as a baby looks on his mother, who will not be afraid of having to make their own way through life. ... Let him [gemeint ist der typische Junge (Singular) im Alter zwischen 12 und 19 Jahren; T.A.] have the management of his own games, and so you will turn out a man fitted for social life (...)" (Coubertin 1977, S. 1008).

Über eine sportliche Mobilisierung und Verbesserung der (männlichen) Einzelkräfte werde, so Coubertin, zugleich ein Beitrag zur „Gesundung" der Nation geleistet (vgl. Coubertin 1966, S 8; siehe auch Coubertin 1936, S. 139). Hinter dieser Annahme stand die ebenfalls vom Sozialdarwinismus inspirierte Vorstellung, die Leistungsfähigkeit kollektiver Körper bemesse sich nach den Kräften ihrer Einzelwesen. So bemerkte er, nur die Nation könne aufstreben, die „aus guten Tieren zusammengesetzt" (Coubertin 1986a, S. 390)[10] sei.

In der Konsequenz beinhalteten Coubertins Vorschläge zur Erziehungsreform ein doppeltes Angebot: Auf der einen Seite versprachen sie den männlichen Bürgern, sie körperlich, geistig und charakterlich für die in der Gesellschaft auszufechtenden sozialen und wirtschaftlichen Kämpfe zu ertüchtigen. Auf der anderen Seite annoncierten sie dem Staat, die Nation durch eine Verbesserung und Bündelung der individuellen Energien wieder konkurrenzfähig für das internationale Ringen um Marktanteile und Kolonien zu machen und der ermatteten Zivilisation eine neue ‚männliche Energie' (vgl. Coubertin 1966, S. 58) einzuhauchen: Sport sei, so Coubertins Kernargument, eine veritable Formkraft der Moderne, die nicht nur die modernen männlichen Subjekte kräftige, sondern auch zur Bildung einer starken, durchsetzungsfähigen (nationalen) Gemeinschaft beitrage. Diese Ideen sollten in der Öffentlichkeit der Olympischen Spiele performativ verkörpert werden.

4. Die Olympischen Spiele als romantische Zelebration der Moderne

In der gegenwärtigen Kulturkritik des Spektakelsports wird gern beklagt, der Sport im Allgemeinen und die Olympischen Spiele im Besonderen seien zu Spielbällen der Massenmedien verkommen. Diese Form der Kritik macht allerdings vergessen, dass bereits Coubertin die Spiele ausdrücklich als eine Werbeveranstaltung und damit als ein Massenmedium vorgesehen hatte: Mit ihren bildhaften Inszenierungen sollten sie zunächst in der Öffentlichkeit für die Verbesserung des körperlichen Zustands der Franzosen werben, später für eine internationale „Elite der Energie" (ebd., S. 137).

---

10   Deckungsgleich hieß es bereits bei dem Evolutionstheoretiker Herbert Spencer: „To be a nation of good animals is the first condition to national property" (zit. nach Haley 1978, S. 22).

Allerdings sah Coubertin in den Olympischen Spielen keineswegs nur ein Propagandamittel. Vielmehr wollte er mit ihnen zugleich eine eigenständige Institution öffentlicher Erziehung schaffen. Wiederholt betonte er in diesem Sinne den besonderen „pädagogischen Wert" (Coubertin 1986b, S. 427)[11] des olympischen Zeremoniells: Die Hoffnung auf eine Heilung der Gesellschaft durch Sport verband sich mit der Erwartung, durch ein kultisches Fest zur Konsolidierung der Gesellschaft beitragen zu können. Dies setzte voraus, dass die Olympische Idee kein abstraktes Gedankengebäude blieb, sondern eine konkrete Glaubenslehre begründete, die über ihre „Dogmen" und ihren „Kultus" (Coubertin 1936, S. 107) praktisch auf die Gefühle und Vorstellungen, die Phantasien und Werthaltungen der Menschen Einfluss nehmen konnte. Insbesondere in Reaktion auf den Ersten Weltkrieg widmete Coubertin deshalb der Ästhetik, den Ritualen und den Symbolen des olympischen Zeremoniells eine weit größere Aufmerksamkeit als einer inhaltlichen Definition der Olympischen Idee.[12] Das „Kapitel der Zeremonien", sei, so hob er hervor, „eines der wichtigsten, das wir regeln müssen" (Coubertin 1966, S. 40). Denn nur mittels „der Pracht ... machtvoller Symbolik" (ebd., S. 106) könnten die Olympischen Spiele eine „philosophische und historische Lehre mit gewaltiger Reichweite" (Coubertin 1986b, S. 472)[13] begründen – eine Lehre, die neue Bindungen zwischen den Menschen zu erzeugen vermöge: Coubertins primäres Interesse galt dem *sozialen Integrationswert* religiöser Gefühle, das heißt ihrer Funktion, gemeinschaftsbildende Werte und Leitbilder in die Erfahrungswirklichkeit der Menschen zu überführen.

Um diese re-integrative Funktion erfüllen zu können, mussten die Olympischen Spiele von der als krisenhaft wahrgenommenen Wirklichkeit der modernen Gesellschaft klar abgegrenzt werden. Vor dem Hintergrund ihrer allmählichen Transformation zu einem Massenereignis sowie der Amateurdebatten der 1920er Jahre appellierte Coubertin aus diesem Grund eindringlich an die auf dem olympischen Kongress 1925 in Prag versammelten Sportfunktionäre:

„Mögen Sie in sportlichem Geiste dem Gipfel zustreben, wo wir den Tempel bauen wollen, während in der Ebene der gemeine Markt errichtet wird. Der Tempel wird ewig stehen, alles andere wird schwinden. Markt oder Tempel! Die Sportsleute haben zu wählen. Sie können nicht beides wollen, sie müssen sich für eines entscheiden" (Coubertin 1966, S. 115).

---

11 Äußerung von 1931.
12 In der olympischen Charta hat sich diese Schwerpunktsetzung bis heute erhalten. Während die Ziele des Olympismus mit ebenso dürren wie vagen Worten beschrieben werden, ist der Ablauf des Zeremoniells bis ins Detail vorgeschrieben.
13 Äußerung von 1931.

Die Olympischen Spiele sollten einen Komplementärraum zum profanen bürgerlichen Markt bilden, in dessen Rahmen die im modernen Alltagsleben gegeneinander „vereinzelten Einzelnen" (Karl Marx) wieder Anschluss an eine allgemein verbindliche Ordnung finden könnten.

Die Teilhabe an dieser allgemeinen Werteordnung sollte aber nicht über den Verstand erfolgen, sondern über die Sinne. Denn für die Unfähigkeit der modernen Gesellschaft, die konfligierenden gesellschaftlichen Gruppen dazu zu bringen, ihre unversöhnlichen Interessen einem imaginären Konsens aufzuopfern, machte Coubertin gerade das visuell-symbolische Vakuum der modernen Demokratien verantwortlich:

> „Glauben Sie nicht", schrieb er im Dezember 1918, „eine Demokratie könne auf normale Weise existieren, wenn es, um die Bürger zusammenzuhalten, nur die Gesetzestexte und die Aufrufe zu Wahl gibt. Einst hatte man die Feierlichkeiten der Kirche und (den) verschwenderischen Prunk der Monarchie. Wodurch will man das ersetzen? Durch Einweihungen von Statuen und Ansprachen im Gehrock (...) Ach was!" (ebd., S. 67).

Nüchterne Gesetzestexte, knöcherne Wahlaufrufe, Reden und Ansprachen, all dies schien Coubertin denkbar untauglich, die Individuen untereinander, aber auch mit der politischen, gesellschaftlichen und moralischen Ordnung, solidarisch zu machen. Auch eine Demokratie benötige, postulierte er, ein „Zentrum für gemeinschaftliche Aufführungen und Vergnügungen (...), wo sich die Menschen nicht nur aller Altersstufen und Berufe, sondern auch aller Meinungen und Verhältnisse um eine einfache, klare und sozusagen *greifbare* Idee zusammenfinden" könnten (ebd.; Herv.: T.A.).

Um die Defizite der sinnlichen Erfahrbarkeit moderner Politik und Moral zu beheben, konzipierte Coubertin die Olympischen Spiele im ausdrücklichen Gegensatz zur intellektgeleiteten Wort- und Schriftkultur als ein Gesamtkunstwerk. In Richard Wagners Bayreuth habe sich ihm erstmals, notierte er in seinen *Olympischen Erinnerungen*, der „olympische Horizont" vor seinem inneren geistigen Auge eröffnet (Coubertin 1936, S. 64). Dem berühmten Vorbild folgend, sollte auch in der Inszenierung der Olympischen Spiele eine weitreichende, aus der Geschichte geborgte Palette ästhetisch-symbolischer Formen zusammengefügt werden: klassizistische Architekturen, Bildhauerkunst, Malerei und Literatur, zu „lebenden Bildern" arrangierte Menschengruppen, symphonische Musik, die Symbole und Rituale des olympischen Zeremoniells, Umzüge und Aufmärsche, dies alles arrangiert um die sportlichen Wettkämpfe im Zentrum des olympischen Geschehens. Diese Verschmelzung eines traditionsreichen symbolischen Formenschatzes sollte der von ihren historischen Wurzeln sich abgeschnitten fühlenden Moderne helfen, wieder Anschluss an eine imaginierte große Vergangenheit zu finden, und dazu beitragen, die von zentrifugalen Kräften auseinander getriebene Markt-*Gesellschaft* erneut zu einer bergenden *Communitas*, einer Sinn-*Gemeinschaft* zusammenzuführen: aus der Einheit des Fühlens sollte eine neue „Solidarität des Lebens" (E. Cassirer) entstehen.

Coubertin koppelte die historische Tiefe und sakrale Würde verbürgende Ästhetik des olympischen Zeremoniells dabei an die ganz und gar moderne Institution des Wettkampfsports an. Ausdrücklich ging es ihm darum, „Hellenismus und Fortschritt" (ebd., S. 123) miteinander zu versöhnen. Der Wettkampfsport vor Zuschauern übernahm in dieser Verbindung die Funktion, den „Fortschritt" zu repräsentieren: Coubertin nahm ihn, mit einem Begriff des Soziologen Christian Graf von Krockow, als ein „visibilisierendes System" (von Krockow 1972, S. 95) in Anspruch. Von Krockow zufolge stellt dieses System Leitideen der Moderne, beispielsweise den „Triumph der Leistung", so allgemeinverständlich dar wie kein anderes System (ebd.). Zu ergänzen wäre freilich, dass jedes Sichtbarmachen ein Unsichtbarmachen impliziert. So zeigt der Wettkampfsport, um dies nur an diesem einem Punkt zu verdeutlichen, eine lediglich *formale* Chancengleichheit der Athleten, welche die *real* zwischen ihnen herrschenden (sozialen, kulturellen, physischen etc.) Ungleichheiten ausblendet. Er ist mithin *kein Spiegelbild* der modernen Gesellschaft, sondern kommuniziert deren *ideale Selbstbilder*: seine mit massenmedialen Diskursen und Bildproduktionen unauflöslich verschränkten körperlichen Aufführungen geben einer partikularen, den europäischen Mittelklassen entstammenden, Wertigkeits- bzw. Rechtfertigungsordnung Gestalt und Physis, Plastizität und Emotionalität. Sie machen die Leitbilder einer scheinbar grenzenlosen Optimierbarkeit des menschlichen Körpers, des im Widerstand gegen Andere sich konstituierenden (männlichen) bürgerlichen Subjekts sowie das – naturalistisch und damit universalisierend – zum Wettkampftrieb umgedeutete Konkurrenzprinzip sinnlich erkennbar.[14] In seinen physischen Vollzügen bleiben die neuzeitlich-modernen Utopien des autonomen Subjekts, der Erreichbarkeit persönlichen Erfolgs und der technischen Verbesserung alles Lebendigen nicht nur ästhetische Versprechen, sondern sie zeigen leibhaftig, wie diese Utopien Wirklichkeit werden. Die sinnliche Präsenz der Körper im Sport ist damit keineswegs nur, wie es etwa in den Arbeiten von Hans Ulrich Gumbrecht über den Sport als Präsenzkultur (vgl. Gumbrecht 2005) anklingt, das letztlich unkontrollierbare Andere der modernen Zivilisation, sondern Bedingung wie Medium der Erzeugung einer gesteigerten Wirklichkeit: sie verhilft abstrakten gesellschaftlichen Leitideen zu „performativer Evidenz" (Bourdieu 1987, S. 131).

---

14 Vgl. Turner (1989, S. 191). Sport ist in diesem Sinne eine praktisch vollzogene „Deutung der Welt, deren sinnliche Erfahrbarkeit das Siegel auf ihre Wahrheit ist" (Borschert 2003, S. 292).

Coubertins durchaus bahnbrechende Idee bestand also darin, ein im Medium des Wettkampfsports ‚authentisch' verkörpertes Idealbild der modernen Gesellschaft im Gesamtkunstwerk der Olympischen Spiele mit einem künstlichen Charisma auszustatten. In Anlehnung an Max Weber lässt sich dieses Projekt als eine romantische Neuverzauberung der Moderne begreifen: Die Olympischen Spiele sind eine „Moderne *en miniature*" (Etzemüller 2010, S. 84), eine Bühne, auf der sich die moderne (bürgerliche) Kultur selbst nobilitert und mit ‚großen Gefühlen' auflädt. In den Olympischen Spielen verbindet sich die vom bürgerlichen Theater übernommene *Schauspielfunktion* dabei mit zwei weiteren Funktionen, die sich historisch von dieser Form des Theaters abgespalten haben: dem *Fest* und dem *Ritus* (vgl. MacAloon 1984). Während im bürgerlichen Theater schriftlich ausgearbeitete Rollenkonflikte dargestellt werden, hat die flüchtige, performative Ästhetik des Sports die potentielle Kraft, das Publikum mit großer Intensität zu berühren und in kollektiver Erregung temporär miteinander zu verbinden – vorausgesetzt, sie trifft in den affektiven und motorischen Tiefenschichten der Zuschauer auf Widerhall.

Halten wir als Zwischenergebnis fest: In Coubertins Werk lassen sich zwei miteinander verschränkte Strategien zur ‚Therapie' der nicht nur seiner Ansicht nach erkrankten Moderne entdecken: zum einen Erneuerungsversuche mittels einer reformierten sportlichen Erziehung, zum anderen das Bemühen um ‚Heilung' durch Symbolmanagement und das Erzeugen verbindender Gefühle. Der von Soziologen wie Max Weber oder Georg Simmel um die Jahrhundertwende diagnostizierten „Entzauberung" und Ausdifferenzierung der modernen Lebenswelt begegnete Coubertin mit einem Konzept, das im öffentlichen Raum erneut Erfahrungen von Einheit, Ganzheit und Sinn – zentrale Utopien der Romantik (vgl. Klinger 1995) – hervorzurufen versuchte; und dies bemerkenswerterweise, *ohne* die wirtschaftlichen und technischen Bedingungen der modernen Gesellschaft in Frage zu stellen: Coubertins Ausgleichsbemühungen in den Bereichen der Pädagogik und der Kultur zielten auf eine schonende Reparatur des Gesellschaftlichen ohne Austausch tragender Teile.

5. Der Olympismus und die Positive Soziologie

Es deutet einiges darauf hin, dass Coubertin sein Projekt der Krisenbewältigung durch Begründung einer Zivilreligion des Sports in Auseinandersetzung mit der zeitgenössischen Positiven Soziologie bzw. mit Problemen entwickelt hatte, an deren Bearbeitung auch diese Soziologie in den letzten beiden Jahrzehnten des 19. Jahrhunderts ihre Konturen gewann: In ihrem Zentrum stand die Frage nach dem gesellschaftlichen und politischen Zusammenhalt im Staat. Um ein neues Band des Glaubens zwischen den atomisierten Menschen der Moderne zu erzeugen, hatte sich in der Tradition älterer, bis auf Jean-Jacques Rousseau zurückgehender Ideen bereits der Mathematiker, Philosoph und Religionskritiker Auguste Comte – er gilt als einer der ‚Gründervater' der Soziologie – für eine säkulare Zivilreligion eingesetzt: für eine wissenschaftliche „Religion der Menschheit" mit den Soziologen als Priestern. Über einen intellektuellen Aspekt (das Dogma), eine affektive Dimension (den Kult) und eine praktische Komponente (das verhaltensregulierende Régime) sollte sich diese säkulare Religion „gleichzeitig an den Verstand, an das Gefühl und an das Handeln, d.h. an alle Anlagen des menschlichen Wesens" (Aron 1971, S. 99) richten. Denn nur über eine solche ganzheitliche Adressierung des Menschen ließen sich, so die Annahme, ein neuer sozialer Konsens herbeiführen und egoistische Triebe in altruistische Einstellungen verwandeln. Coubertin folgte Comte vor allem in der Einschätzung, der „pathologische" Zustand der modernen Gesellschaft könne nur dann „geheilt" werden, wenn die Einzelnen ihre Kräfte (wieder) in den Dienst des Ganzen stellten: „Die Gesellschaft der Zukunft wird altruistisch sein, oder es wird sie nicht geben: man muß zwischen ihr und dem Chaos wählen" (Coubertin 1966, S. 142).[15]

Noch bedeutsamer für Coubertin scheint jedoch der Soziologe und Ethnologe Emile Durkheim gewesen zu sein, der die Soziologie als eine empirische Wissenschaft begründet hatte. Wie bereits Alexandre de Tocqueville, Herbert Spencer oder eben Auguste Comte diagnostizierte auch Durkheim eine zunehmende Lockerung der sozialen Bindungen. Seiner Ansicht nach war die „organische", auf der Unterschiedlichkeit ihrer arbeitsteilig produzierenden Mitglieder beruhende, Solidarität der differenzierten modernen Gesellschaft darauf angewiesen, von einer „mechanischen Solidarität", das heißt von einem Sinn für Mitgliedschaft, Ähnlichkeit und Familiarität, getragen zu werden. Eine fortschreitende Auflösung dieses Sinns deutete in seiner Sicht auf eine Schwächung des „conscience collective"[16] sowie der Normen und Regeln hin, in denen dieses Kollektivbewusstsein seine soziale Ausprägung fände. Dabei verstand sich die Positive So-

---

15 Ähnliche Äußerungen und Forderungen nach „Uneigennützigkeit" finden sich auch schon in Texten Coubertins aus der Zeit um die Jahrhundertwende; vgl. bspw. Coubertin (1966, S. 16).

16 Dies ist die entscheidende soziologische Kategorie Durkheims. Sie lässt sich weder auf ökonomische noch auf psychologische Kategorien zurückführen, sondern bildet eine Wirklichkeit sui generis jenseits objektiver Konditionen und subjektiver Intentionen. Mit der Konstruktion des Kollektivbewusstseins schloss Durkheim an eine Reihe älterer, ähnlich lautender Bemerkungen an, etwa an die Feststellung Tocquevilles, nach der diejenigen Menschen als Gesellschaft anzusehen sind, die bestimmte Dinge und Werte auf gleiche Weise ansehen, oder an die Ausführungen Comtes über den Konsens als dem ontologischen Merkmal sozialen Zusammenhangs überhaupt (vgl. König 1978; 1987, S. 142).

ziologie nicht nur als eine Wissenschaft zur empirischen Analyse der Gegenwart, sondern zielte auch darauf ab, aus der wissenschaftlichen Einsicht in die Krisenlage wirksame Mittel zu Neuordnung der Gesellschaft abzuleiten: Ausdrücklich forderte Durkheim bereits in seiner Antrittsvorlesung an der Universität Bordeaux von 1887, die Soziologie solle „einen heilsamen Einfluß" auf die Gesellschaft ausüben (Durkheim 1981a, S. 51). Seine Soziologie verfolgte mithin eine doppelte Perspektive von empirischer Analyse und pragmatischer Erneuerung, die in vergleichbarer Weise auch die Überlegungen Coubertins kennzeichnete.[17]

Zwar war Durkheim im Unterschied zu Comte kein Prophet einer soziologischen Religion, jedoch war auch er der Ansicht, eine dauerhafte soziale Integration sei ohne verbindende – und in diesem Sinne religiöse – Gefühle nicht zu erreichen. Insbesondere seine große Studie über *Die elementaren Formen des religiösen Lebens* diente dem Aufweis, dass das religiöse Gefühl eine unabdingbare Vitalkraft des Sozialen sei. Fast „alle großen sozialen Institutionen" seien, so heißt es am Schluss sogar, „aus der Religion geboren" worden (Durkheim 1981b, S. 561). Für unseren Zusammenhang sind zwei Argumente dieser Studie besonders wichtig. Nämlich *erstens* Durkheims Annahme, jede Gesellschaft bringe ihre eigenen heiligen Gegenstände, Personen, Ideen und Anschauungen hervor. Heiligkeit kann danach nicht substanzialistisch bestimmt werden, sie beruht nicht auf einem inhaltlich zu definierenden Wesen, sondern ist eine soziale Konstruktion: Heiliges wird erzeugt, indem Dinge, Personen oder Vorgänge dem profanen Gebrauch entzogen und in einen durch Abtrennung vom Alltag geheiligten Sakralraum überführt werden. Die religiöse Welt ist in dieser Perspektive keine bloße Phantasie- oder gar Gegenwelt zur Gesellschaft; ebenso wenig ist sie deren getreues Abbild, sondern sie entsteht durch „systematische Idealisierung", das heißt dadurch, dass Objekte, Anschauungen oder Geschöpfe des „wirklichen" Lebens mit „Ausnahmekräften" und „Tugenden" ausgestattet werden, über die sie im Alltag nicht verfügen (ebd., S. 564f.). In der Konsequenz zeigen die „kollektiven Repräsentationen"[18] der religiösem Welt ein *Idealbild der Gesellschaft*: Sie sind,

---

17   Ungewiss ist, ob sich Coubertin und Durkheim auch persönlich kannten und eine wechselseitige Rezeption stattfand. Wichtig für den Argumentationszusammenhang ist die Überschneidung der Denkfiguren.

18   Unter „kollektiven Repräsentationen" sind Vor- und Darstellungen zu verstehen, die durch eine überindividuelle „Repräsentationsarbeit" (Bourdieu 1985, S. 16) entstanden sind. Kollektive Repräsentationen leiten (symbolisch durch Rituale) soziale Praktiken an, geben Wahrnehmungs- und Bewertungsschemata vor, stiften soziale Kohäsion und sind Gegenstand symbolischer oder kriegerischer Auseinandersetzungen (vgl. Moebius 2008, S. 4674). Gegen eine verkürzende Lesart Durkheims, die ausschließlich die gesellschaftliche Integrationskraft kollektiver Repräsentationen in den Mittelpunkt rückt, hat der Historiker Roger Chartier ihre Praxis- und Kampfbezüge betont. Kollektive Repräsentationen sind demzufolge niemals neutrale Darstellungen der sozialen Welt, sondern stehen „immer schon in Konkurrenz- und

Durkheim zufolge, „die herausragende Form und gewissermaßen der konzentrier-te Ausdruck des gesamten kollektiven Lebens" (Durkheim 1981, S. 561), Darstel-lung der „Idee", die sich die Gesellschaft „von sich selbst macht" (ebd., S. 566). Die durch unablässige gesellschaftliche „Repräsentationsarbeit" (Bourdieu 1985, S. 16) geheiligten sozialen Kräfte wirkten ihrerseits, so Durkheims *zwei-tes,* für uns zentrales Argument, orientierend und formgebend auf das Alltags-leben zurück. Repräsentationen sind in dieser Sicht für das Repräsentierte (mit) konstitutiv:„Eine Gesellschaft kann nicht entstehen, noch sich erneuern", schrieb Durkheim so in kritischer Auseinandersetzung mit den Widerspiegelungsmeta-phern vulgärmarxistischer Religionskritik, „ohne gleichzeitig Ideales zu erzeugen. Diese Schöpfung ist für sie nicht irgendeine Ersatzhandlung, mit der sie sich er-gänzt, wenn sie einmal gebildet ist, es ist der Akt, mit dem sie sich bildet und pe-riodisch erneuert" (Durkheim 1981, S. 565). Bindend und damit realitätsmächtig würden die gesellschaftlich hervorgebrachten religiösen Ideen und moralischen Werte allerdings nur dann, wenn sie sich an materielle *Objekte* anhefteten und in die gemeinschaftliche *Praxis* hineingenommen würden: Nur im Zusammenspiel von symbolischen Repräsentationen mit – durch sie angeleiteten – sozialen Prak-tiken könne einer ansonsten abstrakten *Gesellschaft* die fühlbare Wirklichkeit der *Gemeinschaft* verliehen werden; allein im praktizierten Kult, in dem die In-dividuen periodisch wiederkehrend aus ihrer alltäglichen Isolierung herausträten und sich anderen Menschen annäherten, sei die Gemeinsamkeit aufrechtzuerhal-ten, das Zusammengehörigkeitsgefühl zu stärken und der Glaube an gemeinsame Werte zu bewahren (vgl. ebd., S. 559). Zwar sind die Totemsysteme Australiens und Nordamerikas, die Durkheim als Urbilder einer gelungenen sozial-morali-schen Integration anführt, längst untergegangen, der Mechanismus der Beteili-gung der Einzelnen an einem übergeordneten Allgemeinen in objektvermittelten rituellen Praktiken habe jedoch nichts an gesellschaftlicher Bedeutung eingebüßt:

„Es gibt keine Gesellschaft, die nicht das Bedürfnis fühlte, die Kollektivgefühle und die Kol-lektivideen in regelmäßigen Abständen zum Leben zu erwecken und zu festigen. Diese morali-sche Wiederbelebung kann nur mit Hilfe von Vereinigungen, Versammlungen und Kongregati-onen erreicht werden, in denen die Individuen, die einander stark angenähert sind, gemeinsam ihre gemeinsamen Gefühle verstärken. Daher die Zeremonien, die sich durch ihren Zweck, durch die Ergebnisse, die sie erzielen, durch die Verfahren, die dort angewendet werden, ih-rer Natur nach nicht von den eigentlichen religiösen Zeremonien unterscheiden" (ebd., S. 571).

Verbindende Gefühlserregungen sind mithin in Durkheims Perspektive keine Schöpfungen aus dem Nichts, sondern kommen zustande, wenn in den Indivi-

---

Wettbewerbssituationen, bei denen es um Macht und Herrschaft geht" (Chartier 1992, S. 11f.; vgl. auch Alkemeyer 2000, S. 137-143).

duen bereits schlummernde geteilte Einstellungen, Anschauungen und Gefühle durch praktische Teilhabe an einem rituellen oder festlichen Geschehen aus ihrem Schlummerzustand gerissen werden. Sie treten in diesen Ausnahmesituationen plötzlich aus den Kulissen auf die offene Bühne, verstärken sich im Resonanzraum der kollektiven Praktik gegenseitig und können so eine mitreißende Energie entwickeln, die zu einem durchaus lustvoll erlebten sozialen Eins-Sein führt. Eine ansonsten abstrakte Gesellschaft von Individuen erfährt sich dann in der kollektiven Praktik als eine Gemeinschaft, in der individuelle und soziale Unterschiede hinter die gemeinsamen Überzeugungen, Haltungen und Gefühle zurücktreten: Die Gesellschaft selbst ist die Transzendenz, mit der die Teilnehmer der kollektiven Praktik temporär in Kontakt treten.

An der Wende vom 19. zum 20. Jahrhundert sah sich Durkheim allerdings mit einem aus seiner Sicht unlösbaren Problem konfrontiert: Da die Gegenwart eine „Phase des Übergangs und der moralischen Mittelmäßigkeit (ebd.) sei und die alten Götter gestorben wären, ohne dass neue geboren worden seien (vgl. ebd., S. 572), war für ihn nicht vorstellbar, „worin die zukünftigen Feste und Zeremonien bestehen könnten" (ebd., S. 571), aus denen sich religiöse Erfahrungen nähren. Und da ein „lebendiger Kult" nur „aus dem Leben selbst" (ebd., S. 572) entstehen könne, müsse auch jeder Versuch scheitern, eine neue Religion „aus einer toten Vergangenheit (...) zu organisieren" (ebd.).[19] Dennoch zeigte sich Durkheim optimistisch, dass „dieser Zustand der Unsicherheit [...] nicht ewig dauern" könne: ein neuer Tag werde kommen, „an dem unsere Gesellschaften aufs Neue Stunden der schöpferischen Erregung kennen werden, in deren Verlauf neue Ideen auftauchen und neue Formen erscheinen werden, die eine Zeitlang als Führer der Menschheit dienen werden" (ebd.).

Nur wenige Jahre später meinte Coubertin, diese neuen Ideen und Formen bereits gefunden zu haben: „Es gibt nur einen Kult, der heute eine dauerhafte Bindung der Staatsbürger untereinander bewirken kann, das ist der, der um die sportlichen Übungen der Jugend, dem Symbol des unbeschränkten Fortbestandes der Rasse und der Hoffnung der Nation, entstehen wird" (Coubertin 1966, S. 67). In den Olympischen Spielen glaubte Coubertin, einen zeitgemäßen Kult gefunden zu haben, der in der Lage sei, ein kollektives Neuerleben der Wirklichkeit zu bewirken. Die Olympische Spielen waren in seiner Sicht *der* Ort der modernen Gesellschaft, an dem sich die im Alltag vereinzelten Individuen öffentlich und sinnlich ihrer geteilten Leitwerte und Überzeugungen, ihrer Maßstäbe und Gefühle,

---

19 Als Beispiele für solche Versuche führt Durkheim die wissenschaftliche Religion Comtes sowie die im Zusammenhang der Französischen Revolutionsfeste erfundenen Zivilreligionen an, die keine überdauernde Geltung hätten erlangen können, „weil der revolutionäre Glaube nur eine Zeitlang dauerte" (ebd.).

vergewissern könnten. Unter gesellschaftstheoretischen Aspekten begriff er die Olympischen Spiele also nicht als eine vergemeinschaftende Kraft *im Gegensatz* zu einem a-sozialen (Alltags-)Leben, sondern er strebte eine Verbindung von Gemeinschaft und Gesellschaft an: Die zivilreligiöse Gemeinschaftserfahrung dient in diesem Konzept der periodischen Revitalisierung[20] durchaus (noch) vorhandener, aber von Erschöpfung bedrohter Kollektivideen und -gefühle. In der Sonderweltlichkeit Olympias sollte diese im regelmäßigen Abstand von vier Jahren zum erlebbaren Faktum und dadurch aufgefrischt werden.

6. Die Olympischen Spiele als globales Medienritual – ein Ausblick

Folgt man Durkheim, dann verschwinden die Mechanismen religiöser (Gefühls-) Bindung auch in der Moderne nicht. Zwar haben Soziologen wie Ulrich Beck oder Jean-Claude Kaufmann mit Blick auf das ausgehende 20. Jahrhundert mit unterschiedlichen Argumenten eine risikoreiche Individualisierung bzw. Atomisierung infolge der (neo-liberalen) Zersetzung sozialer Beziehungen diagnostiziert, jedoch rücken die Menschen – virtuell wie physisch – offenbar auch in der Gegenwartsgesellschaft ganz gern einmal nahe aneinander, um sich und ihr Lebensgefühl zu feiern. Neben den Fußballweltmeisterschaften gehören die Olympische Spiele nach wie vor zu den wenigen großen kollektiven Repräsentationen, in denen sich die ‚Weltgesellschaft' temporär ein Bild von sich selbst machen und sich ihrer imaginären Einheit vergewissern kann. Mit allen verfügbaren technischen und audiovisuellen Mitteln wie Großbildleinwänden, Stadionlautsprechern und hermetisch von der Außenwelt abgeschlossenen Stadionarchitekturen wird nicht nur die sinnliche Intensität des Geschehens und damit das Involvement der Zuschauer im Stadion, sondern auch die Beteiligung eines globalen Publikums jenseits der Stadiongrenzen gesteigert und ermöglicht. Liveübertragungen im Fernsehen und im Internet mit immer neuen Bildkonstruktionen (Zoom, Slow Motion, Standbilder, Wiederholungen, mitfahrende Kameras, Balkenkameras, Bilder von oben, Zielbilder etc.) arrangieren Formen der „Fernanwesenheit" (Reichertz 2004, S. 74), die den Zuschauer zuhause in gewisser Weise näher ans Geschehen heranrücken als das Stadionpublikum: Die visuellen Massenmedien erzeugen eine hyperreale Eigenweltlichkeit des Showsports (vgl. Gebauer/Hortleder, 1986), in der die Athleten der Erfahrungswelt des Zuschauers nicht nur entrückt werden, sondern in den Intimperspektiven der Personality-Kameras zugleich auch als „lebenswarme Gestalt(en)" (Simmel 1968, S. 75) in Erscheinung treten. Diese Pers-

---

20   Zu den lebensphilosophischen Motiven im Werk Durkheims vgl. Moebius (2008).

pektiven suggerieren persönlichen Kontakt: Die Objektive rücken den Sportlern buchstäblich auf den Leib und tasten ihre Körperoberflächen regelrecht ab. So wird erst auf dem Bildschirm sichtbar, was von den Stadionrängen aus unsichtbar bleibt: das Profil der Muskeln, ihre Kontraktionen und Schwingungen, das mehr oder minder feine Spiel der Mienen, Schweiß, Tränen, mitunter auch Blut. Durch extensives Training, medizinisch-pharmakologische Körpermanipulationen und Medientechnologie zu (visuellen) Supermenschen aufgeblähte Wesen werden auf diese Weise zugleich wieder mit menschlichen Zügen ausgestattet, die keine nicht-fleischliche ‚Maschine' besitzt (vgl. Gebauer 1996). Immer größere Anstrengungen richten sich darauf, den Sportlern qua Medientechnologie eine besondere Intensität des Empfindungsausdrucks zu verschaffen und so die Bereitschaft der Zuschauer zum imaginären Mitspielen – und Mitleiden – zu erhöhen. Weltweit können die Zuschauer vor ihren Bildschirmen alles so detailliert und gestochen scharf sehen, als stünden sie direkt daneben. Es entstehen Bilder von einer großen „Wahrnehmungsdichte", affektiver Energie und „Intensität des Realen" (Pfeiffer 1999, S. 262f.). Nicht nur vom Geschehen im Stadion, sondern auch von diesen Bildern kann eine mitunter erstaunlich berührende Kraft ausgehen: Die Geschichte des Zuschauersports ist auch eine Geschichte der Bestrebungen, die Konnektivität der populären Kultur durch Spektakularisierung zu erhöhen (vgl. Alkemeyer 2008).

Fernseh-Liveübertragungen und das Internet ermöglichen aber nicht nur eine imaginäre Nähe bei realer Ferne, sondern induzieren auch neue Formen ‚realer' Vergemeinschaftung, wie beim Public Viewing. Das globale Ereignis wird dann lokal ‚angeeignet' und ermöglicht partikulare Communio-Erlebnisse, die sich in der Vorstellung der Beteiligten mit anderen, in Echtzeit am universalen Sportgeschehen partizipierenden lokalen Gemeinschaftsbildungen verknüpfen. Gemeinsam bilden diese lokal situierten Ereignisse dann eine transsituative und translokale Vergemeinschaftungspraxis mit lokalen Eigenheiten.

Zwar wird gern behauptet, die vom Sport ausgelösten Leidenschaften und Communio-Erlebnisse übersprängen nicht nur die Grenzen zwischen den individuellen Körpern, sondern auch die Trennlinien zwischen den ‚Rassen', den Geschlechtern, den Altersgruppen und den sozialen Schichten bzw. Milieus[21], die Tragfähigkeit solcher Behauptungen ist jedoch fraglich. Empirisch deutet einiges darauf hin, dass nur solche Ereignisse und Bilder berühren und mitreißen, für die im Zuschauer ein Sinn, ein Interesse, eine Strebung oder ein Verlangen angelegt ist. Beileibe nicht alle Menschen fühlen sich von sportlichen Wettkämpfen angesprochen, geschweige denn gepackt; und nicht jede Sportart begeistert alle

---

21   So beispielsweise Reichertz (2004, S. 75f.).

Sportinteressierten. Offenkundig existieren deutliche Unterschiede zwischen den Milieus, Männern und Frauen, Jungen und Alten. Nur wenn die gezeigten Körpertechniken, Bewegungsweisen, Spielmuster und Bilder auf einen Resonanzboden in den – immer schon sozialisierten – affektiven und motorischen Tiefenschichten der Subjekte treffen, sind sie in der Lage, eine vergemeinschaftende Energie zu entfalten. Wenn aber jede Berührung sozial und kulturell vermittelt ist, dann hat auch die vergemeinschaftende und integrierende Kraft des Sports ihre sozialen und kulturellen Grenzen.

Im olympischen Sport werden die modernen, aus den Praktiken und Ideenwelten Westeuropas geborenen Leitbilder der Konkurrenz, des im Widerstand gegen ein Maximum an Gegnern sich konstituierenden (männlichen) Subjekts und der grenzenlosen Selbstverbesserung bzw. -überschreitung verkörpert, überhöht und gefeiert. Wo diese Leitbilder an Macht, Einfluss und Glaubwürdigkeit verlieren oder bereits verloren haben, z.b. weil ihre (selbst-)zerstörerischen Seiten (wie im Doping) unübersehbar zutage treten, büßt auch das olympische Sportmodell an Faszinations- und Integrationskraft ein. Wie es scheint, vermutet das zunehmend sportaffine deutsche Feuilleton stattdessen im schönen neuen, globalisierten Kurzpass-Fußball vielversprechende Modelle praktischer Kooperation, gelungener Gemeinschaftsbildung und zukunftsweisender Netzwerksidentitäten. Aber das wäre ein anderes Thema.

Literatur

Alkemeyer, Thomas (1996). *Körper, Kult und Politik. Von der „Muskelreligion" Pierre de Coubertins zur Inszenierung von Macht in den Olympischen Spielen von 1936.* Frankfurt am Main/ New York: Campus.

Alkemeyer, Thomas (2000). *Zeichen, Körper und Bewegung. Aufführungen von Gesellschaft im Sport.* Habilitationsschrift Freie Universität Berlin. http://www.scribd.com/ doc/44202381/Alkemeyer-Zeichen-Koerper-Und-Bewegung-1.

Alkemeyer, Thomas (2008). Das Populäre und das Nicht-Populäre. Über den Geist des Sports und die Körperlichkeit der Hochkultur. In: K. Maase (Hrsg.), *Die Schönheiten des Populären. Ästhetische Erfahrungen der Gegenwart* (S. 232-250). Frankfurt am Main/New York: Campus.

Aron, Raymond (1971). *Hauptströmungen des soziologischen Denkens, Bd.1: Montesquieu, Comte, Marx, Tocqueville.* Köln: Kiepenheuer & Witsch.

Boschert, Bernhard (2003). Körpergewissheit und performative Wende. In: T. Alkemeyer et al. (Hrsg.), *Aufs Spiel gesetzte Körper. Aufführungen des Sozialen in Sport und populärer Kultur.* Konstanz: UVK.

Bourdieu, Pierre (1985). *Sozialer Raum und ‚Klassen'. Leçon sur la leçon.* Frankfurt am Main: Suhrkamp.

Bourdieu, Pierre (1987). *Sozialer Sinn.* Frankfurt am Main: Suhrkamp.

Chartier, Roger (1992). Kulturgeschichte zwischen Repräsentationen und Praktiken. In: ders., *Die unvollendete Vergangenheit. Geschichte und die Macht der Weltauslegung* (S. 7-23). Frankfurt am Main: Suhrkamp.

Coubertin, Pierre de (1936). *Olympische Erinnerungen.* Berlin: Limpert.

Coubertin, Pierre de (1966). *Der olympische Gedanke. Reden und Aufsätze.* (Hrsg. Vom Carl-Diem-Institut an der Deutschen Sporthochschule Köln). Schorndorf: Hofmann.

Coubertin, Pierre (1974). *Einundzwanzig Jahre Sportkampagne (1887-1908).* Köln: Carl-Diem-Institut.

Coubertin, Pierre de (1977). Athletics and Gymnastics. In: Carl-Diem-Institut (Hrsg.),*Oeuvres Complètes en sept volumes. Premier volume.* Köln: Carl-Diem-Institut.

Coubertin, Pierre de (1986a). *Révélation. Textes Choisis, vol. 1.* Zürich/Hildesheim/New York: Weidmann.

Coubertin, Pierre de (1986b). *Olympisme. Textes choisis, vol. 2.* Zürich/Hildesheim/New York: Weidmann.

Durkheim, Emile (1981a). Einführung in die Sozialwissenschaft. Eröffnungsvorlesung von 1887-1888. In: ders.: *Frühe Schriften zur Begründung der Sozialwissenschaft.* Hrsg., eingel. u. übers. von Lore Heisterberg. Darmstadt und Neuwied: Luchterhand.

Durkheim, Emile (1981b). *Die elementaren Formen des religiösen Lebens.* Frankfurt am Main: Suhrkamp.

Eisenberg, Christiane (1999). *„English Sports" und deutsche Bürger. Eine Gesellschaftsgeschichte 1800-1939.* Paderborn: Ferdinand Schöningh.

Etzemüller, Thomas (2010). *Die Romantik der Rationalität. Alva und Gunnar Myrdal – Social Engineering in Schweden.* Bielefeld: transcript.

Foucault, Michel (1977). *Der Wille zum Wissen. Sexualität und Wahrheit 1.* Frankfurt am Main: Suhrkamp.

Gebauer, Gunter (1996). Olympia als Utopie. In: ders. (Hrsg.), *Olympische Spiele – die andere Utopie der Moderne. Olympia zwischen Kult und Droge.* Frankfurt am Main: Suhrkamp.

Gebauer, Gunter & Hortleder, Gerd (1986). Die Epoche des Show-Sports. In: G. Hortleder/G. Gebauer (Hrsg.), *Sport-Eros-Tod* (S. 60-87). Frankfurt am Main: Suhrkamp.

Gumbrecht, Hans Ulrich (2005). *Lob des Sports.* Frankfurt am Main: Suhrkamp.

Haley, Bruce (1978). *The Healthy Body and Victorian Culture.* Cambridge/London: Harvard University Press.

Haug, Wolfgang F. (1987). Entfremdete Handlungsfähigkeit. Fitneß und Selbstpsychiatrisierung im Spannungsverhältnis von Produktions- und Lebensweise. In: ders. & H. Pfefferer-Wolf (Hrsg.), *Fremde Nähe. Festschrift für Erich Wulff* (S. 127-145). Hamburg: Argument.

Illouz, Eva (2009). *Die Errettung der modernen Seele.* Frankfurt am Main: Suhrkamp.

Klinger, Cornelia (1995). *Flucht, Trost, Revolte. Die Moderne und ihre ästhetischen Gegenwelten.* München/Wien: Carl Hanser.

König, René (1978). *Emile Durkheim zur Diskussion. Jenseits von Dogmatismus und Skepsis.* München/Wien: Carl Hanser.

König, René (1987): *Soziologie in Deutschland. Begründer/Verächter/Verfechter*. München/Wien: Carl Hanser.

Krockow, Christian Graf von (1972). *Sport und Industriegesellschaft*. München: Piper.

Lenk, Hans (1964). *Werte, Ziele, Wirklichkeit der modernen Olympischen Spiele*. Schorndorf: Karl Hofmann.

MacAloon, John J. (1984). Olympic Games and the Theory of Spectacle in Modern Societies. In: ders. (Ed.), *Rite, Drama, Festival, Spectacle. Rehearsels toward a Theory of Cultural Performance* (S. 241-280). Philadelphia: Institute for the Study of Human Issues.

Moebius, Stefan (2008). Über die kollektive Repräsentation des Lebens und des Sakralen: Die Verknüpfung von Durkheim und Nietzsche in Geschichte und Gegenwart der Soziologie und Kulturanthropologie. In: K.-S. Rehberg (Hrsg.), *Die Natur der Gesellschaft: Verhandlungen des 33. Kongresses der Deutschen Gesellschaft für Soziologie in Kassel 2006. Teilbd. 1 u. 2.* (S. 4673-4683). Frankfurt am Main: Campus Verlag.

Nye, Robert A. (1982). Degeneration, Neurasthenia and the Culture of Sport in Belle Epoque France. *Journal of Contemporary History*, Vol. 17, n° 1, January 1982, 51-68.

Pfeiffer, Karl Ludwig (1999). *Das Mediale und das Imaginäre. Dimensionen kulturanthropologischer Medientheorie*. Frankfurt am Main: Suhrkamp.

Reichel, Edward E. (1985). Nationalismus – Hedonismus – Faschismus. Der Mythos Jugend in der französischen Politik und Literatur von 1890 bis 1945. In: T. Koebner & R.-P. Janz (Hrsg.), *„Mit uns zieht die neue Zeit". Der Mythos Jugend*. Frankfurt am Main: Suhrkamp.

Reichertz, Jo (2004). Der Mediensport Olympia – ein globales Integrationsritual? *Spectrum der Sportwissenschaften* ,16(2), 63-79.

Simmel, Georg (1968). Zur Philosophie des Schauspielers. In: ders., *Das individuelle Gesetz. Philosophische Diskurse*. Frankfurt am Main: Suhrkamp.

Turner, Victor (1989). *Vom Ritual zum Theater. Der Ernst des menschlichen Spiels* (S. 191). Frankfurt am Main/New York: Qumran.

Kollektive Emotionen und Glauben

Gunter Gebauer

In den folgenden Überlegungen will ich einen Gedanken entwickeln, der auf den ersten Blick überraschend erscheinen mag: An den kollektiven Emotionen im Sport, insbesondere in den hochemotionalen Fankulturen im Fußball, können wir etwas erkennen, was nicht nur für Fangruppen als Kollektiv von Bedeutung ist, sondern auch für das Subjekt: für sein Fühlen *von sich selbst*. An diesem Beispiel kann man bemerken, welche Kräfte daran beteiligt sind, dass das Subjekt sein Ich fühlt. Es wird aber nicht um personale oder soziale Identität gehen, nicht darum, *was* das Ich ist oder *wie* es beschaffen ist, sondern um die Frage: wie es zustande kommt, dass *ein Ich sich fühlt.*

Dies ist eine wichtige Frage, wenngleich das Problem des Ich-Gefühls in der Philosophie und Soziologie selten gestellt wird. Aber sie hat ihre grundlegende Berechtigung: Wir sind nicht von Anfang unseres Lebens an ein Subjekt, das *etwas Bestimmtes ist.* Wir müssen *uns machen* als existierendes, unabgeschlossenes Wesen, in einem Werden, das uns selbst nicht transparent ist. Unser Selbstgefühl wird nicht von einem Erkennen unserer selbst hergestellt – unser Selbst ist kein Gegenstand, den wir betrachten, zu dem wir ein epistemisches Verhältnis, über den wir *ein Wissen* haben könnten. Als erster hat Kant in seiner „Anthropologie in pragmatischer Hinsicht" diese eigentümliche Begrenzung des menschlichen Selbstverhältnisses bemerkt (Kant 1968). Foucault deutet diese Einsicht als Anwendung der Kantischen Kritik auf die Frage „Was ist der Mensch?" (Foucault 2010) Wir können diese Frage stellen, mehr noch: wir müssen sie stellen, aber wir können keine Antwort auf sie erwarten.

Von Kants und Foucaults Argument wird die Anwendung unseres Wissens auf uns selbst begrenzt. Aber ihre Kritik gilt nicht für das Selbst*gefühl*. Wenn wir unser Ich nicht fühlen würden, wüssten wir gar nicht, dass es etwas gibt, *was* wir zu erkennen wünschten. Es lässt sich versuchsweise die Vermutung formulieren: Unser erstes und grundlegendes Selbstverhältnis ist ein *Fühlen* unseres Ichs. Es ist ein Gefühl, mit dem wir uns vergewissern, dass wir da sind: dass es uns gibt. Was aber ‚ein Fühlen unseres Ichs' heißt, muss ich in meinen Überlegungen erst herausarbeiten.

Was mit der Emotion des Ich-Fühlens erfahren wird, ist keine neutrale Tatsache; vielmehr wird sie als ein *wertvolles Gefühl erlebt*. In dem einzigen zu seinen Lebzeiten publizierten Vortrag „Lecture on Ethics" von 1931 (Wittgenstein 1989) entwirft Ludwig Wittgenstein den Gedanken, dass dieses ein Gefühl der Sicherheit ist, das für das Ich einen hohen, wenn nicht den höchsten Wert darstellt. Ein solches wertvolles Gefühl der Sicherheit gibt es auch in den kollektiven Emotionen des Fußballs. Es nimmt dort allerdings eine exzessive, ins Kultische übersteigerte Form an. Im quasi-religiösen, schwärmerischen, durch und durch ritualisierten Erleben der Fußballfans im Stadion wird den *Ich*-Gefühlen geradezu eine Bühne geboten (vgl. Gebauer 2010).

1.

Kollektive Gefühle schreibt man gewöhnlich dem Handeln und Erleben einer *Masse* von Menschen zu. Massen haben, philosophisch und psychologisch gesehen, einen schlechten Ruf. Sie gelten als spontan, als überschwenglich, schnell vergehend und wankelmütig, daher als unzuverlässig. Dies ist gewiss keine falsche Sichtweise, aber sie hebt nur die *eine* Seite von Massenerlebnissen hervor und verknüpft den wandelbaren Charakter von Massen mit der Vorstellung eines Ich-Verlustes: In der Masse werde die Konstanz und Konsistenz des Subjekts gefährdet, so dass es eine Art Kernschmelze erleidet, als ein Aufgehen in der Masse. Im kollektiven Erleben lässt sich aber auch eine andere Wirkung auf das Subjekt erkennen, eine nicht weniger wichtige, die man in die Betrachtung einbeziehen muss, wenn man das fühlende Subjekt verstehen will. Das Subjekt erlebt das kollektive Geschehen nicht als ein Verschlungen-Werden durch eine Masse, die sich wie der „Leviathan" alle Einzelsubjekte einverleibt. Wie die Gefühle einer Masse, als Kollektivsubjekt verstanden, beschaffen sein könnten, entzieht sich unserer Kenntnis; wir wissen nicht einmal, ob eine Masse etwas fühlen kann. Worüber wir etwas sagen können, sind die Emotionen des einzelnen Subjekts, das gemeinsam mit anderen Subjekten in einem kollektiven Erleben vereint ist: Es fühlt sich als Mitglied einer durch Emotionen konstituierten Gruppe; sein Fühlen ist typisch für die Gruppe. Aber dies bewirkt nicht, dass es sich selbst verliert.

In vielen Fällen, die wir nicht als Massenphänomene klassifizieren, teilt das Subjekt die Emotionen einer sozialen Gruppe; es fühlt wie die anderen Mitglieder und entwickelt ein ähnliches Selbstgefühl wie sie. Seine Emotionen gegenüber und in der Gruppe sind keineswegs zufällig oder beliebig, sondern können an seiner Mitgliedschaft beteiligt sein. So wird die Zugehörigkeit zur eigenen Gruppe und die Nichtzugehörigkeit von anderen Personen gefühlsmäßig erfahren und ausgedrückt: als Gefühle des Mögens oder Nichtmögens, als Gefallen oder Unwohlsein, als das Gefühl, hierhin zu gehören oder, wenn man sich als Eindringling auf verbotenem Terrain vorkommt, als Gefühl des Deplaziertseins. Im *positiven* Fall fühlen wir uns in der Gruppe, der wir angehören, zu Hause; was dort geschieht, ist uns selbstverständlich und vertraut. Gefühle dieser Art sitzen sehr tief; wir werden sie, wenn sie einmal angelegt sind, in unserem Leben nicht mehr los. Sie gehören zu uns, wie auch wir zu ihnen gehören. Im *negativen* Fall fühlen wir uns unwohl in unserer Haut und wünschen die Gruppe zu verlassen. Gerade das Gefühl der Zugehörigkeit und des Deplaziertseins wird im Erleben nicht kognitiv erfahren, sondern wirkt sich in einer allgemeinen Befindlichkeit aus.

In den empirischen Untersuchungen zur sozialen Stratifikation Pierre Bourdieus findet sich zum Zugehörigkeitsgefühl eines sozialen Subjekts zu einer gesellschaftlichen Klasse und zu seinem Abgrenzungsbestreben gegenüber anderen Klassen eine große Fülle von Informationen (vgl. insbesondere Bourdieu 1982). Sie lassen sich in einer von Bourdieu oft verwendeten Formel zusammenfassen: Der Handelnde hat „a sense of one's place". Wir fühlen, wohin wir gehören; und wir mögen, ob es günstig oder ungünstig für uns ist, diesen Ort. Für dieses Gefühl verwendet Bourdieu einen Ausdruck von Stendhal: „amor fati". Unsere Gefühle sind so etwas wie Messfühler, die eine soziale Temperatur messen; sie signalisieren uns Sicherheit ebenso wie Unsicherheit. Aufgrund dieser Gefühle streben wir in die sozialen Kontexte, in die wir gehören, und meiden andere Milieus, in denen wir uns unsicher und unwohl fühlen.

Ein zweites Beispiel für die Kraft des sozialen Gefühls ist die Geschlechtszugehörigkeit. Für den Gefühlshaushalt eines Mannes ist es (in der Mehrzahl der Fälle) wichtig, als Mann auftreten zu können, wie es für eine Frau oft unverzichtbar ist, als Frau zu erscheinen. Wie im Fall der Klassenzugehörigkeit bestätigen Ausnahmen die Regel (die eben nicht mehr ist als eine soziale Regel). Wenn man dazu gezwungen wird, sich mit den typischen Merkmalen des jeweils anderen Geschlechts auszustatten (ich denke nicht an Verkleidungsspiele und ähnliche Vertauschungen des Geschlechts), gerät man möglicherweise in emotionale Schwierigkeiten, die einen Verlust von Sicherheit signalisieren. Das ‚richtige Geschlecht' zu haben, ruft im Handelnden oder in der Handelnden ein Gefühl des Werts hervor; die eigene Männlichkeit oder Weiblichkeit wird in der Regel als wertvoll erlebt. Es gibt keinen *rationalen* Grund, sie für wertvoll zu halten; sie wird aber so aufgefasst, weil das Subjekt ‚bei sich', ‚in Übereinstimmung mit sich' ist. Die Tatsache, dass manche Menschen diesen Wert nicht empfinden, spricht nicht gegen das Gefühl dieses Werts, sondern lässt erkennen, dass ihre Zuordnung zu einem bestimmten Geschlecht von ihnen als problematisch erfahren wird.

Von vergleichbarer Bedeutung ist die rassische Zugehörigkeit. Selbst wenn man Rassendifferenzen aus tiefster Überzeugung zurückweist und für eine haltlose Ideologie erklärt, wirkt z.b. die jahrhundertelange Diskriminierung der schwarzen Bevölkerung in den USA im Fühlen ihrer Mitglieder zutiefst nach. Wie tief eine einmal erfahrene Rassendiskriminierung wirken kann, ist mir aus Berichten japanischer und afro-amerikanischer Freunde in den USA eindrucksvoll mitgeteilt worden. So berichtete mir eine afroamerikanische Kollegin, die im Ghetto von St. Louis aufgewachsen war, dass sie bis heute unüberwindbare Angstgefühle verspüre, wenn sie an eine Tankstelle mit weißem Personal kommt. In ihrer Kindheit hat sie erfahren müssen, dass ihr an solchen Orten, die weißen Amerikanern vorbehalten war, der Zutritt zur Toilette verweigert wurde.

2.

Auf Gefühle der Zugehörigkeit sind wir ganz besonders aufmerksam, wenn sie *negative* Auswirkungen haben. Es ist so, als würde eine kleine innere Stimme zu uns sagen: „Dies ist nicht für dich". Was die Stimme ausdrückt, ist eine innere *Gewissheit*: dass wir jemand sind, dem bestimmte Dinge verschlossen sind. Zwar sagt sie uns auch, dass wir bestimmte Dinge tun dürfen oder sogar tun sollten; dies aber in einem viel leiseren Ton. Wie kommt es, dass wir ihr *glauben*? Kollektive Emotionen, die mit der inneren Stimme zu uns sprechen, sind wesentlich mit daran beteiligt, unsere Wirklichkeit zu erzeugen. Im Falle der Rassenzugehörigkeit hat sich eine Gewissheit im Subjekt gebildet, die durch soziale Tatsachen hervorgerufen worden ist und immer wieder von neuem bestärkt wird. Soziale Hindernisse und Diskriminierungen (die von der Gesetzgebung bis zum Verhalten einzelner Menschen reicht) werden in der Erfahrung des Subjekts zu einer umfassenden inneren Haltung ausgebaut und im äußeren Verhalten ausgedrückt.

Die innere Stimme wird im Laufe der Zeit die *eigene* Stimme der Person. Das Zusammenspiel von äußeren Fakten und innerer Haltung nennt Bourdieu „Habitus". Das Fatale an rassistischer Diskriminierung besteht genau darin, dass sie einen Rückhalt im Inneren des Subjekts findet – die sich immer wieder hörbar machende kleine innere Stimme. Sie ist es, die dem Subjekt einen Glauben an seinen Mangel, seine Unterlegenheit, an die Grenzen seines Verhaltens, an das Verbot, sie zu überschreiten, eingibt. Gestützt wird dieser Glauben durch die in allen Mitgliedern der Gruppe wirksamen negativen Gefühle, die von Abgrenzungen, Verboten, Sanktionen aufrechterhalten werden.

Der Glauben an die Zugehörigkeit zu einer sozialen Gruppe und die Wirkung der inneren Stimme führt zu einer Gewissheit, die sich außerordentlich hemmend

auf die Fähigkeit des Subjekts auswirkt, den gesellschaftlichen Verhältnissen ent-
gegenzuwirken. Offensichtlich haben wir zuerst eine Gewissheit von uns selbst,
die dann aber eine negative Wirkung entfaltet, durch die kleine innere Stimme,
die uns sagt „Dies ist nicht für dich". Wir glauben ihr, weil sie auf einer tief angelegten inneren Gewissheit beruht, weil sie ursprünglich im positiven Modus
funktioniert hat. In den negativen Modus ist die Stimme verschoben worden, weil
sie von sozialen Tatsachen und Institutionen zur Abgrenzung gegen das, was man
nicht sein soll, eingesetzt wurde.[1]

In der Philosophiegeschichte wurde eine destruktive innere Stimme von Descartes erfunden; er nennt sie „genius malignus". Der böse Dämon lässt uns an allem, dessen wir sicher sind, zweifeln. Er vernichtet die Gewissheit der Welt; nur
die Gewissheit des *Ichs* kann er nicht vernichten:[2] Sein Zweifel kann nur wirksam werden, wenn es *ein Ich gibt*, das diese Vernichtung tatsächlich vollzieht.
Descartes' Methode des Zweifelns selbst beruht also auf einer letzten Gewissheit: dass es ein *Ich* gibt. Descartes' kleine Stimme wirkt zwar wesentlich negativ; ihre Wirkung beruht aber darauf, dass sie *Gewissheit herstellt*, indem sie
sagt: „Es gibt *dich*, der *du* mir zuhörst".

Nicht ganz so kompliziert, aber ähnlich wirkt die kleine Stimme, die mir sagt
„Dies ist nicht für dich". Auch ihre Wirkung beruht auf der Gewissheit, dass es
mich, der ich *ihr* zuhöre, gibt. Auch sie wirkt positiv, selbst wenn ich mein Ich in
vielen sozialen Situationen in einem negativen Modus erfahre. Auf der Grundlage dieser Gewissheit meiner selbst sagt sie, *wohin ich gehöre und was ich darf.*
Sie sagt „Du gehörst zu dieser Gruppe; daher bist du in den Augen von Menschen
anderer Gruppen schlecht". Sie hat also eine sozial *und ethisch* wirkende Kraft;
ihre negative Wirkung entsteht aus den Antagonismen zwischen gesellschaftlichen
Gruppen, aus den abgrenzenden Praktiken und ihren Fremd- und Selbstbildern.

3.

Egal, wie negativ die innere Stimme wirkt – sie sagt mir, ihrem Hörer: „Es gibt
dich". Von dieser Behauptung wird der Grund für die wirklichkeitsbildende Kraft
des sozialen Handelns gelegt: Sie ist die Voraussetzung dafür, dass ich meiner
selbst gewiss bin, also auch dafür, dass ich ein sozialer Akteur bin. Sie gibt mir

---

1 Dies ist ein Gedanke von Foucault aus seiner Arbeit „Überwachen und Strafen" (Foucault
  1976). Foucault zeigt auch, dass die sozialen Abgrenzungen und Sanktionen in erster Linie
  dadurch wirksam werden, dass die Subjekte sich diese zu eigen machen und ihnen mit einer
  Art Selbstüberwachung und Selbstsanktionierung Geltung verschaffen.
2 Den Ausdruck „Gewissheit" verstehe ich in dem Sinn, den Wittgenstein ihm gibt (vgl. Wittgenstein 1984).

als gesellschaftlichem Wesen die Fähigkeit, mich von anderen Menschen abzugrenzen und als Mitglied einer sozialen Gruppe zu handeln. Von dieser fundamentalen Gewissheit des *Ichs*, die die Bedingung der Möglichkeit meiner Gesellschaftlichkeit ist, kann man nicht annehmen, dass sie aufgrund von Verabredungen und Konventionen entsteht. Ihre Genese kann nicht aus intentionalen Handlungen meiner selbst und meiner Umgebung hergeleitet werden. Jede Form intentionaler Setzung und sozialer Konstitution des Ichs beruht darauf, dass es schon etwas *gibt*, an dem sie ansetzen kann. Damit will ich keineswegs unterstellen, dass das *Ich* in völliger Isolierung zu betrachten ist. Vielmehr will ich darauf hinweisen, dass die Gewissheit des *Ichs* nicht von ihm selbst gesetzt, nicht in einem gesellschaftlichen Prozess erworben, nicht erlernt und nicht sozial konstruiert werden kann. Weder sollen die Beiträge des *Ichs* zu seiner Konstitution noch die sozialen Einflüsse geleugnet werden; sie setzen auf einer höheren Stufe an, die auf einem schon bereiteten Fundament ruht. Diese Grundlage ist das Gefühl der *unerschütterlichen* Gewissheit, dass es mich gibt.[3]

In seinem Vortrag über Ethik verwendet Wittgenstein noch nicht (wie in den Bemerkungen aus seiner letzten Lebenszeit) den Ausdruck „Gewissheit"; er spricht von „Sicherheit" und meint damit eine unerschütterliche Überzeugung. Nach seinem Vorschlag ist zwischen zwei Arten der Sicherheit zu unterscheiden: einer stufenweise sich aufbauenden relativen Sicherheit und der *größten* Sicherheit überhaupt, die er „absolute Sicherheit" nennt. Den Zustand der absoluten Sicherheit *wissen* wir *nicht*; er kann nicht erkannt werden. Wir *haben* ihn; wir *fühlen* ihn. Absolute Sicherheit hat unser Fühlen der Gewissheit, dass wir existieren. Man kann sie mit den Worten umschreiben: Es gibt mich; ich bin Teil einer Welt; und dies ist gut. Das Gefühl der absoluten Sicherheit können wir nicht selbst hervorbringen. Dass es mich gibt, dass es die Welt gibt, dass dies gut ist, hat keinen Grund in uns selbst. Wir erfahren dies in „ganz bestimmte(n) Erlebnisse(n)", die Wittgenstein als Grundlage für seine Überlegungen nimmt: „Dies könnte man das Erlebnis der *absoluten* Sicherheit nennen. Damit meine ich den Bewusstseinszustand, in dem man zu sagen neigt: ‚Ich bin in Sicherheit, nichts kann mir wehtun, egal, was passiert'" (Wittgenstein 1989, S. 14).

Allerdings können wir diese Erlebnisse nicht in der Sprache ausdrücken; sie entziehen sich sprachlicher Erfassung. Wenn man dennoch versucht, sie in begrifflicher Sprache zu formulieren, erhalten sie eine paradoxe Form. Wittgenstein stellt als „allererstes fest (...), dass der sprachliche Ausdruck dieser Erlebnisse Unsinn ist! Wenn ich sage: ‚Ich staune über die Existenz der Welt', missbrauche

---

3   Insofern dieses Fundament selbst gebildet und erhalten werden muss, ist es möglich, dass es durch krankhafte Prozesse erodieren kann.

ich die Sprache." (ebd., S. 14f.) Gewöhnlich staunen wir über etwas, wovon wir uns vorstellen könnten, dass es *nicht* der Fall wäre. „Dagegen ist es unsinnig zu sagen, dass ich über die Existenz der Welt staune, denn ich kann mir gar nicht vorstellen, dass sie nicht existiert" (ebd., S. 15).

Aus praktischen Tätigkeiten, aus der Kommunikation oder sozialen Übereinkünften ist diese Sicherheit nicht herzuleiten; kein *contrat social* könnte sie in die Existenz rufen. Es gibt keinen Prozess, in dem man aus einer Situation der Unsicherheit stufenweise zu einer immer größeren und schließlich zur absoluten Sicherheit gelangen könnte. Sie wird nicht von uns im Verlauf eines Prozesses konstruiert. Wittgenstein sagt lapidar: *Sie wird uns gegeben.* Es ist unmöglich, dieses Gegeben-Werden in einer sinnvollen Sprache zu beschreiben, insofern es sich in einem Gebiet ereignet, in das die Sprache nicht vordringen kann. Im christlichen Denken findet Wittgenstein eine Formulierung, die seinen Gedanken ausdrückt: „Und das Erlebnis der absoluten Sicherheit ist mit den Worten beschrieben worden, dass wir uns in Gottes Hand geborgen fühlen" (ebd., S. 16). Dies ist nicht mehr als ein Gleichnis, aber die bildliche Redeweise entwertet seine Ausdruckskraft nicht: Es muss doch „ein Gleichnis *für etwas* sein" (ebd.). Ist es nicht möglich, „das Gleichnis wegzulassen und schlicht die zugrundeliegenden Tatsachen wiederzugeben?" (ebd., S. 16f.). Aber das Gefühl der absoluten Sicherheit beruht nicht auf Tatsachen. „Es ist das Erlebnis, bei dem man die Welt als Wunder sieht" (ebd., S. 18).

Ein Satz, der die Welt „als Wunder" darstellt, kann nicht sinnvoll gemacht werden. Man kann sich keine Bedingungen vorstellen, unter denen er wahr oder falsch sein könnte. Er kann also keinen empirischen Gehalt erhalten; auch durch eine sinnvolle Darstellung lässt er sich nicht ersetzen. Er ist „Unsinn". Es gibt allerdings Fälle, in denen wir keine sinnvollen Sätze äußern können, sondern nur „Un-Sinn". Unsinnige Ausdrücke sind keine sprachlichen Fehler; zu ihnen wird nicht deshalb gegriffen, weil uns die richtigen Ausdrücke fehlen, sondern „ihre Unsinnigkeit (macht) ihr eigentliches Wesen aus" (ebd.).

In der Zeit, als der Vortrag über Ethik entstand, hatte Wittgenstein offenkundig das Verlangen, über Dinge zu sprechen, die jenseits der Grenze der logischen Philosophie liegen. Schon in seinem „Tractatus" (1921) gab er einer mystischen Weltsicht Ausdruck (vgl. Hadot 2005). In der letzten Phase seines Philosophierens (etwa ab 1947) erkennt er, dass jene Erfahrungen, von denen wir uns nicht vorstellen können, dass es sie *nicht gibt*, in einem Glauben fundiert sind. Nicht in einem religiösen Glauben, sondern in einem von der Gruppe, in der wir leben, angenommenen und gestützten Glauben: in einem „Weltbild", das aus unserer Lebensform hervorgeht. Das Weltbild ist der selbstverständliche Hintergrund unseres Lebens; wir wachsen in es hinein, es wächst in uns. Zusammen mit dem Glauben an unser Weltbild und unser *Ich* entsteht die innere Stimme, die uns der Existenz der Welt und des *Ichs* und seines Werts versichert.

Im Licht von Wittgensteins „Vortrag über Ethik" können wir annehmen, die kleine innere Stimme werde *mir gegeben*. Wenn man die Begriffe „Glauben", „Weltbild" und „Lebensform" (aus „Über Gewissheit") hinzunimmt, können wir annehmen, dass sie nicht nur mir allein gegeben wird, sondern auch den anderen Mitgliedern meiner Gruppe. Wittgenstein denkt nicht daran, dass wir das Gefühl der absoluten Sicherheit von Gott empfangen. Er setzt auch nicht die Gruppe an die Stelle, die im christlichen Denken Gott einnimmt; es ist nicht die Gesellschaft, die das *Ich* mit Gewissheit, Weltbild, Glauben ausstattet. Wir stehen vor einer paradoxen Situation: Gewissheit wird vom *Ich* empfangen, aber sie wird ihm nicht von einer Instanz gegeben. Erst wenn das *Ich* ein Gefühl von seiner Existenz empfangen hat, kann es in der Interaktion mit den anderen zu einem sozialen Akteur werden. Mit einer ersten, behelfsmäßigen Formulierung will ich die Bedingung der Möglichkeit, zu einem Mitglied meiner Gruppe zu werden, so ausdrücken: *Ich* empfange die Gewissheit meines *Ichs im gemeinsamen Leben* der Gruppe, zu der ich gehöre. Was damit gemeint ist, sagt der Entwicklungspsychologe David Stern mit seinen Worten: „Das Selbstempfinden ist zwar von der Anwesenheit und dem Handeln des Anderen abhängig, gehört aber dennoch ganz und gar dem Selbst an" (Stern 2007, S. 153).

4.

An diesen Gedanken will ich anknüpfen: Nicht nur *ich* habe die Gewissheit von mir selbst; ich gehöre zu denen, die ebenfalls die Gewissheit *ihres Ichs* haben. Man kann also das *Ich* in den Plural setzen: *Wir* haben jede(r) die Gewissheit unseres *Ichs*; jeder einzelne von uns hat sie. Dieses *Wir* setzt sich aus einer Reihung zusammen: *Ich + Ich + Ich* ... Man kann noch einen Schritt weitergehen, insofern das *Wir* in einem Erleben der Gruppe fundiert ist, und sagen: *Wir* haben die Gewissheit unseres *Wir*. Dies ist die Gewissheit einer Gruppe, die nicht mehr als Reihung von einzelnen *Ichs*, sondern als kollektives *Wir* im gemeinsamen Handeln der Gruppe hervorgebracht und von jedem ihrer Mitglieder gefühlt wird. In diesem Sinn können wir von einem kollektiven Gefühl sprechen.

Unsere ersten Gefühle, die wichtigsten überhaupt, die Gewissheit, dass es die Welt und das Ich gibt und dass diese wertvoll sind, entstehen als ein eigenes Gefühl. Wenn es gemeinsam mit anderen empfunden wird, kann es zu einem kollektiven Gefühl werden. Wir haben schon gesehen, dass die kleine Stimme nicht nur positiv, sondern auch sehr kraftvoll negativ wirken kann; dies gilt auch für das kollektive *Wir*: Zugehörigkeit zur eigenen sozialen Gruppe und ihre Gewissheit wird durch Abgrenzung gegenüber anderen Gruppen verstärkt. Negativ wirkende Gewissheit gibt der ursprünglichen inneren Stimme die Kraft des Nein-Sagens zur Gewissheit von anderen Gruppen und zu ihrer Ablehnung.

Anders ist es im emotionalen Gemeinschaftsleben, wie es in Momenten der Euphorie einer Fangruppe im Fußballstadion vorkommt: In solchen Momenten kann das Gefühl der absoluten Sicherheit empfunden werden, das nicht nur einem einzelnen *Ich* gegeben, sondern von allen Mitgliedern geteilt wird. Es spielt sich dann kein diffuses Massengeschehen ab, bei dem jede Individualität verloren geht und die einzelnen Identitäten unterschiedslos miteinander verschmelzen. Im Gegenteil: Jedes einzelne *Ich* hat als Mitglied der Gruppe ein Gefühl der absoluten Sicherheit der gemeinsamen Welt, seines *Ichs* innerhalb der Welt und seines Werts. Jedes einzelne *Ich* erhält die Sicherheit seines Fühlens von der Gruppe her. So erfährt jeder einzelne Fan bei seinen Ritualen in der Arena die Gewissheit seiner Existenz und der Existenz seiner Gruppe. Keines ihrer Mitglieder kann sich vorstellen, dass es sein *Ich*, das *Wir* der Gruppe und die gemeinsame Welt *nicht* gibt. In einzelnen Ausprägungen kann ihre Welt unterschiedlich sein, aber in *diesen* Grundzügen *kann* sie nicht anders sein: Sie wird geglaubt, wie sie ist. Glauben ist tiefer und sicherer als Wissen. Ein Wissen kann falsifiziert werden. Wenn der Glauben verloren geht, wird das Subjekt, der Wert seiner selbst und seiner Welt erschüttert.

Jedes einzelne Ich erhält seinen Glauben im Leben der Gruppe, wie auch die Gruppe ihrerseits durch ein gemeinsam geteiltes Gefühl der Sicherheit konstituiert wird. Dies geschieht insbesondere in Ritualen; sie werden zu festgelegten Zeitpunkten und Orten, in zyklischen Wiederholungen, nach einem bekannten Schema zusammen mit anderen vollzogen. Aus intensiven kollektiven Bewegungen mit festgelegten Formen und Rhythmen erzeugen die Teilnehmer eine gemeinsame Haltung, die alle wichtigen Aspekte des sozialen und psychischen Lebens der Mitglieder der Gruppe prägt.[4] In ihrer Sichtweise ist die Welt in der Fußballarena zweigeteilt: Die Mitglieder der Gruppe, verehren die Spieler ‚ihrer' Mannschaft; auf sie wird ihr Glauben gerichtet. In der Hierarchie ihrer Welt stehen die Spieler oben; sie selbst befinden sich unten, wie die verehrende Gemeinde in der Kirche. Die Gemeinde glaubt an die Spieler; diese empfangen den Glauben, werden durch ihn idealisiert, gestärkt, vergrößert. Auch das einzelne *Ich* nimmt durch seinen Glauben und den der Gemeinde insgesamt an Kraft zu. Im totalen Engagement einer hemmungslosen Parteinahme, zu der auch das Jagen und Ver-

---

4   Meine Darstellung folgt der Religionssoziologie Emile Durkheims (1989).

prügeln der gegnerischen Fans gehört, wird die Stärke des *Ich*-Glaubens bis zur äußersten Grenze erfahren. Extreme Körperzustände führen, wie man aus Askese-, Buß-, Meditations- und Isolierungspraktiken weiß, zu einer Intensivierung von Glaubensgefühlen.[5] Sie vertiefen die Gewissheit der Existenz des glaubenden *Ichs* und seines Werts wie auch die Überzeugung vom Unwert des Gegners.

Das kollektive Fühlen der Fangruppe ist weit davon entfernt, ein entwurzeltes, losgelassenes Spektakel einer entdifferenzierten Masse zu sein, in der sich der Einzelne auflöst. Im Gegenteil ist es eine Art Überdehnung des Gefühls der absoluten Sicherheit. Ob es sich um die Fortsetzung jenes Gefühls aus der frühen Kindheit handelt oder ob es eher als dessen Ersatz anzusehen ist, muss hier eine offene Frage bleiben. Jedenfalls können wir sagen, dass der Glauben und die von ihm erzeugte Sicherheit in der Fußballarena eine religiöse Dramatik, eine Dimension von Macht und Verehrung erhalten, die sie weit von der ursprünglichen Gewissheit des *Ichs* entfernen. Die in den Fußballritualen erkennbare Konstellation wird in exzessiven Ritualen aus der Verankerung des ursprünglichen Gewissheitsgeschehens herausgerissen. Sie ist davon abhängig, dass der Glauben an die eigene Mannschaft kontinuierlich bestätigt und gestärkt wird. In einer entscheidenden Niederlage können nicht nur der Stolz und die Verehrung vernichtet werden – auch das eigene *Ich*-Gefühl und die Gewissheit der Existenz und ihres Werts können in sich zusammenstürzen.

5.

In der Entwicklung des Kindes gibt es keine exzessiven quasi-religiösen kollektiven Emotionen. Um das Gefühl der absoluten Sicherheit herum baut sich schrittweise sein Leben auf. In einer geregelten Praxis wird es zu einem sozial normierten Akteur des Alltagslebens geformt. Seine körperlichen Reaktionen und damit auch sein Fühlen werden in gemeinschaftlichen Prozessen auf ein Normalmaß hin reguliert (vgl. Holodyski 2006). In diesen Prozessen geht nicht das Eigene des *Ichs* verloren; vielmehr wird es in der Ausbildung eines bestimmten Habitus' auf die Durchschnittswerte seiner Gemeinschaft gebracht.[6] Das so geformte *Ich* ist ein von den Werten und Normen der Gemeinschaft durchdrungenes, an die ge-

---

5   Dieser Gedanke wird ausgeführt in meiner Arbeit: *Poetik des Fußballs* (Gebauer 2006).
6   Das Resultat dieses Prozesses ist ein ‚vernünftiger' Körper; in Anlehnung an Wittgensteins
     Gebrauchstheorie der Sprache habe ich ihn als „Umgangskörper" bezeichnet (vgl. Gebauer
     2009). In früheren Veröffentlichungen habe ich ihn, insofern er im Bereich der Physis dem
     common sense entspricht, „common body" genannt.

meinsame Praxis gebundenes spezifisches *Ich*, das durch die kleine Stimme immer wieder an seine soziale Kondition erinnert und auf diese zurückgeführt wird. In der Fangruppe übertönt der gemeinsame Lärm die negative Botschaft der kleinen Stimme und das Unwohlsein, das sie hervorruft. Im Rausch der gemeinschaftlichen Rituale wird die grundlose absolute Sicherheit der frühen Kindheit entweder neu belebt oder zum ersten Mal mehr oder weniger künstlich hervorgebracht. Gemeinschaftliche Rituale setzen die absolute Gewissheit des *Wir* und ihre Ausdehnung auf eine ganze Gemeinschaft ins Werk; die Kraft, mit der sie auftritt, bewirkt eine Betäubung der sozialen Verbote. Anstatt das *Ich* zu schwächen oder gar aufzulösen, vergrößern die kollektiven Emotionen im Erleben der Arena den Glauben des Subjekts an sein *Ich* und übertragen diesen auf das *Wir* der ganzen Gemeinschaft. In solchen Momenten besteht die Gefahr, dass sich das *Ich* allmächtig vorkommt. Und dies nicht ohne Grund: Es sind die vereinigten *Ichs*, die die religiöse Stärkung ‚ihrer‘ Spieler erzeugen. Allerdings könnten sie ohne die Rituale der Gemeinschaft nicht entstehen. Sie sind es, die dem *Ich* eine tiefe Intensität und Lebendigkeit geben.

6.

In Fangruppen bestärken sich das *Ich*-Gefühl der einzelnen Subjekte und das *Wir*-Gefühl der Gruppe gegenseitig. Die Gruppe kann aus ihrer kollektiven Gewissheit das Religiöse hervorbringen. Dieser Gedanke, der auf Durkheim zurückgeht, ist zu ergänzen: Die einzelnen Mitglieder der Gemeinschaft müssen schon eine Gewissheit von sich selbst besitzen, wenn sie in das kollektive religiöse Leben eintreten. Mit dem Vollzug von Ritualen allein ist die Entstehung des Religiösen nicht zu erklären. Nach meinen von Wittgenstein angeregten Überlegungen bringen die Subjekte ihren je individuellen Glauben schon mit, wenn sie Mitglieder der Gruppe werden. Sie haben schon eine elementare anthropologische Sicherheit empfangen, die im Gruppenprozess in einen quasi-religiösen Glauben umgearbeitet wird. Ausgangspunkt dieses Prozesses ist die erste Konstitution des *Ichs* und seines Werts *nach einem religiösen Muster*. In dieser vorgängigen emotionalen Anlage liegt der Ausgangspunkt für die Erzeugung des Religiösen im Sport.

Dieses erhält eine doppelte Schubkraft, insofern es nicht nur von Ritualen hervorgebracht wird, sondern mit der Sicherheit der Subjekte einen zusätzlichen emotionalen Antrieb gewinnt. In den Fällen, wo den Handelnden diese Sicherheit fehlt, verschafft sich das Verlangen danach nicht weniger mächtig Geltung. Im Sport können die emotionalen Kräfte positiv oder negativ wirken: Hier gibt es den – im Vergleich zu anderen religiösen Handlungssystemen – einzigartigen

Fall, dass die Emotionen der Gruppe und die Sicherheit der Subjekte je nach Ausgang des Geschehens bestärkt oder vernichtet werden.

Literatur

Bourdieu, Pierre (1982). *Die feinen Unterschiede*. Frankfurt am Main: Suhrkamp.

Durkheim, Emile (1989). *Die elementaren Formen des religiösen Lebens*. Frankfurt am Main: Suhrkamp.

Foucault, Michel (1976). *Überwachen und Strafen. Die Geburt des Gefängnisses*, frz. 1975. Frankfurt am Main: Suhrkamp.

Foucault, Michel (2010). *Einführung in Kants Anthropologie*, frz. 2008. Frankfurt am Main: Suhrkamp.

Gebauer, Gunter (2006). *Poetik des Fußballs*. Frankfurt am Main: Campus.

Gebauer, Gunter (2009). *Wittgensteins anthropologisches Denken*. München: Beck.

Gebauer, Gunter (2010). Heroes, Myths and Magic Moments. In: S. Frank & S. Steets, *Stadium Worlds. Football, space and the built environment* (S. 245-260). London/New York: Routledge.

Hadot, Pierre (2005). *Wittgenstein et les limites du langage*. Paris: Vrin.

Holodynski, Manfred (2006). *Emotionen – Entwicklung und Regulation*. Heidelberg: Springer.

Kant, Immanuel (1968). *Anthropologie in pragmatischer Hinsicht, Akademie Textausgabe*, Bd. VII, 1. Buch „Vom Erkenntnissvermögen". Berlin: de Gruyter.

Stern, David (2007). *Die Lebenserfahrung des Säuglings*, 9. Aufl. Stuttgart: Klett-Cotta.

Wittgenstein, Ludwig (1984). *Über Gewissheit*. In: *Werkausgabe*, Bd.8. Frankfurt am Main: Suhrkamp.

Wittgenstein, Ludwig (1989). Vortrag über Ethik,. In: ders., *Vortrag über Ethik und andere kleine Schriften*, hrsg. v. Joachim Schulte (S. 9-19). Frankfurt am Main: Suhrkamp.

IV
Kult, Esoterik und Spiritualität

Die Sakralisierung des Profanen.
Der Körperkult als individualisierte Sozialform des Religiösen

Robert Gugutzer

Modernisierungssoziologischen Zeitdiagnosen zufolge zeichnen sich westliche Gegenwartsgesellschaften durch eine massive Zunahme an Unsicherheiten und Ungewissheiten, Risiken und Gefahren, Kontingenzen und Ambivalenzen aus (vgl. Baumann 1992; Beck 1986; Giddens 1990). Ihre Analysen zeigen, dass der rapide gesellschaftliche, politische, ökonomische und kulturelle Wandel der letzten Jahrzehnte traditionelle Lebensentwürfe ins Wanken und neuartige biographische Risiken mit sich gebracht hat. In den Worten von Anthony Giddens ist das Leben in der Spätmoderne verstärkt durch die Bedrohung des „ontologischen Sicherheitsbedürfnisses" gekennzeichnet (vgl. Giddens 1991, Kap. 2). Die strukturellen Bedingungen der Spätmoderne führten dazu, dass sich immer mehr Menschen mit existenziellen Problemen und Ängsten auseinander zu setzen haben (ebd., S. 42-55). Aus soziologischer Sicht wirft das die Frage auf, auf welche kollektiven Deutungsangebote, Handlungsmodelle und institutionelle Ressourcen das spätmoderne Individuum zurückgreifen kann, um die Ungewissheiten und Risiken des Lebens zu meistern.

Historisch hat sich zur Bewältigung existenzieller Ängste und zur Befriedigung des „ontologischen Sicherheitsbedürfnisses" eine soziale Institution ausdifferenziert, die in abendländisch-christlicher Tradition als *Religion* bezeichnet wird. Religion hat seit jeher die Funktion, existenzielle Fragen zu beantworten und zu helfen, die Unsicherheiten und Kontingenzen des Lebens zu bewältigen. Daran hat sich bis heute nichts geändert. Auch in den spätmodernen Gesellschaften des 21. Jahrhunderts erfüllt Religion sinn- und sicherheitsstiftende, halt- und orientierungsgebende Funktionen. Der so genannte Säkularisierungsprozess hat nur vermeintlich bzw. oberflächlich betrachtet zum Bedeutungsverlust von Religion geführt (vgl. Luckmann 1991).[1] Religion erfüllt auch in post-traditionalen, spätmodernen Gesellschaften wesentliche soziale und personale Funktionen. Allerdings

---

1   Luckmanns bekannte Formulierung lautet, dass es zwar zu einer Säkularisierung der Sozialstruktur gekommen sei, das aber nicht bedeute, dass damit auch das Individuum säkularisiert sei (vgl. Luckmann 1980, S. 172).

haben sich Form und Inhalt von Religion zum Teil radikal gewandelt. Am Sichtbarsten wird das an den zahlreichen *Kulten*, die neben oder mitunter gar an die Stelle von Religion getreten sind. Neben den diversen Psycho- und Esoterikkulten ist der *Körperkult* zweifelsohne einer der augenfälligsten Kulte der Gegenwart. Im Folgenden soll die These entwickelt und ausgeführt werden, dass der Körperkult seine Prominenz seiner religionsäquivalenten Funktion verdankt: Der Körperkult stellt eine *individualisierte Sozialform des Religiösen* dar, die Sinn stiftet und Identitätssicherung ermöglicht. Der zeitgenössische Kult um den Körper ist Ausdruck einer *verkörperten Diesseitsreligion*, deren Popularität daher rührt, dass sie zur Selbstermächtigung und individuellen Bewältigung sozialer Unsicherheiten, Ambivalenzen und Kontingenzen beiträgt.

Um diese These zu plausibilisieren, wird zunächst das Verhältnis von Körper und Religion allgemein und aus zeitdiagnostischer, individualisierungstheoretischer Perspektive vorgestellt (1.). Dem folgt die Erläuterung des der These zugrunde liegenden Religionsbegriffs von Thomas Luckmann (2.). Darauf aufbauend wird eine Typologie des Körperkults entwickelt (3.). Mit dem Wellnesskult wird abschließend ein körperreligiöser Typus detailliert vorgestellt (4.).

1. Körper, Religion und Individualisierung

Körper und Religion sind zwei soziale Phänomene, die in einem engen, wechselseitig aufeinander bezogenen Verhältnis stehen.[2] Religionen prägen Körper, Körper prägen Religionen. So ist es für *Religionen* beispielsweise wesentlich, den Gläubigen ein Bild ihres Gottes bzw. ihrer Götter zu vermitteln; Götter werden daher in Gestalt von Menschen oder Tieren verkörpert. „Keine Religion kommt ohne derartige Verkörperungen des Göttlichen aus, da die meisten Menschen nur über sie einen Bezug zu Gott herstellen können" (Wulf 1989, S. 11). Der menschliche Körper ist für jede Religion auch hinsichtlich deren charakteristischen, konstitutiven Rituale von zentraler Bedeutung. Im Medium kollektiver Rituale wird der gemeinschaftliche Bezug zum Sakralen hergestellt (vgl. Durkheim 1981) – und Rituale sind institutionalisierte Körperpraktiken.[3] Vom gemeinsamen Beten, Meditieren, Tanzen oder Pilgern, über rituelles Fasten und das Feiern heiliger Fes-

---

2   Zum Verhältnis von Körper und Religion aus soziologischer Sicht siehe Knijff (2006), Mellor/
     Shilling (1997), Simpson (1993) und Turner (1980, 1997). Einen umfassenden, primär histo-
     rischen und kulturvergleichenden Überblick über das Verhältnis von Religion und Körper
     liefert das Buch von Coakley (1997b). Siehe außerdem die Beiträge von Knoblauch, Benkel,
     Shilling/Mellor und Turner in diesem Band.
3   Oder wie Thomas P. Kasulis sagt: „Religious beliefs are embodied through religious practices.
     In fact the practices may be said to precede the beliefs" (Kasulis, zit. in: Coakley 1997a, S. 8).

te bis zu Geburts-, Vermählungs- oder Beerdigungszeremonien, immer sind es körperliche Praktiken, die im Zentrum dieser Rituale und Zeremonien stehen. Umgekehrt sind soziokulturelle Umgangsweisen, Deutungsmuster, Bilder von und Einstellungen zum *Körper* letzten Endes immer auch religiös geprägt (vgl. Turner in diesem Band). Sofern man davon ausgeht, dass alle Kulturen ursprünglich „Religionskulturen" waren, lebt der „Einfluss praktisch gelebter Religionen (...) in den Körpern" der Gegenwart weiter (Weis 2008, S. 77).[4] Eines der prominentesten soziologischen Beispiele hierfür liefert Max Webers Studie *Die Protestantische Ethik und der Geist des Kapitalismus* (Weber 1988; vgl. dazu Gugutzer 2004, S. 30f.). Weber hat darin bekanntlich den entscheidenden Einfluss des Protestantismus, insbesondere des Calvinismus, auf die Genese des abendländischen Kapitalismus nachgezeichnet. Nach Weber basiert dieser Einfluss vor allem darauf, dass die mit der protestantischen Ethik verbundene Askese die Tendenz aufweist, das Leben der Menschen durchgängig zu rationalisieren. Ein wesentlicher Bestandteil dieser asketisch-rationalen Lebensführung ist die Domestizierung und Kontrolle der körperlichen Bedürfnisse und Triebe: „Vernichtung der Unbefangenheit des triebhaften Lebensgenusses" (Weber 1988, S. 117), „Kampf gegen Fleischeslust" (ebd., S. 190) und „gegen rein triebhafte Habgier" (ebd., S. 191) sind typische Ausdrucksformen dieser im Protestantismus wurzelnden asketisch-methodischen Lebensführung.

Im Zuge fortschreitender Modernisierung hat sich das wechselseitige Durchdringungsverhältnis von Körper und Religion zwar gewandelt, aufgelöst hat es sich gleichwohl nicht. Der sozialstrukturelle und kulturelle Wandel der letzten Jahrzehnte hat zu einem *gleichzeitigen*, allerdings *gegenläufigen* Wandel des sozialen Stellenwerts von Körper und Religion geführt. Zugespitzt lässt sich mit Bezugnahme auf einen modernisierungssoziologischen Zentralbegriff sagen: Im Zuge des gesellschaftlichen Individualisierungsprozesses seit der Mitte des 20. Jahrhunderts ist es zu einer Abwertung der Religion und einer Aufwertung des Körpers gekommen.[5] Die *Individualisierung der Religion* ist die Kehrseite der *Individualisierung des Körpers* und vice versa.

---

4   Kurt Weis bringt das auf die prägnante Formel: „Religionen haben ihre Kulturen, Kulturen ihre Gesellschaften, Gesellschaften ihre Körperkulte und ihren Sport geprägt" (Weis 2008, S. 77). Zu den religiösen Dimensionen des Sports siehe neben den Arbeiten von Weis (1995, 2004, 2008) auch Franke (2000), Knijff (2006, S. 149ff.), Koch (2000) oder Scharenberg (1999). Siehe außerdem die Beiträge von Hebenstreit, Duttweiler, Hietzge, Alkemeyer und Gebauer in diesem Band.

5   Wie gesagt, die These ist zugespitzt. Denn so, wie sich nicht nur eine Aufwertung des Körpers, sondern ebenso eine Abwertung des Körpers im Zuge fortschreitender Modernisierung beobachten lässt – Karl-Heinrich Bette (1989) spricht in diesem Sinne von einer „paradoxen" Entwicklung –, so lässt sich ebenfalls nicht nur ein Schwinden der Religion, sondern auch

Die *Individualisierung der Religion* ist in der religionssoziologischen Forschung bereits seit den 1960er Jahren, besonders aber seit den 1990er Jahren ein intensiv diskutiertes Thema.[6] Hierbei werden zwei Dimensionen religiöser Individualisierung unterschieden (vgl. Krech 1999, S. 66f.; 2011, S. 19f.). In sozialer Hinsicht wird auf die Entwicklung verwiesen, dass Religion zunehmend zur Privatsache des Einzelnen geworden ist. Herausgelöst aus traditionellen kollektiven Bindungen und dem religiösen Herkunftsmilieu, wählt das spätmoderne Individuum nunmehr selbständig auf dem Warenmarkt religiöser und spiritueller Deutungsmuster dasjenige Angebot, das am besten zu ihm passt.[7] Religion wird so zu einem selbstgewählten Teil der individuellen Biographie (vgl. Knoblauch 1999, S. 201; Wohlrab-Sahr 1995). In sachlicher Hinsicht meint religiöse Individualisierung jenen aus dem Relevanzverlust vorgegebener externer Sinninstanzen ausgelösten Prozess, dass das Individuum selbst zum zentralen Gegenstand religiöser Sinnbildung geworden ist. Die Funktion, die traditionell Gott erfüllte, erfüllt (sich) nun das eigene Selbst. Knoblauch (1991, S. 31) spricht in dem Zusammenhang, anknüpfend an Luckmann (s.u.), von der „Sakralisierung des Ich".

Die *Individualisierung des Körpers* wiederum wird in der körpersoziologischen Forschung seit den 1980er Jahren breit diskutiert (vgl. als Überblick Gugutzer 2004). Ausgangspunkt hierfür ist die empirische Beobachtung, dass die sozialstrukturellen Veränderungen seit der Mitte des 20. Jahrhunderts für das Individuum einerseits einen Zugewinn an Handlungsoptionen mit sich gebracht haben, andererseits aber auch einen Anstieg notwendiger Handlungsentscheidungen. Die Chancen und Risiken, Freiheiten und Zwänge, das eigene Leben selbstverantwortlich zu gestalten, sind gleichermaßen gestiegen. Die eigene Biographie nimmt so nicht selten die Gestalt einer riskanten, auf jeden Fall ambivalenten „Bastelbiographie" (Beck/Beck-Gernsheim 1993) an. In diesem Kontext ist es zur Aufwertung des Körpers als sinn- und identitätsstiftendes Medium ge-

---

ein Aufkommen neuer religiöser Bewegungen und Sozialformen konstatieren. Letzteres ist die zentrale These dieses Beitrags. Und in einem globalen Maßstab kann ohnehin nicht vom Verschwinden der Religion gesprochen werden, eher ist das Gegenteil der Fall.

6   Vgl. als Überblick Gabriel (1996); siehe auch Krech (2011, S. 163ff.). Kritisch setzen sich mit der These der Individualisierung der Religion Pollack (1996) und Pollack/Pickel (1999) auseinander.

7   Hubert Knoblauch differenziert diesen Individualisierungsprozess in drei Varianten: Der „Individualisierungsthese zufolge basteln sich Individuen entweder gewissermaßen ihre eigene Religion aus dem vorhandenen Bestand religiöser Sinnsysteme und bilden daraus individuelle Synkretismen, Mischungen aus verschiedenen Religionen. Oder sie können als ‚Suchende' nacheinander von einer Religion in eine andere wechseln, wobei sie jeweils auch ihre Vorstellungen und Teile ihrer Identität verändern. Und schließlich besteht für sie auch die Möglichkeit, gleichzeitig verschiedene religiöse Anschauungen zu pflegen, die je nach persönlichen Umständen herangezogen werden" (Knoblauch 1999, S. 202).

kommen. Sinn- und Identitätssuche erfolgen nun immer häufiger über Investitionen ins „körperliche Kapital" (Bourdieu 1982), versprechen diese Investitionen doch durch Eigenleistung erzielbare, spür- und sichtbare soziale Erfolge, die wiederum soziale Anerkennung und Selbstgewissheit vermitteln (Gugutzer 2008, S. 95f.). Darin liegt das – in der Körpersoziologie selten thematisierte – diesseitsreligiöse Potenzial des Körpers. So meint z.B. Karl-Heinrich Bette (1999, S. 163f.):

> „Vielleicht ist der moderne Körperdiskurs, wie er heute in den unterschiedlichsten sozialen Szenen zu beobachten ist, als der zentrale Folgediskurs anzusehen, mit dem Menschen den Verlust vormals geltender Sinnvorgaben zu kompensieren trachten. Nachdem die Jenseitsversprechen der Religion nach dem ‚Tode Gottes‘ und der ‚Umwertung aller Werte‘ (Nietzsche) viele Menschen nicht mehr in ihren Bann schlagen können, gerät der Körper als zentraler Repräsentant des Diesseits in den Mittelpunkt der Aufmerksamkeit der modernen Sinnsucher."

Religions- und Körpersoziologie haben je für sich auf diesen Form- und Bedeutungswandel von Religion und Körper aufmerksam gemacht, die naheliegende Verknüpfung dieser gesellschaftlichen Entwicklungsstränge im Großen und Ganzen allerdings unterlassen. Einer der prominentesten Autoren, der schon sehr früh, nämlich in den 1960er Jahren, auf die Verschränkung von Körper, Religion und Individualisierung aufmerksam gemacht hatte, ist Thomas Luckmann. Zur weiteren Explikation der These vom Körperkult als individualisierte Sozialform des Religiösen soll daher Luckmanns Religionsbegriff vorgestellt werden.

2. Luckmanns funktionaler Religionsbegriff

Luckmann (1991) legt seinen Ausführungen zur „Unsichtbaren Religion" in der modernen Gesellschaft einen *funktionalen* Religionsbegriff zugrunde.[8] Ausgangspunkt hierfür ist die anthropologische Annahme, der Mensch sei qua seiner biologischen Natur „religiös": „(...) das Transzendieren der biologischen Natur durch den menschlichen Organismus (ist) ein religiöses Phänomen" (ebd., S. 86). Aus der anthropologischen Grundlegung von Religion folgert Luckmann ihre funktionale Begründung: „Die *Funktion* der Religion ist die *Vergesellschaftung des Umgangs mit Transzendenz*" (Luckmann, 1985, S. 26; Herv.: R.G.). Die soziale Funktion der Religion besteht darin, „Mitglieder einer natürlichen Gattung in Handelnde innerhalb einer geschichtlich entstandenen gesellschaftlichen Ordnung zu verwandeln" (Luckmann 1991, S. 165). Dies vollzieht sich durch Sozialisations-

---

8   In der Religionssoziologie wird neben dem funktionalen vor allem ein substanzieller Religionsbegriff unterschieden. Dessen prominentester Vertreter ist Peter L. Berger (1973, 1974, 1980). Quer dazu liegt die bspw. das „Strukturmodell der Religiosität" von Ulrich Oevermann (1996).

prozesse. In Sozialisationsprozessen eignet sich der Einzelne die gesellschaftlich vorgegebenen Sinnsysteme an, und im Zuge der Aneignung eines übergreifenden „Sinnzusammenhangs" wird das Individuum ein „Selbst". Luckmann nennt die universale Form eines solchen Sinnzusammenhangs „Weltansicht".

> „Die Tatsache also, dass eine Weltansicht dem Individuum historisch vorausgeht, bildet somit die empirische Grundlage für das ‚erfolgreiche' Transzendieren der biologischen Natur durch den menschlichen Organismus, für seine Ablösung von der unmittelbaren Lebensumwelt und für seine Integration als Person in eine zusammenhängende Sinntradition. Deshalb können wir behaupten, dass die Weltansicht als eine ‚objektive' historische und gesellschaftliche Wirklichkeit eine elementare religiöse Funktion erfüllt. Sie lässt sich bestimmen als die *grundlegende Sozialform der Religion*, eine Sozialform, die in allen menschlichen Gesellschaften zu finden ist." (ebd., S. 89f.; Herv. im Orig.)

„Weltansicht" bezeichnet einen umfassenden Sinnzusammenhang aus Typisierungen, Deutungsmustern und Verhaltensschemata, der das routinemäßige Alltagshandeln anleitet. Innerhalb dieses Sinnzusammenhangs kann sich ein Sinnbereich herauskristallisieren, der die alltägliche, „profane" Wirklichkeit überschreitet und in dem Sinne „heilig" ist. Dieser „heilige Kosmos" umfasst „religiöse Repräsentationen" wie Symbole, Bilder, Rituale und Verhaltensmuster, aber auch der „letzte Sinn", die „letzten Bedeutungen" des Alltagslebens haben hier ihren sozialen Ort (ebd., S. 96-98). Weltansicht und heiliger Kosmos sind Luckmann zufolge universelle Phänomene, die je nach Kultur und Epoche spezifische Ausprägungen erfahren. Der zeitgenössische Körperkult ist eine solche historisch spezifische Form der Weltansicht und des Heiligen Kosmos. Beziehungsweise, insofern die Weltansicht die „grundlegende Sozialform der Religion" ist, ist der Körperkult eine, wie ich mit Soeffner (2000) sagen möchte, *individualisierte Sozialform des Religiösen*.[9] Worin aber besteht die religiöse Dimension des Körperkults genau? Für eine Antwort darauf ist Luckmanns Transzendenzbegriff entscheidend. Wie oben ausgeführt, definiert Luckmann Religion als das „Transzendieren der biologischen Natur"[10] bzw. als die „gesellschaftliche Organisation der Transzendenzerfahrungen". Im Unterschied zu einem theologischen (und vermutlich auch

---

9   Mit der Formulierung „religiös" statt „Religion" soll die Abgrenzung zur Religion als Kirchenreligion und die Fokussierung auf das Individuum als religiöses Thema betont werden (s. u.). Im Sinne Soeffners verkörpert „Religiosität" die „Verankerung von Letztbegründungen und letzter Bedeutung im Individuum" (Soeffner 2000, S. 114). Soeffner begreift Religiosität als individuelle „Disposition" (ebd., S. 113) und lehnt sich damit an Simmels Unterscheidung von Religiosität und Religion an (vgl. Simmel 1989). Simmel zufolge ist „*Religiosität* (..) die Befindlichkeit einer Person, die Offenheit einer Seele, die Erlebnisbereitschaft als Voraussetzung für die Begegnung mit dem Mysterium, *Religion* ist die Kulturform, die (...) aus dem kontinuierlichen Zusammenwirken vieler Personen objektiviert hervorgeht" (Helle 1989, S. 34; Herv. im Orig.).

10   Zu Luckmanns Transzendenzbegriff siehe Knoblauch (2009, S. 56-69).

dem Alltagsverständnis) von Transzendenz setzt Luckmanns Transzendenzbegriff nicht am ‚Zielort' der Transzendenz an, dem Jenseits, sondern am ‚Ausgangspunkt' der Transzendenz, im Diesseits, das heißt, an den Transzendenz*erfahrungen*. Schütz und Luckmann verstehen darunter Erfahrungen, die auf Grenzen der alltäglichen Lebenswelt verweisen, und sie unterscheiden hierbei drei Typen bzw. Ebenen: „kleine", „mittlere" und „große" Transzendenzen.

> „1) Wenn das in der gegenwärtigen Erfahrung angezeigte Nicht-Erfahrene grundsätzlich genau so erfahrbar ist wie das gegenwärtig Erfahrene, wollen wir von ‚kleinen' Transzendenzen sprechen. 2) Wenn das Gegenwärtige grundsätzlich nur mittelbar und nie unmittelbar, dennoch aber als Bestandteil der gleichen Alltagswirklichkeit erfahren wird, wollen wir von ‚mittleren' Transzendenzen sprechen. 3) Wenn etwas überhaupt nur als *Verweis* auf eine andere, außeralltägliche und als solche nicht erfahrbare Wirklichkeit erfasst wird, sprechen wir von ‚großen' Transzendenzen" (Luckmann 1985, S. 29; Herv. im Orig. Siehe auch Luckmann 1991, S. 166f.; Schütz/Luckmann 2003, Kap. VI.A).

Kleine Transzendenzen sind Gegenwartserfahrungen, in denen der Einzelne an räumliche und zeitliche Grenzen seines Hier-Jetzt-Seins stößt. Diese Grenze kann in der „Erinnerung" hin zu dem nicht-mehr-Erfahrbaren und im „Handlungsentwurf" hin zu dem noch-nicht-Erfahrenen überschritten werden (Schütz/Luckmann 2003, S. 591). In dem Sinne ist auch der eigene Körper bzw. genauer: der eigene Leib eine Grenze, die alltäglich erfahren wird.[11] Die Grenze der eigenen Leiblichkeit ist etwa bei einer Verletzung, einer Krankheit oder im Alter spürbar, wobei sich diese Grenzerfahrung vor allem als begrenzte Verfügbarkeit über die eigene Leiblichkeit bemerkbar macht. Ist die Verletzung dank entsprechender Maßnahmen verheilt, liegt eine „kleine" Transzendenz vor. „Kleine" Transzendenzen zielen mithin auf die Überschreitung des verkörperten Selbst. Sie spielen im Körperkult der Gegenwart eine zentrale Rolle (s.u.).

Mittlere Transzendenzen wiederum sind Grenzerfahrungen, die sich auf andere Menschen richten („Mitmenschen" wie „Zeitgenossen"; vgl. Schütz/Luckmann 2003, S. 602ff.). Die Grenze zu anderen Menschen kann nie überschritten werden, insofern sind die Anderen (ihr „Inneres") immer nur „mittelbar" erfahrbar. Das gelingt durch das Verwenden und Entschlüsseln von Zeichen. Das wichtigste Zeichensystem ist die Sprache, aber auch nonverbale, körperliche Zeichen können zur wechselseitigen Verständigung in interaktiven und kommunikativen Prozessen beitragen.

Große Transzendenzen schließlich sind Erfahrungen, die sich im Unterschied zu kleinen und mittleren Transzendenzen auf eine „außeralltägliche Wirklich-

---

11   So meint auch Ziebertz, dass sich kleine Transzendenzen letzten Endes auf die „Transzendierung des eigenen Körpers" richten (Ziebertz 2002, S. 60).

keit" beziehen. Es handelt sich hier um eine Erfahrung, bei der die profane Wirklichkeit des Alltagslebens verlassen wird. In unserem Alltagsverständnis sind es gemeinhin solch große Transzendenzen, die als religiös bezeichnet werden. Und auch Luckmann (1985, S. 34) versteht unter Religion vor allem den Umgang mit großen Transzendenzen.

In Hinblick auf die religiöse Dimension des Körperkults ist es wichtig zu sehen, dass der Übertritt in einen nicht-alltäglichen Wirklichkeitsbereich aktiv und willentlich, z.B. mit Hilfe bestimmter Körpertechniken, angestrebt werden kann. Wenngleich es für die Realisierung einer großen Transzendenzerfahrung selbstredend keine Gewähr gibt – Ekstasepraktiken können ‚technisch richtig‘ ausgeübt sein, die Ekstase sich gleichwohl nicht einstellen –, umfasst der Körperkult doch auch körperliche Praktiken, die als große Transzendenzen gedeutet werden können (s.u.). Dass es sich beim Körperkult dennoch um keine Religion im traditionellen Sinne handelt, sondern um eine individualisierte Sozialform des Religiösen, hat damit zu tun, dass hier Situationen und Erfahrungen vorherrschend sind, die mit Luckmann (2002) als „schrumpfende Transzendenzen" bezeichnet werden können.

„Transzendenzschrumpfung" ist ein Ausdruck, mit dem Luckmann auf den gesellschaftlichen Bedeutungswandel von jenseitigen zu *diesseitigen Transzendenzen* verweist. Der Begriff zeigt an, dass traditionell religiöse Themen, das heißt, sinnstiftende, orientierungsgebende und sicherheitsvermittelnde Themen, vor allem im Bereich des Privaten verortet sind, und dass im Mittelpunkt der religiösen Themen das Individuum steht.

„Die Spannweite der Transzendenz schrumpft (in der modernen Gesellschaft; R.G.). Moderne religiöse Themen, wie etwa ‚Selbstverwirklichung‘, persönliche Autonomie und Selbstentfaltung sind dominant geworden. (...) bedeutet die Schrumpfung der Transzendenz nicht den Verlust des ‚Heiligen‘. Die vorherrschenden Themen im modernen ‚Heiligen Kosmos‘ verleihen dem Individuum selbst durch die Artikulierung seiner Autonomie so etwas wie einen heiligen Status. Während die transzendente gesellschaftliche Ordnung und die ‚großen‘ Transzendenzen ihre allgemeine Bedeutung verlieren, werden jene Anliegen sakralisiert, die für das privatisierte, teils egoistische und hedonistische, teils ökologische, symbolisch altruistische Individuum wichtig sind" (ebd., S. 154).

Der zeitgenössische Körperkult ist eine „unsichtbare", durch Transzendenzschrumpfung sich auszeichnende Religion, da hier ebenfalls das Individuum in einen „heiligen Status" gehoben wird bzw. eine „Sakralisierung des Subjekts" (Luckmann 1991, S. 181) zu beobachten ist. Der Körperkult ist ein paradigmatisches Beispiel für die im Zuge gesellschaftlicher Differenzierungs- und Individualisierungsprozesse vonstatten gehende „Privatisierung" der Religion (vgl. ebd., S. 146ff., 178ff.). Der Körperkult symbolisiert in Reinform, dass Religion

zu einer Privatsache und das Selbst zum zentralen Gegenstand religiöser Sinnbildung geworden ist. Es ist das Selbst, das in der Spätmoderne den Wert einer
„letzten", Sinn stiftenden Instanz (ebd., S. 154) erhalten hat, und es sind „sekundäre Institutionen"[12] (ebd., S. 146) wie eben der Körperkult, die an den privaten
Bedürfnissen der Menschen ansetzen, sie marktkompatibel umsetzen und sich so
als Quellen letzter Bedeutungen erfolgreich am „Warenmarkt der Transzendenzen" (ebd., S. 180) behaupten.

Selbstsuche, Selbstfindung, Selbstverwirklichung, Selbstdarstellung, Selbstthematisierung sind die zentralen Themen des „heiligen Kosmos" individualisierter Gesellschaften. Insofern die Selbstthematisierung immer häufiger einer Kör-
perthematisierung gleichkommt (vgl. Giddens 1991; Gugutzer 2002), lässt sich
sagen, dass die Sakralisierung des Selbst grundlegend eine „Sakralisierung des
Körpers" ist (Knoblauch 1991, S. 29). Der *Körperkult ist eine historisch spezifische, gesellschaftliche Form dieser Sakralisierung des Profanen.* Dass sie einige typische Spielarten ausdifferenziert hat, soll der nächste Abschnitt zeigen.

3. Typen des Körperkults

Der Körperkult ist ein Element des gegenwärtigen religiösen Pluralismus. Als
eine individualisierte Sozialform des Religiösen umfasst er eine Vielzahl religiöser Themen, die unterschiedliche Transzendenzniveaus aufweisen. Der letzte
Sinn, um den es hierbei geht, ist das eigene Selbst, genauer: sind je spezifische
Varianten der körperorientierten Selbstsuche und Selbstfindung. Im Körperkult
der Gegenwart finden sich eine Reihe sekundärer gesellschaftlicher Institutionen,
welche die vielfältigen Sinnangebote bereitstellen. Mit Hilfe dieser vier Kriteri-
en – *religiöses Thema, letzter Sinn, Transzendenzniveau, sekundäre Institution* –
ist es möglich, das mittlerweile ausgesprochen heterogene Feld des Körperkults
zu strukturieren und für Übersicht zu sorgen. Anhand der Kriterien lassen sich
zumindest folgende vier *Typen des Körperkults* konstruieren: *Ästhetik, Diätetik,
Askese* und *Ekstase* (vgl. zusammenfassend Tab. 1 am Ende dieses Abschnitts).

---

12 Im Unterschied zu „primären" öffentlichen Institutionen wie Staat, Politik, Recht, Wirtschafts-
system oder Kirche zielen „sekundäre" Institutionen auf die „Privatsphäre" und die „privaten
Bedürfnisse" der Menschen. „Diese Institutionen versuchen, die in der Privatsphäre aufkom-
menden Themen zu artikulieren und sie dann päckchenweise den potenziellen Konsumenten
wieder anzubieten" (Luckmann 1991, S. 147).

3.1 Ästhetik

Am augenfälligsten im weiten Feld des Körperkults sind zweifelsohne all jene
Körperpraktiken und -technologien, die zur Ästhetisierung des Körpers eingesetzt werden. Vor allem die mediale Inszenierung von ästhetisierten Körpern hat
entscheidend zur gesellschaftlichen Konstruktion des Körperkults beigetragen.
Fernsehen, Kino, Zeitschriften und Werbung leben davon, dass sie schöne und
schön gemachte, erotische, sportliche, schlanke und athletische Körper zeigen. In
der Alltagswelt individualisierter Gesellschaften findet das seinen körperprakti-
schen Niederschlag in dem, was Nina Degele (2004) „Schönheitshandeln" nennt.
Menschen machen sich schön, weil gutes Aussehen und Schönsein gesellschaftlich hoch anerkannte Werte sind. Die Formen und das Ausmaß des Schönheits-
handelns unterscheiden sich natürlich sehr. Anknüpfend an die Transzendenz-Ty-
pologie von Schütz und Luckmann könnte man sagen, dass mehr oder weniger
alltägliche Körperpraktiken wie Schminken, Rasieren, Haarefärben oder Diäthal-
ten einem ‚kleinen' Schönheitshandeln, Peircen, Tätowieren oder Branden einem
‚mittleren' Schönheitshandeln und ästhetische Chirurgie einem ‚großen' Schönheitshandeln gleichkommen.

Zu dem Typus *Ästhetik* gehören aber auch all jene Körperpraktiken, die den
vorherrschenden Schönheitsnormen nicht entsprechen und die aus der Sicht dieser normativen Vorgaben daher als Inszenierung von Hässlichkeit bezeichnet
werden könnten. Ein drastisches Beispiel hierfür ist die Praxis der absichtsvollen
körperlichen Selbstverstümmelung, das so genannte *body modifaction* (Zungen-,
Genitalspaltung). Weniger dramatische Körperpraktiken, die ebenfalls bewusst
der dominanten Schönheitsnorm widersprechen, findet man in *Subkulturen* wie
den Grufties oder Punks.

Das grundlegende körperreligiöse Thema, um das es bei allen Ästhetisierungspraktiken geht,[13] ist *Aussehen* bzw. die Inszenierung des Aussehens. Das
Aussehen ist jedoch nicht der letzte Sinn der Ästhetisierungspraktiken. Sondern
deren eigentliches Ziel ist *Anerkennung.* Auch das hat Degele in ihrer Studie zum
Schönheitshandeln gezeigt: „Beim ‚Schönheitshandeln' interessiert nicht das ästhetische Urteil der Rezipientinnen und Rezipienten, sondern die gelingende oder
misslingende Anerkennung, also der Erfolg" (Degele 2007, S. 27). Anerkennung

---

13   Der Körper als ästhetisches Projekt hat auch eine traditionell-religiöse Dimension, sofern „die
     Sehnsucht nach Schönheit in den Zusammenhang der jüdisch-christlichen Schöpfungserzäh-
     lung" gestellt wird. „Dort heißt es: ‚Und Gott schuf den Menschen nach seinem Bild, zum Bilde
     Gottes schuf er ihn und schuf sie als Mann und Frau.' (Gen 1,27) Verschönerung des eigenen
     Körperbildes ist vor diesem Hintergrund positiv als religio, Rückbinden und Erinnern an die
     eigene Gottesebenbildlichkeit zu verstehen" (Friedrich 2005, S. 164).

ist selbst Mittel zum Zweck, der typischerweise in der Selbstbestätigung und einem positiven Selbstwert liegt.

Das *Transzendenzniveau*, das in diesem körperreligiösen Feld erreicht wird, ist überwiegend *klein*. Eine kleine Transzendenzerfahrung ist gegeben, so hieß es oben, wenn die räumlich-zeitliche Grenze des Hier-Jetzt-Seins überschritten wird, indem das, was in der Gegenwartserfahrung „außer Reichweite" ist, in die eigene Reichweite geholt wird. Wenn der Handlungsentwurf eines 130 Kilogramm schweren Mannes lautet, in einem Jahr 50 Kilogramm weniger zu wiegen, und dieser Handlungsentwurf dann Realität geworden ist, handelt es sich nicht nur um eine bloß geistige Transzendenz (den Handlungsentwurf), sondern um eine explizit körperliche (das Handlungsergebnis), um eine *kleine* Transzendenz des verkörperten Selbst.

3.2 Diätetik

Diätetik als zweiter Typus im Feld des Körperkults ist hier im ursprünglichen Wortsinn als Oberbegriff für alle Maßnahmen gemeint, die zur körperlichen und seelischen Gesunderhaltung oder Heilung beitragen, also nicht in dem heute üblichen engen Sinn von „Ernährungslehre". Der Typus *Diätetik* umfasst die stetig wachsende Zahl jener Körperpraktiken, deren Fokus auf die körperreligiösen Themen Gesundheit, Fitness und Wellness gerichtet ist. *Gesundheit* zählt zweifelsohne zu den wichtigsten Werten in den Wohlstandsgesellschaften der Gegenwart. Für viele Menschen bedeutet Gesundheit dabei nicht mehr bloß die Abwesenheit von Krankheit, sozusagen eine glückliche Fügung des Schicksals. Sondern Gesundheit ist etwas, das man aktiv herstellen kann – und soll. Denn Gesundheit liegt keineswegs rein im Belieben jedes Einzelnen. Für seine Gesundheit aktiv etwas zu tun und Gesundheitsvorsorge zu betreiben, ist ein soziales Muss. Dieser neoliberale „Gesundheitsimperativ" (Mazumdar 2004; Schroeter 2006) wird sowohl staatlicherseits als auch privatwirtschaftlich durch umfangreiche Gesundheitsappelle, Gesundheitsinitiativen und Gesundheitsratgeber gefördert und gefordert.

Seit den 1980er, 90er Jahren zeichnet sich der Gesundheitsimperativ, wie der Philosoph Pravu Mazumdar (2004) sagt, durch eine enge Verschränkung von Gesundheit, Glück und Genuss aus. Der entsprechende Begriff für diese Gesundheitsvorstellung ist *Wellness*. Wellness, eine Wortkombination aus „wellbeing" und „fitness", bedeutet, Zeit und Geld in die eigene Gesundheit zu investieren und diese selbstsorgende Gesundheitsarbeit zu genießen (s.u.). Der Wille zur Gesundheit soll durch einen spezifischen leiblich-affektiven Zustand belohnt werden, dem *Wohlbefinden*. Wohlbefinden scheint das eigentliche Ziel der Wellnessaktiven zu sein, wichtiger noch als Gesundheit. Hierfür gibt es mittlerweile ein umfangreiches Angebot an Wohlfühlmethoden, Wohlfühlprodukten und Wohlfühlinstitutionen. Auch bei diesem Typus Körperkult sind die *Transzendenzerfahrungen* primär *klein*. So etwa wenn eine Person den Plan fasst, demnächst eine Woche Auszeit auf einer Wellnessfarm zu nehmen, weil sie aufgrund früherer Erfahrungen weiß, dass ihr das gut tut und ihr hilft, ihre aktuellen Rückenschmerzen zumindest mittelfristig los zu werden, diesen Plan in die Tat umsetzt und das gewünschte Ergebnis eintritt, sie also ihre gegenwärtigen Schmerzen überwunden hat, hat diese Person rückblickend betrachtet eine kleine Transzendenz erfahren.

3.3 Askese

Ein Gegentypus zu jenem der *Diätetik* ist der körperreligiöse Typus *Askese*. Der Gegensatz besteht darin, dass diätetische Körperpraktiken auf einen leiblich-körperlichen *Zuwachs* abzielen – einen Zuwachs an Wohlbefinden, asketische Körperpraktiken hingegen auf einen *Verzicht* ausgerichtet sind – einen Verzicht auf Sinnlichkeit und Körperlichkeit. Zwei prädestinierte thematische Felder für absichtsvolles sinnlich-körperliches Verzichten gerade in den spätmodernen Konsum- und Mediengesellschaften sind Nahrung und Sexualität. Prominente Beispiele hierfür sind Anorexie und sexuelle Enthaltsamkeit.

Anorexie ist dem körperreligiösen Typus *Askese* und nicht zu dem Typus *Ästhetik* zuzuordnen, weil der letzte Sinn dieses extremen Körperhandelns nicht darin besteht, schön zu sein. Der letzte Sinn magersüchtigen Handelns liegt vielmehr darin, im Medium des eigenen Körpers Selbstzweifel, Unsicherheiten, Versagensängste etc. zu beherrschen und das eigene Selbst zu stärken. Letzter Sinn der Anorexie ist für die Betroffenen die *Selbstkontrolle*, die sie mit Hilfe der Kontrolle leiblicher Bedürfnisse, Triebe und Affekte herzustellen versuchen. Mit Michel Foucault (1976) könnte man sagen, dass das Zählen von Kalorien, die Auswahl und Zubereitung bestimmter, so genannter ‚guter‘ Nahrungsmittel oder das tägliche Wiegen „Disziplinartechniken" sind, mittels derer die Betroffenen ihren Körper zu einem „fügsamen Objekt" machen, aus dem sie positive Identitätseffekte ziehen. „Indem sie ihre leiblichen Bedürfnisse durch entsprechende Körperpraktiken kontrollieren und disziplinieren, gewinnen sie an Selbstkontrolle und Selbstermächtigung" (Gugutzer 2005, S. 347).

Die *Transzendenzerfahrungen* von Magersüchtigen sind überwiegend *klein*. Hungern ist eine alltägliche Grenzerfahrung, die das subjektive Überleben sichert. So meint eine Betroffene: „Alles war so hoffnungslos und ausweglos. Der einzige Triumph, den ich hatte, war mein Hungern. (...) Es machte mir richtig Spaß, mich zu quälen, meinen Körper zu spüren, das Brennen, die Leere im Innern, den

Hunger" (N.N. in: Gerlinghoff/Backmund 2000, S. 24). Bei aller Skepsis, ob die Betroffene tatsächlich „Spaß" bei ihrem Tun empfand, verdeutlicht die Aussage die selbstvergewissernde Bedeutung dieser selbstkasteienden Praxis. Das „Hungern" und den eigenen „Körper zu spüren" sind für sie eine Grenzerfahrung von besonderem Stellenwert, ein „Triumph". Die Magersüchtige flieht in Gestalt dieser leiblich-affektiven Grenzerfahrungen aus einer Welt voller Hoffnungs- und Ausweglosigkeit in die ihr einzig zur Verfügung stehende Welt, die ihr Sicherheit bietet: den eigenen Körper (vgl. Gugutzer 2005).

In Gestalt der so genannten „Pro-Ana"-Bewegung existiert seit einigen Jahren zudem ein soziales Phänomen, das Anorektikerinnen *mittlere Transzendenzen* ermöglicht. „Pro-Ana" ist eine soziale Bewegung von und für Magersüchtige, die ihren sozialen Ort primär im Internet hat. Anorektische Mädchen und Frauen inszenieren hier Magersucht als einen Lebensstil, der stark religiöse Züge hat. Am augenfälligsten wird das an den so genannten „Zehn Geboten" oder dem „Ana-Psalm", die sich auf nahezu jeder Pro-Ana-Webseite finden und als konkrete Handlungsanweisungen fungieren.[14] Der eigentliche soziale Kontext aber, in dem magersüchtiges Verhalten erworben und gezeigt wird, ist die Herkunftsfamilie.

Im Hinblick auf das körperreligiöse Thema *Sexualität* lässt sich eine interessante Parallele zur Pro-Ana-Bewegung feststellen. *Sexuelle Enthaltsamkeit*, konkret: der Verzicht auf Sex vor der Ehe, ist der Leitgedanke der so genannten „Wahre-Liebe-wartet"-Bewegung (vgl. dazu Liebsch 2001, Kap. II). Nach Angaben der deutschen Website von „Wahre Liebe wartet" beteiligen sich in Deutschland etwa 10.000 Jugendliche an dieser Keuschheits-Bewegung, weltweit sollen es ca. 3 Millionen Jugendliche sein (vgl. www.wahreliebewartet.de. Zugegriffen: 10.03.2008). Der bewusste Verzicht auf Sexualität, der hier stark christlich motiviert ist, entspricht einer *kleinen Transzendenzerfahrung*. Die Jugendlichen stoßen in ihrer Alltagswirklichkeit an leiblich-körperliche Grenzen, da sie ja vermutlich sehr wohl sexuelle Regungen empfinden, die sie jedoch nicht partnerschaftlich befriedigen dürfen/sollen/wollen. Die gegenwärtige Erfahrung der sexuellen Enthaltsamkeit verweist damit über die augenblickliche Grenzziehung hinaus auf etwas noch-nicht-Erfahrenes, das jedoch als erfahrbar vorgestellt wird. Die Grenze, die

---

14 So lauten die Zehn Gebote auf einer Homepage eines 15-jährigen Mädchens, die überschrieben ist mit der Headline „AnA is a life style": „1. Wenn ich nicht dünn genug bin, bin ich nicht attraktiv! 2. Dünn sein ist wichtiger als gesund sein! 3. Ich muss *alles* tun, um dünner auszusehen! 4. Ich darf nicht essen, ohne mich schuldig zu fühlen! 5. Ich darf nicht essen, ohne danach Gegenmaßnahmen zu ergreifen! 6. Ich muss Kalorien zählen und meine Nahrungszufuhr dem entsprechend gestalten! 7. Die Anzeige der Waage ist *am wichtigsten*! 8. Gewichtsverlust ist gut, Gewichtszunahme schlecht! 9. Ich bin *niemals* zu dünn! 10. Dünn sein und Nahrungsverweigerung sind ein Zeichen *wahrer* Willensstärke und Erfolgs! (www.foreverperfect.de.tl. Zugegriffen: 08.01.2009; Herv. im Orig.)

im Hier-Jetzt in Form der sexuellen Askese spürbar berührt wird, kann und soll erst in zukünftigen Handlungen nach der Eheschließung überschritten werden.

3.4 Ekstase

In Kontrast zu dem letztgenannten Beispiel der sexuellen Askese stehen jene Aspekte des Sexuellen, die dem körperreligiösen Typus *Ekstase* zuzurechnen sind. *Sexualität* ist nicht nur generell ein bevorzugtes Thema der privatisierten Religion, wie Luckmann (1991, S. 155f.) sagt, sondern Sexualität ist darüber hinaus ein körperreligiöses Thema, das außeralltägliche Grenzerfahrungen ermöglicht und in diesem Sinne ekstatisch sein kann, wenngleich sexuelle Erfahrungen selbstredend nicht per se ekstatische Erfahrungen sind. Eine ekstatische Erfahrung ist dann gegeben, wenn, wie es bei Schütz und Luckmann (2003, S. 623) heißt, „die Relevanzsysteme alltäglichen Handelns und alltäglicher Erfahrung weitgehend ausgeschaltet" sind. In einem solchen Falle, in dem die Grenze zwischen Alltag und außeralltäglicher Wirklichkeit überschritten wird, handelt es sich per definitionem um eine große Transzendenz.

Neben Sexualität und den ‚klassischen' Themen Drogen und Tanz hat sich in den letzten Jahren mit dem *Extremsport* ein weiteres, körperzentriertes Handlungsfeld etabliert, in dem außeralltägliche Erfahrungen gesucht und gefunden werden (vgl. Bette 2004, 2005). Sportarten wie Free Solo Climbing, River Rafting, Speed Skiing, Wüstenmarathon, Ultratriathlon, Base-Jumping, House-Running oder Skydiving sind Körperpraktiken, in denen die Grenze des Alltags spürbar überschritten wird. Extremsportler bezeichnen solche Grenzerfahrung typischerweise als Thrill, Kick oder Flow-Erlebnis. Ein letzter Sinn dieser Sportpraktiken liegt für die Ausübenden in diesem Sinne in den *Rauschzuständen*, die sie ermöglichen. Damit unterscheiden sie sich klar vom traditionellen Leistungssport. Denn auch wenn im Extremsport selbstverständlich etwas geleistet wird, ist dessen eigentliches „Ziel", wie Knoblauch (2001, S. 163) zu Recht meint, „nicht mehr die Leistung. Vielmehr (…) dient Leistung dazu, dass die Akteure ekstatische Grenzerfahrungen machen."

Die als Ekstasezustand erfahrene Grenze ist dabei nicht selten die Grenze zwischen Leben und Tod. In der Regel wird die Grenze zum Tod natürlich nicht überschritten. Aber sie zu berühren, auf ihr zu gehen, zu fahren, zu klettern, zu gleiten oder zu schweben, das versetzt das Individuum in einen außeralltäglichen Zustand, der eine existenzielle, sinn- und identitätsvergewissernde Bedeutung hat. Wer mit dem Tod spielt, und in diesem Spiel siegt, gewinnt das Leben. Eine größere Transzendenz als den Tod gibt es nicht. Daher gewinnt die Person, die die tödliche Herausforderung im Extremsport meistert, maximalen Lebenssinn. Oder in den Worten von David Le Breton (1995, S. 13): Die „‚Kommunion' mit dem Tod (erhöht) die Freude über das noch während Leben und spendet das berauschende Gefühl, eine Lebensgarantie erhalten zu haben." Und mit Elias Canetti gesprochen: „Der Augenblick des Überlebens (…) ist der Augenblick der Macht" (ebd.).

Tabelle 1: Typen des Körperkults

KÖRPERRELIGIÖSER TYPUS	ÄSTHETIK	DIÄTETIK	ASKESE	EKSTASE
Körperreligiöses Thema	Aussehen Inszenierung	Gesundheit Wellness	Anorexie sex. Enthaltsamkeit	Extremsport Sexualität
Sekundäre Institution	Medien Subkultur	Gesundheitsratgeber Wellnessbranche	Familie Internetcommunity	Stilgemeinschaft Partnerschaft
Letzter Sinn	Anerkennung	Wohlbefinden	Kontrolle	Rausch
Transzendenz-niveau	klein	klein	klein/mittel	groß

Die Tabelle fasst die vier Typen des Körperkults zusammen. Hinzuzufügen ist, dass die Abgrenzung zwischen den vier Typen des Körperkults realiter nicht vollkommen trennscharf ist. In der sozialen Wirklichkeit finden sich zweifelsohne Mischtypen, etwa die Mischtypen „asketische Ekstase" (z.B. Hungerkünstler) oder „asketische Ästhetik" (z.B. Bodybuilder). Die hier vorgenommene Differenzierung ist daher primär analytischer Art. Zweck der Typologie ist es, Formen und Inhalte des Körperkults als einer individualisierten Sozialform des Religiösen in systematisierender Weise zu verdeutlichen. Anhand des *Wellnesskults* soll diese Typologie nun beispielhaft vertieft werden.

4. Der Wellnesskult als verkörperte Diesseitsreligion[15]

Wellnessprodukte und -dienstleistungen erleben seit Jahren eine stetig steigende Nachfrage. So verkündet der Deutsche Wellnessverband auf seiner Homepage: „Der Megatrend Wellness ist Impulsgeber und Motor für den zweiten Gesundheitsmarkt. Innerhalb der vergangenen 20 Jahre hat sich ein Umsatz von mehr als 70

---

15   Die folgenden Ausführungen stützen sich auf eine frühere Publikation (Gugutzer 2010a).

Mrd. Euro pro Jahr entwickelt, mit einem jährlichen Umsatzplus von durchschnitt-
lich 6 Prozent."[16] Selbst wenn diese Zahlen ein wenig geschönt sein sollten, ist
unstrittig, dass Wellness boomt. Woher aber rührt der Erfolg dieses Körperkults?

Anknüpfend an die bisherigen Ausführungen lautet die nahe liegende Antwort auf diese Frage, dass sich der Wellnessboom entscheidend seiner *diesseits-
religiösen Funktion* verdankt. Der Wellnesskult ist ein spätmodernes religiöses
Marktmodell, dessen bunte Angebotspalette von immer mehr Menschen für eine
genussvolle Selbstsorge genutzt wird.[17] Im Unterscheid zu traditionellen Formen
der Religion ist das Heils- und Heilungsversprechen des Wellnesskults zwar ‚nur‘
diesseitsorientiert, dennoch oder gerade deshalb so erfolgreich. Die hohe Popularität des Wellnesskults wurzelt darin, dass es dieser individualisierten Sozialform
des Religiösen nicht darum geht, die Seele des Menschen zu retten, sondern dass
sie, wie es in zahlreichen Werbebroschüren von Wellnessanbietern heißt, vielfältige Optionen bereithält, die „Seele einfach mal baumeln zu lassen". Entscheidend
dabei ist, dass die Optionen und religiösen Themen des Wellnesskults körperlich-
sinnlich verpackt sind bzw. vermittelt werden. Selbstthematisierung ist im Wellnesskult gleichbedeutend mit der Thematisierung des eigenen Körpers und vor
allem des eigenen Leibes. Im Gegensatz etwa zum Fitness- oder Schönheitskult,
wo primär der Körper zum Objekt und Instrument der Selbstthematisierung wird,
ist es im Wellnesskult wesentlich der *Leib als Subjekt*, also das sinnlich-aistheti-
sche Potenzial des Menschen, das im Zentrum der Selbstthematisierung steht.[18]
Insofern die Sakralisierung des Selbst im Wellnesskult zuvorderst einer Sakralisierung des Leibes entspricht, kann dieser auch als institutionalisierte Gegen-
maßnahme gegen die „Leibvergessenheit" der Moderne (Meuser 2004) betrachtet werden. Darin liegt das zivilisationskritische Potenzial des Wellnesskults.

Der Wellnesskult repräsentiert eine individualisierte Sozialform des Religiösen, da sich hier eine spezifische Vergesellschaftungsform von Transzendenz zeigt – die *Thematisierung und Transformation des verkörperten Selbst*.
Die Transformation des verkörperten Selbst ist der letzte Sinn dieser verkörper-

---

16   www.wellnessverband.de. Zugegriffen: 30.03.2012).
17   Vgl. dazu in einem normativen Sinne als Teil einer Philosophie der Lebenskunst Schmid (2007,
      S. 196-202).
18   Diese Gegenüberstellung von Fitness- und Schönheitskult einerseits, Wellnesskult andererseits,
      ist zugespitzt und theoretisch ungenau. Denn vor dem Hintergrund der Dualität von Leib(sein)
      und Körper(haben) (vgl. dazu Gugutzer 2004, Kap. VI; 2012, Kap. I.3.1) ist es offenkundig,
      dass in jeder menschlichen (Be-)Handlung sowohl Körper als auch Leib involviert sind. Der
      Unterschied besteht hier darin, dass im Aufmerksamkeits- und (Be-)Handlungsfokus des
      Fitness- und Schönheitskults der sichtbare Körper, im Wellnesskult hingegen der spürbare
      Körper, also der Leib, steht.

ten Diesseitsreligion. Ein genauer Blick auf den *religiösen Diskurs* (4.1) und den *religiösen Praktiken und Ritualen* (4.2) im Wellnesskult soll das verdeutlichen.[19]

4.1 Der religiöse Wellnessdiskurs

Für den *religiösen Diskurs* ist es bedeutsam, dass es eine Art *Religionsstifter* und einige *Jünger* gibt, die als erste die zentrale *Glaubensdoktrin* des Wellnesskults entwickelt und populär gemacht haben. Als Religionsstifter gilt gemeinhin der amerikanische Sozialmediziner Halbert Louis Dunn. Dunn entwickelte in den 1950er Jahren ein holistisches Gesundheitskonzept, das physische, psychische, soziale und spirituelle Gesundheitsaspekte berücksichtigte, und das er mit dem Etikett „Wellness" versah (vgl. dazu Schroeter 2006, S. 76f.). Zu seinen ersten Jüngern zählt John Travis, der 1975 das erste Wellness-Zentrum der Welt gründete (vgl. Greco 2004, S. 293), wo er seine Klienten auf die Idee einschwor, dass jeder Einzelne für seine Gesundheit individuell verantwortlich sei. Zur Popularisierung des Wellness-Gedankens trugen sodann vor allem die *heiligen Schriften* von Donald Ardell bei, einem weiteren Wellness-Jünger der ersten Generation.

In den Texten dieser und anderer *religiöser Experten* sind die wesentlichen *religiösen Theorien* des Wellnesskults festgehalten. Zu den religiösen Theorien zählen insbesondere die gesellschaftlich vorherrschenden und wissenschaftlich legitimierten Gesundheitstheorien zu Ernährung, Bewegung und Entspannung. Seit den 1980er Jahren gehören dazu der Salutogenese-Ansatz von Aaron Antonovsky, die neue Gesundheitsdefinition der Weltgesundheitsorganisation WHO, die 1986 den Begriff „Gesundheit" durch den Begriff „Wohlbefinden" ersetzte, wie auch die Berücksichtigung des flow-Konzepts von Mihaly Csikszentmihalyi im Gesundheitsdiskurs. Wellness ist ein Konglomerat aus diesen Theorien. Wellness verknüpft den auf Eigenverantwortung und Selbstsorge ausgerichteten Gesundheitsbegriff mit einem die Verschmelzung von Handlung und Bewusstsein betonenden Glücksbegriff zu der Idee des Wohlbefindens (vgl. Mazumdar 2004).

---

19 Die Unterscheidung zwischen „religiösem Diskurs" und „religiöser Praxis" orientiert sich selbstredend nicht an Foucaults Diskursbegriff, da dieser bekanntlich zwischen „diskursiven" und „nicht-diskursiven Praktiken" differenziert hat (vgl. Foucault 1973). Stattdessen lehne ich mich hier an Émile Durkheims Verständnis von Religion an. Durkheim zufolge besteht der Kern der Religion aus Glaubensüberzeugungen und Glaubensvorstellungen einerseits, religiösen Praktiken und Ritualen andererseits, wobei sich Glaubensvorstellungen und Rituale auf einen Gegenstand des Sakralen zu beziehen haben (vgl. Durkheim 1981, S. 67; siehe dazu Knoblauch 1999, S. 63). Übertragen auf den Wellnesskult heißt das entsprechend, dass es hier typische religiöse Diskurse und Praktiken geben muss, die das sakralisierte verkörperte Selbst zum Gegenstand haben. Darum soll es im Weiteren gehen.

Wellness bedeutet damit mehr als Gesundheit. In den Worten des Deutschen Wellnessverbandes lautet das zentrale *Credo* des Wellnesskults: „genussvoll gesund leben" (www.wellnessverband.de. Zugegriffen: 30.03.2012). Dieses Credo – Gesundheit plus Genuss – ist die Kernbotschaft der *heiligen Texte* des Wellnesskults, wie sie vor allem in Form von Ratgeberbüchern vorliegen. Beispielhaft heißt es in einem der ersten deutschsprachigen Wellnessratgeber aus dem Jahr 1987: „Wellness heißt, Spaß an der Gesundheit zu haben und dabei Genießer zu bleiben" (Lautenschläger/Hamm/Lagerstrom 1987, S. 8). Ratgeberbücher bündeln die Glaubenssätze über das „Heilige" – das verkörperte Selbst – und vermitteln sie auf leicht eingängige und suggestive Weise an die *religiöse Gemeinde*. Die Sakralisierung des Selbst manifestiert sich dabei in typischen *Geboten* wie ,Tun Sie sich etwas Gutes', ,Nehmen Sie sich Zeit für das Wichtigste in ihrem Leben: sich selbst' oder ,Verwöhnen Sie sich, gehen Sie auf Egotrip'.[20]

Mit dieser radikalen Selbstzuwendung ist das *Heilsversprechen* verbunden, sich selbst zu erneuen, was sich in dem entsprechenden Gefühl, ,wie neu geboren' zu sein, äußern soll (vgl. Nüchtern 2006, S. 5). Wie Stefanie Duttweiler (2003, 2004) in ihren Diskursanalysen von Wellnessratgebern gezeigt hat, zielt der Wellness-Diskurs auf Selbststeuerung, Selbstführung, Selbstoptimierung und damit letztlich auf eine Transformation des eigenen Selbst. Im Wellness-Diskurs gehe es um Strategien und Prozesse zur Selbsttransformation mit dem Ziel, wie man mit Foucault sagen kann, „einen bestimmten Zustand von Vollkommenheit, Glück, Reinheit, übernatürlicher Kraft" zu erlangen (Foucault in: Duttweiler 2004, S. 77).

4.2 Religiöse Wellnesspraktiken und -rituale

Die religiöse Dimension des Wellnesskults zeigt sich primär in seinen *Praktiken und Ritualen*. Die Religiosität der Wellnesspraktiken und -rituale ergibt sich dabei aus deren räumlich-zeitlichen Kontexten. Wellnesspraktiken und -rituale sind typischerweise in einen Kontext eingebettet, der im traditionellen Sinne einem *religiösen Fest* entspricht. So meint der Theologe Matthias Schwarz: „Für die Rolle, die früher die kirchlichen Festzeiten hatten, als Auszeiten vom Alltag, als Feier des Lebens, und die heute zunehmend von Menschen in Frage gestellt werden, bietet sich die Wellnessbranche als Ersatz an" (Schwarz 2006, S. 48).[21] Die Ausübung des Wellnesskults ist eine *Festzeit*, eine Auszeit von der Hektik und dem Stress des Alltags, in der selbstredend nicht mehr Gott, sondern das verkörperte Selbst gefeiert wird (so auch Greco 2004, S. 297).

---

20   Den letzten Slogan übernehme ich aus Duttweiler (2004, S. 80).
21   Eine ähnliche These vertritt Nüchtern (2006, S. 11).

Unterscheiden lassen sich dabei zwei Arten von Festzeiten: Zum einen *au-ßeralltägliche* Festzeiten wie der einwöchige Wellnessurlaub oder der Aufenthalt in einem Day Spa, zum anderen *binnenalltägliche* Auszeiten in Form von kleinen Wellnessritualen im Alltag. Versprochen bzw. erhofft wird von solchen rituellen Auszeiten im Alltag, in denen Körper, Geist und Seele zugleich entspannt und gestärkt werden, eine Art empowerment-Effekt: Wellnessrituale im Alltag sind Auszeiten, in denen man Kraft tanken und seinen „Akku wieder aufladen" kann. Wellnessrituale strukturieren den Alltag und sollen so „emotionale Sicherheit und damit Ruhe und Halt" geben und das „Selbstwertgefühl" stärken (Weyand 2005, S. 10). Wer regelmäßig Wellnesspausen in seinen Alltag integriere, so heißt es in einem Ratgeber, tue damit nicht nur etwas für seine Wellness, sondern entwickle darüber hinaus „Selfness, also eine Verbesserung der eigenen Selbstkompetenz" (ebd.).

Der Festcharakter des Wellnesskults manifestiert sich am eindrücklichsten aber in den außeralltäglichen Wirklichkeiten der Wellnessoasen und Wellnesstempel. Der *individuelle Sabbath* in einem Wellnesstempel entspricht einer außeralltäglichen Erfahrung, insofern hier das leibliche Selbst in einer außergewöhnlichen Intensität gefeiert wird. In Wellnessoasen wird, wie Schmid (2007, S. 198) sagt, die

> „Sinnlichkeit des Selbst (.) wieder entdeckt durch ein inszeniertes Fest des Sehens, Hörens, Riechens, Schmeckens, aller Sinne also, die berührt und stimuliert werden mithilfe von Farben, Düften, Musik, Wärme, Ölen, Salben, sanftem Handauflegen, Massagen, Tanz und Gymnastik, Saunieren und Dampfbädern, altindischen Ayurveda-Behandlungen und chinesischen Atemtechniken in einem ästhetisch gestalteten Ambiente, das der Lust Genüge tut."

Auffällig ist ein gewisser *religiöser Synkretismus* der spätmodernen Sinnanbieter und Sinnsucher. Von der chinesischen Chi-Massage, der japanischen Lomi Lomi-Massage oder der indischen Ayurveda-Massage, über das römisch-irische Bad, das türkische Hamam oder das ägyptische Cleopatrabad bis zur altgriechischen Vier-Elemente-Behandlung oder der Hydrotherapie nach Pfarrer Sebastian Kneipp – die Wellnesstempel liefern aus nahezu allen Religionskulturen der Welt Anwendungs- und Übungsangebote, aus denen sich der einzelne Konsument sein individuelles Verwöhn- und Heilprogramm zusammenstellen kann.

Auffällig an den Wellnesspraktiken ist aber vor allem anderen, dass im Fokus der Zelebration des Selbst die Sinne stehen, und hierbei vor allem die Nahsinne. Im Mittelpunkt der Wellnessangebote stehen Bäder, Saunen, Massagen und Packungen, also körperliche Praktiken, die das Selbst leiblich-affektiv berühren. Im Besonderen ist es der Spürsinn (vgl. Gugutzer 2002), der durch Wellnessanwendungen angesprochen werden soll. Es ist sicher kein Zufall, wie der Vorsitzende des Deutschen Wellnessverbands, Lutz Hertel, meint, dass „Massagen (..]) ganz oben auf der Hitliste der Anwendungen (stehen)." Bei Massagen gehe es nämlich um „Berührung, das Aufspüren von wunden Punkten, Streichen und Streicheln. Die Anwendungen", so Hertel, „dauern bis zu zwei Stunden. Wer bekommt im Alltag so viel ungeteilte Zuwendung?" (zit. n. Schwarz 2006, S. 48).

Die praktisch-rituelle Seite des Wellnesskults kann daher wohl zu Recht, wie Schmid (2007, S. 198) sagt, als eine lebensphilosophische „Kunst der Berührung" bezeichnet werden. Wellnesspraktiken feiern das leibliche Selbst auf außeralltägliche weil spürbare Weise. Wellnesspraktiken und -rituale im Kontext von festlich inszenierten Wellnesstempeln berühren das innerste Selbst aber nicht nur auf leiblicher, sondern unter Umständen auch auf geistiger oder gar metaphysischer Ebene. Dies vor dem Hintergrund, dass Wellnessoasen immer auch Praktiken und Rituale der Stille, Ruhe und Muße anbieten, und in einem solchen Raum der Stille und Muße (vgl. ebd.) die Grenzen des eigenen, endlichen Daseins denkend und spürbar überschritten werden können.

Vermutlich ist es diese Option, in einem Raum der Stille und Muße die Begrenztheit des eigenen Selbst zu erfahren, die wesentlich dafür ist, dass der Wellnesskult zunehmend an einem traditionell außerweltlichen Ort praktiziert wird, nämlich in Klöstern.[22] Dass Wellness nun auch in Klöstern angeboten und nachgefragt wird, kann als letzter Beweis für die religiöse Dimension des Wellnesskults (vgl. Bartens 2008) aufgefasst werden.

Zusammenfassend kann festgehalten werden, dass der Erfolg des Wellnesskults auf dessen religiöser Funktion als einer zeitgemäßen Sakralisierung des Profanen – des verkörperten Selbst – basiert. Im Medium körperlicher Praktiken und leiblicher Erfahrungen kann diese individualisierte Sozialform des Religiösen zur Selbstermächtigung des Individuums und zur Stärkung personaler Ressourcen beitragen. Vor diesem Hintergrund ist es verkürzt oder einseitig zu sagen, der Wellnesskult kultiviere lediglich eine neoliberale Sorge um sich selbst, wie das im sozialwissenschaftlichen Wellnessdiskurs bevorzugt getan wird (vgl. z.B. Duttweiler 2004; Schroeter 2006). Der Wellnesskult vermittelt eher oder zumindest auch, in den Worten Gernot Böhmes (2008), eine „Ethik leiblicher Existenz". Der Wellnesskult ist damit zwar nicht per se ein Garant von Selbstsicherheit und Selbstverwirklichung, aber vor dem Hintergrund gesellschaftlicher Ambivalenzen, Kontingenzen und Unsicherheiten ist er doch zumindest eine praktische

---

22   Das bekannteste Wellness-Kloster Deutschlands dürfte Kloster Arenberg bei Koblenz sein (www.kloster-arenberg.de).

Möglichkeit, die eigene Leiblichkeit als Quelle des Selbst[23] zu erschließen und auf diesem Weg ein Gefühl der Selbstsicherheit und Selbststärke zu entwickeln.

Literatur

Bartens, Werner (2008). Blödness. Well, well, und wie entspannen Sie? Im Schweige-Kloster? Im Schoko-Bad? Im Wellness-Wald? Eine kleine Erholungsanalyse. *Süddeutsche Zeitung*, 5./6.07.08, Wochenende S. I.

Baumann, Zygmunt (1992). *Moderne und Ambivalenz. Das Ende der Eindeutigkeit*. Hamburg: Junius.

Beck, Ulrich (1986). *Risikogesellschaft. Auf dem Weg in eine andere Moderne*. Frankfurt am Main: Suhrkamp.

Beck, Ulrich & Beck-Gernsheim, Elisabeth (1993). Nicht Autonomie, sondern Bastelbiographie. Anmerkungen zur Individualisierungsdiskussion am Beispiel des Aufsatzes von Günter Burkart. *Zeitschrift für Soziologie*, 22, 178-187.

Berger, Peter L. (1973). *Zur Dialektik von Religion und Gesellschaft*. Frankfurt am Main: Fischer.

Berger, Peter, L. (1974). Some second thoughts on substantive versus functional definitions of religion. *The Scientific Study of Religion*, 13, 125-133.

Berger, Peter L. (1980). *Der Zwang zur Häresie. Religion in der pluralistischen Gesellschaft*. Frankfurt am Main: Fischer.

Bette, Karl-Heinrich (1989). *Körperspuren. Zur Semantik und Paradoxie moderner Körperlichkeit*. Berlin/New York: de Gruyter.

Bette, Karl-Heinrich (1999). Sport und Individualisierung. In: ders., *Systemtheorie und Sport* (S. 147-191). Frankfurt am Main: Suhrkamp.

Bette, Karl-Heinrich (2004). *X-treme. Zur Soziologie des Abenteuer- und Risikosports*. Bielefeld: transcript.

Bette, Karl-Heinrich (2005). Risikokörper und Abenteuersport. In: M. Schroer (Hrsg.), *Soziologie des Körpers* (S. 295-322). Frankfurt am Main: Suhrkamp.

Böhme, Gernot (2008). *Ethik leiblicher Existenz. Über unseren moralischen Umgang mit der eigenen Natur*. Frankfurt am Main: Suhrkamp.

Bourdieu, Pierre (1982). *Die feinen Unterschiede. Kritik der gesellschaftlichen Urteilskraft*. Frankfurt am Main: Suhrkamp.

Coakley, Sarah (1997a). Introduction: religion and the body. In: dies., (Hrsg.), *Religion and the Body* (S. 1-12). Cambridge: University Press.

Coakley, Sarah (Hrsg.) (1997b). *Religion and the Body*. Cambridge: University Press.

Degele, Nina (2004). *Sich schön machen. Zur Soziologie von Geschlecht und Schönheitshandeln*. Wiesbaden: VS.

Degele, Nina (2007). Schönheit – Erfolg – Macht. *Aus Politik und Zeitgeschichte*, 18, 26-32

---

23 Zu den leiblichen Quellen des Selbst siehe exemplarisch Gugutzer (2010b; 2011).

Durkheim, Émile (1981). *Die elementaren Formen des religiösen Lebens.* Frankfurt am Main: Suhrkamp.

Duttweiler, Stefanie (2003). Body-Consciousness – Fitness – Wellness – Körpertechnologien als Technologien des Selbst. *Widersprüche. Zeitschrift für sozialistische Politik im Bildungs-, Gesundheits- und Sozialbereich* 23(87), 31-43.

Duttweiler, Stefanie (2004). „Lassen Sie es sich gut gehen!" – Das eherne Wellness-Gebot. In: A. Legnaro & A. Schneider (Hrsg.), *Suchtränder* (S. 73-89). Münster: Lit.

Franke, Elk (2000). Der Sport – die Religion des 20. Jahrhunderts? In: H. Schwaetzer & H. Stahl-Schwaetzer (Hrsg.), *Explicatio mundi: Aspekte theologischer Hermeneutik* (S. 219-239). Regensburg: Roderer.

Friedrich, Marcus A. (2005). Körper. In: K. Fechtner, G. Fermor, U. Pohl-Patalong & H. Schroeter-Wittke (Hrsg.), *Handbuch Religion und Populäre Kultur* (S. 159-169). Stuttgart: Kohlhammer.

Foucault, Michel (1973). *Archäologie des Wissens.* Frankfurt am Main: Suhrkamp.

Foucault, Michel (1976). *Überwachen und Strafen. Die Geburt des Gefängnisses.* Frankfurt am Main: Suhrkamp.

Gabriel, Karl (Hrsg.) (1996). *Religiöse Individualisierung oder Säkularisierung. Biographie und Gruppe als Bezugspunkte moderner Religiosität.* Gütersloh: Kaiser.

Gerlinghoff, Monika & Backmund, Herbert (2000). *Was sind Ess-Störungen? Ein kleines Handbuch zur Diagnose, Therapie und Vorbeugung.* Weinheim/Basel: Beltz.

Giddens, Anthony (1990). *The Consequences of Modernity.* Cambridge: Polity Press.

Giddens, Anthony (1991). *Modernity and Self-Identity. Self and Society in the Late Modern Age.* Cambridge: Polity Press.

Greco, Monica (2004). Wellness. In: U. Bröckling, S. Krasmann & T. Lemke (Hrsg.), *Glossar der Gegenwart* (S. 293-299). Frankfurt am Main: Suhrkamp.

Gugutzer, Robert (2002). *Leib, Körper und Identität. Eine phänomenologisch-soziologische Untersuchung personaler Identität.* Wiesbaden: Westdeutscher Verlag.

Gugutzer, Robert (2004). *Soziologie des Körpers.* Bielefeld: transcript.

Gugutzer, Robert (2005). Der Körper als Identitätsmedium: Essstörungen. In: M. Schroer (Hrsg.), *Soziologie des Körpers* (S. 323-355). Frankfurt am Main: Suhrkamp.

Gugutzer, Robert (2008). Sport im Prozess gesellschaftlicher Individualisierung. In: K. Weis & R. Gugutzer (Hrsg.), *Handbuch Sportsoziologie* (S. 88-99). Schorndorf: Hofmann.

Gugutzer, Robert (2010a). „Lassen Sie doch mal Ihre Seele baumeln". Der Wellnesskult als verkörperte Diesseitsreligion. In: H.-G. Soeffner (Hrsg.), *Unsichere Zeiten. Herausforderungen gesellschaftlicher Transformation* (S. 1-8). Verhandlungen des 34. Kongresses der Deutschen Gesellschaft für Soziologie in Jena 2008 (CD-ROM). Wiesbaden: VS-Verlag.

Gugutzer, Robert (2010b). *Die leiblichen Quellen des Selbst. Eine leibphänomenologische Kritik am Verständnis neuzeitlicher Identität von Charles Taylor.* Vortrag auf dem 35. Kongress der Deutschen Gesellschaft für Soziologie, Frankfurt am Main, 14.10.2010.

Gugutzer, Robert (2011). Personale Identität als reflexive Leiblichkeit. Ein lebenskünstlerischer Entwurf. In: V. Begemann & S. Rietmann (Hrsg.), *Soziale Praxis gestalten. Orientierungen für ein gelingendes Leben* (S. 57-67). Stuttgart: Kohlhammer.

Gugutzer, Robert (2012). *Verkörperungen des Sozialen. Neophänomenologische Grundlagen und soziologische Analysen.* Bielefeld: transcript.

Helle, Horst Jürgen (1989). Einleitung. In: G. Simmel, *Gesammelte Schriften zur Religionssoziologie* (S. 7-35). Berlin: Duncker und Humblot.

Knijff, Melanie (2006). *Hybride Sinnsysteme in Informationsnetzwerken. Moderne Identitätsbildung und Heilssuche über den menschlichen Körper*. Frankfurt am Main et al.: Peter Lang.

Knoblauch, Hubert (1991). Die Verflüchtigung der Religion ins Religiöse. Thomas Luckmanns Unsichtbare Religion. In: T. Luckmann, *Die unsichtbare Religion* (S. 7-44). Frankfurt am Main: Suhrkamp.

Knoblauch, Hubert (1999). *Religionssoziologie*. Berlin/New York: de Gruyter.

Knoblauch, Hubert (2001). Ekstatische Kultur. Zur Kulturbedeutung der unsichtbaren Religion. In: A. Brosziewski, T. S. Eberle & C. Maeder (Hrsg.), *Moderne Zeiten. Reflexionen zur Multioptionsgesellschaft* (S. 153-167). Konstanz: UVK.

Knoblauch, Hubert (2009). *Populäre Religion. Auf dem Weg in eine spirituelle Gesellschaft*. Frankfurt am Main: Campus.

Koch, Alois (2000). Der moderne Sport – eine säkularisierte Religion? Aufweis am Beispiel des Olympismus und anderer „Phänomene". In: W. Schwank & A. Koch (Hrsg.), *Begegnung* (S. 35-50). Aachen: Meyer & Meyer.

Krech, Volkhard (1999). *Religionssoziologie*. Bielefeld: transcript.

Krech, Volkhard (2011). *Wo bleibt die Religion? Zur Ambivalenz des Religiösen in der modernen Gesellschaft*. Bielefeld: transcript.

Lautenschläger, Franz, Hamm, Michael & Lagerstrom, Dieter (1987). *Wellness. Die neue Fitness*. München: Goldmann.

LeBreton, David (1995). *Lust am Risiko. Von Bungee-Jumping, U-Bahnsurfen und anderen Arten, das Schicksal herauszufordern*. Frankfurt am Main: dipa.

Liebsch, Katharina (2001). *Panik und Puritanismus. Über die Herstellung traditionellen und religiösen Sinns*. Opladen: Leske + Budrich.

Luckmann, Thomas (1980). *Lebenswelt und Gesellschaft. Grundstrukturen und geschichtliche Wandlungen*. Paderborn: Schöningh (UTB).

Luckmann, Thomas (1985). Über die Funktion der Religion. In: P. Koslowski (Hrsg.), *Die religiöse Dimension der Gesellschaft. Religion und ihre Theorien* (S. 26-41). Tübingen: J.C.B. Mohr.

Luckmann, Thomas (1991 [1967]). *Die unsichtbare Religion*. Frankfurt am Main: Suhrkamp.

Luckmann, Thomas (2002). Schrumpfende Transzendenzen, expandierende Religion. In: ders., *Wissen und Gesellschaft. Ausgewählte Aufsätze 1981-2002* (hrsgg., teilw. übers. u. eingel. v. Hubert Knoblauch, Jürgen Raab u. Bernt Schnettler) (S. 139-154). Konstanz: UVK.

Mazumdar, Pravu (2004). Der Gesundheitsimperativ. *Widerspruch. Münchner Zeitschrift für Philosophie*, 42, 11-24.

Mellor, Philip A. & Shilling Chris (1997). *Re-Forming the Body. Religion, Community and Modernity*. London et al.: Sage.

Meuser, Michael (2004). Zwischen „Leibvergessenheit" und „Körperboom". Die Soziologie und der Körper. *Sport und Gesellschaft*, 1(3), 197-218.

Nüchtern, Michael (2006). „Weil ich es mir wert bin" oder: Die große Lust auf Wellness. In: U. Dehn & E. Godel (Hrsg.), *„Du salbest mein Haupt mit Öl... ". Wellness – Körperkultur oder Sinnfrage* (EZW-Texte Nr. 183/2006) (S. 4-13). Berlin: Evangelische Zentralstelle für Weltanschauungen.

Oevermann, Ulrich (1996). Das Strukturmodell der Religiosität. In: K. Gabriel (Hrsg.), *Religiöse Individualisierung oder Säkularisierung* (S. 29-40). Gütersloh: Gütersloher Verlagshaus.

Pollack, Detlev (1996). Individualisierung statt Säkularisierung? Zur Diskussion eines neuen Paradigmas in der Religionssoziologie. In: K. Gabriel (Hrsg.), *Religiöse Individualisierung oder Säkularisierung. Biographie und Gruppe als Bezugspunkte moderner Religiosität* (S. 57-85). Gütersloh: Kaiser.

Pollack, Detlev & Pickel, Gert (1999). Individualisierung und religiöser Wandel in der Bundesrepublik Deutschland. *Zeitschrift für Soziologie*, 28(6), 465-483.

Scharenberg, Swantje (1999). Religion and sport. In: J. Riordan & A. Krüger (Hrsg.), *The International Politics of Sport in the Twentieth Century* (S. 90-104). London/New York: E & FN SPON.

Schmid, Wilhelm (2007). *Mit sich befreundet sein. Von der Lebenskunst im Umgang mit sich selbst.* Frankfurt am Main: Suhrkamp.

Schroter, Klaus R. (2006). Fitness und Wellness als gesellschaftliche Imperative. *Zeitschrift für Frauenforschung & Geschlechterforschung*, 24(4), 69-89.

Schütz, Alfred & Luckmann, Thomas (2003). *Strukturen der Lebenswelt.* Konstanz: UVK.

Schwarz, Matthias (2006). Wellness – Körperkultur oder Sinnfrage? In: U. Dehn & E. Godel (Hrsg.), *„Du salbest mein Haupt mit Öl... ". Wellness – Körperkultur oder Sinnfrage* (EZW-Texte Nr. 183/2006) (S. 46-52). Berlin: Evangelische Zentralstelle für Weltanschauungen.

Simmel, Georg (1989). *Gesammelte Schriften zur Religionssoziologie* (Hrsg. u. mit e. Einl. von Horst Jürgen Helle). Berlin: Duncker und Humblot.

Simpson, John H. (1993). Religion and the body. Sociological themes and prospects. In: W. H. Swatos, Jr. (Hrsg.), *A Future for Religion? New Paradigms for Social Analysis* (S. 149-164). London et al.: Sage.

Soeffner, Hans-Georg (2000). Das ‚Ebenbild‘ in der Bilderwelt. Religiosität und die Religionen. In: ders., *Gesellschaft ohne Baldachin. Über die Labilität von Ordnungskonstruktionen* (S. 97-123). Weilerswist: Velbrück.

Turner, Brayn (1980). The body and religion: towards an alliance of medical sociology and sociology of religion. *Annual Review of the Social Science of Religion*, 4, 247-286.

Turner, Bryan (1997). The body in western society: social theory and its perspectives. In: S. Coakley (Hrsg.), *Religion and the Body* (S. 15-41). Cambridge: University Press.

Weber, Max (1988). Die protestantische Ethik und der Geist des Kapitalismus. In: M. Weber, *Gesammelte Aufsätze zur Religionssoziologie I* (S. 17-206). Tübingen: Mohr.

Weis, Kurt (1995). Sport und Religion – Sport als soziale Institution im Dreieck zwischen Zivilreligion, Ersatzreligion und körperlich erlebter Religion. In: J. Winkler & K. Weis (Hrsg.), *Soziologie des Sports* (S. 127-150). Opladen: Westdeutscher Verlag.

Weis, Kurt (2004). Religionsähnliche Phänomene im Sport. In: B. Vogel (Hrsg.), *Spuren des Religiösen im Denken der Gegenwart* (S. 343-364). München: Allitera.

Weis, Kurt (2008). Sport im Prozess der Säkularisierung. In: K. Weis & R. Gugutzer (Hrsg.), *Handbuch Sportsoziologie* (S. 75-87). Schorndorf: Hofmann.

Weyand, Giso (2005). Vorwort. In: *Das kleine Wellness-Buch. Fit und entspannt in 90 Sekunden* (S. 9-12). München: dtv.

Wohlrab-Sahr, Monika (Hrsg.) (1995). *Biographie und Religion. Zwischen Ritual und Selbstsuche.* Frankfurt am Main/New York: Campus.

Wulf, Christoph (1989). Der Körper der Götter. In: D. Kamper & C. Wulf (Hrsg.), *Transfigurationen des Körpers. Spuren der Gewalt in der Geschichte* (S. 11-22). Berlin: Reimer.

Ziebertz, Hans-Georg (2002). Warum die religiöse Dimension der Wirklichkeit erschließen? *Theo-Web. Zeitschrift für Religionspädagogik*, 1(1), 46-63.

Internetquellen

http://www.foreverperfect.de.tl/DIE-10-GEBOTE.htm?PHPSESSID=27e01e63fbcb237ad05
73d27eed4e7c1. Zugegriffen: 08.01.2009.

http://www.kloster-arenberg.de. Zugegriffen: 16.09.2008.

http://www.wahreliebewartet.de. Zugegriffen: 10.03.2008.

http://www.wellnessverband.de/infodienste/marktdaten/080328_zukunftsmarktwellness.php. Zugegriffen: 30.03.2012.

Asien als Alternative oder Kompensation? Spirituelle Körperpraktiken und ihr transformatives Potential (nicht nur) für das religiöse Feld

Uta Karstein/Friederike Benthaus-Apel

1. Einleitung

Die 1960er Jahre gelten in der religionssoziologischen Forschung als eine wichtige Zäsur im Transformationsprozess von Religion in westlichen Industriegesellschaften (Damberg 2011). Dieses Jahrzehnt gilt Historikern wie Soziologen als dasjenige, in dem der sich schon vorher abzeichnende europäische Säkularisierungsprozess an Dynamik noch einmal deutlich zunahm (vgl. McLeod 2005, Pollack 2003, Hölscher 2011). Dies trifft auch für den ehemaligen Ostblock zu. Abgesehen von Ländern wie Polen und der (jetzigen) Slowakei sanken auch hier die Mitgliedschaftszahlen der Kirchen rapide – begünstigt durch eine dezidiert säkularistische Politik der kommunistischen Staatsparteien (vgl. Pollack 2003, Pollack/Borowik/Jagodzinski 2006, Wohlrab-Sahr/Karstein/Schmidt-Lux 2009). Darüber hinaus steht dieses Jahrzehnt aber auch für den Beginn eines – zumindest in Westeuropa – zunehmenden Prozesses der Ausdifferenzierung des religiösen Feldes. Diagnostiziert wird – häufig im Anschluss an Thomas Luckmann (1991) – eine Individualisierung, Privatisierung und Pluralisierung von Religion, die damit einen grundlegenden Gestaltwandel erfährt. Hier hat die Rede von der Popularisierung des Religiösen (Knoblauch 2009) oder von Diesseitsreligionen (Honer/Kurt/Reichertz 1999) und die Erforschung verschiedener Prozesse der Sakralisierung – beispielsweise der Musik oder der Gesundheit – ihren Platz (vgl. Fischer 2004, Gabriel 2010). Von Vertretern dieser Forschungsrichtung wird dabei häufig betont, dass ein solcher Gestaltwandel nicht notwendigerweise mit einem Bedeutungsverlust von Religion generell einhergeht.

Bislang ist in der religionssoziologischen Debatte nicht entschieden, ob die Ausdifferenzierung des religiösen Feldes mit einem gesamtgesellschaftlichen Rückgang religiösen Engagements einhergeht oder zu einer Zunahme religiöser Aktivität führt (vgl. Chaves/Gorski 2001, Krech/Hero 2011). Je nach Land stellen sich die Verhältnisse anders dar, und in der Gesamtschau ergibt sich ein äußerst widersprüchliches Bild. Auch im vorliegenden Beitrag kann und wird diese Frage nicht geklärt werden. Fokussiert werden soll vielmehr eine spezifische Begleiterscheinung dieser Privatisierungs-, Individualisierungs- und Pluralisierungsprozesse. Dies führt weg von der Frage nach einem Mehr oder Weniger von Religion und hin zu den qualitativen Veränderungen, die mit diesen Entwicklungen für das religiöse Feld verbunden sind. Dabei konzentrieren wir uns vor allem auf die Bedeutung, die den alternativen Formen des Religiösen zukommt. Darunter fasst man zum einen neue Sekten und religiöse Bewegungen wie Scientology, die Kinder Gottes, die Sannyasins und die Hare Krishna, daneben die Esoterik (Tarot, Astrologie etc.), aber auch das Phänomen des „New Age" und die in diesem Zusammenhang auftretende Propagierung körperorientierter Praktiken wie Yoga, Meditation und Tanz.

Vor allem mit diesen fernöstlich inspirierten *körperorientierten* Formen alternativer Religiosität bzw. „Spiritualität"[1] wird sich der vorliegende Aufsatz näher beschäftigen. Bei den hier zu beschreibenden gesellschaftlichen Veränderungen kommt ihnen unseres Erachtens eine zentrale Rolle zu. Dabei lassen sich in einem ersten Zugriff zwei Varianten spiritueller Körperpraktiken unterscheiden. Während es bei Formen wie der Klangschalenmassage, Reiki oder Shiatsu nur zu einem vorübergehenden Kontakt zwischen den jeweiligen Experten und ihren ‚Kunden' kommt, zeichnen sich Yoga, Tai Chi oder Qi Gong durch längere Interaktionsbeziehungen zwischen den Lehrern und ihren Schülern aus. Zudem werden hier Techniken selbst angeeignet – entsprechende Kurse haben daher aktivierenden Charakter. Gemeinsam ist all diesen Formen jedoch, dass sie den traditionell christlichen Vorstellungen über die Erlangung von Heilung und Heil eine spezifische Alternative entgegensetzen, deren Zentrum die Körperarbeit ist. Damit verknüpft sind Angebote der Selbst- und Weltdeutung, die vor allem das Subjekt ins Zentrum der Betrachtung rücken und mit Transzendenzbezügen operieren.

Neben einer Übersicht über bisherige Befunde verfolgt der vorliegende Aufsatz die Absicht, diese spirituellen Körperpraktiken theoretisch zu kontextualisieren und nach den Gründen für ihre aktuelle Popularität zu fragen. Diesem Unterfangen liegt das von dem französischen Soziologen Pierre Bourdieu entwickelte Konzept sozialer Felder zugrunde (vgl. Bourdieu 2000, 2001, 2005 u.ö.).

---

1   Der Terminus „Spiritualität" wird vor allem im religiösen Feld selbst verwendet (hier als Abgrenzung zur kirchlich verfassten, dogmatischen Religiosität). Das macht seine wissenschaftliche Verwendung nicht gerade leichter (vgl. Wohlrab-Sahr/Karstein/Schaumburg 2005, S. 154). Dennoch hat er sich dank einer erfolgreichen Begriffsarbeit von Hubert Knoblauch (2005, 2009 u.ö.) und anderen auch in religionswissenschaftlichen und religionssoziologischen Abhandlungen zunehmend eingebürgert. Demnach zeichnet sich Spiritualität durch einen ausgeprägten Anti-Institutionalismus und Anti-Dogmatismus sowie durch die Betonung der Subjektivität und eine grundlegende Erfahrungsorientierung aus.

Dieses relational angelegte Konzept, das mehr einem heuristischen Forschungsprogramm als einer ausgearbeiteten Theorie entspricht (Bernhard/Schmidt-Wel-
lenburg 2012), ermöglicht zweierlei. Zum einen erlaubt es, den mit den neuen religiösen Akteuren einsetzenden Veränderungsprozess im Bereich des Religiösen
als einen Transformationsprozess zu erfassen, der nachhaltige Effekte auch auf
die angestammten religiösen Akteure wie die großen Volkskirchen ausübt. Zum
anderen erlaubt das Konzept einen Blick über das religiöse Feld hinaus. Denn bei
genauerer Betrachtung wird schnell deutlich, dass sich diese neuen religiösen Akteure eindeutigen Zuordnungen entziehen. Der für sie typische Anspruch auf eine
ganzheitliche Betrachtung des Menschen setzt sich über bislang institutionalisierte
Feldgrenzen und damit verbundene Professionsverständnisse tendenziell hinweg
und betrifft daher nicht nur das religiöse Feld, sondern mindestens auch die Felder der Medizin und des Sports. Daher wird die These vertreten, dass es sich bei
den gegenwärtig zu beobachtenden Entwicklungen um Formen der *Entdifferenzierung* handelt, die gleich mehrere soziale Felder betreffen und deren Reichweite
und Dauerhaftigkeit zum gegenwärtigen Zeitpunkt noch nicht abzusehen sind.[2]

Wir werden im Folgenden neben einer kurzen Darstellung des Konzeptes
des sozialen Feldes einige einschlägige Befunde zum alternativen Pol des religiösen Feldes referieren, die sich sowohl auf die Seite der spirituellen Akteure als
auch die der Nutzer beziehen. Im Anschluss werden wir nach den Effekten dieser Szene auf das religiöse Feld insgesamt fragen. In einem weiteren Schritt geht
es um die Auslotung der gegenwärtigen Transformationsprozesse in den Feldern
der Medizin und des Sports.[3] Im abschließenden Teil des Beitrags werden wir
einige zusammenfassende Betrachtungen anstellen, die nach den sozialstrukturellen Ursachen der Attraktivität fernöstlich inspirierter Körperpraktiken in unserer Gesellschaft fragen.

---

2   Dabei knüpfen wir an religionssoziologische Befunde und Interpretationsansätze wie die
     von Hubert Knoblauch (2005, 2009) und Markus Hero (2011a, b) an, die die Loslösung des
     Religiösen „aus den einst dafür als alleinzuständig angesehenen Institutionen, den Kirchen
     oder ‚Sekten'" und ihre vermehrte Verbreitung durch „Instanzen und Akteure, die den Be-
     reich genuin auf Religion spezialisierter Institutionen verlassen haben" (Hero 2011a, S. 55)
     beschreiben und dabei wichtige Aspekte zutage gefördert haben. Die Analyse und Darstellung
     dieser Entwicklung aus einer feldtheoretischen Perspektive stellt jedoch unseres Erachtens
     eine dazu notwendige und noch ausstehende Ergänzung dar.

3   Diese Darstellungen skizzieren die Entwicklungen in den beiden Feldern eher, als sie ausführlich
     und erschöpfend darzustellen, nehmen allerdings für sich in Anspruch, die hier eingeschlagene
     Argumentation stützen und untermauern zu können.

2. Transformation des religiösen Feldes – theoretische Überlegungen und empirische Befunde

2.1 Zum Konzept des sozialen Feldes

Für die nun folgende weiterführende Diskussion der empirischen Befunde orientieren wir uns am Konzept sozialer Felder, wie es von dem französischen Soziologen Pierre Bourdieu vorschlagen wurde (2000, 2001, 2005, Bourdieu/Wacquant 1996). Dabei beziehen wir uns vor allem auf dessen Arbeiten zum religiösen Feld (vgl. Bourdieu 2009). Bourdieu zufolge entsteht ein soziales Feld, wenn sich ein Stab von Experten herausbildet, die im Ringen um einen spezifischen Interessensgegenstand Spielregeln ausbilden, die nur für dieses Feld Gültigkeit besitzen. Jedes Feld weist demnach eine Eigenlogik auf, die nicht auf andere Funktionslogiken zurückgeführt werden kann. In dem Maße, wie dabei Einflüsse von außen abgewehrt werden können, steigt der Grad der Autonomie eines solchen Feldes. Treten beispielsweise gesamtgesellschaftliche Veränderungen auf, so wirken sich diese nicht direkt auf ein Feld aus, sondern erscheinen gewissermaßen „übersetzt" in feldspezifische Positionen. Dabei konstituiert das Feld eine „eigene Seite des ‚Wirklichen'" (Cassirer). Seine konkreten Grenzen können dabei allerdings immer wieder zum Gegenstand von Kämpfen werden. Einmal etabliert, stellen soziale Felder für die Akteure einen „*Raum des Möglichen* dar, der ihrer Suche eine Orientierung gibt, indem er das Universum der Probleme, Bezüge, geistigen Fixpunkte (…), -ismen usw., kurz, (…) das ganze Koordinatensystem absteckt, das man im Kopf – was nicht heißt im Bewusstsein – haben muss, um mithalten zu können" (Bourdieu 1998, S. 55). Damit verbundene Zwänge und Anforderungen „setzen sich denjenigen – und nur ihnen – gegenüber durch, die, weil mit dem Spiel-Sinn, das heißt mit dem Sinn für die immanente Notwendigkeit des Spiels, ausgestattet, präpariert sind, sie zu erfassen und ihnen nachzukommen" (Bourdieu 1992, S. 84).

Im Unterschied zu anderen differenzierungstheoretischen Ansätzen, in denen vor allem das Argument der Leistungssteigerung durch zunehmende gesellschaftliche Differenzierung hervorgehoben wird, macht Bourdieu auch auf das Herrschaftsmoment aufmerksam, das der Herausbildung und Etablierung sozialer Felder innewohnt, da mit diesen immer auch Formen des Ein- und des Ausschlusses einhergehen. Darüber hinaus üben Felder einen disziplinierenden Effekt auf diejenigen aus, die als Akteure in das Feld eintreten, da sie sich dessen Spielregeln unterwerfen müssen, um mithalten und Position beziehen zu können. Zudem erfolgt über die sozialen Felder zum einen die Restrukturierung des

Habitus[4] und zum anderen die Definition von Zugangs- und Ausschlusskriterien der Akteure (vgl. Bourdieu 1998, 2001; Bourdieu/Wacquant 1996). Nicht zuletzt macht sich das Herrschaftsmoment daran fest, dass die Positionen innerhalb des Feldes hierarchisch angeordnet sind – die Träger und Repräsentanten befinden sich also zueinander in einem Verhältnis von Dominanz und Marginalität oder – wie Bourdieu es ausdrückt – in einem Verhältnis von Orthodoxie und Heterodoxie. Als heuristisches Modell funktioniert das Feldkonzept damit sowohl für die Religion des Mittelalters, wie für das Kunstfeld des 19. Jahrhunderts oder für das aktuelle Feld der Medizin.

2.2 Das religiöse Feld

Das, was nun das religiöse Feld vor allen anderen Feldern auszeichnet, ist der spezifische Gegenstand des Interesses. Dabei handelt es sich auf Seiten der Spezialisten um die Macht, über die Implementierung eines religiösen Habitus „dauerhaft und tiefgreifend Einfluss auf die Praxis und Weltsicht der Laien zu nehmen" (Bourdieu 2000, S. 23). Dies ist das gemeinsame Interesse aller Experten im Feld, und ihre Beziehungen untereinander definieren sich durch die Auseinandersetzungen um diese Macht.[5] Umgekehrt erwarten die Laien von den „Spezialisten der Verwaltung von Heilsgütern" (ebd., S. 51) die Ausübung magisch oder religiös motivierten Handelns, das entweder die Bezwingung von bösen Schicksalsmächten oder Naturgewalten oder die Rechtfertigung für ihre Existenz und ihre Stellung in der Welt zum Ziel hat.

Zu den wichtigsten Akteuren im religiösen Feld – sofern sich systematische Erlösungslehren historisch Bahn gebrochen haben – zählte Bourdieu in Anlehnung an Max Weber Priester, Propheten und Zauberer. Die Priester stehen hier nicht nur für die Vertreter einer systematisierten, veralltäglichten Lehre, die mit dem Vorhandensein einer anstaltsartigen Gemeinschaft (Kirche) und geregeltem, regelmäßigem Heilsbetrieb einhergeht. Als Akteurstyp stellen sie für Bourdieu tendenziell auch die Inhaber orthodoxer Positionen dar, also Positionen, die eta-

---

4 Bourdieu sagt hierzu: „Der Habitus als Spielsinn ist das zur Natur gewordene, inkorporierte soziale Spiel. Nichts ist zugleich freier und zwanghafter als das Handeln eines guten Spielers. (...) Als im Körper, im biologischen Einzelwesen eingelagertes Soziales ermöglicht der Habitus, die im Spiel als Möglichkeiten und objektive Anforderungen angelegten vielfältigen Züge und Akte auszuführen" (Bourdieu 1992, S. 84).

5 Folgt man Bourdieu, spielt es demnach zunächst keine Rolle, ob es sich dabei um Vertreter esoterischer, weltanschaulicher oder klassisch religiöser Deutungsangebote handelt. Andere Äußerungen legen hingegen nahe, dass Bourdieu durchaus zwischen ‚genuin' religiösen und nur funktional äquivalenten Deutungsangeboten unterscheidet. Zu einer detaillierten Auseinandersetzung mit dem Religionsbegriff Bourdieus vgl. Karstein (2011).

bliert und anerkannt sind und die eine beherrschende Stellung im Feld inneha-
ben. Damit zeichnen sie sich gegenüber den Propheten und Zauberern auch durch
grundsätzlich andere Interessen aus, was sie in Opposition zu diesen bringt. Während jedoch der Prophet als Inhaber heterodoxer Überzeugungen die Priesterschaft auf ihrem ureigensten Terrain zu überbieten sucht, unterwandert der Zauberer mit seiner Dienstleistung grundsätzlich die Art der Bindung, die Priester
wie Propheten gleichermaßen zu den Laien anstreben. Seine außeralltäglichen
magischen Fähigkeiten bietet der Zauberer den nicht charismatisch qualifizier-
ten Laien nämlich nur zu besonderen Gelegenheiten und damit fallweise an. Es
erfolgt also keine dauerhafte Vergemeinschaftung mit den Laien, wie sie sowohl
für den Propheten als auch für die Priesterschaft von systematischen religiösen
(Erlösungs-)Lehren typisch und konstitutiv ist. Da der Zauberer als Akteurstyp
mit seinen magischen Dienstleistungen das per se Illegitime in den Augen kirchlich verfasster Erlösungsreligionen darstellt, fungierte in der Religionsgeschichte
eine entsprechende ‚Brandmarkung' als wirkmächtiges Mittel zu seiner gesellschaftlichen Marginalisierung, aber auch zur Marginalisierung anderer Religionen, die man im Zuge von Eroberung und Missionierung zu verdrängen suchte.

Der Prophet wirkt Weber zufolge mittels der prophetischen, außeralltäglichen und diskontinuierlichen Rede und seine Autorität ist nicht verbrieft. Während
der Priester über eine Amtsautorität verfügt, die nicht ständig legitimiert werden
muss, muss der Prophet seine Autorität wieder und wieder erringen und er kann
dabei scheitern. Er muss sich gewissermaßen „bewähren", wie Weber (1980, S.
655) es ausdrückte – sein Charisma ist an ihn als Person gebunden.[6] Aus der Sicht
Bourdieus ist der Prophet jedoch weniger ein außeralltäglicher Mensch als ein
Mensch außeralltäglicher Situationen (Bourdieu 2000, S. 106). Auch beim Propheten handelt es sich letztlich um einen Typus von Akteur, der als Neuling im
Feld um Macht und Anerkennung ringt und dabei die etablierten Kräfteverhältnisse mehr oder weniger nachhaltig infrage stellt.

2.3 Der alternative Pol des religiösen Feldes

Überträgt man dieses Modell des religiösen Feldes auf Deutschland und Westeuropa, so zeigt sich eine bis in die 1960er Jahre hinein andauernde Dominanz
kirchlich verfasster Religionen und damit eine priesterlich bestimmte, deren Kennzeichen der geregelte Heilsbetrieb und eine rationalisierte Erlösungslehre sind.

---

6   Um zu überleben, muss die Prophetie „als Botschaft des Bruchs mit der Routine und des Auf-
    begehrens gegen die gewohnte Ordnung" (Bourdieu 2000, S. 25) irgendwann selbst den Weg
    der Institutionalisierung und Veralltäglichung beschreiten. Nur dann hat sie die Möglichkeit,
    dauerhaft Einfluss auf die Praxis und Weltsicht der Laien zu nehmen.

Diese Dominanz wurde durch die neuen religiösen Bewegungen ab den 1960er Jahren zunehmend infrage gestellt. Allerdings fehlte es lange Zeit an systematischer Forschung hierzu in den Religionswissenschaften und der (Religions-)Soziologie. Empirische Studien über alternative Formen des Religiösen standen ab den 1970er Jahren bis zum Beginn des 21. Jahrhunderts nur sporadisch zur Verfügung, keinesfalls berücksichtigten sie systematisch angelegte wissenschaftliche Fragestellungen.[7] Erst in den vergangenen zehn Jahren hat das Interesse für sie auch unter Sozialwissenschaftlern zugenommen und eine Reihe von empirischen Studien über alternative Religiosität in der BRD hervorgebracht. Die Kirchenmitgliedschaftsstudien der EKD ermittelten 1992 und 2002 den Umfang alternativer Formen des Religiösen bei evangelischen Kirchenmitgliedern und Konfessionslosen. Auch im Kontext einiger Jugendstudien (z.B. Gensicke 2006, Streib 1996, Barz 1992) ist das Interesse für alternative Formen des Religiösen bei Jugendlichen untersucht worden. Im Rahmen des ALLBUS und des ISSP gibt es Einzelfragen zu alternativen Formen des Religiösen, ohne jedoch dieses Themenfeld systematisch zu erheben. Österreich erweiterte deshalb 2002 auch das Fragenprogramm des ISSP im Hinblick auf esoterische Glaubensüberzeugungen und Praktiken (vgl. Höllinger 2004, S. 294). Pollack (2003, 2009) untersuchte in einer repräsentativen Studie zu Glauben und Individualisierung alternative Religiosität in Ost- und Westdeutschland, und im Religionsmonitor 2008 sind Daten zu alternativer Religiosität für die BRD verfügbar. Obwohl somit mittlerweile eine Vielfalt empirischer Studien zu diesem Themenfeld für die Bundesrepublik vorliegen, ist es nicht möglich, den Umfang der Entwicklung alternativer Religiosität seit den 1970er Jahren für die Bundesrepublik darzustellen (Benthaus-Apel 2010).

Deshalb werden an dieser Stelle Daten aus Umfragen präsentiert, die punktuell das Interesse in der bundesrepublikanischen Bevölkerung für alternative Formen des Religiösen ermitteln: Zum einen werden Daten für die späten 1980er Jahre, zum anderen Daten aus dem Jahr 2002 präsentiert. Anhand der Daten wird im Folgenden gezeigt, dass im alternativ-religiösen Bereich ein Interesse für körperorientierte Religiosität als ein eigenständiges Interessenmuster sowohl in den späten 1980er Jahren als auch zu Beginn des 21. Jahrhunderts als eine bedeutsame Form alternativer Religiosität ausgewiesen werden kann.

---

7   Eine Ausnahme stellt die relativ frühe Auseinandersetzung mit dem Phänomen des New Age dar (Bochinger 1994, Hanegraaff 1996, Knoblauch 1989, 1993, 2003, 2009).

2.4 Alternative Religiosität in den späten 1980er Jahren

1987 wurde von der Frauenzeitschrift „Brigitte" eine Studie in Auftrag gegeben, die sich mit alternativen religiösen und psychotherapeutischen Angeboten zur Sinndeutung und Lebensbewältigung beschäftigte. In diesem Kontext wurde das persönliche Interesse für insgesamt dreizehn alternativ-religiöse Gruppen und Bewegungen ermittelt.[8] Erfragt wurde außerdem, inwieweit die Befragten sich aktiv in diesen Gruppen oder Bewegungen engagieren.

Tabelle 1: Persönliches Interesse an und eigene Praxis in neuen religiösen Bewegungen und Gruppen (Angaben in Prozent)

Ich praktiziere und/oder habe persönliches Interesse an …	(Kategorie 1 und 2) (N = 1000)
Meditation	22,0
Yoga	22,0
Mystik	8,0
Buddhismus	7,1
Transzendentale Meditation	6,6
Kinder Gottes	4,2
Mormonen	3,8
Christliche Wissenschaft	3,8
Zeugen Jehovas	2,8
Heimholungswerk Jesu	1,7
Scientology Church	1,3
Bhagwan	1,3
Hare-Krishna-Bewegung	1,2

Quelle: GFM-Getas (1987): Sinnsuche. Brigitte-Studie; eigene Berechnung.

Den Studienergebnissen zufolge meditierten 1987 3 Prozent der deutschen Wohnbevölkerung und knapp 3 Prozent übten selbst Yoga aus. Zudem interessierten sich jeweils knapp 20 Prozent für Zen-Meditation und Yoga. Somit interessierte sich bereits 1987 ein Fünftel der Bevölkerung für jene Formen einer alternativ-religiösen Praxis, die als körperorientiert bezeichnet werden kann. Diese psychosomatischen Formen der Daseins- und Kontingenzbewältigung stießen offenbar

---

8   Die Fragestellung lautete: „Interessieren Sie sich persönlich für eine oder auch mehrere dieser Bewegungen, die den Menschen helfen sollen, ihr Bewusstsein zu erweitern und inneren Frieden zu gewinnen? Was trifft für die einzelnen Bewegungen auf Sie persönlich zu?" 13 religiöse Gruppen wurden auf einer Liste vorgegeben. Die vier Antwortkategorien lauteten: (1) Praktiziere ich, (2) interessiert (…) mich, (3) interessiert mich nicht, (4) kenne ich nicht.

schon in den späten 1980er Jahren auf ein erhebliches Interesse in der Bevölkerung.[9] Demgegenüber fiel das Interesse für religiöse Gruppen wie die Kinder Gottes, die Mormonen oder die Zeugen Jehovas, und damit das Interesse an christlichen Neuoffenbarungsbewegungen, weitaus geringer aus.

Auf der Basis der oben genannten Angaben wurden mittels Faktorenanalyse verschiedene Muster alternativer Religiosität unterschieden.

Tabelle 2: Faktorenanalyse: Persönliche Praxis und Interesse an religiösen Gruppen und Bewegungen in der Bevölkerung der Bundesrepublik 1987

Persönliche Praxis/ Interesse an …….	Faktor 1	Faktor 2	Faktor 3
	Allgemeines Interesse an alternativen Formen des Religiösen	Körperbezogene und meditative fernöstlich geprägte Religiosität vs. christlich-dogm. Gruppen	Christliche Neuoffenbarungsbewegungen vs. fernöstliche Religiosität
Varianz (ges.: 54 %)	33,3 %	11,8 %	8,5 %
Meditation	.51	.46	−.34
Transzendentale Meditation	.63	-	−.41
Mystik	.71	-	-
Yoga	.49	.51	-
Buddhismus	.59	.42	-
Scientology Church	.64	-	-
Bhagwan	.62	-	.41
Heimholungswerk Jesu	.61	−.50	
Hare-Krishna-Bewegung	.70	-	-
Kinder Gottes	.49	−.58	
Mormonen	.61		.43
Christliche Wissenschaft	.66	−.45	-
Zeugen Jehovas	-	-	.44

Quelle: GFM-Getas (1987): Sinnsuche. Brigitte-Studie; eigene Berechnung.

---

9   Fuchs (1991) konstatiert für den Beginn der 1970er Jahre einen regelrechten Boom der westdeutschen Yoga-Rezeption, der sich auch in einer starken Präsenz von Yoga in den Medien der 1970er und 1980er Jahre widerspiegelte. Diese Medienpräsenz habe, so Fuchs, die Nachfrage nach Yoga wiederum stark erhöht (vgl. www.yoga-akademie.de/YoInDeutsch.html. Zugegriffen: 07.11.2011). Bochinger (1994) kommt in Bezug auf das New Age zu ganz ähnlichen Befunden.

Im Ergebnis zeigen sich drei verschiedene Muster des Interesses für alternativ-religiöse Gruppen und Praktiken: erstens ein Muster, für das ein allgemeines Interesse an alternativer Religiosität und damit eine gewisse religiöse Neugier charakteristisch ist; zweitens ein Interesse für körperbezogene und fernöstlich inspirierte Körperpraktiken (Meditation, Yoga, Buddhismus), das sich klar von religiösen Gruppen mit mehr oder weniger christlichem Hintergrund abgrenzt, und drittens ein Interesse an christlichen Neuoffenbarungsbewegungen, das wiederum in Abgrenzung zu fernöstlichen Religionsformen steht.

2.5 Alternative Religiosität in der ersten Dekade des 21. Jahrhunderts

Auch für das Jahr 2002 zeigt sich anhand der Daten der vierten EKD-Erhebung über Kirchenmitgliedschaft, dass über 19 Prozent der Befragten bereits selbst Erfahrungen mit körperbetonten Praktiken wie Reiki, Yoga oder Zen-Meditation hatten. Immerhin 7 Prozent hatten persönliche Erfahrungen mit Pendeln und Wünschelrutengehen gemacht.

Tabelle 3: Erfahrungen mit esoterischen und übersinnlichen Praktiken 2002 (Angaben in Prozent)

Erfahrung gemacht mit …	Antwortkategorie 1 (N = 1866)
Astrologie/Horoskope	22,4
Körpererfahrung (Reiki, Yoga, Aikido)	13,6
Pendeln/Wünschelrutengehen	7,1
Zen-Meditation (fernöstliche Weisheit, Buddhismus)	5,6
Wunderheiler (Handauflegen, Schamanismus)	4,2
Reinkarnation (Wiedergeburt, Seelenwanderung)	2,7
Spiritismus/Okkultismus (Wave, Gothic)	2,4

Quelle: Enigma (2002): Vierte Kirchenmitgliedschaftsstudie der EKD; Evangelische und Konfessionslose, West; eigene Berechnung.

Festzustellen ist also, fasst man wiederum insbesondere die Angaben ‚Körpererfahrung' und ‚Zen-Meditation' zusammen, dass auch im Jahr 2002 diesen Praktiken eine erhebliche Bedeutung zukommt. Knapp ein Fünftel der evangelischen und konfessionslosen Westdeutschen üben diese Praktiken aus.[10]

---

10 TNS Infratest führte im Jahr 2009 im Auftrag von Innervestment eine Studie zum Interesse und der Praxis des Yoga in der deutschen Bevölkerung durch. Danach interessiert sich jeder vierte

Auf der Basis der Angaben über Kenntnis und Erfahrung mit den genannten sieben esoterischen und übersinnlichen Richtungen und Praktiken konnten mittels Faktorenanalyse zwei Muster alternativer Religiosität ermittelt werden. Das Ergebnis der Faktorenanalyse verdeutlicht, dass sich nicht nur quantitativ, sondern auch als Strukturmuster die fernöstlich geprägten körperbezogenen Formen spiritueller Erfahrung im Jahr 2002 als ein eigenständiges Syndrom von jenen esoterischen Praxisformen unterscheiden lassen, die im engeren Sinne den Glauben an übersinnliche, zukunfts- und lebensdeutende religiöse Praxisformen zum Ausdruck bringen, wie Spiritismus, Reinkarnation, Pendeln und Wunderheilen.

Tabelle 4: Persönliche Erfahrung mit esoterischen Praktiken – 2002

Erfahrung mit…	Faktor 1 Erfahrung mit Übersinnlichem	Faktor 2 Körpererfahrung und Meditation
Varianz (gesamt: 53 %)	38,6 %	14,5 %
Zen-Meditation	-	.68
Reinkarnation	.67	-
Spiritismus/Okkultismus	.75	-
Pendeln/Wünschelrutengehen	.69	-
Astrologie/Horoskope	-	.58
Wunderheiler/Handauflegen/Schamanen	.63	-
Körpererfahrung	-	.86

Quelle: Enigma (2002): Vierte Kirchenmitgliedschaftsstudie der EKD; Evangelische und Konfessionslose, West; eigene Berechnung.

Daneben gibt es mittlerweile einige Studien, die sich näher mit den neuen spirituellen Akteuren befassen. So wurden im Rahmen einer Untersuchung zur religiösen Vielfalt in Nordrhein-Westfalen ca. 1000 Esoterik-Anbieter identifiziert (Hero/Krech/Zander 2008). Wie die Mitgliederentwicklung im Berufsverband der Yogalehrenden zeigt, stiegen hier seit den 1990er Jahren die Mitgliederzahlen von 700 im Jahr 1987 auf über 4000 im Jahr 2006 (H. Weber 2007, S. 21). Da-

---

Deutsche (24,5 Prozent) für Yoga oder Meditation und jeder Dritte davon in zunehmendem Maße. Jeder fünfte Deutsche (19,7 Prozent) praktiziert Techniken wie Yoga oder Meditation, davon mehr als jeder Vierte mit zunehmender Intensität (www.innervestement.com/documents/InnervestmentStudie2009.pdf. Zugegriffen: 09.11.2011). Das heißt, allein für die Praxis des Yoga und der Meditation werden hier Prozentwerte erreicht, wie sie für die Evangelischen und Konfessionslosen im Jahr 2002 nicht allein für Yoga, sondern für körperorientierte Praxen im Allgemeinen ermittelt wurden.

rüber hinaus ist seit den 1990er Jahren ein deutlicher Anstieg von Yogaschulen zu verzeichnen, die auf einem zahlungspflichtigen Kurssystem basieren, so dass Weber zufolge von einer „Kommerzialisierung des Yoga" zu sprechen ist (ebd., S. 113).

Ganz auf dieser Linie charakterisiert Markus Hero (2008) die Anbieter von Esoterik und spirituellen Formen des Heilens entlang eines institutionenthe-oretischen Ansatzes als religiöse Kleinunternehmer, die „zu einer erheblichen Diversifikation und Fragmentierung religiöser Ideensysteme und Bezugsfelder beigetragen haben" (ebd., S. 201). Das Religiöse löse sich von festen Orten, Inhalten und Zeitrhythmen, so Hero (2009, S. 205), wobei die lokalen inhaltlichen und zeitlichen Bezugspunkte des Religiösen vielschichtiger würden, sich überlagerten und neuartige Verbindungen eingingen.

2.6 Vom religiösen Feld zu einem erweiterten Feld des Seelenheils?

Will man nun diese Befunde feldtheoretisch interpretieren, wird deutlich, dass sich Bourdieus Konzept des religiösen Feldes mit seiner idealtypischen Konstellation von Prophet – Priester – Zauberer nicht eins zu eins auf heutige Verhältnisse übertragen lässt. Dennoch wird in einer solchen eher heuristisch verstandenen Perspektive zum einen deutlich, dass der Eintritt neuer Akteursgruppen im religiösen Feld generell nicht nur zu einer größeren Pluralität führt: Sie verändern als erfolgreiche ,Mitspieler' auch das Machtgefüge innerhalb des Feldes. Schon durch ihr bloßes Auftreten stellen diese spirituellen Akteure die bisherige Orthodoxie infrage. Im Falle der neuen religiösen Szene ist zudem unübersehbar, dass damit eine bewusste Abgrenzung gegenüber den traditionellen kirchlichen Formen des Religiösen selbst dann einhergeht, wenn es sich um im weitesten Sinne christlich orientierte Neuoffenbarungsbewegungen handelt.[11] Dementsprechend massiv reagieren die Kirchen – und mit ihnen allzu oft auch die öffentliche Debatte – auf dieses Phänomen. Verwiesen sei hier nur auf die immer wiederkehrende Rede von der Gefährlichkeit von Jugendreligionen, neuen Sekten und Psychokulten, wegen derer sich der Deutsche Bundestag noch in den 1990er Jahren trotz knapper Kassen genötigt sah, eine teure Enquete-Kommission einzusetzen (Endbericht der Enquete-Kommission des Deutschen Bundestages 1998, vgl. kritisch Hase 1998). Stellvertretend für viele ähnlich gelagerte Publikationen sei hier das 1987 erschienene Buch von Hansjörg Hemminger genannt, der dort als

---

11 Verschärfend kam hinzu, dass sich die Kritik an den traditionellen christlich-kirchlichen Formen in den 1960er Jahren nicht allein im außerkirchlichen Bereich formierte, sondern sich auch innerhalb der Volkskirchen selbst vollzog: Beispielhaft hierfür kann etwa auf die politisierten Formen innerkirchlicher Reformbestrebungen wie die feministische Theologie, das politische Nachtgebet u.ä. verwiesen werden.

Mitglied dieser Enquete-Kommission und langjähriger Referent der Evangelischen Zentralstelle für Weltanschauungsfragen eindringlich vor der „Rückkehr der Zauberer" warnte.[12] In diesen wie in anderen Fällen wurde also versucht, die neuen Akteure als illegitime Akteure des religiösen Feldes zu kennzeichnen und sie auf diese Weise als Konkurrenten herauszuhalten.

Allerdings ist die immer größer werdende Akzeptanz dieser Vertreter und ihrer Angebote in der Bevölkerung unübersehbar. Man hat es hier mittlerweile nicht mehr mit einem klar zu identifizierenden kultischen Milieu (Knoblauch 1989) zu tun. Der heutige Nutzerkreis umfasst vielmehr weite Kreise bürgerlicher Mittelschichten und ist weit diffuser als noch in den 1970er und 1980er Jahren. Bedingt durch diesen bleibenden Erfolg der neuen Geistlichen und der Attraktivität ihrer Angebote sehen die Volkskirchen seit einigen Jahren in diesen Entwicklungen eine Herausforderung, der sie mit einer veränderten Haltung begegnen: Die Töne, die sie anschlagen, sind leiser und nachdenklicher geworden. Man sucht nach einem Dialog und reagiert nicht mehr nur reflexhaft abwehrend (vgl. Hempelmann 2008, S. 50). Damit einher geht eine Differenzierung der einzelnen Sekten und Gruppierungen. Während Gruppierungen wie Scientology auch weiterhin für illegitim erklärt werden, öffnen sich die christlichen Kirchen in zunehmendem Maße für fernöstlich inspirierte Körperpraktiken und damit zusammenhängende Spiritualitätserfahrungen (vgl. Hummel 1990). So hat beispielsweise die Kontaktstelle der katholischen Kirche für Lebens- und Glaubensfragen in Leipzig neben regelmäßigen Taizé-Gebetsabenden auch Hatha-Yoga und Zen-Meditation sowie Meditationstage im Angebot. Auch die Möglichkeit der Entspannung mit tibetischen Klangschalen findet sich dort. Man braucht nicht lange zu suchen, um weitere Beispiele zu finden.[13] Darüber hinaus haben Theologen und Kirchenfunktionäre die Frage der Heilung wieder verstärkt aufgegriffen, um das Verhältnis von Heil und Heilung aus einer dezidiert christlichen Perspektive neu auszuloten. Auf diese Weise soll offensichtlich verlorenes Terrain wiedergewonnen werden. Hier sind in den letzten Jahren eine Vielzahl von Publikationen erschienen (z.B. Eimuth/Lemhöfer 1993; Ehm/Utsch 2005; Lee-Linke 2006; Ge-

---

12   Zu diesem missionarisch-kämpferischen Diskurs von Seiten der Kirchen zählen auch Autoren wie Douglas Groothuis (1989) und Lothar Gassmann (1990 u.ö.). So schrieb Letzterer: „Wenn wir uns mit dem Okkultismus, östlichen Religionen und der New-Age-Bewegung beschäftigen, so ist das kein harmloser Zeitvertreib, sondern ein geistlicher Kampf. Wir müssen auf die Seite des Siegers gehören, wenn wir heil daraus hervorgehen wollen (...)" (Gassmann 1990, S. 7f).

13   So finden sich unter anderem im aktuellen Veranstaltungsheft der Benediktinerabtei Niederaltaich Kurse zum Atem („Er ist ein großer Lehrmeister auf dem Weg zu deinem eigenen Gesetz, zu deinem Maß, zu deiner Mitte"), Qi Gong in Verbindung mit Elementen aus der christlichen Meditation und liturgischem Tanz („Die Psalmen sind tanzbar"). Bei Walter Andritzky (1997, S. 97) finden sich ähnliche Angebote dokumentiert.

strich/Wabel 2007). Das alles deutet auf eine Umstellung der Strategien hin: Wo sich Konkurrenten nicht mehr ohne Weiteres verdrängen lassen, versucht man, die durch sie befriedigten Bedürfnisse der Laien mit eigenen Angeboten abzudecken und lästige Mitspieler auf diese Weise zu schwächen.

Mit all dem verändert sich der Charakter des Feldes auch insgesamt. So nimmt der Dienstleistungsaspekt deutlich zu: Nicht nur Yogazentren, Schamanen und Klangmassagepraxen, auch kirchennahe Institutionen bieten in zunehmendem Maße zahlungspflichtige Kurse an. Mit den „auf Unverbindlichkeit ausgelegten Veranstaltungsformen" wie Workshops, Kursen oder Seminaren bieten sich den potentiellen Nutzern „ständige Eintritts- und Austrittsoptionen zu religiösen Angeboten unterschiedlichster Provenienz" (Krech/Hero 2011, S. 38). Der Partizipationsmodus wandelt sich dabei vom Mitglied zum Veranstaltungsteilnehmer, der nun zeitlich und örtlich flexibel religiöse Angebote wahrnimmt. Die aus anderen gesellschaftlichen Bereichen bekannte „Kultur des Wählens" (ebd.) bahnt sich mit diesen Veranstaltungsformen ihren Weg auch in das religiöse Feld hinein; die dauerhafte religiöse Vergemeinschaftung rückt demgegenüber zunehmend in den Hintergrund. Auf diese Weise ändert sich Hero (2009, S. 209) zufolge auch die gesellschaftliche Verortung des Religiösen, welche ihren angestammten Platz aufgebe und nun verstreut in multifunktionale Kontexte überführt werde (ebd.).

Ein zentraler Aspekt in diesem Transformationsprozess des religiösen Feldes ist darüber hinaus die verstärkte Körperorientierung und -fokussierung. Der Historiker Pascal Eitler (2007, 2010) spricht in diesem Zusammenhang von einer „Somatisierung" des Religiösen. Die Suche nach der eigenen Mitte richtet sich demnach zunehmend auf den Körper – dieser wird als der Schlüssel zum Selbst und zur Selbstbestimmung angesehen. Vorreiter einer solchen Sicht war Eitler zufolge die alternative Religion des „New Age" mit ihrem Gedanken einer als „unveränderlich vorgestellten Eigenart einer Person, die es neu zu entdecken und endlich zu befreien gelte" (Marilyn Ferguson zit. nach Eitler 2010, S. 337). Schuld am gestörten Verhältnis der Menschen zu sich selbst ist in dieser Perspektive vor allem ein durch Stress und Hektik gestörter Umgang mit dem eigenen Körper und den eigenen Gefühlen (ebd.). Die „vollkommene Beherrschung des Körpers als Voraussetzung dafür, den Geist für höhere Erkenntnisse freizumachen" (Hellmuth Hoffmann zit. nach Eitler ebd., S. 339), entwickelte sich daher zum großen Ziel dieser Bewegung. Dieser Bewegung ging es damit ausdrücklich nicht um die Veränderung der Gesellschaft, sondern um die Aufhebung der „Entfremdung" der Menschen von ihrem „Selbst" (Marilyn Ferguson zit. nach Eitler 2007, S. 4). Um dies zu erreichen, müsse man jedoch fortwährend an sich arbeiten (ebd.). Ein fortdauerndes Interesse an dafür geeigneten Körpertechniken war die Folge und schaffte – zusammen mit der Diffusion der Kernideen in breite Bevölkerungsschichten hinein – die Grundlage für das Aufkommen und die Akzeptanz einer breiten Palette an Meditationskursen, Yoga-Workshops und Reiki-Wochenenden. Da diese Körpertechniken nicht etwa im westlichen Kulturkreis gesucht wurden, sondern im fernöstlichen, spricht Eitler (2007) nicht nur von einer „Somatisierung", sondern auch von einer „Orientalisierung" des Religiösen.

Über diese Aspekte hinaus verändert sich der Charakter des Feldes auch darüber, dass das Gefälle zwischen Experten und Laien zunehmend kleiner wird. Man könnte hier mit Bourdieu von einer ‚Entpauperisierung' sprechen, also der Wiederaneignung religiösen Kapitals durch die Gläubigen und seiner breiteren Verteilung in der Gesellschaft (dazu auch Verter 2003). Andere Religionssoziologen haben ganz in diesem Sinne von einer wachsenden Selbstermächtigung in Bezug auf religiöse Inhalte und Praxen gesprochen (Gebhardt/Engelbrecht/Bochinger 2005). In engem Zusammenhang damit steht der zunehmende Stellenwert von persönlichen Erfahrungen. Viele neue religiöse Erscheinungsformen und Angebote zeichnen sich dadurch aus, dass sie eine „direkte, unmittelbare, persönliche Transzendenzerfahrung" in Aussicht stellen (Knoblauch/Graff 2008, S. 730).[14]

Nicht unerwähnt bleiben soll zu guter Letzt die Erfolgsgeschichte einer spezifischen Art des Transzendenzbezugs, der vor allem durch die „New Age"-Bewegung und die Rezeption fernöstlicher Körperpraktiken maßgeblich gefördert wurde. Die Rede ist hier von einem spiritualisierten Energiebegriff. So geht man im Reiki davon aus, dass per Handauflegen kosmische Energie (Rei) der persönlichen (Ki) zugeführt und mit dieser in Einklang gebracht werden könne. Denn sobald der Ki-Fluss gestört ist – so die Annahme –, treten Disharmonien und Krankheiten auf. Ähnliche Vorstellungen liegen bei der Klangmassage vor. Im Yoga wiederum wird das Arbeiten mit Atem und Luft als Zugang zum „Prana", d.h. der Lebensenergie und ihrer Manifestation im Körper begriffen. Und auch bei Tai Chi und Qi Gong geht es unter anderem darum, das „Qi", das als eine Art Energiefluss beschrieben wird, wahrzunehmen, zu kontrollieren und anzureichern.

Die neuen religiösen Akteure im Blick, spricht Pierre Bourdieu in den 1990er Jahren von einer Art „neuer Geistlicher", zu denen er neben den schon angeführten Lehrern diverser Formen des körperlichen Ausdrucks und asiatischer Kampfsportarten sowie Heilpraktikern u.a. auch Psychoanalytiker, Eheberater und Sexologen zählt (1992, S. 233). Das religiöse Feld werde, so Bourdieu, unter dem Zustrom dieser Akteure in ein *neues,* umfassenderes Feld „von Auseinan-

---

14   Ganz in diesem Sinne betonen die Inhaber einer Reiki-Praxis auf ihren Internetseiten: „Sie glauben es erst, wenn Sie es selbst erlebt haben" (http://www.prignitzer-reiki-praxis.de/index. html. Zugegriffen: 29.09.2011).

dersetzungen um die symbolische Manipulation des Verhaltens im Privatleben und die Orientierung der Weltsicht" aufgehen (ebd.). Bourdieu nennt es das „Feld der Seelenheilung" (ebd., S. 234). Mit neuen Anbietern und neuen Antworten, das heißt Heilswegen, sei es nunmehr ein Feld, in dem traditionelle religiöse Anbieter mit ihren auf den christlichen Gott gerichteten Antworten „alten Schlags" bzw. „Heilung der Seelen im alten Sinn" (ebd.) nur noch eine Variante darstellten. Das, was sie trotz denkbar unterschiedlicher Antworten jedoch alle verbinde, sei ein Interesse an Fragen von „Gesundheit, der Heilung, der Kur von Leib und Seele" (ebd., S. 233).

Hat man es nun tatsächlich mit einem neuen Feld zu tun? Um diese Frage zu beantworten, muss man sich auf die andere Seite der Grenze des religiösen Feldes bewegen – dahin also, wo es gegenüber dem Feld der Medizin und des Sports durchlässig zu werden scheint. Dies soll in den folgenden Abschnitten geschehen.

3. Das Feld der Medizin

Glaubt man einschlägig ausgewiesenen Beobachtern (Andritzky 1997, Stöhr 2001, Koch 2006, Hero 2011a), befindet sich auch das Feld der Medizin in einer Phase der Transformation, deren Ursache in den letzten Jahren neben der Kostenexplosion nicht zuletzt eine Vertrauenskrise der Schulmedizin ist. Dies mag auf den ersten Blick paradox anmuten, „eilt diese doch von Erfolg zu Erfolg", indem sie in einem bislang nicht gekannten Maße „Einblicke in die Funktion und Struktur des erkrankten menschlichen Organismus erlaubt" und die konservativen und operativen Behandlungsmethoden ein atemberaubend hohes Niveau erlangt haben (Stöhr 2001, S. 1). Dennoch haben alternative Heilverfahren wie chinesische Medizin, Homöopathie, Bachblüten oder geistiges Heilen Hochkonjunktur. Im Zuge der immer stärker in den Fokus rückenden Prävention bzw. Gesundheitsvorsorge kommen auch Angebote wie Ayurveda, Meditation oder Yoga ins Spiel. Die Versprechen der Aktivisten sind dabei beachtlich: So wird in einschlägigen Internetseiten darauf hingewiesen, dass man durch die Einübung dieser Techniken unter anderem eine „körperliche Lockerung" und den „Abbau von psychischen Spannungen, Ängsten und Schuldgefühlen" sowie den „Abbau von stressbedingten Anomalien" wie Schlaflosigkeit, Stottern, Bluthochdruck und Herzrhythmusstörungen erreichen könne.[15] Von Beobachtern des Feldes wird ih-

---

15   http://www.swantjewolters.de/meditation.html. Zugegriffen: 27.09.2011.

nen attestiert, mit ihren Angeboten zu einer „Spiritualisierung der Therapiean-gebote" (Utsch)[16] beizutragen.

Mit diesem psychotherapeutischen und medizinischen Anspruch werden solche Angebote von einem breiten Publikum akzeptiert (Hero 2011b). Einer Emnid-Umfrage von 1995 zufolge standen knapp zwei Drittel der Bevölkerung den Naturheilverfahren positiv gegenüber und rund 89 Prozent sahen in ihnen eine sinnvolle Ergänzung zur Schulmedizin (vgl. Stöhr 2001, S. 65). Und in den USA stieg die Inanspruchnahme unkonventioneller Heilmethoden zwischen 1990 und 1997 von knapp 34 Prozent auf 42 Prozent (vgl. Eisenberg et al. 1998). Einer Allensbach-Studie von 2002 zufolge hatten 1970 etwas über 50 Prozent Erfahrungen mit Naturheilmitteln, 1997 waren es schon 65 Prozent und 2002 schließlich 73 Prozent (vgl. Marstedt/Moebus 2002, S. 13). Die Zahlen dürften wohl in der Zwischenzeit noch weiter nach oben gegangen sein.

Damit lässt sich in Anlehnung an die religionssoziologischen Befunde wohl auch für das medizinische Feld von einer zunehmenden Pluralisierung sprechen. Verursacht durch die große Attraktivität, welche alternative Heilverfahren bei den Patienten genießen, tritt die Schulmedizin zunehmend in einen Diskurs mit Vertretern alternativer Heilverfahren ein. Die geradezu inquisitorische Geste, mit der Repräsentanten der medizinischen Orthodoxie bislang gegenüber alternativen Verfahren aufgetreten sind, wird demgegenüber zurückgefahren, die Suche nach einer Möglichkeit der „Integration konventioneller und unkonventioneller Heilverfahren" hingegen immer offener betrieben (Stöhr 2001, S. 189). Auf diese Weise geraten die für die traditionelle westliche Medizin charakteristische und für ihr Selbstverständnis bislang wichtige Abgrenzung von allem Religiösen und ihre positivistische Grundorientierung zunehmend unter Druck.[17] So wird die Frage, ob neben der medizinischen nicht auch die spirituelle Begleitung von Kranken eine wichtige Rolle spielen sollte, mittlerweile öfter gestellt (vgl. Straube 2005; Klein/Berth/Balck 2011). Als ein vielsagendes Zeichen für die Verschiebung der bisherigen Kräfteverhältnisse kann wohl auch die Tatsache gelten, dass es zunehmend mehr Ärzte gibt, die neben ihrer schulmedizinischen Ausbildung noch eine alternativmedizinische Spezialisierung anstreben (vgl. Marstedt/Moebus

---

16   Diese Äußerung stammt von Michael Utsch, Referent der Evangelischen Zentralstelle für Weltanschauungsfragen, während eines Interviews mit Kathrin Althans für Chrismon Plus am 20. April 2010, http://www.evangelisch.de/themen/gesellschaft/experteninterview-mama-redet-nur-noch-von-erleuchtung11183. Zugegriffen: 07.10.2011. Eimuth/Lemhöfer (1993, S. 2) ‚prophezeien' vor diesem Hintergrund schon in den 1990er Jahren ein kommendes „Jahrzehnt der spirituellen Therapie".

17   Walter Andritzky (1997, S. 91) verweist darauf, dass Religion bis in die 1960er Jahre hinein in medizinischen Studien vorrangig mit psychoneurotischen Eigenschaften wie Angst, Abhängigkeit oder Zwanghaftigkeit in Verbindung gebracht wurde.

2002, S. 7). Auch hier kommt es also offenbar zu einer Umstellung der Strategien: Die Verdammung der heterodoxen Akteure weicht der Einverleibung bzw.
Kooptation ihrer spezifischen Leistungen. Dieser Prozess wird noch dadurch unterstützt, dass einige alternative Heilungsmethoden mittlerweile von den Kran-
kenkassen als sinnvolle Gesundheitsvorsorge gefördert und subventioniert werden (Andritzky 1997, S. 10).

Eine weitere interessante Parallele zum religiösen Feld scheint uns zu sein,
dass der unangefochtene Status der Experten ins Wanken gerät. Das Bild der Ärzte als „Götter in Weiß" verfängt nicht mehr so umstandslos, wie dies vielleicht
noch vor 60 Jahren der Fall war. Das hängt nicht nur mit dem Öffentlich-Werden
von Behandlungsfehlern zusammen. Es scheint eher der Tatsache geschuldet zu
sein, dass die Ansprüche der Patienten auf die Wahrnehmung ihrer Person als
Mensch und nicht nur als Träger einer Krankheit in den letzten Jahren gestiegen
sind (Stöhr 2001). Nicht nur das religiöse, auch das medizinische Feld hat es mit
zunehmend selbstbewussten Laien zu tun, die in eklektizistischer Weise auf die
höchst unterschiedlichen Angebote zurückgreifen und dabei für die alternativen
Heilverfahren beachtlich viel Geld ausgeben.[18] Damit hängt eng zusammen, dass
auch das medizinische Feld zunehmend marktförmig strukturiert ist. Es gleiche
sich, so Andritzky (1997, S. 10), dem Konsumverhalten auf den sonstigen Waren-
märkten an, welche über „Preisgestaltung, Qualität, Prestigewert und geschmack-
liche Merkmale (Lebensstil, Moden) ein Höchstmaß individueller Wahl- und
Selbstdarstellungsfreiheit" gewährleisteten (vgl. dazu auch Hero 2011a, 2011b u.ö.).

Auf der Suche nach den möglichen Ursachen dieser Entwicklung wird konstatiert, dass es ein Unbehagen an einer Medizin gebe, die das Kind einer „ratio-
nalistisch-positivistischen Kultur" sei (Stöhr 2001, S. 2). Dabei stelle die „neoro-
mantische Naturideologie" eine der gestesgeschichtlichen Voraussetzungen für
boomende Naturheilkunde dar, die andere sei die „New-Age-Ideologie". In deren
Fahrwasser sei propagiert worden, dass das Zeitalter der kranken Organe vorbei
sei und das der kranken Menschen begonnen habe (Stöhr 2001, S. 67). Ein Infekt
wird aus dieser Sicht nicht mehr vorrangig dem Wirken von Krankheitserregern
zugeschrieben, sondern als Ausdruck spiritueller Verunreinigung interpretiert.

---

18   In einem Artikel in der Wochenzeitschrift *Die Zeit* vom 9. Februar 2010 hält der Autor Jan
      Schweitzer in einem Artikel über Alternativmedizin fest, dass die Deutschen 2004 insgesamt
      fünf Milliarden Euro für alternative Behandlungsmethoden ausgegeben hätten (http://www.
      zeit.de/zeit-wissen/2010/02/Naturmedizin. Zugegriffen: 06.10.2011).

4. Das Feld des Sports[19]

Angesichts des unübersehbaren Ineinandergreifens der Entwicklungen im religiösen und medizinischen Feld mag es zunächst verwundern, dass hier noch ein drittes Feld in die Betrachtungen einbezogen wird. Wir sind jedoch der Meinung, dass in diesem Zusammenhang auch das Feld des Sports eine gewichtige Rolle spielt: Zur „Somatisierung und Orientalisierung des Religiösen" (Eitler 2007, 2010) und der „Spiritualisierung der Therapieangebote" (Utsch 2010) gesellt sich nämlich noch eine dritte Komponente, die als „Sakralisierung des Körpers" (Gugutzer 2007) bezeichnet werden kann. Und diese Sakralisierung des Körpers zeigt sich auch (aber nicht nur) im Feld des Sports und erfährt von dort wichtige Impulse.

Ähnlich dem religiösen und dem medizinischen Feld haben Beobachter auch für das Feld des Sports von einem Transformationsprozess gesprochen, der bis dato noch nicht abgeschlossen ist. Er betrifft im Kern das Verhältnis zum Körper (vgl. Klein 2008). Hintergrund dieser Entwicklung ist, dass der ‚klassische' „Körper der industriellen Arbeit" (ebd., S. 257) in seinem Zusammenspiel mit den großen Maschinen und mit seiner Orientierung an physischer Kraft durch die Deindustrialisierung zunehmend unwichtiger wird. Der sich immer weiter ausbreitende Dienstleistungssektor erfordert demgegenüber „eher die Fähigkeit, Bewegungsarmut aushalten zu können bei gleichzeitig hohem Einsatz von mentaler Arbeitsleitung" (ebd.). In dem nun einsetzenden vielschichtigen Diskurs wird diese Bewegungsarmut problematisiert und den ‚Betroffenen' eine entsprechende Kompensation nahegelegt. Dieser „Zwang zum Ausgleich" (ebd.) protegierte in den vergangenen Jahren den Aufstieg einer „Körperindustrie" (ebd.), die den gesunden Körper ins Zentrum der Bestrebungen rückte.

Trotz seines realen Bedeutungsverlustes als Arbeitskraft erfuhr der Körper damit letztlich eine bemerkenswerte gesellschaftliche Aufwertung. Die Beschäftigung mit ihm wurde und wird auf neuartige Weise kultiviert, wobei die besondere „Unmittelbarkeit, Intensität und Authentizität", die die Körpererfahrung auszeichnet, im Zentrum des Interesses steht (Gabriel 2010, S. 39). Darüber hinaus gilt der Körper vielen Menschen immer weniger als ein „gott- oder naturgegebenes Schicksal, das man ergeben hinzunehmen habe" (Gugutzer 2007, S. 6). Man macht aus ihm stattdessen ein Projekt, in das es sich zu investieren lohnt (ebd.). Auf diese Weise nun wird Sport unter der Hand zuweilen zu einer regelrechten

---

19   Hier liegen uns leider keine verlässlichen Daten vor. So gibt es beispielsweise in den letzten Sportentwicklungsberichten, die sich mit den bundesdeutschen Sportvereinen beschäftigen, keine aussagekräftige Differenzierung der Angebote (vgl. Breuer 2009, 2011). Gleiches gilt für die Statistischen Jahrbücher: Aufgelistet werden dort ausschließlich die beim Olympischen Sportbund registrierten Wettkampfsportarten.

Verpflichtung; „geprägt von den Imperativen der Gesundheits- und Fitnesswelle akzeptieren wir den Körper als etwas, das der ständigen Bearbeitung bedarf" (Lamprecht/Stamm 2002, S. 74).

Diese ‚Arbeit am Körper' zielt oft auf die Oberfläche. Fitnessangebote disziplinieren den aus industrieller Arbeit freigesetzten Körper auf eine neue Weise, indem sie ihn am „Bildkörper der Mediengesellschaft" ausrichten (Klein 2008, S. 258). Trendsportarten wie Surfen, Skaten oder Snowboarden bieten darüber hinaus nicht nur einen körperlichen Ausgleich, sondern in Verbindung mit Musik, Mode und symbolisch aufgeladenen Orten zugleich umfassende Lebensstilmuster. Der Körper ist in der modernen Gesellschaft zum funktionalen Bestandteil individueller Identitätspolitiken geworden. Dabei werden die „Trainingsideologie des Sports und der Kult des Somatischen" in der kommerziellen Werbung noch wirksam gesteigert (Fromm, zit. nach Degele/Dries 2005, S. 266).

Doch für einen zunehmenden Teil der Bevölkerung scheint es bei der Nutzung einschlägiger Sportangebote nicht nur um eine Arbeit an der Oberfläche zu gehen, sondern eher um eine „Reise ins Innere" (Klein 2008, S. 259). Gesucht wird auch nach der geistigen Fitness. Von hier aus gewinnen vor allem die ganzheitlich orientierten Angebote wie Atem- und Entspannungstrainings sowie Ayurvedakuren, Meditation, Yoga oder Qi Gong ihre Attraktivität für die Nutzer – versprechen sie doch, nicht nur für mehr körperliche Leistungsfähigkeit zu sorgen, sondern auch für mehr psychische Belastbarkeit (Burrmann 2008, S. 371). Es werden Fertigkeiten in Aussicht gestellt, mit deren Hilfe man trotz widersprüchlicher Anforderungen des Alltags die innere Balance herstellen bzw. erhalten könne und insgesamt zu einem „Mehr an Kreativität, Energie und Produktivität" [20] gelange. Auf diese Weise werden Yoga & Co. in erster Linie zu einer Hilfe zur „Selbstfindung" – ein Weg zur Bewältigung von Sinn- und Lebenskrisen (Fuchs 1990). Entsprechende Angebote erfreuen sich einer zunehmenden Beliebtheit, sodass seit den 1990er Jahren selbst ein klassisches Fitnessstudio nicht mehr ohne asiatische Entspannungstechniken und Kampfkünste auskommt (Klein 2008, S. 259; Knoblauch 2009, S. 172). Gleiches gilt für die Sportvereine: Unter der Rubrik Gesundheits- und Präventionssport haben sich hier in den letzten Jahren ähnliche Angebote etabliert – und das nicht länger nur in der Großstadt. Selbst bei einem beliebigen Sportverein in einer ostdeutschen Kleinstadt finden sich mittlerweile neben Kursen wie „Fit ab 50" und „Nordic Walking" auch Yoga- und Tai-Chi-Kurse.[21] Auch Reiki taucht als Angebot in den Profilen der Trainer auf.

---

20   http://www.swantjewolters.de/meditation.html. Zugegriffen: 27.09.2011.
21   http://www.sv-drehscheibe.de/. Zugegriffen: 07.10.2011.

Damit werden spirituelle Körperpraktiken in ein Feld implementiert, das davon bislang weitgehend frei war.[22]

Neu ist, dass dem Körper bei all dem per se eine sinnstiftende Potenz zugesprochen wird (Gugutzer 2007, S. 3) und die eigene Körperlichkeit zu einem bevorzugten Gegenstand von Transzendenzerfahrungen wird (Gabriel 2010, S. 39). Vor diesem Hintergrund gewinnt die Annahme, dass man es hier im Sinne Luckmanns mit der Manifestation einer neuen Sozialform von Religion zu tun habe (Gugutzer 2007 und in diesem Band; siehe auch Knoblauch 2009), einiges an Plausibilität.

5. Seelenheil durch aktivierende Körperarbeit

Die vorangegangenen Ausführungen haben gezeigt, dass die Felder der Religion, der Medizin und des Sports Transformationsprozessen unterworfen sind, in denen sich der bislang typische Charakter des jeweiligen Feldes nachhaltig zu verändern beginnt. Ausgangspunkt dieser Entwicklungen ist in jedem Fall die zunehmende Attraktivität alternativer Angebote für das Publikum. Zwar wird deutlich, dass der alternative Pol der Felder je für sich genommen höchst Unterschiedliches umfasst. Allerdings treffen sich die alternativen Pole des religiösen, medizinischen und sportlichen Feldes in einer spezifischen Akteursgruppe, die sich in allen drei Feldern gleichermaßen erfolgreich Geltung verschafft: den Anbietern fernöstlich inspirierter Körperpraktiken. Wir betrachten sie daher als die prototyischen Vertreter dieser Transformationsprozesse: Sie stehen sowohl für die Somatisierung und Orientalisierung des Religiösen als auch für die Spiritualisierung von Therapieangeboten und für die Sakralisierung des Körpers. Die folgende Darstellung soll dies noch einmal veranschaulichen.

---

22   Das heißt nicht, dass es im Sport nicht jede Menge „Religioides" (Simmel) gäbe; zu dieser Diskussion vgl. Schmidt-Lux/Klein (2006), Benkel, Knoblauch, Gärtner/Sammet, Alkemeyer und Gebauer in diesem Band.

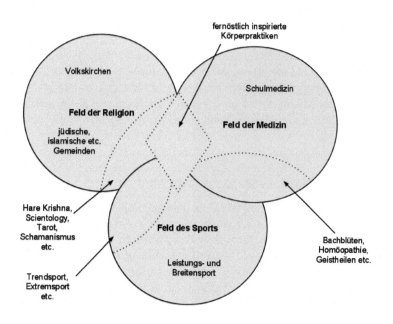

Die spezifische Positionierung dieser neuen Akteure ‚zwischen allen Stühlen' und ihr relativer Erfolg hat dazu geführt, dass sich die angestammten Experten der Felder heute mit Themen befassen, die sie noch vor wenigen Jahren als nicht in ihren ‚Hoheitsbereich' fallend klassifiziert hätten. Der sich mit Fragen der Heilung beschäftigende Theologe und der mit Spiritualitätsfragen konfrontierte Mediziner sind unseres Erachtens ein beredter Ausdruck dieses Prozesses. Ob man hier schon mit Bourdieu von der Entstehung eines *neuen* Feldes sprechen kann, scheint uns an dieser Stelle noch nicht endgültig entscheidbar. Auf jeden Fall sollte man angesichts dieser Entwicklungen von einer partiellen *Entdifferenzierung* der betroffenen Felder sprechen.

Nun ist über die Gründe für den anhaltenden Erfolg der neuen Anbieter noch nicht viel gesagt worden. Dieser Frage sollen die abschließenden Überlegungen gelten. Wir sehen eine wichtige Voraussetzung für den Erfolg dieser neuen Anbieter in der Bildungsexpansion der 1960er Jahre und der Tertiarisierung der Gesellschaft. Diese haben neue soziale Trägergruppen hervorgebracht, deren Verhältnis zu den Angeboten des Feldes von vornherein viel selbstbewusster ist, als dies bei älteren Milieus noch der Fall war (und ist). Sie pochen in stärkerem Maße auf ihre relative Autonomie von traditionellen Autoritäten in dem Gefühl, selbst ihr bester Fürsprecher zu sein, und greifen in eklektizistischer Weise auf die Angebote des jeweiligen Feldes zurück (Bourdieu 1992, vgl. auch Gebhard/ Engelbrecht/Bochinger 2005, Benthaus-Apel 2010). Und gerade sie sind es, die die neuen Angebote am stärksten nutzen. Die Auswertungen nach Bildungs- und Schichtunterschieden zeigen, dass Interesse und Erfahrungen mit körperbetonten Formen des Religiösen typisch für die gebildeten Mittelschichten sind (Höllinger 2005, Benthaus-Apel 2010). In einer 2009 durchgeführten Studie von TNS Infratest zu Yoga werden diese Befunde bestätigt: Dieser Studie zufolge interessieren sich mit knapp 20 Prozent vor allem leitende Angestellte, Beamte und Unternehmer für Yoga und Meditation – und fast genauso viele praktizieren es auch.

Was jedoch macht Yoga, Reiki & Co. gerade für diese Schicht so attraktiv? Uns scheint hier vor allem das Versprechen der Ganzheitlichkeit bedeutsam, das mit diesen Angeboten einhergeht. Immer wird die ganze Person angesprochen – jenseits ihrer vielfältigen und oftmals widersprüchlichen Rollenanforderungen im Alltag. Diese Sehnsucht nach Ganzheitlichkeit hat unter den Angehörigen höherer Schichten eine lange Tradition, die bis in die Zeit der Romantik zurückreicht. Dort wurden das erste Mal Zweifel am rationalistischen Geist der Aufklärung laut, man rieb sich an den zunehmenden Spezialisierungen und forderte deren Überwindung (Safranski 2009, S. 59f). Auch die Lebensreformbewegung zu Beginn des 20. Jahrhunderts war von dieser Sehnsucht getragen. Ihre Protagonisten beklagten vielfach die Fragmentierung der Lebenswelt und den Rationalismus als Grundlage neuzeitlichen Daseins (vgl. Linse 1991). In diesem Zusammenhang kam es zu einem regelrechten Boom bei der Rezeption fernöstlicher bzw. orientalischer Religion und Lebensweisheit, die auch die vermehrte Aneignung entsprechender Körperpraktiken einschloss. Letztlich gehört auch die New-Age-Bewegung in diese Tradition, ging es ihr doch um die Aufhebung der Entfremdung des Menschen von sich selbst, die sie durch die Zumutungen der westlichen Moderne verursacht sah (Eitler 2010).

Paradoxerweise scheint es jedoch gerade zwischen dem Ganzheitlichkeitsversprechen und den gegenwärtigen neoliberalen Subjektanforderungen eine Wahlverwandtschaft zu geben. Wie u.a. Richard Sennett (1998), G. Günther Voss und Kollegen (2003, 2007 u.ö.) und zuletzt Ulrich Bröckling (2007) herausgearbeitet haben, wird der Mensch auch in der neoliberalen Wirtschaftsideologie auf eine ganzheitliche Weise angesprochen. Der zunehmende Effektivitäts- und Innovationsdruck, die betriebliche Deregulierung der Arbeitsverhältnisse und befristete Verträge gehen mit einem neuen Arbeitnehmerideal einher, das den Mitarbeiter

als „unternehmerisches Selbst" (Bröckling) konzipiert, der allzeit flexibel, kreativ, selbstverantwortlich und risikobereit zu sein hat. Der heutige Arbeitnehmer
ist immer öfter ein Arbeitskraft*unternehmer*, der sich unter anderem durch eine
verstärkte Selbstkontrolle, eine erweiterte Selbst-Ökonomisierung und eine Selbst-
Rationalisierung auszeichnet (Voss/Pongratz 2003). Er ist gehalten, seine ganze
Persönlichkeit in den Arbeitsprozess einzubringen, das heißt unter anderem, eigenständige Handlungsdeutungen zu übernehmen, Problemlösungen zu entwerfen und dabei auch noch die letzten inneren Ressourcen zu mobilisieren. Zu dieser Art der Anrufung gehört auch, dass das unternehmerische Selbst mehr als
früher dazu angehalten wird, die Verantwortung für den Erhalt der körperlichen
und geistigen Fitness zu übernehmen, damit seine Ressourcen nicht versiegen.
Dabei bleibt es dem modernen Arbeitnehmer überlassen, die widersprüchlichen
Anforderungen seines Alltags in Einklang zu bringen. Die Arbeitsanforderun-
gen selbst zu korrigieren scheint dabei außerhalb der Reichweite zu sein, vielmehr ist man dazu angehalten, sein Zeit- und Stressmanagement zu optimieren.
Hier nun greift das Angebot der neuen spirituellen Akteure, nämlich Techniken
zur Verfügung zu stellen, die einer besseren Selbstkontrolle dienlich sein können.

Damit kein Missverständnis aufkommt: Anbieter von Yoga-, Meditations-
und Tai-Chi-Kursen bieten ihre Leistungen sicher in der Regel nicht an, um ihre
Kunden primär für den ökonomischen Wettbewerb fit zu machen. Häufig zeichnen sie sich sogar durch eine betonte Distanz zu oder auch Kritik an den Zwängen des Arbeitsalltags und ein „tiefe[s] Missvergnügen an den Sinnangeboten
unserer Gesellschaft"[23] aus. Ihrem eigenen Selbstverständnis nach geht es ihnen
mit Blick auf ihre Klienten oft primär darum, „Gesundheit, innere[r] Kraft und
Lebensfreude" zu vermitteln und Schutzräume bereitzustellen, in denen sich die
Teilnehmer bzw. Kunden mit sich selbst beschäftigen können. Objektiv gesehen
verträgt sich der Besuch solcher Kurse und Anwendungen jedoch bestens mit den
aktuellen Anforderungen an den Arbeitskraftunternehmer: Er fördert eine bessere Kenntnis von sich selbst, hilft die eigenen Potentiale zu entfalten und trägt
damit zu einer Ausweitung der Grenzen des Mach- und Leistbaren bei. In dieser
Hinsicht ist bezeichnend, dass es einschlägigen Beobachtern zufolge eine Rezep-
tionslinie des Yoga zu geben scheint, bei der Letzteres vorrangig als ein säkulares
Fitness- und Entspannungssystem in den Blick kommt (vgl. Fromm 2006). Auch
bei den New-Age-Aktivisten zeigte sich einer Studie zufolge (Höllinger 2005),
dass es keineswegs allen um eine spirituelle Dimension im Sinne der Vertiefung

---

23   Dieses Zitat stammt von den Internetseiten einer Leipziger Yogaschule: http://www.beate-
      kunze.de/uebermich.html. Zugegriffen: 13.11.2011.

von Selbsterkenntnis geht, sondern vorrangig um Möglichkeiten einer diszipli-
nierteren und selbstbewussteren Lebensführung.

Dass es den Leitern entsprechender Kurse um den Aufbau der sogenannten
„Astralkörper"[24] ihrer Klienten geht oder um die Ermöglichung von Ekstasephä-
nomenen – und damit um Dinge, die ziemlich klar ins Religiöse hineinragen –,
ist offenbar ein Aspekt, der bei den Nutzerinnen und Nutzern solcher Angebote
zunächst einmal nicht unbedingt im Zentrum des Interesses stehen muss. *Dass*
über die Nutzung solcher Angebote auch eine größere Offenheit gegenüber neu-
en religiösen Deutungsangeboten entstehen kann, soll damit keineswegs bestrit-
ten werden, aber dabei handelt es sich offenbar nicht um einen Automatismus.
Zukünftige Forschung wird hier wohl genau hinschauen müssen, was sie bei der
Rezeption einschlägiger Angebote im jeweiligen Fall tatsächlich vor sich hat.

Literatur

Andritzky, Walter (1997). *Alternative Gesundheitskultur. Eine Bestandsaufnahme mit Teilnehmer-
befragung.* Berlin: VWB.
Barz, Heiner (1992). *Religion ohne Institution? Jugend und Religion.* Opladen: Leske und Budrich.
Bernhard, Stefan & Schmidt-Wellenburg, Christian (Hrsg.) (2012). *Feldanalyse als Forschungspro-
gramm.* Wiesbaden: VS Verlag für Sozialwissenschaften (im Erscheinen).
Benthaus-Apel, Friederike (2010). Neue Mittelschichten- Generation und alternative Religiosität.
In: K. Tenfelde (Hrsg.), *Religiöse Sozialisationen im 20. Jahrhundert. Historische und ver-
gleichende Perspektiven* (159 -190). Essen: Klartext.
Bochinger, Christoph (1994). *„New Age" und moderne Religion.* Gütersloh: Kaiser.
Bourdieu, Pierre (1992). *Rede und Antwort.* Frankfurt am Main: Suhrkamp.
Bourdieu, Pierre (1998). *Praktische Vernunft. Zur Theorie des Handelns.* Frankfurt am Main: Suhrkamp.
Bourdieu, Pierre (2000). *Das religiöse Feld. Zur Ökonomie des Heilsgeschehens.* Konstanz: UVK.
Bourdieu, Pierre (2001). *Das politische Feld. Zur Kritik der politischen Vernunft.* Konstanz: UVK.
Bourdieu, Pierre (2005). *Die Regeln der Kunst. Genese und Struktur des literarischen Feldes.* Frank-
furt am Main: Suhrkamp.
Bourdieu, Pierre (2009). *Religion.* Konstanz: UVK.
Bourdieu, Pierre & Wacquant, Loic J.D. (1996). *Reflexible Anthropologie.* Frankfurt am Main:
Suhrkamp.
Breuer, Christoph (Hrsg.) (2009). *Sportentwicklungsbericht 2007/2008. Analyse zur Situation der
Sportvereine in Deutschland.* Köln: Strauß.

---

24   Darunter versteht man in einschlägigen Kreisen eine unsichtbare, wolkenartige „Hülle", die
      den Menschen bzw. seine Seele umgibt, und die den Tod des materiellen Körpers überdauert.

Breuer, Christoph (Hrsg.) (2011). *Sportentwicklungsbericht 2009/2010. Analyse zur Situation der Sportvereine in Deutschland.* Köln: Strauß.

Bröckling, Ulrich (2007). *Das unternehmerische Selbst. Soziologie einer Subjektivierungsform.* Frankfurt am Main: Suhrkamp.

Burrmann, Ulrike (2008). Soziologie des Gesundheitssports. In: K. Weis & R. Gugutzer (Hrsg.), *Handbuch Sportsoziologie* (S. 368-378). Schorndorf: Hofmann.

Chaves, Mark & Gorski, Philip S. (2001). Religious Pluralism and Religious Participation. *Annual Review of Sociology,* 27, 261-81.

Damberg, Wilhelm u.a. (Hrsg.) (2011). *Soziale Strukturen und Semantiken des Religiösen im Wandel.* Essen: Klartext.

Degele, Nina & Dries, Christian (2005). *Modernisierungstheorie.* München: Fink.

Ehm, Simone & Utsch, Michael (Hrsg.) (2005). *Kann Glauben gesund machen? Spiritualität in der modernen Medizin,* EZW-Texte 181. Berlin: EZW.

Eimuth, Kurt-Helmuth & Lemhöfer, Lutz (Hrsg.) (1993). Heil und Heilung. Ganzheitliches Heilen in Theologie, Medizin und Esoterik. *Forum Spezial,* hrsg. von der Arbeitsgemeinschaft Neue religiöse Gruppen e.V. Frankfurt.

Eisenberg, David M., Davis, Roger B., Ettner, Susann L., Appel, Scott, Wilkey, Sonja, Van Rompay, Maria & Kessler, Ronald C. (1998). Trends in alternative medicine use in the United States. *JAMA,* 289, 1569-1975.

ENIGMA (2002). *Die vierte Kirchenmitgliedschaftsstudie im Auftrag der Evangelischen Kirche Deutschland.* Hannover. ZA-Köln: ZA4392.

Eitler, Pascal (2007). Körper – Kosmos – Kybernetik. Transformationen der Religion im „New Age" (Westdeutschland 1970-1990). *Zeithistorische Forschungen/Studies in Contemporary History,* Online-Ausgabe, 4 (1+2). http://www.zeithistorische-forschungen.de/1612604 1-Eitler-2-2007.

Eitler, Pascal (2010). „Alternative" Religion. Subjektivierungspraktiken und Politisierungsstrategien im „New Age" (Westdeutschland 1970-1990). In: S. Reichardt & D. Siegfried (Hrsg.), *Das Alternative Milieu. Antibürgerlicher Lebensstil und linke Politik in der Bundesrepublik Deutschland und Europa 1968-1983* (S. 335-352). Göttingen: Wallstein-Verlag.

Fischer, Michael (Hrsg.) (2004). *Säkularisierung und Sakralisierung. Literatur – Musik – Religion.* Tübingen: Francke.

Fuchs, Christian (1990). *Yoga in Deutschland. Rezeption – Organisation – Typologie.* Stuttgart: Kohlhammer.

Fromm, Leo (2006). „Yoga lehrt, sich zu verändern und neue Energien zu schöpfen. Interview mit Dr. Christian Fuchs. *Neue Württembergische Zeitung,* vom 16.12.2006.

Gabriel, Karl (2010). Gesundheit als Ersatzreligion. Empirische Beobachtungen und theoretische Reflexionen. In: G. M. Hoff, C. Klein & M. Volkenandt (Hrsg.), *Zwischen Ersatzreligion und neuer Heilserwartung. Umdeutungen von Gesundheit und Krankheit. Grenzfragen,* Band 33 (S. 25-43). Freiburg/München: Alber.

Gassmann, Lothar (1990). *Okkultismus, östliche Religionen und die New-Age-Bewegung.* Bad Liebenzell: Verl. d. Liebenzeller Mission.

Gebhardt, Winfried, Engelbrecht, Martin & Bochinger, Christoph (2005). Die Selbstermächtigung des religiösen Subjektes. Der ‚spirituelle Wanderer' als Idealtypus spätmoderner Religiosität. *Zeitschrift für Religionswissenschaft,* 13, 133-152.

Gensicke, Thomas (2006). Jugend und Religiosität. In: Shell Deutschland Holding (Hrsg.), *Jugend 2006. Eine pragmatische Generation unter Druck* (S. 203-238). Frankfurt am Main: Fischer.

Gestrich, Gristof & Wabel, Thomas (Hrsg.) (2007). An Leib und Seele gesund. Dimensionen der Heilung. *Beiheft 2007 zur Berliner Theologischen Zeitschrift*, Jg. 24.

GFM-Getas (1987). *Sinnsuche. Eine repräsentative Untersuchung.* Studie im Auftrag der Redaktion Brigitte im Verlag Gruner und Jahr. Tabellenband und Datensatz, ZA-Köln: ZA1707.

Groothuis, Douglas (1989). *Was tun gegen New Age? Aufruf zum Widerstand.* Aßlar: Schulte u. Gerth.

Gugutzer, Robert (2007). Körperkult und Schönheitswahn. Wider den Zeitgeist. *Aus Politik und Zeitgeschichte*, 18, 3-6.

Hase, Thomas (1998). Streitfall neue Religionen. *Spirita*, 12(1), 26-30.

Hanegraaf, Wouter J. (1996). *New Age and Western Culture – Esotericism in the Mirror of Secular Thought.* Leiden: Brill.

Hempelmann, Reinhard (2008). Moderne Esoterik und christlicher Glaube. In: *Esoterik als Glaube. Phänomene – Analysen – Einschätzungen*, hrsg. von der Evangelischen Zentralstelle für Weltanschauungsfragen, Information Nr. 198, 41-60.

Hero, Markus (2008). Religious Pluralization and Institutional Change. The Case of the Esoteric Milieu. *Journal of Religion in Europe*, 2, 201-227.

Hero, Markus (2009). Das Prinzip „Access". Zur institutionellen Infrastruktur zeitgenössischer Spiritualität. *Zeitschrift für Religionssoziologie*, 17, 189-211.

Hero, Markus (2011a). Vom Guru zum religiösen Entrepreneur. Neue religiöse Experten und die Entstehung eines alternativreligiösen Marktes. In: W. Damberg u.a. (Hrsg.), *Soziale Strukturen und Semantiken des Religiösen im Wandel. Transformation in der Bundesrepublik Deutschland 1949 – 1989* (S. 55-70). Essen: Klartext.

Hero, Markus (2011b). Glauben und Heilen: Religiöse Entrepreneure im Gesundheitssektor – eine angebotsseitige Betrachtung. *Zeitschrift für Nachwuchswissenschaftler – German Journal for Young Researchers*, 3(1), 102-120.

Hero, Markus, Krech, Volkhard & Zandel, Helmut (Hrsg.) (2008). *Religiöse Vielfalt in Nordrhein-Westfalen. Empirische Befunde und Perspektiven der Globalisierung vor Ort.* Paderborn: Schöningh.

Hölscher, Lucian (2011). Die Säkularisierung der Kirchen. Sprachliche Transformationsprozesse in den langen 1960er Jahren. In: W. Damberg u.a. (Hrsg.), *Soziale Strukturen und Semantiken des Religiösen im Wandel. Transformation in der Bundesrepublik Deutschland 1949 – 1989* (S. 203-214). Essen: Klartext.

Höllinger, Franz-Xaver (2004). Does the Counter-Culture Character of New Age Persist? Investigating Social an Political Attitudes of New Age Followers. *Journal of Contemporary Religion*, 19(3), 289-309.

Höllinger, Franz-Xaver (2005). Christliche Religiosität und New Age – Zwei Pole des religiösen Feldes der Gegenwartsgesellschaft. In: W. Schulz (Hrsg.), *Österreich zur Jahrhundertwende: Gesellschaftliche Werthaltungen und Lebensqualität 1986-2004* (S. 487-515). Wiesbaden: VS.

Honer, Anne, Kurt, Roland & Reichertz, Jo (1999). *Diesseitsreligion. Zur Deutung der Bedeutung moderner Kultur.* Konstanz: UVK.

Hummel, Reinhart (1990). *Yoga – Meditationsweg für Christen?* Hrsg. von der Evangelischen Zentralstelle für Weltanschauungsfragen. Information Nr. 112.

Karstein, Uta (2011). *Konflikt um die symbolische Ordnung. Genese, Struktur und Eigensinn des religiös-weltanschaulichen Feldes in der DDR.* Leipzig. (Dissertation, unveröff. Manuskript).

Klein, Constantin, Berth, Hendrik & Balck, Friedrich (Hrsg.) (2011). *Gesundheit – Religion – Spiritualität. Konzepte, Befunde und Erklärungsansätze.* Weinheim: Juventa.

Klein, Gabriele (2008). Körper- und Bewegungspraktiken im Sport der Moderne. In: K. Weis/R. Gugutzer (Hrsg.), *Handbuch Sportsoziologie* (S. 257-265). Schorndorf: Hofmann.

Knoblauch, Hubert (1989). Das unsichtbare Zeitalter. „New Age", privatisierte Religion und kultisches Milieu. *Kölner Zeitschrift für Soziologie und Sozialpsychologie*, 41, 504-525.

Knoblauch, Hubert (1993). „Neues Paradigma" oder „Neues Zeitalter"? Fritjof Capras moralisches Unternehmen und die „New-Age-Bewegung". In: J. Bergmann, A. Hahn & T. Luckmann (Hrsg.), *Religion und Kultur. KZfSS*, Sonderheft 33, 231-248.

Knoblauch, Hubert (Hrsg.) (2003). Europe and the Invisible Religion. *Sonderheft von Social Compass*, 50(3).

Knoblauch, Hubert (2005). Einleitung: Soziologie der Spiritualität. *Zeitschrift für Religionswissenschaft*, 13(2), 123-131.

Knoblauch, Hubert (2009). *Populäre Religion. Auf dem Weg in eine spirituelle Gesellschaft*. Frankfurt am Main: Campus.

Knoblauch, Hubert & Graff, Andreas (2008). Populäre Spiritualität oder: Wo ist Hape Kerkeling? In: Bertelsmann Stiftung (Hrsg.), *Woran glaubt die Welt? Analysen und Kommentare zum Religionsmonitor 2008* (S. 725-746). Gütersloh: Verl. Bertelsmann-Stiftung.

Koch, Anne (2006). Wie Medizin und Heilsein wieder verwischen. Ethische Plausbibilisierungsmuster des Ayurveda im westen. *Zeitschrift für medizinische Ethik*, 52(2), 169-182.

Krech, Volkhard & Hero, Markus (2011). Die Pluralisierung des religiösen Feldes in Deutschland. Empirische Befunde und systematische Überlegungen. In: G. Pickel & K. Sammet (Hrsg.), *Religion und Religiosität im vereinigten Deutschland. Zwanzig Jahre nach dem Umbruch* (S. 27-42). Wiesbaden: VS.

Lamprecht, Markus & Stamm, Hanspeter (2002). *Sport zwischen Kultur, Kult und Kommerz*. Zürich: Seismo.

Lee-Linke, Sung-Hee (Hrsg.) (2006). *Heil und Heilung. Erfahrung im Glauben und Leben*. Frankfurt am Main: Lembeck.

Linse, Ulrich (1991). Asien als Alternative? Die Alternativkulturen der Weimarer Zeit: Reform des Lebens durch Rückwendung zu asiatischer Religiosität. In: H. G. Kippenberg & B. Luchesi (Hrsg.), *Religionswissenschaft und Kulturkritik* (S. 325-364). Marburg: Diagonal-Verlag.

Luckmann, Thomas (1991). *Die unsichtbare Religion*. Frankfurt am Main: Suhrkamp.

Marstedt, Gerd & Moebus, Susanne (2002). *Inanspruchnahme alternativer Methoden in der Medizin*, 9. Gesundheitsbericht des Bundes, hrsg. vom Robert-Koch-Institut. Berlin.

McLeod, Hugh (2005). The Religious Crisis of the 1960s. *European Journal of Modern History*, 3, 205-230

Pollack, Detlef (2003). *Säkularisierung – ein moderner Mythos?* Tübingen: Mohr Siebeck.

Pollack, Detlef (2009). *Rückkehr des Religiösen?* Tübingen: Mohr Siebeck.

Pollack, Detlef, Borowik, Irena & Jagodzinski, Wolfgang (Hrsg.) (2006). *Religiöser Wandel in den postkommunistischen Ländern Ost- und Mitteleuropas*. Würzburg: Ergon-Verlag.

Safranski, Rüdiger (2009). *Romantik: eine deutsche Affäre*. Frankfurt am Main: Fischer-Taschenbuch-Verlag.

Schmidt-Lux, Thomas & Klein, Constantin (2006). Ist Fußball Religion? Theoretische Perspektiven und Forschungsbefunde. In: E. Thaler (Hrsg.), *Fußball. Fremdsprachen. Forschung* (S. 18-35). Aachen: Shaker.

Sennett, Richard (1998). *Der flexible Mensch. Die Kultur des neuen Kapitalismus*. Berlin: Berlin-Verlag.

Stöhr, Manfred (2001). *Ärzte, Heiler, Scharlatane. Schulmedizin und alternative Heilverfahren auf dem Prüfstand*. Heidelberg: Steinkopff.

Straube, Eckhart R. (2005). *Heilsamer Zauber. Psychologie eines neuen Trends*. München: Spektrum Akademische Verlag.

Streib, Heinz (1996). *Entzauberung der Okkultfaszination. Magisches Denken und Handeln in der Adoleszenz als Herausforderung an die Praktische Theologie.* Den Haag: Pharos.

Voss, Günter G. & Pongratz, Hans J. (2003). *Arbeitskraftunternehmer – Erwerbsorientierungen in entgrenzten Arbeitsformen.* Berlin: Ed. Sigma.

Voss, Günter G. & Jürgens, Kerstin (2007). Gesellschaftliche Arbeitsteilung als Leistung der Person. *Aus Politik und Zeitgeschichte,* 34, 3-9.

Verter, Bradford (2003). Spiritual Capital: Theorizing Religion with Bourdieu against Bourdieu. *Sociological Theory,* 21(2), 150-174.

Weber, Max (1980 [1922]): *Wirtschaft und Gesellschaft.* Tübingen: Mohr.

Weber, Hans-Jörg Luitger (2007). *Yogalehrende in Deutschland. Eine humangeographische Studie unter besonderer Berücksichtigung von netzwerktheoretischen, bildungs- und religionsgeographischen Aspekten.* Heidelberg (unveröffentlichte Magisterarbeit).

Wohlrab-Sahr, Monika, Karstein, Uta & Schaumburg, Christine (2005). „Ich würd' mir das offen lassen". Agnostische Spiritualität als Annäherung an die „große Transzendenz" eines Lebens nach dem Tode. *Zeitschrift für Religionswissenschaft,* 13(2), 153-174.

Wohlrab-Sahr, Monika, Karstein, Uta & Schmidt-Lux, Thomas (2009). *Forcierte Säkularität. Religiöser Wandel und Generationendynamik im Osten Deutschlands.* Frankfurt am Main: Campus.

Runengymnastik.
Die soziale Konstruktion eines esoterischen Körper-Kultes

René Gründer

1. Einleitung

Das Phänomen einer ‚religiösen Aufladung' sportlicher Events (sei es durch Praxisformen der AthletInnen, sei es durch die Wahl im weitesten Sinne ‚kultischer' Inszenierungsformen von Sport-Events) ist heute weit verbreitet. Weit unauffälliger verläuft hingegen die Aneignung von genuin gymnastischen Körperpraktiken im esoterischen und alternativreligiösen Milieu. Bei beiden Prozessen spielt die ‚Verkörperung' von religiösem Wissen in konkreten Handlungsweisen eine zentrale Rolle. Allerdings sind jeweils die Zweck-Mittel-Relationen gegenläufig angelegt: Während etwa die massenmediale Aufladung sportlicher Ereignisse mit religiösen Elementen die Außerordentlichkeit dieser Events durch Transzendenzbezüge inszeniert, wird in esoterischen und alternativreligiösen ‚Körper-Kulten' eine sportive Praxisform zur Expression religiös/spiritueller Überzeugungen von Gruppen und Individuen funktionalisiert.

In diesem Beitrag soll ein Beispiel für solche Funktionalisierungen von Sport durch weltanschaulich/religiöse Gruppen näher untersucht werden. Es handelt sich um die im völkisch-okkultistischen Milieu Deutschlands der 1920er Jahre aufkommende Runengymnastik, deren Runen-Stellungsübungen heute einen festen Ritualbestandteil im polytheistischen Götter-Kult vieler germanisch-neuheidnischer Gruppierungen bilden (Gründer 2009; Wedemeyer-Kolwe 2009). Weiterhin wird die Runen-Gymnastik zudem in Teilen des allgemeinen Esoterik-Marktes verbreitet, und seit den 1990er Jahren existiert mit dem norwegischen ‚Stav' eine auf Runen basierende Kampfkunst, die durch Einbindung von Runenstellungen verborgene ‚Zusatzenergien' für den erfolgreichen Nahkampf aktivieren soll. Die offenkundig ungebrochene Attraktivität einer Körperpraxis mit ideologisch hochproblematischen Ursprüngen ist wissenssoziologisch erklärungsbedürftig.

In diesem Beitrag sollen drei Dinge gezeigt werden: Erstens, wie der gesellschaftliche Kontext auf die soziale Konstruktion esoterischer und alternativreligiöser Praxisformen einwirkt; zweitens, wie körperliche Betätigungsformen aus

der Sinnwelt des Sports bzw. Turnens in religiös-rituelle Ausdrucksformen umge-
wandelt werden und welche Bedeutung dabei der Zeichenhaftigkeit des Körpers in
einer von Schriftsprache bestimmten Kultur zukommt. Drittens wird schließlich
nach der Bedeutsamkeit von Körper-Zeichen im Kontext sozialer Kommunikation in den Bereichen von Sport auf der einen und Religion auf der anderen Seite
gefragt. Dabei wird insbesondere auf das jeweilige Verhältnis von ‚Message' und
‚Medium' (McLuhan 1967) einzugehen sein: Was versinnbildlicht beispielsweise ein aufrecht mit zum Himmel empor gereckten Armen stehender Mensch für
sich und andere jeweils in sportlichen bzw. alternativreligiösen Kontexten? Und
schließlich: Wodurch und wie ‚funktioniert' Runengymnastik (auf unterschiedlichen Sinnebenen) für die Praktizierenden überhaupt? Durch den Versuch einer
(vorläufigen) Antwort auf diese Frage soll die These erhärtet werden, dass dem
Körper bei der Vermittlung und Darstellung inkorporierten Wissens eine konser-
vatorische Funktion zukommt: Sichtbare Körperpraktiken vereindeutigen inkor-
poriertes Wissen, indem sie es (durch andere nachahmbar) darstellen. Die jener
Darstellung zu Grunde liegenden Vorräte an ‚Begründungswissen' mögen dabei
heterogen, ambivalent bzw. multivok sein – für performance-orientierte Hand-
lungszusammenhänge (wie Rituale) spielt dies kaum eine Rolle.

2. Geschichte der Runengymnastik

Bei der Runengymnastik (auch als Runenturnen, Runenstellen oder Runen-Yo-
ga bezeichnet) handelt es sich um die Nachbildung altnordischer Runen-Zeichen
durch den menschlichen Körper[1]. Diese Körperpraxis wurde in Deutschland in
den 1920er Jahren durch Friedrich Bernhard Marby (1882-1966) in Stuttgart und
Siegfried Adolf Kummer (1899-1977) in Dresden popularisiert. Das Einnehmen
einer Runenstellung wird dabei meist mit der Intonation des Namens der gestell-
ten Rune verbunden (Runen-Gesang bzw. Runen-Raunen). Als Runen werden
jene Schriftzeichen der nordeuropäischen Ethnien während der Spätantike und
des Mittelalters bezeichnet, die, archäologisch nachweisbar seit dem zweiten nach-
christlichen Jahrhundert, auf Gebrauchsgegenständen und Runensteinen – meist
zur Besitzanzeige sowie in magischer Absicht – angebracht wurden (Baumeister 2002). Zur Herkunft der Runen existieren unterschiedliche Theorien, die sich
aber in der Annahme eines kulturellen Transfers von Alphabet-Vorlagen aus dem
südeuropäischen Raum (etruskisch/römisch) bzw. aus dem vorderen Orient (phö-
nizisch) überschneiden (Bäumer 1997, S. 9). Jedes Runenzeichen besitzt neben

---

1   Zur Geschichte der Runengymnastik siehe Wedemeyer-Kolwe (2004; 2009).

seinem Lautwert einen eigenen Namen, der zugleich für ein lebensweltliches Konzept aus dem kulturellen Kontext der frühmittelalterlichen Bauernkultur Nordeuropas steht. So bezeichnet etwa die F-Rune mit ihrem Namen „Fehu" zugleich das Konzept: „Vieh/Fahrhabe" und die O-Rune bedeutet in ihrem Namen „Odal/Othalaz" zugleich das „Erbe". Maßgebliche schriftliche Zeugnisse zur Benennung der Runenzeichen bilden die Runengedichte des Abecedarium Nordmannicum (Kloster St. Gallen, ca. 9.Jh.) für die Runenreihe des jüngeren sowie des Altenglischen Runengedichtes aus dem 10. Jh. für die Runenreihe des älteren Futhark. Die Desiderate der 1874 einsetzenden akademischen Runenforschung bezüglich des Wissenssystems, das der vom Alphabet-Muster abweichenden Anordnung der Runenlaute (nach überlieferter Runenreihung mit F-U-TH-A-R-K bezeichnet) zu Grunde lag, sowie die häufigen archäologischen Klassifizierungen von Runenzeichen als ,magische Inschrift' öffneten einer esoterischen Runologie vielfältige Chancen zur spekulativen Ausdeutung.

Als Wegbereiter der esoterischen Runologie wird für den deutschsprachigen Raum der österreichische Romancier und völkische Esoteriker Guido von List (1874-1919) angesehen (vgl. Goodrick-Clarke 2004). List verband eine Reihe von 18 Runen-Zeichen, die in ihrer Form an das jüngere Futhark angelehnt ist mit jenen Bann- und Zaubersprüchen, die um 1250 durch Snorri Sturlasson in der altisländischen Edda-Dichtung im Hávamál (,Lied des Hohen') niedergeschrieben wurden. List interpretierte die Zeichen, deren ,Findung' Snorri in seinem Text der höchsten nordgermanischen Gottheit Odin zusprach, als göttliches Heilswissen einer vorchristlichen Zeit. Solches Wissen schien für die krisenhafte Gegenwartserfahrung deutsch-völkischer Gruppen im Vielvölkerstaat Österreich am Beginn des 20. Jahrhunderts ideologisch relevant, um etwa die kulturelle wie spirituelle Überlegenheit ,ario-germanischer' Völker zu belegen. 1908 veröffentlichte List „Das Geheimnis der Runen" und legte damit den Grundstein für eine ariosophisch geprägte Runenesoterik, die neben der profanen bzw. exoterischen Bedeutung der Runenzeichen ein Vielzahl okkulter Nebenbedeutungen kannte, welche wiederum auf ein in Runen chiffriertes Geheimwissen der ,ariogermanischen' Vorfahren zurückgeführt wurden. List und die ihm nachfolgenden Runenesoteriker sahen in den Runen vor allem Symbole der göttlichen Abkunft und geistigen Überlegenheit der (nord-)europäischen Ethnien. Friedrich Bernhand Marby explizierte diese Sichtweise sehr prägnant:

> „Jegliche Kultur auf unserer Erde ist entstanden aus der Wirkung der Runen-Übungen der germanischen Völker, in weiterem Bezug der arischen Völker und ihrer Abzweigungen in den Gebieten des alten Kontinents wie auch dem Erdteil Amerika. Verbindungen zu den Atlantiern der Hochrassen sind wahrscheinlich gegeben" (Marby 1957, S. o.S.).

Zu Beginn der 1920er Jahre wurde die theoretische Basis der ariosophischen Runenesoterik durch Friedrich Bernhard Marby erstmals mit Körperstellungen und Atem- bzw. Intonationsübungen („Runen-Raunen") zur Runengymnastik verbunden.

> „(...) in den Jahren 1906 bis 1911 machte ich dann die Entdeckung, fand ich, womit die armen, in irgend eine Not gelangten Menschen sich selbst und auf die Dauer immer wieder helfen können: Es gelang mir die Wiederentdeckung der Methode, nach der wir die Runen unserer germanischen Vorfahren wieder zu raunen im Stande sind, indem wir die Runen-Zeichen in Körperstellung und Körperbewegung nachahmen und dabei den Namen der betreffenden Rune raunen, sprechen, singen oder hinausrufen! – So hatte ich das tausende Jahre vergessene Raunen der Runen wiederentdeckt, die Runen-Übungen und die Runen-Gymnastik unserer Vorfahren!" (Marby 1957, S. o.S.)

Sowohl List als auch Marby verstanden sich keineswegs als Erfinder, sondern als Wiederentdecker eines durch die Christianisierung Europas verschütteten Heilswissens (vgl. Wedemeyer-Kolwe 2009). List begründete seine Fähigkeit zur Entdeckung der verborgenen Runenbedeutungen mit dem Konzept der ‚Erberinnerung'. Diese Vorstellung wird heute in einigen neuheidnischen Gruppen unter dem Begriff „Metagenetik" tradiert und besagt, dass Religionen stets einer ethnisch definierten Kollektiv- bzw. Volksseele entspringen. Daher hätten beispielsweise nur Menschen rein germanischer Abstammung Zugang zu dem in Runen verschlüsselten religiösen Geheimwissen.

Für Friedrich Bernhard Marby bestand daher kein Zweifel daran, dass eine an Runenformen angelehnte Körperertüchtigung die für Angehörige der ‚nordischgermanischen Rasse' besonders geeignete Form sportlicher Betätigung darstellte. Doch er befand sich bei der Etablierung der Runengymnastik in einem wachsenden Zwiespalt. Einerseits versuchte er die Praxisform zunehmend im Sinne eines therapeutischen Volkssportes zu popularisieren, auf der anderen Seite verfolgte er das Ziel, die Exklusivität seines Entdeckerstatus auf dem Esoterikmarkt zur eigenen finanziellen Absicherung nutzbar zu machen. Daraus resultierte ein lebenslanger Markenstreit mit Nachahmern (wie etwa Kummer und später Spiesberger und Thorsson/Flowers), in welchem Marby kein Erfolg beschieden sein sollte.

Abbildung 1: Runenübungen nach Kummer (1932, S. 30)

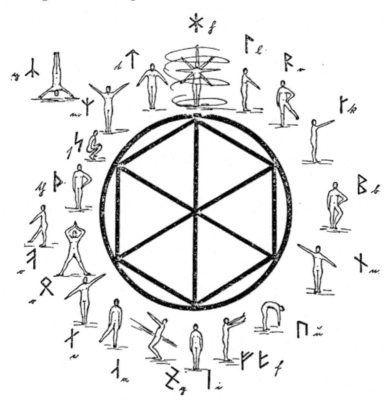

Die Runenübungen wurden von Marby in seinem Buchtitel von 1935 explizit als „Rassische Gymnastik als Aufrassungsweg" angepriesen. Nach Marby könne damit der im Nationalsozialismus anzustrebende ‚arische Phänotypus' durch diese Körperübungen (wieder-)hergestellt und sogar im Erbgut der Praktizierenden verankert werden. Dezidiert wendet sich Marby in seinen Schriften gegen den wettkampforientierten Leistungssport seiner Zeit und verweist stattdessen auf den Volkssportgedanken Friedrich Ludwig Jahns (1778-1852) als wesentliche Inspirationsquelle:

„Die germanische Welt verdankt dem Turnvater Jahn sehr viel. Er war es, der sich voll einsetzend, das Eis brach, der den systematischen Leibesübungen, den (sic!) Turn- und Sportgedanken Bahn verschaffte" (Marby 1997 [1935], S. 52).

Die Ziele der Marbyschen Runen-Übungen waren stark therapeutisch ausgerichtet und an lebensreformerischen Praxisformen orientiert – Wechselduschen und Entschlackungskuren sollten sie ergänzen. Wedemeyer-Kolwe (2004) sieht insbesondere Bezugnahmen der Runenübungen auf die seinerzeit im orthopädischen Kontext verbreiteten Klappschen Kriechübungen, die auch heute zur Linderung von Rückenleiden eingesetzt werden.

Eine zentrale Inspirationsquelle dürfte für Marby eine Darstellung des dänischen Forschers Gustav Thormod Legis gewesen sein, der bereits 1829 über die „Idee einer mimischen Runenschrift" spekulierte und in den Runenzeichen Darstellungen menschlicher Körperhaltungen erblickte. Marby hat diese Schrift bei seinen Forschungsaufenthalten in Dänemark möglicherweise zur Kenntnis genommen.

Abbildung 2: Legis (1829): Anhang – „Idee einer mimischen Runenschrift"

Obgleich Marby durch seine verlegerische Arbeit sowie Vortragstätigkeit in den 1920er Jahren und Kummer zeitgleich durch die Einrichtung seiner Runa-Runenschule in Dresden zur Institutionalisierung der völkischen Runengymnastik beitrugen, erreichte die Praxisform doch keineswegs die von ihren Protagonisten anvisierten breiten Volksschichten. Die Vision Marbys, aus den Deutschen eine Nation von Runenturnern zu machen, die auf altgermanischen „Runenübungsplätzen" wie den Externsteinen bei Detmold ihre Gesundheit und „Rassigkeit" steigerten, wurde nicht realisiert. Es ist sogar davon auszugehen, dass heute die Anzahl der im esoterischen und alternativreligiösen Feld Runenübungen Praktizierenden weit höher ist als in der Zwischenkriegszeit. Dafür dürfte nicht zuletzt die Verbreitung entsprechender Anleitungen in den Netzwerkmedien sowie auf dem Esoterikbuchmarkt verantwortlich zu machen sein.

Für den historischen Entstehungskontext der Runengymnastik können zusammenfassend drei Punkte als wesentlich angesehen werden:

1. die relative Popularität ariosophischer Runenesoterik im Kontext der völkischen Bewegung in Österreich und Deutschland; besonders in (groß-) bürgerlichen Schichten;

2. die Verbreitung des Volkssportgedankens im Anschluss an die Deutsche Turnerbewegung nach Friedrich Ludwig Jahn;

3. spekulative Ansätze früher (wissenschaftlicher) Runologie, die in den Runenzeichen menschliche Körperhaltungen dargestellt sehen.

Obgleich Marbys völkischen Runenübungen vor und während der nationalsozialistischen Herrschaft nicht der erhoffte Erfolg beschieden und Marby wie andere Okkultisten auch von Repressionsmaßnahmen des NS-Regimes betroffen war, wurden die Praxisformen der Runenstellung und des Runensingens nach Ende des Zweiten Weltkrieges nicht nur bewahrt, sondern erfolgreich ins alternativreligiöse Milieu sowie auf den kommerziellen Esoterikmarkt transferiert. Die dafür erforderlichen Modifikationen im Legitimationswissen der Körperübungen werden im Folgenden analysiert.

3. Historischer Transformationsprozess Runen bezogener Körperpraktiken

Bereits mit der Popularisierung der Runenübungen in esoterisch und okkultistisch interessierten Kreisen während der Zwischenkriegszeit setzte eine Diversifikation und Modernisierung des zugehörigen Begründungswissens ein. Die anfangs eher pragmatisch an physiologischen Wirkprinzipien orientierte Auffassung des Runen-Turnens als militärisch-disziplinierenden Volkssport und als therapeutisches Verfahren auf der Grundlage vorgeschichtlichen „Weistums überlegener Ario-Germanen" wurde in den 1920er Jahren auf die Deutungsgrundlage zeitgenössischer Radiowellenphysik gestellt. Runenstellungen hätten demnach bereits den heidnischen Vorfahren der Deutschen zur Transformation des menschlichen Körpers in eine Vorrichtung zur Aussendung und zum Empfang elektromagnetischer Wellen bzw. kosmisch-energetischer Strahlungen oder von „Feinkraft-Flüssen im Weltraum" (Gorsleben 1993 [1930], S. 281) gedient. Der Sprachgebrauch ariosophischer Runenesoteriker wird folglich durch Metaphern bestimmt, die einerseits der Theosophie (vgl. ‚Feinstofflichkeit') und andererseits der sich

formierenden Radiowellen- und Kernphysik entlehnt sind. Marby schildert beispielsweise eine Autosuggestion zur Übung der I-Rune wie folgt: „Ich will ich-
bewußt, Himmel und Erde verbindend, Antenne sein für Strahlen und Wellen
der Urkraft, die weiter das Ich-Bewußtsein in mir hervorrufen und verstärken!"
(Marby (1997) [1935], S. 72)

Die Rückbindung des ‚uralten' Runenwissens an zeitgenössische wissenschaftliche Erkenntnisse und Technologien (die dadurch sogar noch übertrof-
fen würden) ist eine in der modernen Esoterik bis heute verbreitete Legitimati-
onsstrategie. Die Rückkehr des in der Moderne entfremdeten (‚germanischen')
Menschen zu seiner verlorenen Göttlichkeit durch eine ‚rassenhygienisch' ausge-
richtete Lebensführung (Gorsleben bezeichnet dies mit dem Credo: „Selbstver-
gottung durch Selbstvergattung") bildet den Hintergrund ariosophischer Runen-
techniken. Es erschiene daher plausibel, wenn nach 1945 kaum Anhaltspunkte
für eine Fortführung bzw. Weiterentwicklung dieser Praxisformen im deutschen
Sprachraum zu finden wären. Allerdings erschien bereits 1955 mit Karl Spiesbergers „Runenmagie" erneut ein Buch mit Runenübungen, dessen Nachfolgetitel
„Runenexerzitien für Jedermann" drei Jahre später im heute den deutschen Esoterikbuchmarkt dominierenden Bauer-Verlag (Freiburg i. Br.) verlegt wurde. Karl
Spiesberger (1904 - 1992) war als Frater Eratus Mitglied im magischen Orden der
Fraternitas Saturni und Autor zahlreicher Bücher zu magisch-esoterischen Konzepten und Praktiken. Mit Spiesbergers konzeptioneller Öffnung der ‚germanischen' Runenübungen als Praxisform für ‚jedermann' und seiner vordergründigen
Distanzierung von „schwarzmagischen" Vereinnahmungen der Runenübungen
durch „Rassefanatiker" wird deren Tradierung in die Nachkriegs-Esoterik einge-
leitet. Okkultistische Ordensgemeinschaften wie die Fraternitas Saturni fungier-
ten dabei als ideologisch unverdächtiger Mittler ariosophischer Wissensbestände.
Zugleich wurde durch Spiesberger u.a. die Begründungserzählung zur Wirksamkeit der Runenübungen von kosmisch-physikalischen (Strahlung/Energie) auf in-
nerpsychische Prinzipien (Schwingungsebenen/Chakras) umgestellt. Spiesberger
ersetzte den paramilitärischen Selbstdisziplinierungs-Ton der Autosuggestions-
texte zur Runengymnastik durch einen in der Mainstream-Esoterik anschluss-
fähigeren Sprachduktus, der auf Subjektheilung und Entwicklung fokussierte.
Konsequent wurde zugleich der ideologisch anrüchige Begriff der Runengymnastik bzw. des Runen-Turnens durch das indische Konzept des ‚Runen-Yogas'
ersetzt und runische Handstellungen (Mudras) ins Übungsprogramm integriert.
Diese Strategie war bereits im Werk Kummers angelegt, der (wie andere Arioso-
phen) allerdings in den Praxisformen altindischer Spiritualität ein Erbe der eigenen arischen Vorfahren erblickte (Wedemeyer-Kolwe 2009, S. 333f.). Meditation,

Selbstbesinnung und Kontemplation bestimmten den Kern der Spiesbergerschen „Runenexerzitien", die in ihrer Ausführung jedoch den Übungen der Vorkriegs-Runenturner weitgehend glichen. Generell ist im esoterischen Feld eine konservative Tradierung der runischen Körperpraktiken bei hochgradiger Variabilität der jeweils zugeordneten Legitimations- und Wirksamkeitstheorien festzustellen. Für die Zeit nach 1955 lassen sich vier unterschiedliche Stränge der Weitergabe runischer Körperübungen feststellen:

1. Kontinuierliche Tradierung von Marbys Runengymnastik im Rahmen der vom Stuttgarter Spieth-Verlag (gegr. 1980) in zahlreichen Neuauflagen herausgegebenen Faksimile-Reprints von Marbys Schriften der „Runen-Bücherei" (8 Hefte in 4 Bde.). Der Spieth-Verlag versteht sich nach Eigendarstellung als „(...) Nachfolger des Marby-Verlages [sic!] von 1923 und ältester deutschsprachiger esoterisch-astrologischer Verlag, Verlag für Grenzwissenschaften, germanische Runenlehre, alteuropäisches Weistum, Stammes- und Heimatkunde, sowie die altgermanische Astrologie, die galaktische Astrologie der Milchstraße." (Spieth o.J.).

2. Tradierung völkischer Runenübungen innerhalb von nach 1945 gegründeten völkisch-esoterischen Gruppierungen wie dem ariosophischen Armanen-Orden (vgl. Schnurbein 1992). Bei dieser und einigen aus dieser Ordensgemeinschaft hervorgegangenen Gruppierungen des germanischen Neuheidentums werden die Runenstellungen in ein religiöses Weihe-Ritual eingebunden und kollektiv ausgeführt.

3. Verbreitung von Runen-Übungen oder Runen-Tänzen innerhalb der kommerziellen Esoterik-Szene, welche ihren Ursprung in der oben besprochenen Rezeption der Runenpraktiken im okkultistischen Milieu magischer Orden hat. Heute findet sich in nahezu jedem auf dem Esoterikmarkt angebotenen Buchtitel zu den Runen auch ein Kapitel zu „Runenübungen". Dabei wird jedoch zumeist nicht auf die ideologische Dimension des Entstehungszusammenhanges eingegangen.

4. Die für das alternativreligiöse Milieu des Neopaganismus (konkret des germanisch-heidischen Asatru-Spektrums) maßgebliche Tradierung von Runenstellungen als Bestandteil von Götter-Anrufungen im Gruppenritual erfolgte als Re-Import aus den USA. Der für die Formierung nichtvölkischer Ansätze eines germanischen Neuheidentums (universalist Asatru) in den 1980er Jahren maßgebliche Altgermanist Stephen Flowers publizierte unter seinem Pseudonym Edred Thorsson sowohl runenesoterische wie auch germanisch-neuheidnische Ritualschriften (z.B. Thorsson 1987). Während seines Studienaufenthaltes in Deutschland (1981/82) machte er sich über

Kontakte zu Spieth sowie dem Armanen-Orden mit den Werken Lists und Marbys vertraut. Er übersetzte Guido von Lists Werke ins Amerikanische. Flowers ehemalige Mitgliedschaft im magischen Orden des „Temple of Set" sowie seine Publikation zur deutschen Fraternitas Saturni weisen auf sein okkultistisches Forschungsinteresse hin.

Runen-Übungen als Verbindung von Körperhaltungen und Intonation von Runengesängen fanden Eingang in unterschiedlichste – gleichwohl eher randständige – Felder des alternativreligiösen Spektrums. Während Gruppierungen und Akteure, die sich affirmativ zu ariosophischen Überlegenheitskonzepten stellen, die entsprechenden Deutungen der Runenübungen weitergeben und Runenstellungen nach Lists 18 Zeichen umfassenden System praktizieren, wird im magisch-okkultistischen wie auch im neopaganen Feld meist von einer Korruption der an sich unideologischen (weil: „uralten") Runenpraktiken der Vorfahren gesprochen und die Nachstellung der 24 Runen des historisch überlieferten älteren Futhark praktiziert. Heute dominiert auf dem Esoterikmarkt der Pragmatismus spiritueller (Selbst-)Erfahrung über die kritische Reflexion des ideologischen Begründungs-zusammenhanges vieler Praktiken. Da die geheimnisvolle Welt der Runenzeichen offenbar bis in die Gegenwart kaum etwas von ihrer Faszination eingebüßt hat, begründen die Autoren von Runenbüchern ihre Rezeption der Runengymnastik mit einer entsprechenden Nachfrage des Marktes nach einem verkörperlichten bzw. performance-orientierten Umgang mit Runensymbolen.

4. Runenstellungen in der Ritualpraxis germanisch-neuheidnischer Gruppen

Im Rahmen einer zwischen 2006 und 2009 durchgeführten religionsethnografi-schen Feldstudie zum Spektrum germanisch-neuheidnischer Gruppen (Gründer 2010) wurden bei zwei von sechs beobachteten religiösen Ritualen unterschied-licher Gemeinschaften Runenstellungen und Runengesang in die Liturgie inte-griert. In einem Falle handelte es sich dabei um ein Sonderritual zur Gründung einer ‚Opfergemeinschaft' – d.h. einer Gruppe von Heiden, die künftig regelmä-ßig Opferrituale zur Ehrung ihrer Gottheiten abhalten möchten – und im ande-ren Falle um die reguläre Anrufung germanischer Gottheiten im Rahmen eines Ostara-Frühlingsfestes.

Narrative Interviews mit insgesamt 26 Mitgliedern von 14 unterschiedli-chen Gruppen des Spektrums zeigten, dass auf Runen bezogene Körperprak-tiken im Feld des germanischen Neuheidentums bzw. der Asatru (d.h. religiöse Gemeinschaften, die sich den Asen, also nordgermanischen Gottheiten widmen) zwar allgemein bekannt sind, aber nicht allgemein praktiziert werden (dazu ausführlich: Gründer 2009). Während völkisch orientierte Heidengruppen die Runenstellungen im Sinne eines „Weiheschauspiels" um „Heil zu erbeten für die Gemeinschaft" (ehem. Mitglied der *Deutschen Heidnischen Front*) praktizieren, lehnen universalistische Asatru-Heiden solche „paramilitärischen Turnereien irgendwelcher Nationalisten (...), die ihren Körperertüchtigungen einen spirituellen Touch verleihen wollten" (Mitglied der *Nornirs Aett*), eher ab. In anderen Gruppen herrscht hingegen ein funktionalistischer Pragmatismus bezüglich der Einbindung von Runenübungen ins Ritual vor:

> „Das [Nachstellen von Runen, R.G.] trägt dazu bei, dass die Menschen sich sammeln, dass man auf einen Ton kommt, also sich auch ein bisschen aneinander passt und man baut eine bestimmte Schwingung auf. (...) Ja, und man ruft dann, also wird erst die Rune gesungen. Mehrfach. Dann kommen die Anrufungsvers, den sage ich dann und dann kommt wieder eine Rune für eine andere Gottheit und eine andere Anrufung. Und wenn jetzt nur// und wenn man die Runen weglässt, dann hätte man nur diese Anrufungstexte nacheinander, dann fehlt irgendwo ein Element, was einen wieder sammelt, zur Sammlung bringt. Man soll sich ja das auch vorstellen: Die Götter, dass man also dann nicht nur dem Text zuhört, sondern auch diese Gedanken macht. Also, solange ich da noch nichts Besseres finde, um das trennen zu können, muss es noch mit den Runenübungen gehen." (Mitglied der *Germanischen-Glaubens-Gemeinschaft*).

Während einige Gruppen die Runenpraktiken funktional zur Gestaltung ihrer Rituale einsetzen, werden Runengesänge bei anderen auch zur ‚energetischen Unterstützung' und zur Fernheilung Abwesender verwendet. Die persönliche Haltung gegenüber Runenstellungen dient folglich der religiösen Identitätsversicherung und ihre Ausübung der ritualdynamischen Erzeugung von Gruppenkohäsion.

Jene Akteure des alternativreligiösen Feldes, die Runenstellungen und Runengesang bewusst als Bestandteil religiöser Rituale zur Interaktion mit altgermanischen Gottheiten verwenden, tun dies zum einen im Rekurs auf die altisländische Edda-Erzählung Snorris, nach der Odin als höchster der Götter die Runen in langer Meditation „gefunden" und den Menschen gegeben habe, und zum anderen nach jüngeren esoterischen Vorstellungen, die jeder Gottheit eine eigene Rune zuordnen. So wurden im Frühlingsritual einer Gruppe beispielsweise die Göttin Ostara durch Intonation der Rune ‚Berkana' und der Gott Thor durch Intonation und Stellung der Rune ‚Hagal' angerufen. Die Runen und die damit verbundene Körperpraxis fungieren dabei als Medium der Kontaktierung transzendenter Wesenheiten. Ritualpragmatisch gesehen wirkt die gemeinschaftliche Intonation der Runennamen ähnlich einem Choral, vor dessen Hintergrund der Ritualleiter den Text der eigentlichen Götteranrufung spricht. Da der Sinn des Asatru-Rituals in der reziprozitätsorientierten Versicherung göttlichen Beistands (bzw. Subjekt- und Gruppenheils) liegt, kommt der Präsenz der angerufenen Gottheiten eine große Bedeutung zu. Die gemeinschaftliche Opferhandlung (meist durch Verbrennung oder Deponieren von Speisen und Getränken) erfolgt dabei gewissermaßen unter den Augen der zuvor angerufenen bzw. zum Fest eingeladenen Götter (vgl. Gründer 2010, S. 107-171). Die ursprünglich individuelle Funktionalität der Runenstellungen wird im Gruppenritual folglich auf eine soziale Sinndimension transformiert. Die Teilnehmenden stehen während der Runenstellungen in der Regel im Kreis und nehmen sich wechselseitig wahr. Aus der reziproken Perspektive auf die Performanz anderer Ritualteilnehmer resultiert eine vergemeinschaftende Wirkung der Runenübungen, die von den meisten Praktizierenden als sehr positiv und mitunter als nahezu sakral geschildert wird.

5. Körper-Zeichen und verkörpertes Wissen in religiösen und sportlichen Kontexten

Die Vorstellung, dass rituelle Körperhaltungen als Repräsentation heiliger (Schrift-) Zeichen fungieren und dadurch – neben dem gesprochenen Gebetswort – als Medium der Kommunikation mit transzendenten Mächten dienen, ist nicht nur in der westlichen Esoterik verbreitet. Beispielsweise wird auch in bestimmten Formen des islamischen Sufismus den Gebetshaltungen bei den einzelnen Riten des Salat (Aufstehen, Niederknien usw.) eine heilskräftige Funktion zugeschrieben, indem diese als Repräsentationen arabischer Buchstaben aus der Heiligen Schrift des Korans gedeutet werden. (Sadegh Angha 1998 / MTO-School of Islamic Sufism 2011). Die Unterwerfung des Körpers unter die Botschaft der Schrift durch seine ‚Zeichen-Werdung' symbolisiert hierbei einen religiösen Kerngehalt des Islam.

Indem die ariosophischen Runenturner ihre Körper entsprechend der von ihnen als ariogermanische Heilszeichen angesehenen Runen ausrichteten, transformierten sie sich in eine Antennenform zur Übertragung der im Runenzeichen repräsentierten ‚kosmischen Energie'. Der menschliche Körper als Zeichen bzw. das archaische Schriftzeichen als Körperstellung repräsentieren also einen Kommunikationszusammenhang: In der Runengymnastik als disziplinierende Selbst-Kommunikation (mit kosmischen Kräften) und im heutigen Asatru-Ritual als gemeinschaftliche Götteranrufung. Der zum Buchstaben-Zeichen gewordene Körper repräsentiert dabei nicht nur religiöses *embodied knowledge*, sondern fungiert zugleich als Kanal zur Übertragung von Heilsgewissheit. Der für Außenstehende möglicherweise befremdliche Anblick einer Gruppe Erwachsener, die im Wald um ein Feuer versammelt stehend mit angewinkelten Arm- und Beinstellungen ein ‚R' nachbildend mehrfach laut das Wort „Raiidho!" intonieren (vgl. Gründer

2009), wirkt für die Runensteller selbst Gemeinschaft stiftend. Das von den Teilnehmern stillschweigend geteilte Wissen um die Bedeutung ihres Tuns im Ritus synchronisiert und koordiniert ihre Ritualerfahrung. Die altgermanischen Runen eignen sich dabei als altes und semantisch multivokes Symbolsystem besonders gut zur Projektion verborgener Wirkkräfte. Sie sind dadurch funktional im Sinne einer Befremdung mit Eigenem – die wiederum konstitutiv für die meisten neuheidnischen Alternativreligionen ist.

Doch auch im sozialen Kontext des Sportes formieren menschliche Körper kollektiv verstandene Zeichen, die der Form nach bisweilen sogar Ähnlichkeit mit Runenformen besitzen. Eine Google-Bildersuche liefert etwa unter dem Stichwort „Siegerpose" zahlreiche Darstellungen von SportlerInnen mit aufgerichtetem Körper und beiderseits seitlich nach oben gestreckten Armen. Diese Körperhaltung entspricht der Algiz/Man-Runenstellung und findet sich unter anderem auf dem Jugendstil-Gemälde „Lichtgebet" von Fidus (Hugo Höppner, 1868-1948).

Abbildung 3: ‚Man-Runenstellung' aus: Spiesberger 1958; ‚Lichtgebet'-Grafik: Höppner ca. 1912; Malvorlage: „Sieger"

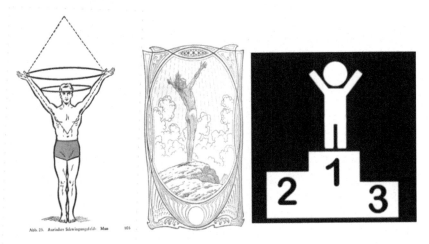

Der in eine Zeichenform gebrachte Körper kommuniziert im Sport (Siegerpose) die Expression des Wissens um die eigene Leistung. Im runengymnastischen Ritual wird hingegen das in der spontanen (gleichwohl sozialisatorisch erlernten) Siegerhaltung ausgedrückte Glückserleben durch Nachahmung seines erstarrten Symbols (der Algiz/Man-Rune) zu evozieren gesucht. Dabei weist die Wirksamkeit von psychologischen Selbstkonditionierungstechniken wie dem Neurolinguistischen Programmieren (NLP) auf die Relevanz ähnlicher Praxisformen in therapeutischen Kontexten hin. Nicht nur schreibt sich (Erfahrungs-)Wissen in Körper ein, sondern es ist durch bewusst herbeigeführte Körperhaltungen (etwa den „Ankern" aus der NLP) auch abrufbar. Runenzeichen und ihre Körperübungen ermöglichen hier Erfahrungen subjektiver Evidenz (die allerdings gleichwohl der Bestätigung des religiösen/esoterischen Weltbildes als ‚Energiewirkungen' bzw. ‚Götterkräfte' dienen).

Eine neuere Entwicklung bildet die Integration von esoterischem Runenwissen und Runenstellungen in den Bereich der Kampfkunst. Als 1992 der Norweger Ivar Hafskjold seine als ‚Stáv' bezeichnete und auf den 16 Runen des jüngeren Futhark basierende Kampfkunst öffentlich zu lehren begann, verbreitete sich diese Idee einer auf ‚runischen Prinzipien' gegründeten und angeblich seit der Christianisierung Europas in klandestiner Familientradition überlieferten Technik recht schnell – vor allem im neopaganen Umfeld Skandinaviens, Großbritanniens, der USA und Australiens.[2] Auch in Deutschland wurde in Berlin eine Stáv-Gruppe gegründet. Nachdem der Stáv-Boom um das Jahr 2002 herum verebbte, verwaisten allerdings die Internetpräsenzen vieler Übungsgruppen. Eine mögliche Ursache könnte in der mitunter dysfunktionalen Wirkung von Runenstellungen in körperlichen Auseinandersetzungen gefunden werden. Denn konstitutiv für die Technik des Stáv ist der Vollzug von Bewegungsmustern, die Runenstellungen ähneln, während des Kampfes mit Kurzschwert, Axt und Speer, um somit entsprechende ‚Runen-Energien' in die Abwehr bzw. den Angriff des Kämpfers zu übertragen. Obgleich Stáv nicht als religiöse Praxisform konzipiert ist, geht es dennoch von einem affirmativen Verhältnis zur vorchristlich-heidnischen Kultur Europas aus und ist insofern bei neopaganen Gruppen (neogermanische Asatru u.a.) sowie im Reenactment-Feld inhaltlich sehr gut anschlussfähig. Eine Vielzahl von „instructional Videos" zu „Rune Stance Principles" im Kampfsport auf dem Online-Videoportal Youtube trägt heute zur Popularisierung von Stáv bei (z.B. RuneBodyPostures 2009). Fortwährend kommt es somit zu Amalgamierungsprozessen zwischen sportlicher Praxis und esoterischen Wissensbeständen vor dem

---

2   Diese Organisation ist im Internet unter der Webseite http://www.stavinternational.org (zugegriffen: 09.01.2012) erreichbar.

Hintergrund einer Sehnsucht nach Rückkehr zum Authentischen und Ursprünglichen in der westlichen Kultur.

6. Zusammenfassung

Wie gezeigt werden konnte, existieren im alternativreligiösen Milieu unterschiedliche Ansätze, um ursprünglich turnerische Körperpraktiken in magisch-okkulte bzw. religiös-liturgische Formen umzudeuten. Dabei kommt es zu einer Verschiebung der semantischen Rahmung: Handlungsmuster werden aus einem physiologischen in einen esoterischen oder religiösen Begründungszusammenhang überführt – was im Runenturnen ‚wirkt‘, sind eben nicht mehr (nur) Aufmerksamkeitsfokussierung, Muskelan- und -entspannung, sondern spirituell gedeutet: ‚kosmische Energien‘ oder ‚göttliche Kräfte‘. Dabei wird der menschliche Körper zum Medium eines symbolischen Heilszeichen-Systems funktionalisiert. Die ariosophische Runengymnastik entsprang lebensreformerischen, okkultistisch-esoterischen, ‚rassekundlichen‘ sowie physikalisch-therapeutischen Vorstellungen des frühen 20. Jahrhunderts und fokussierte auf Lebenssteigerung und Subjektheilung durch Selbstdisziplinierungstechniken. Eine theoretisch ausgerichtet „Runen-Esoterik" (Weltbildwissen) ist von einem praktischen „Runen-Okkultismus" (Handlungswissen) zu unterscheiden. Die Weitergabe und Modifikation der Runengymnastik in den historisch sich ablösenden Tradierungsmilieus von Ariosophie, Ordens-Magie-Szene, Esoterikmarkt und Neuheidentum eliminierte jeweils untauglich gewordenes Weltbildwissen (etwa Rassentheorie) unter allenfalls leichter Modifikation des Handlungswissens (Konservativismus der Praxis bei variabler Theorie). Die heute im religiösen Neuheidentum der (nicht-völkischen) Asatru vorherrschende Praxis von Runenstellungen als rituelle Anrufung germanisch-mythologischer Gottheiten beruht auf einem Ritualtransfer aus dem Bereich okkultistischer Ordensgemeinschaften sowie aus dem Mainstream-Esoterikmarkt. Diese Integration der Runen-Stellungen in religiöse Gruppenrituale kann als eine moderne Inversion jener Entwicklung angesehen werden, die vom archaischen Athleten-Kult der europäischen Antike zum „säkularen" Leistungssport in der Moderne führte.

Literatur

Angha, Hazrat Shahmaghsoud Sadegh (1998). *Al Salat*. MTO Publications.

Baumeister, Martin (2002). 'Runen – eine germanische Schrift zwischen Fakten und Mythen'. In: U. Sinn, (Hrsg.), *Schrift, Sprache, Bild und Klang: Entwicklungsstufen der Schrift von der Antike bis in die Neuzeit* (S.128-143). Sonderausstellung der Fakultät für Altertums- und Kulturwissenschaften der Universität Würzburg in Verbindung mit dem Lehrstuhl für Alte Geschichte. Würzburg: Ergon.

Bäumer, Michael (1997). *Zur völkischen Religiosität von der Jahrhundertwende bis zur Gegenwart unter besonderer Berücksichtigung der Runen-Okkultisten*. Diss. Berlin FU, (MF).

Goodrick-Clarke, Nicholas (2004). *Die Okkulten Wurzeln des Nationalsozialismus*. Wiesbaden: Marix.

Gorsleben, Rudolf John (1993 [1930]). *Hoch-Zeit der Menschheit*. Reprint der Ausgabe Leipzig 1930. Bremen: Faksimile Verlag.

Gründer, René (2010). *Blótgemeinschaften. Eine Religionsethnografie des ‚germanischen Neuheidentums'* (Grenzüberschreitungen Bd. 9). Würzburg: Ergon.

Gründer, René (2009). Runengeheimnisse. Zur Rezeption esoterischen Runen-Wissens im germanischen Neuheidentum Deutschlands. *ARIES*, Vol. 9, Nr. 2, 137-174.

Kummer, Siegfried Adolf (1932). *Heilige Runenmacht: Wiedergeburt des Armanentums durch Runenübungen und Tänze*. Hamburg: Uranus Duphorn.

List, Guido von (1908). *Das Geheimnis der Runen*. Wien: Guido von List Gesellschaft.

Legis, Gustav Thormod (1829). *Die Runen und ihre Denkmäler nebst Beiträge zur Kunde des Skaldenthumes*. Leipzig: Barth.

McLuhan, Marshall (1967). *The Medium is the Massage. An Inventory of Effects*. New York: Random House.

Marby, Friedrich Bernhard (1997 [1935]). *Rassische Gymnastik als Aufrassungsweg*. Stuttgart: Spieth.

Marby, Friedrich Bernhard (1957). *Aus dem Nachlaß*. http://spiethverlag.de/word press/?page_id=160. Zugegriffen: 01.09.2011.

MTO-School of Islamic Sufism (2011). *Die Lobpreisung und das Geheimnis der Körperpositionen beim Salat*. http://www.mto.org/islam/de/prayer_mystery.html. Zugegriffen: 01.09.2011.

RuneBodyPostures: Rune Stances Martial Applications (Video, 7:28 Min.). http://www.youtube.com/watch?v=s2DVhVTlkCY&feature=related. Zugegriffen: 07.01.2012.

Schnurbein, Stefanie von (1992). *Religion als Kulturkritik. Neugermanisches Heidentum im 20. Jahrhundert*. Heidelberg: Winter.

Spiesberger, Karl (1955). *Runenmagie. Handbuch der Runenkunde*. Berlin: Schikowski.

Spiesberger, Karl (1958). *Runenexerzitien für Jedermann*, 2.Aufl. Freiburg: Bauer.

Spieth, Rudolf (o.J.). *Wir über uns*. http://spiethverlag.de/wordpress/?page_id=65. Zugegriffen: 30.08.2011.

Thorsson, Edred (Stephen Flowers) (1987). *Handbuch der Runenmagie*. Sauerlach: Urania.

Wedemeyer-Kolwe, Bernd (2009). Runengymnastik. Von völkischer Körperkultur zur alternativen Selbsterfahrungspraktik? In: U. Puschner & U. Großmann, (Hrsg.), *Völkisch und national. Zur Aktualität alter Denkmuster im 21. Jahrhundert* (S. 329-340). Darmstadt: WBG.

Wedemeyer-Kolwe, Bernd (2004). *Der neue Mensch: Körperkultur im Kaiserreich und in der Weimarer Republik*. Würzburg: Königshausen und Neumann.

Autorinnen und Autoren

Alkemeyer, Thomas, Prof. Dr., Leiter der Abteilung „Sport & Gesellschaft" an der Carl von Ossietzky Universität Oldenburg, Sprecher des DFG-Graduiertenkollegs „Selbst-Bildungen. Praktiken der Subjektivierung in historischer und interdisziplinärer Perspektive".

Arbeitsschwerpunkte: Praxistheorien, Soziologie des Körpers und des Sports, Subjektivierungsforschung.

Publikationen:

(2011) Bewegen und Mitbewegen. Zeigen und Sich-Zeigen-Lassen als soziale Körperpraxis. In: Schmidt, R./Stock, W.-M./Volbers, J. (Hg.): Zeigen. Dimensionen einer Grundtätigkeit. Velbrück: Weilerswist, S. 44-72.

(2010) Somatischer Eigensinn? Kritische Anmerkungen zu Diskurs- und Gouvernementalitätsforschung aus subjektivationstheoretischer und praxeologischer Perspektive (zus. mit Paula-Irene Villa). In: Angermüller, J./van Dyk, S. (Hg.): Diskursanalyse meets Gouvernementalitätsforschung. Perspektiven auf das Verhältnis von Sprache, Macht und Wissen. Frankfurt a.M./New York: Campus, S. 315-335.

(2010) Verkörperte Gemeinschaftlichkeit. Bewegungen als Medien und Existenzweisen des Sozialen. In: Böhle, F./Weihrich, M. (Hg.): Die Körperlichkeit sozialen Handelns. Soziale Ordnungen jenseits von Normen und Institutionen. Bielefeld: transcript, S. 331-348.

(2009) Ordnung in Bewegung – Choerographien des Sozialen. Körper in Sport, Tanz, Arbeit und Bildung (Hg. mit Kristina Brümmer, Rea Kodalle und Thomas Pille). Bielefeld: transcript.

Email: thomas.alkemeyer@uni-oldenburg.de

Benkel, Thorsten, Dr. phil., Wissenschaftlicher Mitarbeiter an der Goethe-Universität Frankfurt a.m., Institut für Gesellschafts- und Politikanalyse.

Arbeitsschwerpunkte:

Empirische Sozialforschung, Mikrosoziologie, Soziologie des Rechts, Soziologie der Sexualität.

Publikationen:

(2012) Die Verwaltung des Todes. Annäherungen an eine Soziologie des Friedhofs. Berlin: Logos.

(2010) Das Frankfurter Bahnhofsviertel. Devianz im öffentlichen Raum (Hg.). Wiesbaden: VS-Verlag für Sozialwissenschaften.

(2010) Soziale Dimensionen der Sexualität (Hg. mit Fehmi Akalin). Gießen: Psychosozial-Verlag.

Email: benkel@soz.uni-frankfurt.de

Benthaus-Apel, Friederike, Prof. Dr., Professorin für Soziologie am Fachbereich Soziale Arbeit, Bildung und Diakonie der Evangelischen Fachhochschule Rheinland Westfalen Lippe.

Arbeitsschwerpunkte:

Religions- und Kirchensoziologie, Soziale Ungleichheitsforschung, Milieu- und Lebensstilforschung, Genderforschung, Soziologie der Lebensalter.

Publikationen:

(2011): Soziologische Lebensstilanalyse und protestantische Ethik. In: Bienfait, A. (Hg.), Religionen verstehen. Zur Aktualität von Max Webers Religionssoziologie. Wiesbaden: VS-Verlag für Sozialwissenschaften, S. 242-270.

(2010): Neue Mittelschichten -Generation und alternative Religiosität. In: Tenfelde, K. (Hg.): Religiöse Sozialisationen im 20. Jahrhundert. Historische und vergleichende Perspektiven. Essen: Klartext Verlag, S.159-190.

(2009): Zur Transformation von Religion in der Moderne? Konsequenzen für die kirchliche Familien- und Erwachsenenbildung. In: forum Erwachsenenbildung. Beiträge und Berichte aus der evangelischen Erwachsenenbildung, Heft 3, S. 16-21.

Email: benthaus-apel@efh-bochum.de

Böttcher, Moritz, M.A., wissenschaftlicher Mitarbeiter an der Goethe-Universität Frankfurt a.m., Institut für Sportwissenschaften, Abteilung Sozialwissenschaften des Sports.

Arbeitsschwerpunkte:

Sportsoziologie, Soziologie sozialer Prominenz, Filmsoziologie, Religionssoziologie.

Publikationen:

(2012) Der Fußballfilm als Heimatfilm. „Das Wunder von Bern" und die Thematisierung regionaler Identität im Sportspielfilm (zus. mit Robert Gugutzer). In: Heinze, C./Reicher, D./Moebius, S. (Hg.): Perspektiven der Filmsoziologie. Konstanz: UVK.

Email: m.boettcher@sport.uni-frankfurt.de

Duttweiler, Stefanie, Dr. phil., wissenschaftliche Mitarbeiterin an der Goethe-Universität Frankfurt a.M., Institut für Sportwissenschaften, Abteilung Sozialwissenschaften des Sports.

Arbeitsschwerpunkte:

Körpersoziologie, Technologien der Subjektivierung, Architektur- und Religionssoziologie.

Publikationen:

(2011) Umnutzung von Kirchengebäuden – Räume zwischen Politik und Religion. In: Nollert, A. et. al. (Hg.): Kirchenbauten in der Gegenwart. Architektur zwischen Sakralität und sozialer Wirklichkeit. Regensburg: Pustet, S. 190-196.

(2010) Expertenwissen, Medien und der Sex. Zum Prozess der Einverleibung sexuellen Körperwissens. In: Keller, R./Meuser, M. (Hg.): Körperwissen. Wiesbaden: VS-Verlag für Sozialwissenschaften, S. 163-183.

(2010) Fragen Sie Dr. Sex! Ratgeberkommunikation und die mediale Konstruktion des Sexuellen (Hg. mit Peter-Paul Bänziger, Philipp Sarasin und Annika Wellmann). Frankfurt a.M.: Edition Suhrkamp.

(2007) Sein Glück machen. Arbeit am Glück als neoliberale Regierungstechnologie. Konstanz: UVK.

Email: duttweiler@sport.uni-frankfurt.de

Gärtner, Christel, Dr. habil., Research Fellow/Nachwuchsgruppenleiterin der Graduiertenschule im Exzellenzcluster „Religion und Politik" der Westfälischen Wilhelms-Universität.

Arbeitsschwerpunkte:

Kultur- und Religionssoziologie (Analyse religiöser Bildungs- und Transformationsprozesse, Religion in der Gegenwartsgesellschaft, Religion und Medien), Sozialtheorien und Mikrosoziologie (Jugend-, Biografie-, Generationen-, Habitus- und Deutungsmusterforschung).

Publikationen:

(2012) Religion bei Meinungsmachern – Eine Untersuchung bei Elitejournalisten in Deutschland (zus. mit Karl Gabriel und Hans-Richard Reuter). Wiesbaden: VS-Verlag für Sozialwissenschaften.

(2012) Umstrittene Säkularisierung: Soziologische und historische Analysen zur Differenzierung von Religion und Politik (Hg. mit Karl Gabriel und Detlef Pollack). Berlin: Berlin University Press.

(2011) Das Theodizeeproblem unter säkularen Bedingungen – Anschlüsse an Max Webers Religionssoziologie. In: Bienfait, A. (Hg.): Religionen verstehen. Zur Aktualität von Max Webers Religionssoziologie. Wiesbaden: Verlag für Sozialwissenschaften, S. 271-289.

(2010) Der Stellenwert islamischer Religiosität bei jungen Muslimen in Deutschland (zus. mit Zehra Ergi). In: Forum21 – Europäische Zeitschrift für Kinder- und Jugendpolitik, Heft 2, S. 100-108.

Email: cgaertner@uni-muenster.de

Gebauer, Gunter, Prof. Dr., Professor am Institut für Philosophie an der Freien Universität Berlin, seit 2012 Emeritus.

Arbeitsschwerpunkte:

Sprachphilosophie, Historische Anthropologie, Sozialphilosophie, Philosophie und Soziologie des Sports.

Publikationen:

(2009) Wittgensteins anthropologisches Denken. München: Beck.

(2006) Poetik des Fußballs. Frankfurt a.M./New York: Campus.

(2004) Treue zum Stil. Die aufgeführte Gesellschaft (zus. mit Thomas Alkemeyer, Bernhard Boschert, Uwe Flick und Robert Schmidt). Bielefeld: transcript.

(2002) Habitus (zus. mit Beate Krais). Bielefeld: transcript.

Email: ggebauer@zedat.fu-berlin.de

Gründer, René, Dr. phil., Dipl. Soz.-Päd. (FH), Wissenschaftlicher Mitarbeiter im Forschungsprojekt BESECURE der Albert-Ludwigs-Universität Freiburg (Centre for Security and Society), akademischer Mitarbeiter in der Hochschullehre der Pädagogischen Hochschule Freiburg i.b. (Institut für Soziologie) und assoziiertes Mitglied im Institut für Grenzgebiete der Psychologie und Psychohygiene e.V. Freiburg (Abteilung Empirische Kultur- und Sozialforschung).

Arbeitsschwerpunkte:

Religionsethnografie neureligiöser Bewegungen/Neopaganismus, Wissenssoziologie, Jugendforschung, Rechtsextremismusforschung, Städtische Sicherheitsforschung, Bildungssoziologie.

Publikationen:

(2010) Blótgemeinschaften. Eine Religionsethnografie des ‚germanischen Neuheidentums'. Würzburg: Ergon.

(2009) Der andere Glaube. Europäische Alternativreligionen zwischen heidnischer Spiritualität und christlicher Leitkultur (Hg. mit Michael Schetsche und Ina Schmied-Knittel). Würzburg: Ergon.

(2008) Germanisches (Neu-)Heidentum in Deutschland: Entstehung, Struktur und Symbolsystem eines alternativreligiösen Feldes. Berlin: Logos.

Email: gruender@igpp.de

Gugutzer, Robert, Prof. Dr., Leiter der Abteilung „Sozialwissenschaften des Sports" am Institut für Sportwissenschaften der Goethe-Universität Frankfurt a.M.

Arbeitsschwerpunkte:

Körper- und Sportsoziologie, Film- und Kultursoziologie, sozialwissenschaftliche Identitätsforschung, Leibphänomenologie.

Publikationen:

(2012) Verkörperungen des Sozialen. Neophänomenologische Grundlagen und soziologische Analysen. Bielefeld: transcript.

(2010) Soziologie des Körpers (3. Aufl.). Bielefeld: transcript.

(2008) Handbuch Sportsoziologie (Hg. zus. mit Kurt Weis). Schorndorf: Hofmann.

(2006) body turn. Perspektiven der Soziologie des Körpers und des Sports (Hg.). Bielefeld: transcript.

Email: gugutzer@sport.uni-frankfurt.de

Hebenstreit, Stefan, M.A., Doktorand am Graduiertenzentrum Geistes- und Sozialwissenschaften der Philipps-Universität Marburg, Referent im Rahmen des Programms „Lernort Stadion" der Robert-Bosch-Stiftung.

Arbeitsschwerpunkte:

Sozialwissenschaftliche Fußballforschung.

Publikationen:

(2012) Sozialwissenschaftliche Fußball-Forschung. Zugänge – Konzepte – Kritik. In: Brandt, C. et al. (Hg.): Gesellschaftsspiel Fußball. Eine sozialwissenschaftliche Annäherung. Wiesbaden: Verlag für Sozialwissenschaften.

Email: stefan.hebenstreit@staff.uni-marburg.de

Hietzge, Maud, Dr. phil, Vertretungsprofessur Sozialwissenschaften des Sports an der Justus-Liebig-Universität Gießen, akademische Rätin an der Pädagogischen Hochschule Freiburg i. B., Institut für Alltagskultur, Bewegung und Gesundheit.

Arbeitsschwerpunkte:

Körpertheorien, Praxeologie und Diskursanalyse, Videographie, sozialwissenschaftlich fundierte Körper- und Bewegungspädagogik, Raumaneignung.

Publikationen:

(2012) Das totale Ritual. Diskussionsbeitrag zu B. Dücker, Rituale. In: Erwägen – Wissen – Ethik, Jg. 23, Heft 1.

(2012) Subjektivierung durch bewegungskulturelle Praktiken. In: Schroer, N./ Kreher, S./Poferl, A./Hinnenkamp, V. (Hg.): Ethnographie und Lebenswelt. Essen: Oldib.

(2002) Ritualtheorie revisited: Was kann die Ethnologie zum Verständnis des modernen Sports beitragen? In: Husmann, R./Krüger, G. (Hg.): Ethnologie und Sport. Frankfurt a.m./London: Verlag für Interkulturelle Kommunikation, S. 25-60.

(2002) Kaleidoskope des Körpers. Ritualtheorie als Grundlage für das Verständnis der Vergesellschaftung im Sport. Opladen: Leske & Budrich.

Email: maud.c.hietzge@sport.uni-giessen.de sowie hietzge@ph-freiburg.de

Hitzler, Ronald, Prof. Dr., Professor am Lehrstuhl für Allgemeine Soziologie der Technischen Universität Dortmund.

Arbeitsschwerpunkte:

Wissens- und Kultursoziologie, dramatologische Anthropologie, Lebensweltanalyse, explorativ-interpretative Sozialforschung.

Publikationen:

(2011) Erwartungsräume. Spielkultur in großen und kleinen Spielhallen (zus. mit Jo Reichertz, Arne Niederbacher und Gerd Möll). Essen: OLDIB

(2011) Eventisierung. Drei Fallstudien zum marketingstrategischen Massenspaß (Otto-von-Freising-Vorlesungen der Katholischen Universität Eichstätt-Ingolstadt). Wiesbaden: VS-Verlag für Sozialwissenschaften.

(2011) Urbane Events (Hg. mit Gregor Betz und Michaela Pfadenhauer). Wiesbaden: VS-Verlag für Sozialwissenschaften

(2011) Anne Honer: Kleine Leiblichkeiten. Erkundungen in Lebenswelten (als Hg.). Wiesbaden: VS-Verlag für Sozialwissenschaften

Email: ronald@hitzler-soziologie.de

Karstein, Uta, Dr. phil., Mitarbeiterin im Forschungsprojekt „Sakralbauten in der Moderne. Gemeindlicher Kirchenbau in der Zeit beschleunigter Urbanisierung als ‚eigensinniger' Prozess (ca. 1880-1930)" der Universität Leipzig.

Arbeitsschwerpunkte:

Religionssoziologie, Kultursoziologie, Methoden fallrekonstruktiver Sozialforschung, Feldrekonstruktion nach Pierre Bourdieu, Geschichte und Soziologie der DDR, Soziologie des Vereinswesens.

Publikationen:

(2012) Auseinandersetzungen in und zwischen Feldern. Vorschläge zur Spezifizierung des Bourdieuschen Begriffs sozialer Kämpfe am Beispiel des Staat-Kirche-Konfliktes in der DDR. In: Bernhard, S./Schmidt-Wellenburg, C. (Hg.): Feldanalyse als Forschungsprogramm 2: Gegenstandsbezogene Theoriebildung. Wiesbaden: Verlag für Sozialwissenschaften.

(2009) Forcierte Säkularität. Religiöser Wandel und Generationendynamik im Osten Deutschlands (zus. mit Monika Wohlrab-Sahr und Thomas Schmidt-Lux). Frankfurt a.M./New York: Campus.

(2009) Familiale Einheit und generationelle Differenz. Zur kommunikativen Konstruktion historischer Generationen am Beispiel ostdeutscher Familien. In: Bohnenkamp, B./Manning, T./Silies E.-M. (Hg.): Generation als Erzählung. Göttingen: Wallstein Verlag, S. 53-71.

Email: karstein@uni-leipzig.de

Knoblauch, Hubert, Prof. Dr., Professor am Institut für Soziologie der Technischen Universität Berlin.

Arbeitsschwerpunkte:

Soziologie des Wissens, der Kommunikation und der Religion; Soziologische Theorie, Qualitative Methoden/Videographie, Thanatologie.

Publikationen:

(2009) Populäre Religion. Frankfurt a.M./New York: Campus.

(2005/2010) Wissenssoziologie. Konstanz: UVK.

(2003) Qualitative Religionsforschung. Paderborn: Schöningh.

(1999) Religionssoziologie. Berlin/New York: de Gruyter.

Email: Hubert.Knoblauch@tu-berlin.de

Mellor, Philipp, Prof. PhD., Professor für Religion und Sozialtheorie an der University of Leeds/GB.

Arbeitsschwerpunkte:

Religion in der Sozial- und Kulturtheorie, Verkörperung, christliche Theologie und Soziologie, Durkheim Studies, Probleme der Theorie und Methodik in der Religionsforschung.

Publikationen:

(2010) Sociology and the Problem of Eroticism (zus. mit Chris Shilling). In: Sociology 44, Heft 3, S. 435-452.

(2004) Religion, Realism and Social Theory: Making Sense of Society. London: Sage (TCS).

(2001) The Sociological Ambition: Elementary Forms of Social and Moral Life (zus. mit Chris Shilling). London: Sage.

(1997) Re-forming the Body: Religion, Community and Modernity (zus. mit Chris Shilling). London: Sage (TCS).

Email: p.a.mellor@leeds.ac.uk

Sammet, Kornelia, Dr. phil., Leiterin des DFG-Forschungsprojektes „Weltsichten in prekären Lebenslagen" am Institut für Kulturwissenschaften der Universität Leipzig.

Arbeitsschwerpunkte:

Kultur- und Religionssoziologie, Qualitativ-rekonstruktive Methoden der Sozialforschung, Professionssoziologie, Geschlechterforschung, Biographieforschung

Publikationen:

(2012) Transformations of Religiosity. Religion and Religiosity in Eastern Europe 1989-2010 (Hg. mit Gert Pickel). Wiesbaden: Verlag für Sozialwissenschaften.

(2012) Femmes précaires et religion en Allemagne de l'Est (zus. mit Marliese Weißmann). Social Compass 59, Heft 1, S. 102-119.

(2011) Zwanzig Jahre nach dem Umbruch – Religion und Religiosität im vereinigten Deutschland 1989-2010 (Hg. mit Gert Pickel). Wiesbaden: Verlag für Sozialwissenschaften.

(2010) Die Bedeutung des Geschlechts im evangelischen Pfarramt. In: GENDER. Zeitschrift für Geschlecht, Kultur und Gesellschaft, Heft 1, S. 81-99.

Email: sammet@rz.uni-leipzig.de

Shilling, Chris, Prof. PhD, Professor für Soziologie an der University of Kent/ GB, Direktor der Graduate Studies (Research) for the School, Herausgeber der Reihe „Sciological Review Monograph".

Arbeitsschwerpunkte:

Körpersoziologie, soziologische und Sozialtheorie.

Publikationen:

(2012) The Body and Social Theory (3. Auflage). London: Sage (TCS).

(2008) Changing Bodies: Habit Crises and Creativity. London: Sage (TCS).

(2007) Embodying Sociology (Hg.). London: Sage (TCS).

(2005) The Body in Culture, Technology and Society. London: Sage (TCS).

Email: c.shilling@kent.ac.uk

Turner, Bryan S., Prof. PhD, Leiter des „Centre for the Study of Contemporary Muslim Societies" an der University of Western Sydney/Australien, Professor für Soziologie am „Graduate Center" der City University of New York/USA.

Arbeitsschwerpunkte:

Religionssoziologie, Soziologie der Bürger- und Menschenrechte, politische und Sozialtheorie.

Publikationen:

(2011) Religion and Modern Society: Citizenship, Secularisation and the State. Cambridge: University Press.

(2010) Globalization East and West (zus. mit Habibul Khondker). London: Sage.

(2009) Can we live forever? A sociological and moral inquiry. London: Anthem Press.

(2009) Muslims in Singapore: Piety, politics and policies (zus. mit Kamaludeen M. Nasir und Alexius A. Pereira). London: Routledge.

Email: bryan.turner@uws.edu.au

Printed by Printforce, the Netherlands